普通高等教育汽车类专业系列教材

汽车构造

第3版

主编　李春明
参编　孙雪梅　王翼飞　焦传君

VEHICLE

机械工业出版社
CHINA MACHINE PRESS

本书系统地介绍了现代汽车的基本结构和工作原理，内容包括概述、发动机基本知识、曲柄连杆机构、配气机构、汽油机燃料供给系、柴油机燃料供给系、发动机冷却系与润滑系、发动机点火系与起动系、汽车传动系、汽车行驶系、汽车转向系、汽车制动系、汽车车身、汽车电气设备、新能源与智能网联汽车等部分。本书内容涉及面广，充分体现了汽车新技术的发展与应用。

本书适合普通高等教育汽车服务工程、车辆工程等相关专业使用，也可以作为成人高等教育、汽车技术培训等相关课程的教材使用。

图书在版编目（CIP）数据

汽车构造 / 李春明主编．—3 版．—北京：机械工业出版社，2024.2（2025.9 重印）
普通高等教育汽车类专业系列教材
ISBN 978-7-111-74639-3

Ⅰ．①汽…　Ⅱ．①李…　Ⅲ．①汽车—构造—高等学校—教材　Ⅳ．① U463

中国国家版本馆 CIP 数据核字（2024）第 014484 号

机械工业出版社（北京市百万庄大街 22 号　邮政编码 100037）
策划编辑：王　婕　　责任编辑：王　婕　丁　锋
责任校对：张勤思　王　延　　封面设计：张　静
责任印制：张　博
固安县铭成印刷有限公司印刷
2025 年 9 月第 3 版第 8 次印刷
184mm × 260mm · 16.75 印张 · 425 千字
标准书号：ISBN 978-7-111-74639-3
定价：69.90 元

电话服务　　网络服务
客服电话：010-88361066　机　工　官　网：www.cmpbook.com
010-88379833　机　工　官　博：weibo.com/cmp1952
010-68326294　金　书　网：www.golden-book.com
封底无防伪标均为盗版　机工教育服务网：www.cmpedu.com

前　言

随着汽车技术的飞速发展，汽车结构正在发生着巨大变化。汽车构造课程是汽车类专业的专业基础课，内容涉及面广，新结构、新技术的应用也越来越多。为了满足汽车类专业应用型人才培养需要，我们在《汽车构造》第 2 版的基础上进行了修订。

本书系统地介绍了现代汽车的基本结构和工作原理，内容包括概述、发动机基本知识、曲柄连杆机构、配气机构、汽油机燃料供给系、柴油机燃料供给系、发动机冷却系与润滑系、发动机点火系与起动系、汽车传动系、汽车行驶系、汽车转向系、汽车制动系、汽车车身、汽车电气设备、新能源与智能网联汽车等部分。

本书主要有以下特点：

（1）内容先进。内容上包括了汽油机缸内直喷技术、新能源智能网联汽车等，并将汽车市场主导的民族品牌车型新技术融入教材。

（2）可读性强。理论知识讲解力求简洁、实用，针对性强，图片多，形象直观，便于学生理解。

（3）融入职业素养。将安全、绿色环保等内容有针对性地融入教材，强化学生职业素养养成。

（4）体现爱国敬业内涵。以视频、思考题等多种方式弘扬工匠精神，宣传民族汽车品牌。

（5）教材配套资源丰富。实现“互联网＋新形态教材”，有电子课件、思考题、微视频等资源。

本书具有普遍适用性，适合普通高等教育汽车服务工程、车辆工程等相关专业使用，也可以作为成人高等教育、汽车技术培训等相关课程的教材使用。

本书由工作在教学、培训一线的汽车专业教师与从事汽车生产、维修服务的专业技术人员共同编写，主要编写人员有李春明、焦传君、孙雪梅、王翼飞。全书由长春汽车工业高等专科学校李春明教授任主编。

由于编者水平有限，书中难免有不妥及错误之处，恳请读者提出宝贵意见。

编　者

二维码索引

（续）

序号	素材名称	二维码	页码	序号	素材名称	二维码	页码
19	爆燃传感器		71	29	齿轮机油泵工作原理		111
20	缸内燃油直喷系统		74	30	机油滤清器		113
21	三元催化原理		77	31	点火系		117
22	废气再循环		78	32	发动机起动系		122
23	二次空气系统		78	33	离合器的基本工作原理		129
24	泵喷嘴		86	34	同步器		136
25	颗粒捕捉器		97	35	液力变矩器的工作原理		145
26	润滑系统功用		107	36	行星齿轮机构		146
27	润滑系组成		109	37	双离合器变速器		152
28	润滑油路		110	38	CVT 无级变速器		153

（续）

目　录

第一章

概　　述

第一节　汽车发展概况

1886 年 1 月 29 日，德国人卡尔·本茨发明了世界上第一辆汽车，如图 1-1 所示，其将一台 0.65kW 的单缸汽油发动机装在一辆三轮车上。

图 1-1　世界上第一辆汽车

1914 年，美国福特汽车公司安装了世界第一条汽车装配流水线，汽车工业开始高速发展。

在汽车问世一百多年来，汽车工业从无到有、迅猛发展，汽车技术日新月异，汽车产量大幅增加。目前，主要汽车生产国有中国、美国、日本、德国、韩国、法国、意大利、俄罗斯、加拿大、英国等。

我国第一辆汽车于 1929 年 5 月在沈阳问世，由张学良将军掌管的辽宁迫击炮厂制造。该车以美国“瑞雷”号整车为样车，发动机、后桥、电器和轮胎等采用原车零部件，其他零部件为自己重新设计制造。直到中华人民共和国成立前，我国也只有一些从事简单作业的汽车组装厂和汽车修理厂。

中华人民共和国成立后，我国决定发展自己的汽车工业。1953 年 7 月，第一汽车制造厂开始在长春兴建，1956 年 7 月 15 日正式投产，生产出新中国第一辆解放 CA10 型载货汽车，如图 1-2 所示。并于 1958 年生产出了我国第一辆轿车——东风牌（后改名为红旗牌）轿车，如图 1-3 所示。红旗牌轿车成为民族汽车品牌的代表。

图 1-2 我国第一辆解放 CA10 型载货汽车

图 1-3 我国第一辆东风牌轿车

20 世纪六七十年代，我国的汽车工业得到了长足的发展，相继建设了南京汽车制造厂、上海汽车制造厂、济南汽车制造厂、北京汽车制造厂、第二汽车制造厂、天津汽车制造厂等，使我国汽车的品种数量和产量得到进一步提升。

我国汽车从 1992 年产量首次突破 100 万辆以后，又经历了一段缓慢发展的时期。1993—2000 年，用了将近 8 年时间，汽车年产量达到 200 万辆。进入 21 世纪后，我国的汽车工业终于走出了长期低迷发展的困境，步入了一个高速发展的新阶段。2009 年，汽车产销突破 1000 万辆，成为世界第一大汽车消费国，到 2013 年产销突破 2000 万辆。与此同时，我国开始发展新能源汽车，2015 年，我国新能源汽车全年产销量突破 30 万辆，跃居世界第一，2023 年产销量已超过 949 万辆。

目前，我国主要汽车生产企业有中国第一汽车集团公司、上海汽车工业（集团）公司、东风汽车集团公司、北京汽车工业集团总公司、长安汽车集团公司、广州汽车集团公司、奇瑞汽车集团公司、吉利汽车集团公司、江淮汽车集团公司、比亚迪股份有限公司、长城汽车股份有限公司等。随着产业和政策的发展，也催生出一些新势力造车公司，如小鹏汽车、理想汽车、蔚来汽车等。

第二节 汽车定义与分类

GB/T 3730.1—2022《汽车、挂车及汽车列车的术语和定义》分别对汽车、挂车及汽车列车进行了定义和分类。

一、汽车的定义

汽车是指由动力驱动，具有四个或四个以上车轮的非轨道承载的车辆，包括与电力线相连的车辆（如无轨电车）。主要用于：载运人员和 / 或货物；牵引载运人员和 / 或货物的车辆或特殊用途的车辆；专项作业或专门用途。

二、汽车分类

1. 按用途分类

汽车按用途分为乘用车、客车、载货汽车、专用汽车四大类。

（1）乘用车

在设计、制造和技术特性上主要用于载运乘客及其随身行李和 / 或临时物品，包括驾驶员座位在内最多不超过 9 个座位的汽车。

乘用车按使用特性划分为轿车、运动型乘用车、越野型乘用车、多用途乘用车、专用乘用车。

乘用车等级按照乘用车相关参数的差异划分为：微型、小型、紧凑型、中型、中大型、大型等不同级别。如：三厢式轿车等级划分以车长为主要判定依据，参考排量和发动机最大净功率，三厢式轿车等级见表 1-1。

表 1-1 三厢式轿车等级

代号	级别	车长（L）/mm	排量（V）/mL	发动机最大净功率（P）/kW
A00	微型	$L \leqslant 4000$	$V \leqslant 1300$	$P \leqslant 65$
A0	小型	$3700 \leqslant L \leqslant 4400$	$1100 \leqslant V \leqslant 1700$	$60 \leqslant P \leqslant 80$
A	紧凑型	$4200 \leqslant L \leqslant 4800$	$1300 \leqslant V \leqslant 1800$	$70 \leqslant P \leqslant 120$
B	中型	$4500 \leqslant L \leqslant 5000$	$1500 \leqslant V \leqslant 2800$	$90 \leqslant P \leqslant 150$
C	中大型	$4750 \leqslant L \leqslant 5200$	$2000 \leqslant V \leqslant 3500$	$100 \leqslant P \leqslant 175$
D	大型	$L \geqslant 5000$	$V \geqslant 3000$	$P \geqslant 150$

注：1. 排量和功率仅适用于仅以发动机为直接动力源的轿车。
2. 装备增压发动机的轿车以实际排量乘以 1.5 倍计算。
3. 同时符合多个级别的车型，由制造厂自主决定。

（原）轿车按发动机排量分级见表 1-2。

表 1-2 轿车的分级

类型	微型	普通型	中级	中高级	高级
发动机排量 /L	< 1.0	1.0 ~ 1.6	1.6 ~ 2.5	2.5 ~ 4.0	> 4.0

（2）客车

设计、制造和技术特性上用于载运乘客及其随身行李，包括驾驶员座位在内的座位数超过 9 个的汽车。

客车按车身长度分级见表 1-3。

表 1-3 客车的分级

类型	微型	轻型	中型	大型	特大型
车身长度 /m	< 3.5	3.5 ~ 7	7 ~ 10	10 ~ 12	> 12（铰接式） 10 ~ 12（双层）

（3）载货汽车

设计、制造和技术特性上主要用于载运货物和 / 或牵引挂车的汽车，也包括装备一定的专用设备或器具但以载运货物为主要目的，且不属于专项作业车、专门用途的汽车。

载货汽车可按其总质量分级见表 1-4。

表 1-4 载货汽车的分级

类型	微型	轻型	中型	重型
总质量 /t	< 1.8	1.8 ~ 6	6 ~ 14	> 14

（4）专用汽车

设计、制造和技术特性上，用于载运特定人员、运输特殊货物（包括载货部位为特殊结构），或装备有专用装置用于工程专项（包括卫生医疗）作业或专门用途的汽车。

专用汽车包含专用乘用车、专用客车、专用货车、专项作业车、专门用途汽车。如冷藏车、集装箱车、售货车、检阅车、起重机车、混凝土搅拌车、公安消防车、救护车等。

2. 按动力装置能源类型分类

汽车按动力装置可分为汽油发动机汽车、柴油发动机汽车、混合动力汽车、电动汽车和燃料电池汽车，如图 1-4 所示。

图 1-4　汽车动力装置能源类型分类

1）汽油发动机汽车。汽油发动机功率密度大，外形紧凑，广泛用于轿车。

2）柴油发动机汽车。柴油发动机通常转速低，转矩大，燃油经济性能好，广泛用于商用车和越野乘用车。

3）混合动力汽车。这种类型的汽车装备多种不同类型的动力源，如汽油发动机和电机。工作时，根据工况需要通过油驱（发动机供能）与电驱（电池供能）方式的转换或组合，实现多种动力类型的最佳利用，可以提高能效，节能减排。

4）电动汽车。电动汽车使用动力蓄电池作为车辆能源，而不是使用燃油。它的优点是工作时无废气排放，噪声低。

5）燃料电池汽车。此类型汽车使用的电能来自氢燃料与氧的反应，此反应生成水。它被认为是零排放汽车的最终形式，预计未来将得到普及。

3. 按照发动机和驱动桥在汽车上的位置分类

常见的发动机和驱动桥在汽车上的位置如图 1-5 所示。

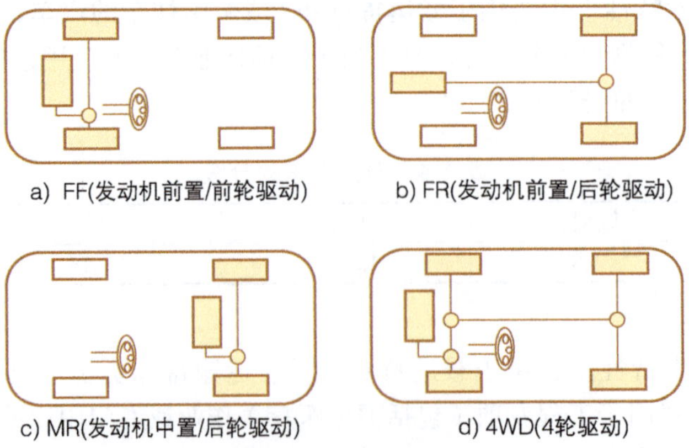

图 1-5　常见的发动机和驱动桥在汽车上的位置

1）FF（发动机前置 / 前轮驱动）。由于 FF 车辆没有纵向传动轴，结构简单，常见于小轿车。

2）FR（发动机前置 / 后轮驱动）。由于 FR 车辆有较理想的前后轴荷比，故其操纵性和稳定性较好，常见于货车和一些高档轿车。

3）RR（发动机后置 / 后轮驱动）。常见于大型客车，车内空间便于布置，车内噪声小。

4）MR（发动机中置 / 后轮驱动）。由于 MR 车辆在前桥和后桥上有很好的重平衡，故其控制性很好。

5）4WD（4 轮驱动）。四轮驱动车可以在附着力较差的路面上行驶，稳定性和越野性能较好。

第三节　国产汽车编号规则与车辆识别代码

一、国产汽车编号规则

我国汽车产品型号编制由汉语拼音字母和阿拉伯数字组成，包括首部、中部、尾部三部分内容，如图 1-6 所示。

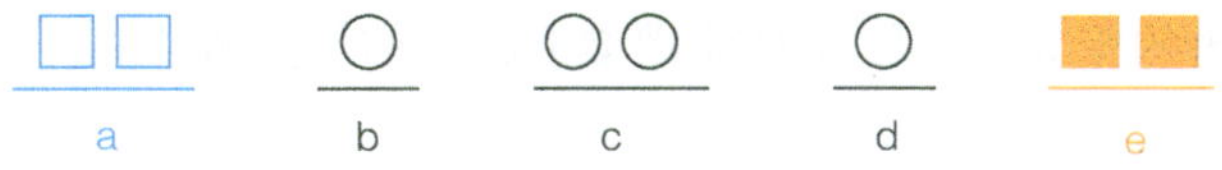

a—企业名称代号；b—车辆类别代号；c—主参数代号；d—产品序号；e—企业自定代号

图 1-6　汽车编号组成

首部由两个大写英文字母组成，是企业名称代号。例如：CA 代表中国第一汽车集团公司；BJ 代表北京汽车公司等。

中部由四位阿拉伯数字组成，其含义详见表 1-5。左起首位数字表示汽车类型；中间两位数字是汽车的主要特征参数；最末位是产品的生产序号。

表 1-5　汽车编号中部的四位阿拉伯数字代号的含义

首位数字表示汽车类型		中间两位数字表示各类汽车的主要特征参数	末位数字表示企业自定产品序号
载货汽车	1	表示汽车总质量（t）的数值 当汽车总质量小于 10t 时，前面以 0 占位 当汽车总质量大于 100t 时，允许用 3 位数字	以 0，1，2，…依次排列
越野汽车	2		
自卸汽车	3		
牵引汽车	4		
专用汽车	5		
客车	6	表示汽车的总长度以 0.1m 为计算单位的数值 当汽车总长度大于 10m 时，计算单位为 m	
轿车	7	表示发动机的工作容积以 0.1L 为计算单位的数值	
	8	（空）	

（续）

首位数字表示汽车类型		中间两位数字表示各类汽车的主要特征参数	末位数字表示企业自定产品序号
半挂车及专用半挂车	9	表示汽车的总质量（t）的数值 当汽车总质量小于 10t 时，前面以 0 占位 当汽车总质量大于 100t 时，允许用 3 位数字	以 0，1，2，…依次排列

尾部分为两部分：前部分由汉语拼音字母组成，表示专用汽车分类代号，例如：X 代表厢式汽车，G 代表罐式汽车，C 代表仓栅式汽车等；后部分为企业自定代号。当同一种汽车的结构略有变化需加以区别时，可用汉语拼音字母或数字表示，位数由企业自定。基本型汽车一般没有尾部。

二、车辆识别代码

车辆识别代号（Vehicle Identification Number，VIN）也称 17 位编码，是国际上通行的标识机动车辆的代码，是制造厂给每一辆车指定的一组字码，可谓一车一码，就如人的身份证一样，具有在世界范围内对一辆车的唯一识别性。当每一辆新出厂的车被刻上 VIN 时，此代号将伴随着车辆的注册、保险、年检、维修与保养，直至回收或报废而载入每辆车的服役档案。利用 VIN 可方便地查找车辆的制造者、销售者及使用者。

车辆识别代号位于易于看到并且能够防止磨损或替换的部位，所选择的部位一般在：仪表与前风窗玻璃左下角的交界处、发动机前横梁上、左前门边或立柱上、驾驶员左腿前方或前排左座椅下方等部位。

GB 16735—2019《道路车辆　车辆识别代号（VIN）》是我国汽车生产的强制性标准，在每一辆出厂的汽车上必须标有 VIN。通常 VIN 也是车架号码。

车辆识别代号由三部分组成，如图 1-7 所示。

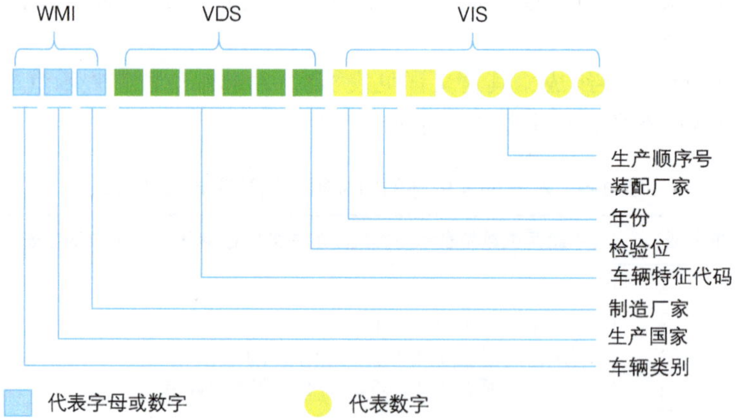

图 1-7　车辆识别代号的组成

1）第一部分：世界制造厂识别代码（WMI），它具有世界车辆制造厂的唯一性。WMI 共有 3 位字码，由车辆制造厂所在国家或地区的授权机构预先分配，用来代表生产国、厂家、车辆类别。如：LFV 表示中国一汽 - 大众、LFW 表示中国第一汽车集团公司、WDB 表示德国奔驰、WBA 表示德国宝马、KMH 表示韩国现代等。其中，第一位字码代表生产国，为国际汽车厂通用，如：1表示美国、2表示加拿大、3表示墨西哥、J表示日本、L表示中国、Z表示意大利等。

ISO组织授权美国汽车工程师学会SAE作为其国际代理，负责为世界各国指定地区代码及国别代码，负责WMI的保存与核对。

2）第二部分：车辆说明部分（VDS），包括6位字码，如果制造厂所用字码不足6位，应在剩余位置填入制造厂选定的字母或数字，以表现车辆的一般特征，其代码及顺序由制造厂决定。

3）第三部分：车辆指示部分（VIS），是VIN的最后部分，由8位字码组成。VIS部分的第1位字码代表年份（年份代码30年循环一次）。第2位字码代表装配厂，后6位指示生产序号。如果车辆生产厂年产量小于1000辆，则VIS的第3、4、5位字码应与第一部分的三位字码一同表示一个车辆生产厂，第6、7、8位字码用来表示生产顺序号。

例如，某辆雷克萨斯（LEXUS）SUV的VIN识别代号为J T 8 B D 1 0 U B Y O 0 1 5 6 7 8。其含义如下：

第1位：生产国别代码（J表示日本）

第2位：生产厂家代码（T表示丰田汽车公司）

第3位：汽车类别代码（8表示乘用车）

第4位：车身类型代码（B表示四门乘用车）

第5位：发动机型号代码（D表示2JZGE 3.0L V6）

第6位：汽车系列类型代码（1表示RX300）

第7位：安全防护系统代码（0表示双前部和侧向安全气囊）

第8位：汽车型号代码（U表示RX300）

第9位：检验代码（制造厂家内部编码）

第10位：生产年份代码（Y表示2000）

第11位：总装工厂代码（O表示日本）

第12～17位：出厂顺序代码

随着车型年款的不同和汽车发往国家的不同（各国政府对VIN有不同规定），VIN规定会有所不同。有的按公司各车分部进行规定（美国GM）；有的直接按系列车型或车名进行规定（如日本雷克萨斯汽车）。在实际使用中，一般要由两种VIN规定才可验证出一辆车的型号和车型参数，因此，大量积累这方面的资料具有重要的意义。

第四节　汽车主要技术参数

为了说明汽车的主要性能与结构经常使用一些参数来进行表示，汽车的结构参数如图1-8所示。

1）整车装备质量：汽车完全装备好的质量（kg，以下各质量参数相同），是指完整的发动机、底盘、车身、全部电气设备和车辆正常行驶所需要的辅助设备（包括加足燃料、润滑油及冷却液，随车工具等）的质量之和。

2）最大总质量：汽车满载时的质量。

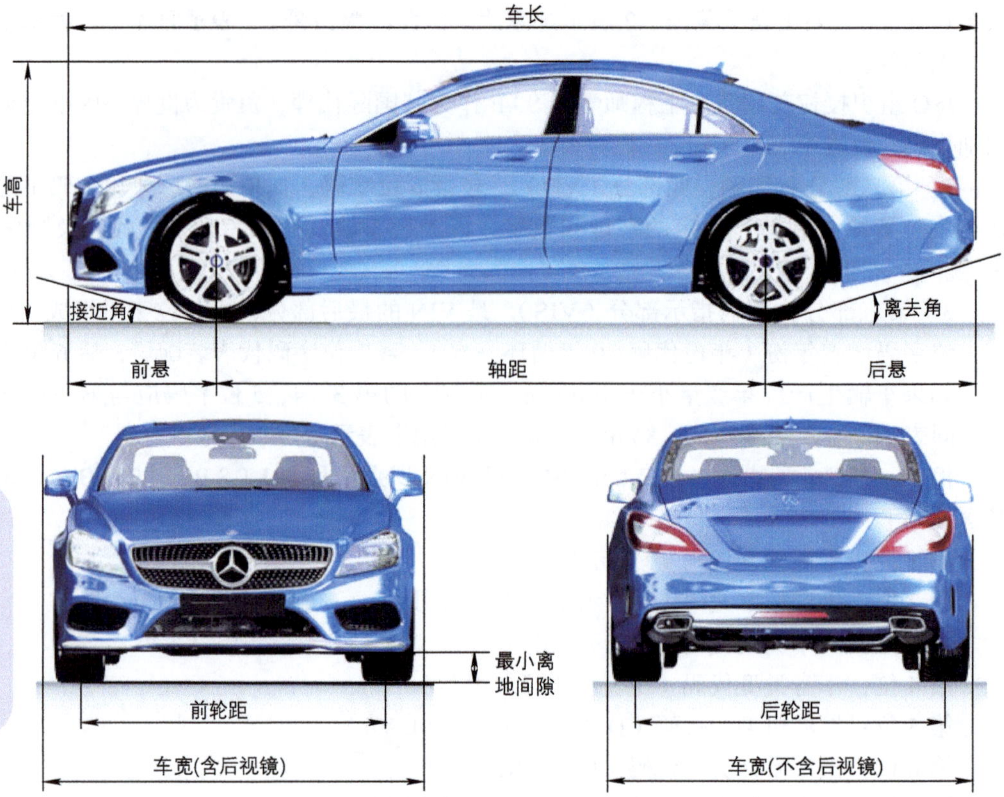

图 1-8 汽车常用主要结构参数

汽车主要
技术参数

3）最大装载质量：最大总质量和整车装备质量之差。

4）最大轴载质量：汽车单轴所承载的最大总质量。

5）车长（L）：垂直于车辆纵向对称平面并分别抵靠在汽车前、后最外端凸出部位的两垂直面间的距离（mm，以下各尺寸参数同）。

6）车宽（B）：平行于车辆纵向对称平面并分别抵靠车辆两侧最外固定凸出部位（除后视镜、侧面标志灯、方位灯、转向指示灯等）的两平面之间的距离。

7）车高（H）：车辆最高点与车辆支撑平面之间的距离。

8）轴距（L_1、L_2）：汽车前后轴中心线之间的水平距离。

9）轮距（A_1、A_2）：在支撑平面上，同轴左右车轮两轨迹中心间的距离（轴两端为双轮时，为左右两条双轨迹的中间的距离）。

10）前悬（S_1）：在直线行驶位置时，汽车前端刚性固定件的最前点到通过两前轮轴线的垂面间的距离。

11）后悬（S_2）：汽车后端刚性固定件的最后点到通过最后车轮轴线的垂面间的距离。

12）最小离地间隙（C）：满载时，车辆支撑平面与车辆最低点之间的距离。

13）接近角（α_1）：汽车前端凸出点向前轮引的切线与地面的夹角（°）。

14）离去角（α_2）：汽车后端凸出点向后轮引的切线与地面的夹角（°）。

15）转弯直径：转向盘转到极限位置，外侧转向轮的中心平面在车辆支撑面上的轨迹圆直径（mm）。

16）最高车速：汽车在平坦公路上行驶时能达到的最高速度（km/h）。

17）最大爬坡度：汽车在良好路面上，满载时的最大爬坡能力（%）。

18）平均燃料消耗量：汽车在公路上行驶时平均的燃料消耗量（L/100km）。

第五节 汽车的总体构造

汽车通常由发动机、底盘（传动装置、行驶和控制装置）、车身和电气设备等部分组成。图 1-9 为奥迪 A4 四轮驱动轿车的总体构造。

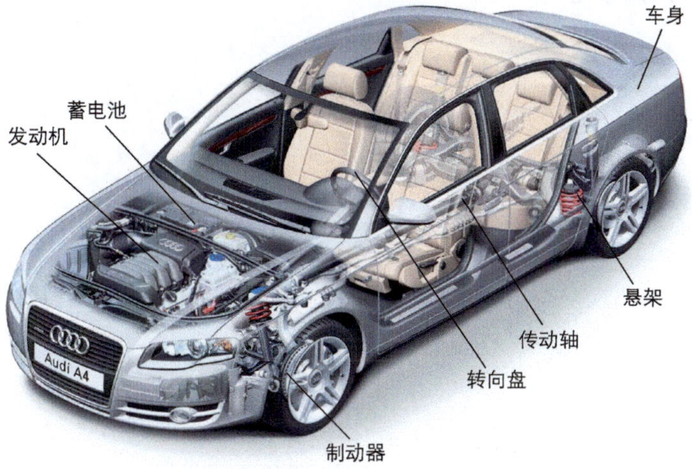

图 1-9 四轮驱动轿车的总体构造

汽车总体构造

1. 发动机

发动机是汽车的动力装置，其作用是使供入其中的燃料燃烧而发出动力。一般汽车都采用往复活塞式内燃机，它由曲柄连杆机构、配气机构、燃料供给系、冷却系、润滑系、点火系（汽油发动机用）和起动系组成。

2. 底盘

汽车底盘的作用是支承、安装汽车发动机及其各部件、总成，形成汽车的整体造型，并接受发动机的动力，使汽车产生运动，保证正常行驶。底盘由传动系、行驶系、转向系和制动系四部分组成。

3. 车身

车身是形成驾驶员和乘客乘坐空间的装置，也是存放行李等物品的工具，因此要求它既要为驾驶员提供方便的操作条件，又要为乘客提供舒适的环境；既要保护全体乘员的安全，又要保证货物完好无损。也就是说，车身既是保安部件又是承载部件。在现代汽车中，它又是技术与艺术的有机结合的艺术品。轿车车身由本体、内外装饰和车身附件等组成。

4. 电气设备

电气设备是汽车的重要组成部分，它由电源、发动机点火系（汽油机）、起动系、照明和信号系统、仪表和报警系统、空调以及辅助电器等组成。现代汽车普遍配备了先进的电子设备，如导航系统、倒车雷达及各种人工智能装置等，显著地提高了汽车的使用体验。

思　考　题

红旗工匠风采

1. 汽车有哪些类型？请你举出三个以上不同类型的汽车编号，并解释其含义。

2. 汽车质量参数主要有哪些？是如何定义的？

3. 汽车由哪几部分构成？

4. 1958 年 5 月 12 日，国产第一辆小轿车在长春试制成功。第一辆国产小轿车叫“东风”，是红旗轿车的前身。红旗品牌是民族汽车品牌的象征，请你通过查阅历史资料，选择讲述关于红旗轿车发展历程中的励志故事。

5. 2009 年起，我国汽车产销量位列世界第一，请你谈谈汽车专业学生应该如何担负起民族品牌振兴的重任？

第二章
发动机基本知识

第一节　发动机基本术语

发动机是将某一种形式的能量转换为机械能的机器。发动机是汽车的动力源，是汽车的“心脏”。为了研究方便，人们规定了大量的术语，掌握这些术语是我们学习发动机的基础。

单缸四冲程发动机示意如图 2-1 所示。活塞置于气缸中，活塞可在气缸中作往复直线运动，活塞通过连杆和曲轴相连，曲轴可绕其轴线旋转。发动机结构的基本术语如图 2-2 所示。

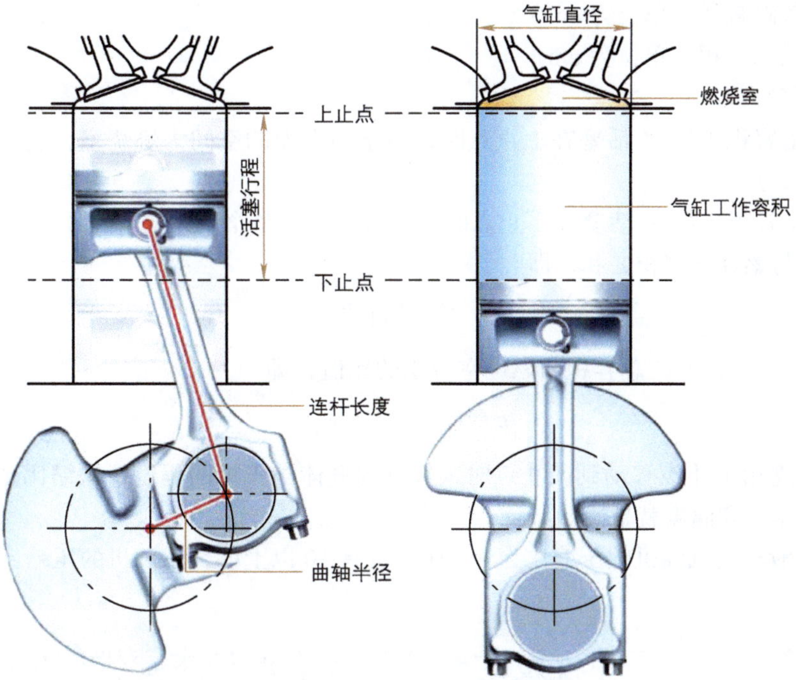

发动机基本术语

图 2-1　单缸四冲程发动机示意

1）上止点（OT）：活塞顶部离曲轴中心的最远处，即活塞最高位置。

2）下止点（UT）：活塞顶部离曲轴中心最近处，即活塞最低位置。

3）活塞行程（S）：上、下止点间的距离。

4）曲轴半径（R）：曲轴与连杆下端的连接中心至曲轴中心的距离（$S=2R$）。

5）气缸工作容积（V_h）：活塞从上止点到下止点所扫过的容积称为气缸工作容积或气缸排量，用符号 V_h 表示。多缸发动机各气缸工作容积的总和，称为发动机工作容积或发动机排量，用符号 V_L（单位为 L）表示。

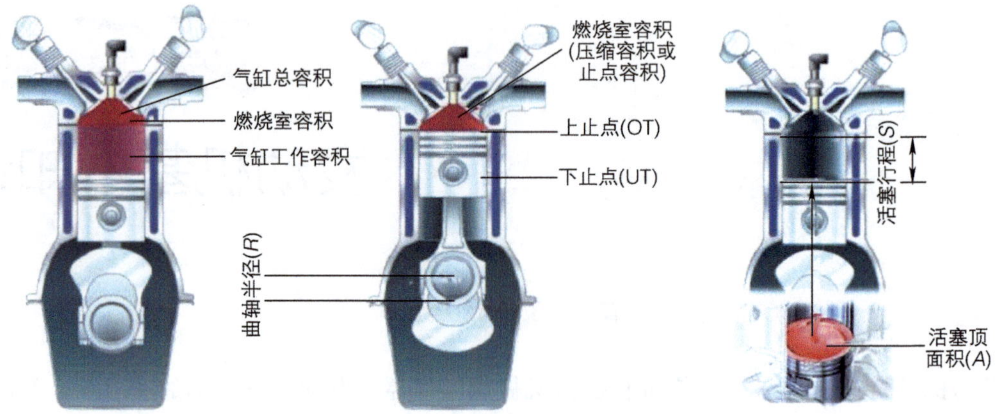

图 2-2 发动机结构的基本术语

$$V_L = \frac{\pi D^2}{4 \times 10^3} Si$$

式中 D——气缸直径，单位为 cm；

S——活塞行程，单位为 cm；

i——气缸数。

6）燃烧室容积（V_c）：活塞在上止点时，活塞顶上面的空间为燃烧室，它的容积叫燃烧室容积（单位为 L）。

7）气缸总容积（V_a）：活塞在下止点时，活塞顶上面整个空间的容积（单位为 L）。它等于气缸工作容积与燃烧室容积之和，即

$$V_a = V_h + V_c$$

8）压缩比（ε）：气缸总容积与燃烧室容积的比值，即

$$\varepsilon = V_a/V_c = 1 + V_h/V_c$$

它表示活塞由下止点移动到上止点时，气缸内气体被压缩的程度。压缩比越大，则压缩终了时气缸内的压力和温度就越高。

目前，一般车用汽油机的压缩比为 6～10，也有 10 以上的，柴油机的压缩比为 15～22。

第二节 四冲程发动机的工作原理与主要性能指标

汽油发动机
工作原理

汽油机在工作时将汽油和空气混合后的可燃混合气用电火花强制点燃使其燃烧，产生热能而膨胀做功。柴油机则利用喷油泵使柴油在高压下由喷油器直接喷入发动机气缸内，并与气缸内已经被压缩的高温空气混合形成混合气，自燃后产生热能而膨胀做功。

一、四冲程汽油机的工作原理

四冲程汽油发动机每完成一个工作循环需要经过进气、压缩、膨胀（做功）和排气四个行程，如图 2-3 所示。对应活塞上下四个行程，相应的曲轴旋转 720°（两圈）。

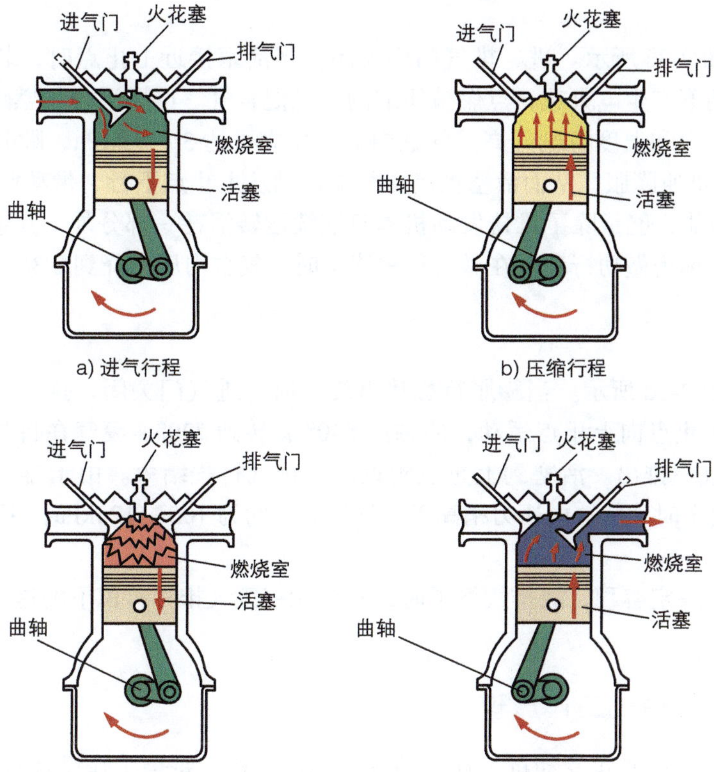

a) 进气行程　b) 压缩行程

c) 膨胀行程(做功行程)　d) 排气行程

图 2-3　四冲程汽油机的工作原理示意图

1. 进气行程

进气行程如图 2-3a 所示。进气行程开始时，排气门关闭，进气门开启，活塞被曲轴带动从上止点向下止点移动一个行程；曲轴由 0° 沿顺时针方向转到 180°。

当活塞从上止点向下止点移动时，气缸内活塞上方的容积增大，压力降低到小于大气压力，产生真空度。这时，可燃混合气（或空气）经进气歧管、进气门被吸入气缸。由于进气系统有阻力，且进气时间很短，故进气终了时气缸内的气体压力略低于大气压力，为 75 ~ 90kPa。

流进气缸内的可燃混合气，因与气缸壁、活塞顶部等高温部分接触并与前一行程（排气行程）留下的高温残余废气混合，所以它的温度上升到 353 ~ 403K。

2. 压缩行程

压缩行程如图 2-3b 所示。在进气行程终了时，活塞自下止点向上止点移动，曲轴由 180° 转到 360°，此时进、排气门均关闭。随着气缸的容积不断缩小，可燃混合气受到压缩，其温度和压力不断升高。压缩行程一直持续到活塞到达上止点时为止。此时，可燃混合气被压缩到活塞上方的很小空间，即燃烧室中。压缩终了时，可燃混合气的温度为 600 ~ 700K，可燃混合气压力为 600 ~ 1500kPa。

压缩终了时可燃混合气的压力和温度取决于压缩比，压缩比越大，燃烧速度越快，因而发动机发出的功率便越大，经济性越好。但压缩比过大时，不但不能改善燃烧，反而会出现爆燃和表面点火等不正常燃烧现象。

3. 做功行程

做功行程如图 2-3c 所示。进、排气门仍关闭。当活塞接近上止点时，装在气缸盖上的火花塞在高压电作用下产生电火花，点燃被压缩的可燃混合气。可燃混合气燃烧后，放出大量的热能，使燃气的压力和温度急剧升高。气缸内瞬时压力可达 3 ~ 5 MPa，瞬时温度可达 2200 ~ 2800K。由于气体迅速膨胀，从而活塞被高压气体推动从上止点下行，带动曲轴从 360° 旋转到 540°，并输出机械能，能量除了维持发动机本身继续运转消耗一部分外，其余部分都用于对外做功，所以该行程称为做功行程。在做功行程终了时，气缸内压力降到 0.3 ~ 0.5 MPa，温度则降为 1300 ~ 1600K。

4. 排气行程

排气行程如图 2-3d 所示。当膨胀行程接近终了时，进气门关闭，排气门开启，曲轴通过连杆推动活塞从下止点向上止点运动，曲轴由 540° 旋转到 720°。废气在自身残余压力和活塞推力作用下从气缸中排出。活塞到上止点附近时，排气行程结束。由于排气系统存在排气阻力，所以在排气终了时，气缸内压力稍高于大气压力，约为 105 ~ 125kPa，废气温度约为 900 ~ 1200K。

因燃烧室占有一定容积，故排气终了时，不可能将废气排尽，留下的这一部分废气称为残余废气。

二、四冲程柴油机工作原理

四冲程柴油机（压燃式发动机）和四冲程汽油机一样，每个工作循环也经历进气、压缩、做功、排气四个行程。由于柴油机用的柴油其黏度比汽油大，不易蒸发，且自燃温度又较汽油低，因此可燃混合气的形成及着火方式便不同于汽油机。

图 2-4 为四冲程柴油机工作示意图。柴油机在进气行程吸入的是纯空气。在压缩行程接近终了时，柴油经喷油泵将油压提高到 10MPa 以上，通过喷油器的高压喷射，将柴油分散成数以百万计的细小油雾喷入气缸，在很短时间内与压缩后的高温空气混合，形成可燃混合气。

由于柴油机压缩终了时气缸内空气压力可达 3.5 ~ 4.5MPa，同时温度高达 750 ~ 1000K，大大超过柴油的自燃温度。故柴油喷入气缸后，在很短时间内与高温高压空气混合后便立即自行发火燃烧。气缸内气压急剧上升到 6 ~ 9MPa，温度也升到 2000 ~ 2500K。在高压气体推动下，活塞向下运动并带动曲轴旋转做功，废气同样经排气管排出。

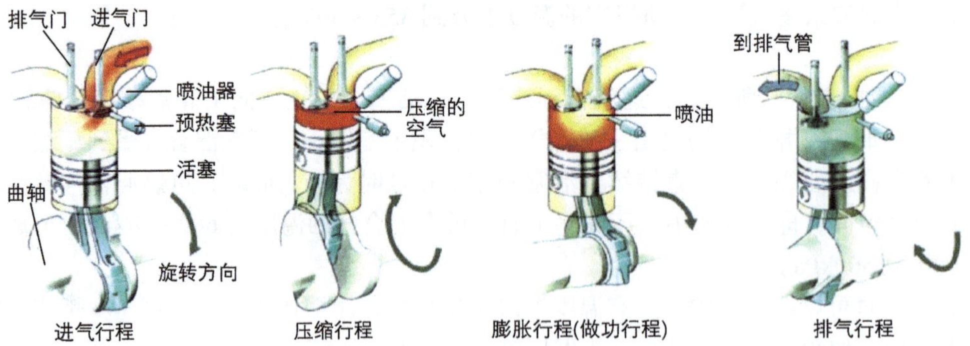

图 2-4　四冲程柴油机的工作原理示意图

从四冲程发动机的工作循环可知，四个行程中只有一个行程是做功的，其他三个行程是消耗动力的做功准备行程。因此，对于单缸发动机，使曲轴旋转的动力仅来自于做功行程，其余三个行程靠贮存能量的飞轮惯性来维持转动。显然，在做功行程时，曲轴的转速比其他三个行程转速要高，所以它的转速是不均匀的，因而发动机工作就不平稳，振动大。为了解决这个问题，可将飞轮做成具有更大的转动惯量，但这样会使整个发动机质量和尺寸增加。采用多缸发动机便可弥补上述不足。现代汽车用得最多的是四缸和六缸发动机。

三、汽油机与柴油机的比较

柴油机与汽油机各有其特点。柴油机因其工作原理不同，燃油消耗率平均比汽油机低 30% 左右，故燃油经济性较好，且柴油机没有电气和点火系统的故障。一般载质量在 7t 以上的载货汽车多用柴油机。但柴油机工作转速较汽油机低（一般最高转速为 2500 ~ 3000r/min）、质量大、制造和维修费用高（因为喷油泵和喷油器加工精度要求较高）。柴油机的这些弱点逐渐得到克服，它的应用范围普及到中、轻型载货汽车。目前部分轿车也采用柴油机，其最高转速可达 5000r/min 以上。

汽油机具有转速高（目前轿车用汽油机最高转速达 5000 ~ 7000r/min）、质量小、工作噪声低、起动容易、工作稳定、适应性好、制造和维修费用低等特点，故在轿车和中、小型载货汽车上及军用越野车上得到广泛的应用。但汽油机燃油消耗率较高。

四、发动机的主要性能指标

发动机的主要性能指标包括动力性指标和经济性指标。

1. 动力性指标

发动机的动力性指标包括有效转矩、有效功率等。

（1）有效转矩　发动机通过曲轴端的飞轮对外输出的转矩称为发动机的有效转矩，用 M_e 表示，单位为 N · m。发动机的转矩是由气体作用在活塞上的力通过连杆推动曲轴而产生的。

（2）有效功率　发动机通过飞轮对外输出的功率称为发动机的有效功率，用 P_e 表示，单位为 kW。它等于有效转矩与曲轴角速度的乘积。发动机的有效功率可以用台架试验方法测定。在测功器上测定有效转矩和曲轴转速，然后运用以下公式算出发动机有效功率（单位为 kW）：

$$P_e = M_e \frac{2\pi n}{60} \times 10^{-3} = \frac{M_e n}{9550}$$

式中 M_e——有效转矩，单位为 N · m；

n——曲轴转速，单位为 r/min。

发动机产品铭牌上标明的功率及相应的转速称为标定功率和标定转速。按内燃机台架试验国家标准规定，发动机的标定功率分为 15min 功率、1h 功率、12h 功率和持续功率四种。鉴于汽车发动机经常在部分负荷下，即较小的功率下工作，仅克服上坡阻力和加速等情况下才短时间地使用最大功率，为了保证发动机有较小的结构尺寸和质量，汽车发动机经常用 15min 功率作为标定功率。

2. 经济性指标

一般用燃油消耗率表示发动机的经济性指标。燃油消耗率指发动机每发出 1kW 有效功率，在 1h 内所消耗的燃油质量（以 g 为单位），用 g_e 表示。很明显，燃油消耗率越低，发动机的燃油经济性越好。

燃油消耗率［单位为 g/（kW · h）］按下式计算：

$$g_e = \frac{G_f}{P_e} \times 10^3$$

式中　G_f——发动机每单位时间的耗油量，单位为 kg/h，可由试验测定；

P_e——发动机的有效功率，单位为 kW。

第三节　发动机的总体构造

发动机是一部复杂的机器，不同的发动机，其具体结构也各不相同，但基本构造相似。通常，汽油机由两大机构五大系统组成，柴油机由两大机构四大系统组成（无点火系）。常见轿车四缸发动机结构如图 2-5 所示。

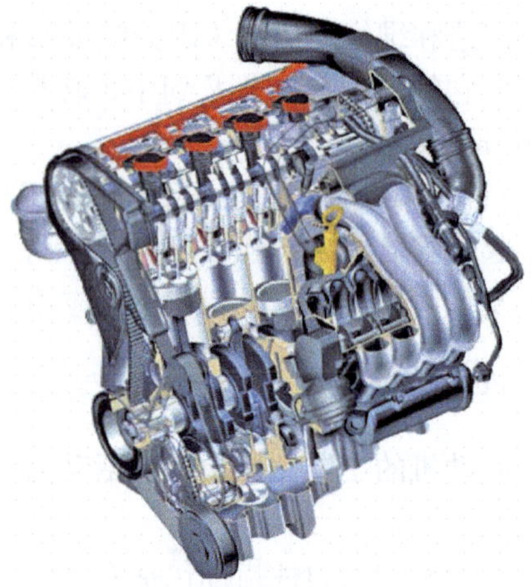

图 2-5　轿车四缸发动机

一、两大机构

1. 曲柄连杆机构

曲柄连杆机构由活塞连杆组、曲轴飞轮组和机体组三部分组成。活塞连杆组和曲轴飞轮组包括活塞、连杆总成、曲轴等。这是发动机将活塞的往复直线运动转变为曲轴旋转运动而输出动力的机构。发动机的机体组包括气缸体、气缸盖、气缸盖罩盖及油底壳等。气缸盖和气缸体的内壁共同组成燃烧室的一部分，是承受高温、高压的机件。机体作为发动机各机构、各系统的装配基体，其本身的许多部分又分别是燃料供给系、冷却系和润滑系的组成部分。

2. 配气机构

配气机构包括进气门、排气门、液力挺杆总成、凸轮轴、凸轮轴正时齿轮（由曲轴正时齿轮驱动）、气门弹簧等。其作用是使可燃混合气及时充入气缸并及时从气缸排出废气。

二、五大系统

汽油发动机
五大系统

1. 燃料供给系

燃料供给系的作用是根据发动机各种工况要求，配制具有一定数量和浓度的可燃混合气供入气缸，并将燃烧后生成的废气排出发动机。其包括燃油泵、燃油滤清器、压力调节器、喷油器、排气管、消声器等。

2. 点火系

点火系的功用是保证按规定时刻及时点燃气缸中被压缩的可燃混合气。其包括电源（蓄电池和发电机）、分电器、点火开关、点火线圈、火花塞等。

3. 冷却系

冷却系的功用是散发受热机件的热于大气之中，以使发动机在最适宜的温度下工作。其主要包括冷却液泵、散热器、风扇、节温器、水温表以及气缸体和气缸盖里铸出的水套等。

4. 润滑系

润滑系的功用是将润滑油不断地供给做相对运动的零件以减少它们之间的摩擦阻力，减轻机件的磨损，并部分地冷却摩擦零件，清洗摩擦表面。润滑系包括油底壳、机油集滤器、机油泵、限压阀、润滑油道及油管、油温和油压传感器、油温和油压表、油标尺等。

5. 起动系

起动系的功用是使静止的发动机起动并转入自行运转。其包括起动机、冷起动加热器及其附属装置。

第四节　汽车发动机的种类与编号规则

发动机的种类很多，根据发动机将热能转变为机械能的主要构件形式，车用发动机可分为活塞式内燃机与燃气轮机两大类。活塞式内燃机按活塞运动方式分为往复活塞式和旋转活塞式两种。往复活塞式内燃机在汽车上的应用最为广泛。

一、汽车发动机的种类

汽车发动机，一般指往复活塞式内燃机，按照不同的分类方法可以把发动机分成不同类型。发动机的分类如图 2-6 所示。

二、发动机产品名称和型号编制规则

为了便于发动机的生产管理和使用，我国于 2008 年对发动机的名称和型号编制方法重新审定颁布了 GB/T 725—2008《内燃机产品名称和型号编制规则》。

发动机型号的排列顺序及符号所代表的意义规定如图 2-7 所示。发动机型号应能反映发动机的主要结构特征及性能，由下列四部分内容组成：

1）第一部分：由制造商代号或系列符号组成。本部分代号由制造商根据需要选择相应 1 ~ 3 位字母表示。

2）第二部分：由气缸数、气缸布置形式符号、冲程形式符号、缸径符号组成。

3）第三部分：由结构特征、用途特征和燃料符号组成，以字母表示。

4）第四部分：区分符号。同一系列产品需要区分时，由制造商选用适当符号表示。

下面举例说明发动机型号 1E65F/P、492Q/P-A、YZ6102Q 的含义。

1E65F/P——表示单缸，二冲程，缸径 65mm，风冷，通用型汽油机。

492Q/P-A——四缸、直列、四冲程、缸径 92mm、冷却液冷却、汽车用汽油机（A 为区分符号）。

YZ6102Q——六缸直列、四冲程、缸径 102mm、冷却液冷却、车用柴油机（YZ 为扬州柴油机厂的代号）。

- 发动机分类
  - 按照所用燃料分
    - 汽油发动机
    - 柴油发动机
  - 按照行程分
    - 二冲程发动机
    - 四冲程发动机
  - 按照冷却方式分
    - 水冷式发动机
    - 风冷式发动机
  - 按照气缸数目分
    - 单缸发动机
    - 多缸发动机
  - 按照气缸排列方式分
    - 直列式发动机
    - V形发动机
    - 水平对置式发动机
    - W形发动机
    - 星形发动机
  - 按进气方式分
    - 自然吸气(非增压)式发动机
    - 强制进气(增压)式发动机

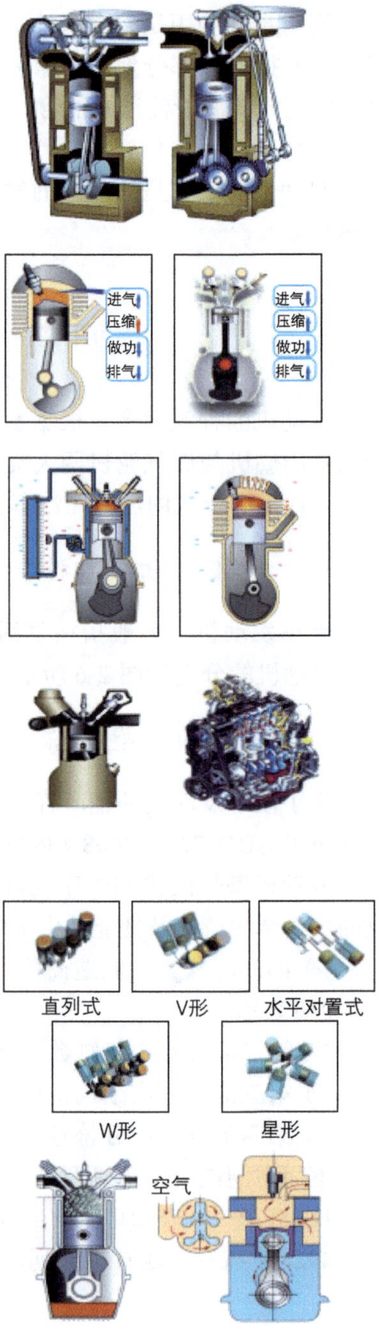

图 2-6　发动机的分类

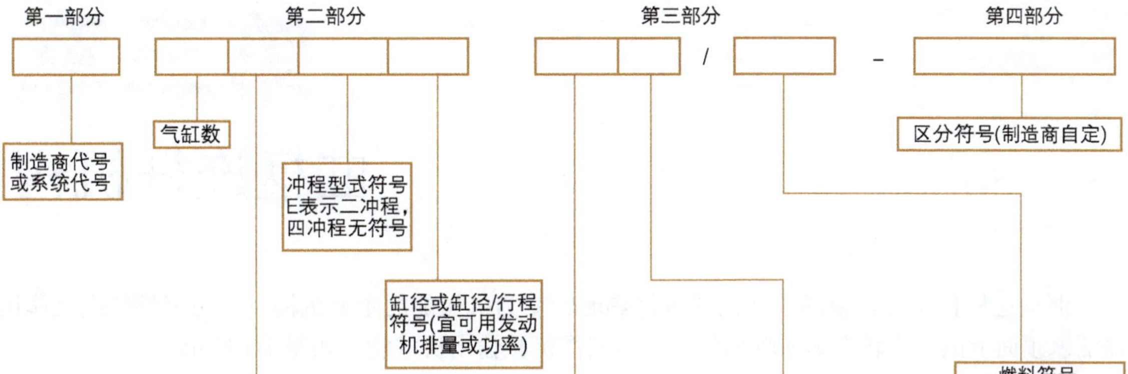

气缸布置型式符号	
符号	含义
无符号	多缸直列或单缸
V	V形
P	卧式
H	H形
X	X形

结构特征符号	
符号	结构特征
无符号	水冷
F	风冷
N	凝气冷却
S	十字头式
Z	增压
ZL	增压中冷
DZ	可倒转

用途特征符号	
符号	用途
无符号	通用型及固定动力
T	拖拉机
M	摩托车
G	工程机械
Q	汽车
J	铁路机车
D	发电机组
C	船用主机、右机基本型
CZ	船用主机、左机基本型
Y	农用车
L	林业机械

燃料符号	
符号	燃料名称
无符号	柴油
P	汽油
T	天然气
CNG	压缩天然气
LNG	液化天然气
LPG	液化石油气
Z	沼气
W	煤矿瓦斯
M	煤气
S、SCZ	双燃料
M	甲醇
E	乙醇
DME	二甲醇
FME	生物柴油

图 2-7　发动机型号的排列顺序及符号所代表的意义

思　考　题

1. 什么是发动机的压缩比？发动机用油与压缩比有什么关系？
2. 简述四冲程汽油发动机的工作过程。
3. 汽油发动机与柴油发动机在总体构造上有何异同？在性能方面有何区别？
4. 发动机由哪些机构与系统组成？各部分的功用是什么？

第三章

曲柄连杆机构

曲柄连杆机构是往复活塞式内燃机将热能转变为机械能的主要机构。其功用是把燃气作用在活塞顶面上的压力转变为曲轴的转矩，向工作机械输出机械能，如图 3-1 所示。

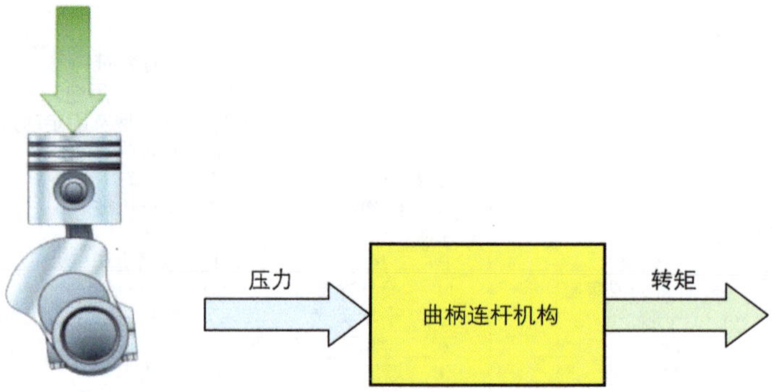

图 3-1　曲柄连杆机构的功用

曲柄连杆机构由活塞连杆组、曲轴飞轮组、机体组三部分组成。

第一节　活塞连杆组

活塞连杆组主要由活塞、活塞环（气环和油环）、活塞销、连杆、连杆轴承等机件组成，如图 3-2 所示。

一、活塞

1）活塞的工作条件及要求。活塞的主要作用是承受气缸中的燃烧压力，并将压力通过活塞销和连杆传给曲轴。由于活塞顶部直接与高温燃气接触，受周期性变化的气体压力和惯性力的作用，且散热及润滑条件差，因此要求活塞具有足够的强度和刚度；具有较小的质量，以保持较小的惯性力；具有耐热的活塞顶及弹性的活塞裙；具有良好的导热性和极小的热膨胀性，以便有较小的安装间隙；活塞与气缸壁间有较小的摩擦因数。

2）活塞的材料。发动机活塞最常用的材料是铝硅合金。除母体金属铝外，其合金成分的质量分数是：硅 11% ~ 14%，铜、镍、镁各 1%，以及少量的（低于 1%）铁、钛和锌。其中硅的成分越多，则热膨胀系数越小，磨损也越小，但制造工艺性较差。车用柴油机因其活塞需承受高热、高机械负荷，故也有采用合金铸铁和耐热钢作为活塞材料。

3）活塞构造。整个活塞可分为活塞顶、活塞头和活塞裙三部分，如图 3-3 所示。

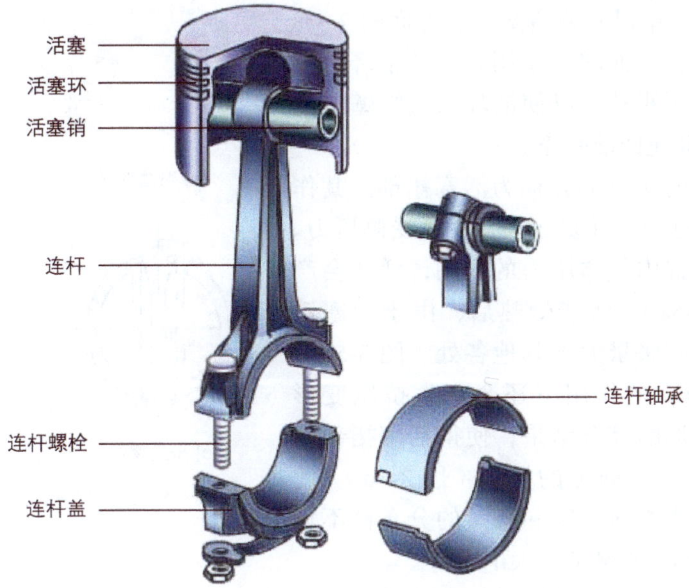

图 3-2 活塞连杆组

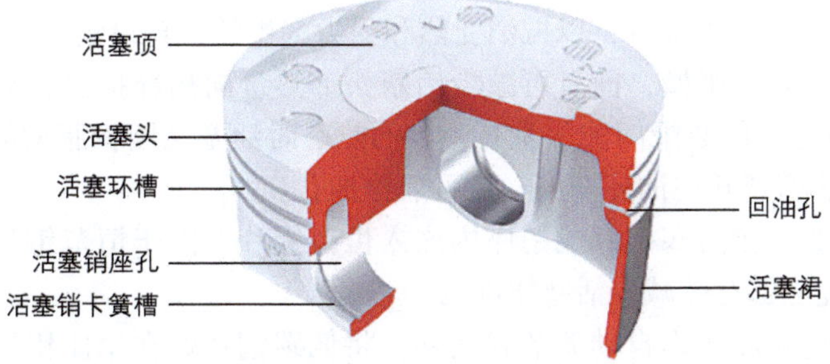

图 3-3 活塞的基本结构

活塞顶是燃烧室的组成部分，因而常制成不同的形状。汽油机活塞顶多采用平顶或凹顶（图 3-4a、c），以使燃烧室结构紧凑，散热面积小，制造工艺简单。凸顶活塞常用于二冲程汽油机（图 3-4b）。柴油机活塞顶常制成各种凹坑形。

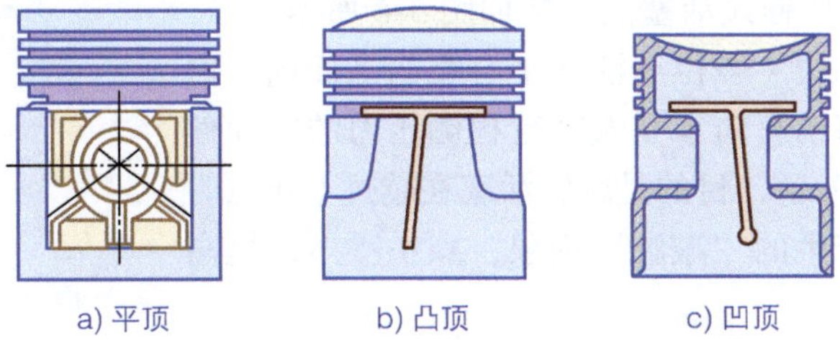

图 3-4 活塞顶的形状

活塞头部由活塞顶至最下面一道活塞环槽之间的部分称为活塞头。其作用是承受气体压力、防止漏气、将热量通过活塞环传给气缸壁。活塞头切有若干环槽，用以安装活塞环。上面的 2 ~ 3 道槽用来安装气环，下面的一道用来安装油环。油环槽的底部钻有若干小孔，以使油环从气缸壁上刮下的多余润滑油经此流回油底壳。

活塞环槽以下的所有部分称为活塞裙部。其作用是引导活塞在气缸中作往复运动，并承受侧压力。发动机工作时，因缸内气体压力的作用，活塞会产生弯曲变形（图 3-5a）；活塞受热后，由于活塞销座处的金属多，其膨胀量大于其他各处（图 3-5b）；此外，活塞在侧压力的作用下还会产生挤压变形（图 3-5c）。上述变形的综合结果，使得活塞裙部断面变成长轴在活塞销方向上的椭圆（图 3-5d）。此外，由于活塞沿轴线方向温度和质量的分布都不均匀，因此各断面的热膨胀量是上大下小。

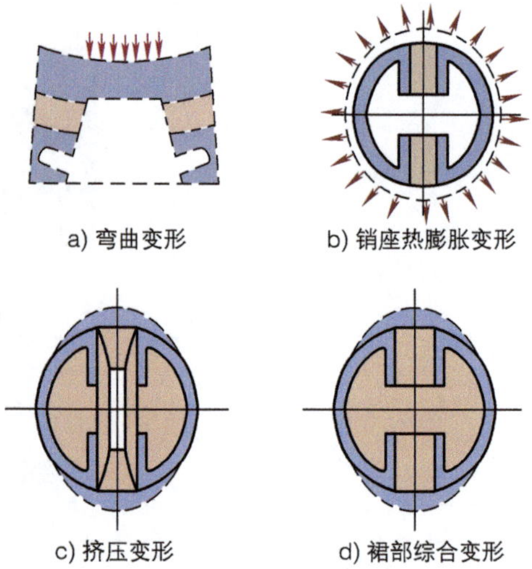

图 3-5　活塞裙部的椭圆变形

为使活塞在各种工况下均能与气缸壁间保持均匀的间隙，活塞通常采取一些结构措施。

1）沿裙部高度方向制成上小下大的圆锥形，以抵消受热产生的上大下小的变形量。

2）将裙部制成椭圆形，椭圆的长轴在垂直于销座孔轴线的方向，在铸造时，将销座外端面凹陷 0.5 ~ 1mm 或截去一小部分，以抵消受热和受力产生的长轴沿销座孔轴线方向的变形量。

3）裙部开绝热槽和膨胀槽，前者可减少活塞头部热量向裙部扩散；后者可使裙部具有一定的弹性，并可使冷态下的装配间隙尽量减小，而热态时活塞又因膨胀槽的补偿作用而不致在气缸中“卡死”。绝热槽若开在油环槽中，还可兼作油孔。

4）用双金属活塞，在活塞裙部或销座内嵌入恒范钢片。由于恒范钢片膨胀系数仅为铝合金的 10% 左右，因此能够有效减少活塞裙部的膨胀量。

5）还有一类双金属活塞为自动调节式活塞。将低碳钢片贴在销座铝层内侧，不仅起到抑制变形的作用，而且利用双金属效应可减少裙部侧压力方向上的膨胀量。因为双金属效应对膨胀的控制作用与温度有关，故双金属活塞也被称为热膨胀自动调节式活塞。

现代汽车发动机上广泛采用半拖鞋式或拖鞋式裙部的活塞。在保证裙部有足够承压面积的条件下，将不承受侧向力一侧的裙部部分地去掉，即为半拖鞋式裙部；若全部去掉，则为拖鞋式裙部。其优点是：质量小，裙部弹性好，能避免与曲轴平衡重发生运动干涉，适应高速发动机的需要。拖鞋式活塞的结构如图 3-6 所示。

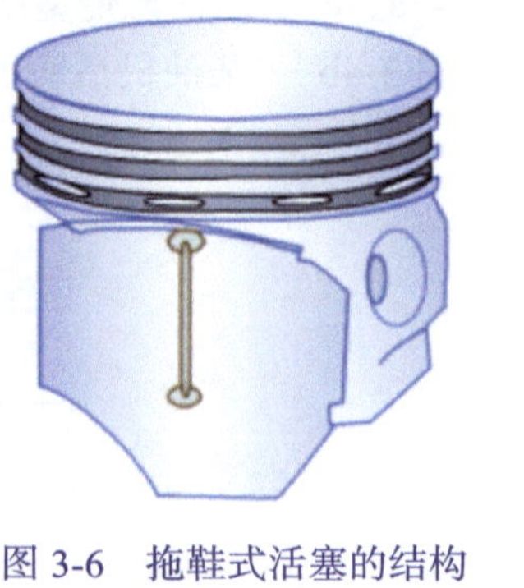
图 3-6　拖鞋式活塞的结构

活塞销座孔的中心线一般位于活塞中心线的平面内。但有些高速发动机将活塞销座向承受做功行程侧压力的一面偏移 1 ~ 2mm，如图 3-7 所示，目的是减轻活塞在越过上止点时因侧压力瞬时换向而产生的“敲缸”现象，减小噪声，提高发动机工作的平顺性。

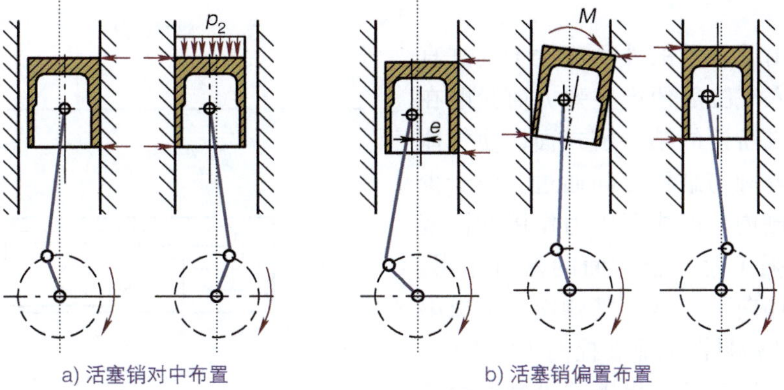

图 3-7 活塞销偏置

二、活塞环

按功用不同，可将活塞环分为气环和油环两种（图 3-8）。气环的主要作用是密封气缸中的高温、高压燃气，防止其大量漏入曲轴箱，同时它还将活塞头 70% ~ 80% 的热量传导给气缸壁。

油环的作用是刮除气缸壁上多余的机油，并在气缸壁上布上一层均匀的油膜，既可以防止机油窜入燃烧室，又可以减少活塞及活塞环与气缸壁的磨损。活塞环在高温、高压、高速及润滑条件极差的条件下工作，因而是发动机所有零件中工作寿命最短的，尤其是第一道气环。

活塞环的材料多采用合金铸铁或球墨铸铁。为改善活塞环的滑动性能和磨合性能，其表面应涂以保护层，如经磷酸盐处理或镀锌、镀钼。对于承受压力最大的第一道气环，其工作表面常镀上多孔性铬。多孔性铬层硬度高，并能贮存少量的润滑油，从而延长活塞环的使用寿命。其他各道活塞环大都采用镀锡或磷化处理，以改善其磨合性。

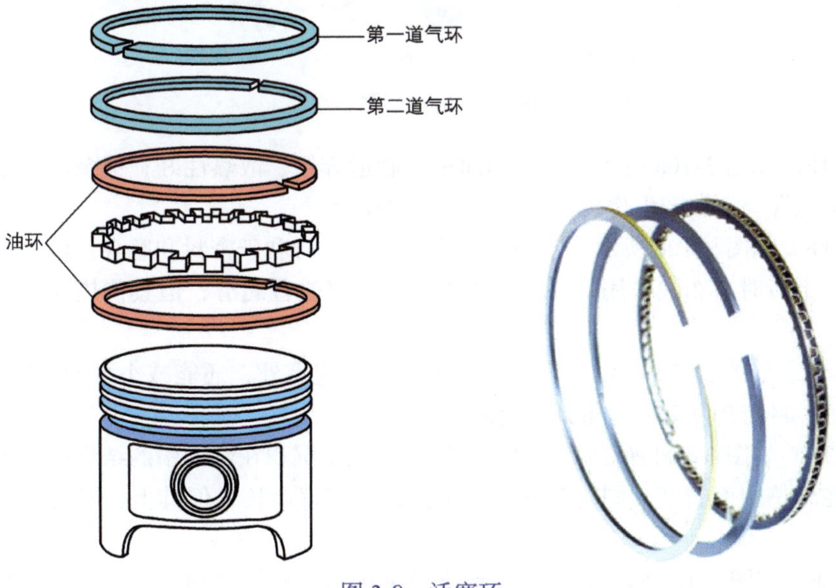

图 3-8 活塞环

1. 气环

气环在自由状态下的外径略大于气缸直径，随活塞装入气缸后便产生弹力而紧贴在气缸壁上，形成所谓的第一密封面，使气体不能从活塞环外圆与缸壁之间通过。由于少量气体窜入环槽内，形成背压力作用在活塞环的背面，加强了第一密封面的密封作用。同时，将活塞环向下压紧环槽侧面，形成第二密封面，使其密封性能显著提高（图3-9）。如此，从最后一道气环漏出来的可燃混合气量很少，其压力很小，流速很低。因此，只要将2～3道气环的切口相互错开而形成所谓“迷宫式”封气装置，就能对气缸中的高压可燃混合气进行有效的密封。

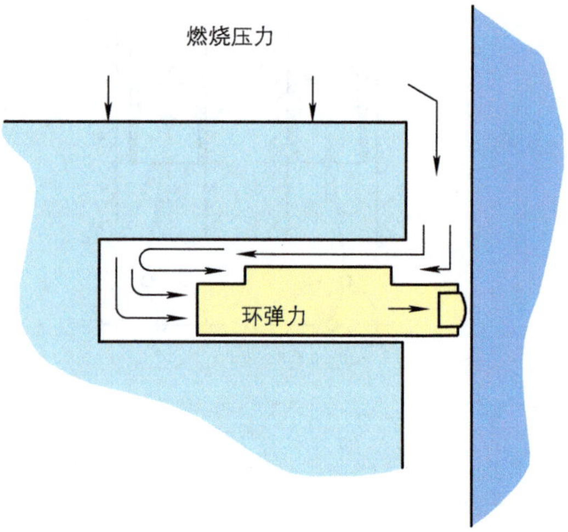

图3-9　气环的密封原理

活塞装入气缸后，活塞环开口处两端的距离称为活塞环的开口间隙。若该间隙过大，则漏气量大，使发动机的功率减小；该间隙若过小，则可能因环端部间的互相撞击而造成活塞环断裂。该间隙一般为0.20～0.90mm。气环常见的断面形状如图3-10所示，有以下几种：

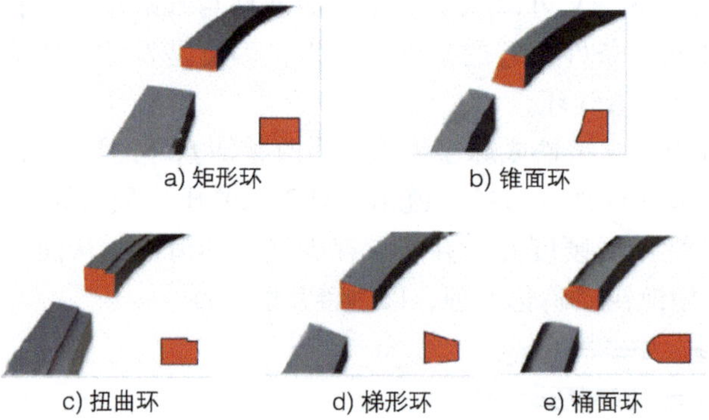

图3-10　气环的断面形状

1）矩形环。如图3-10a所示，它结构简单、制造方便、散热性好；但泵油作用会将活塞壁上的润滑油泵入燃烧室，产生烧机油现象，故应用较少。

2）锥面环。如图3-10b所示，它与缸壁为线接触，有利于密封和磨合。该环在活塞下行时有刮油作用，上行时有布油作用，并可形成楔形油膜以改善润滑；但其传热性差，不宜用于第一道气环。

3）扭曲环。如图3-10c所示，它除具有锥面环的优点外，还能减小泵油作用，减轻磨损，提高散热能力，目前在发动机上得到广泛的应用。

4）梯形环。如图3-10d所示，它的主要优点是能使沉积在环槽中的结焦被挤出，避免了活塞环被黏结在环槽中而折断，同时其密封作用强，使用寿命长；但其上、下两面的精磨工艺较复杂。

5）桶面环。如图3-10e所示，它上行或下行都可形成楔形油膜而改善润滑，对活塞在气缸内摆动的适应性好，接触面积小，有利于密封，但其凸圆弧表面的加工较困难。

2. 油环

无论活塞上行或下行，油环都能将气缸壁上多余的润滑油刮下来，经活塞上的回油孔流回油底壳。目前，汽车发动机常用的油环有两种：

1）整体式油环（图 3-11a），其断面与矩形气环相似。为增强刮油效果，提高对缸壁的压力，在其外圆上切有环形槽，槽底开有若干回油用的小孔或狭缝，其刮油作用如图 3-12 所示。

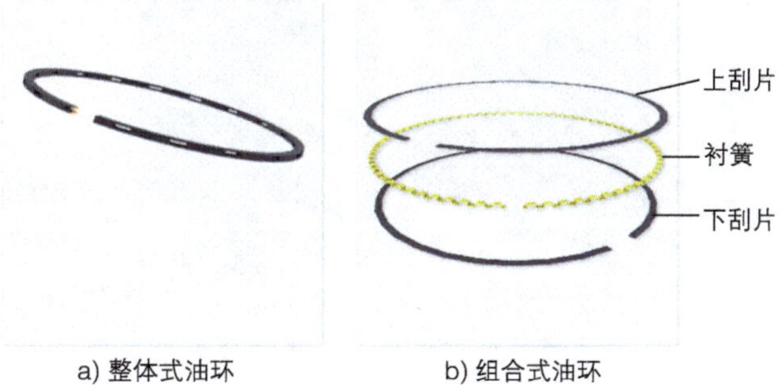

图 3-11 油环

2）组合式油环（图 3-11b），由上、下刮片和产生径向、轴向弹力作用的衬簧组成。主要优点为：刮油能力强，对缸套变形的适应性好，回油通路大。因此，组合油环的应用日益增多。

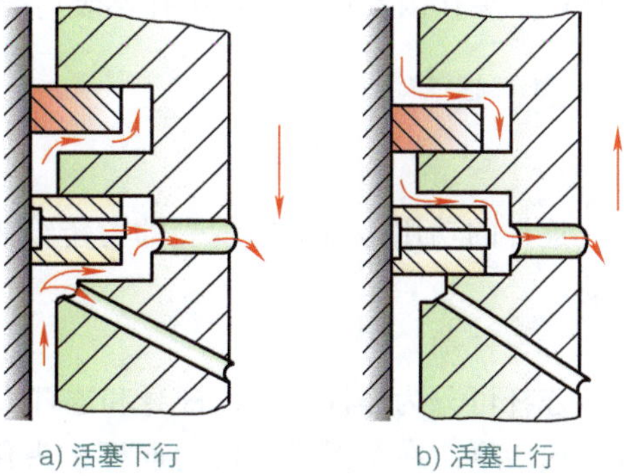

图 3-12 油环的刮油作用

三、活塞销

活塞销的功用是连接活塞和连杆小头，将活塞所承受的气体压力传给连杆。

活塞销在高温下，承受极大的周期性冲击载荷，润滑条件差。因此要求活塞销具有足够的强度、刚度和耐磨性，且质量要小。活塞销的造型为管状，如图 3-13 所示。

活塞销的材料一般为低合金渗碳钢（15Cr3 或 16MnCr5），对高负荷发动机则采用渗氮钢（34CrAl6 或 32AlCrMo4），经表面渗碳或渗氮以提高其表面硬度，并使心部具有一定的冲击韧性，然后进行精磨和研磨。

活塞销的结构形状很简单，基本是一个厚壁空心圆柱。其内孔形状有圆柱形、两段截锥形和组合型。圆柱形孔的活塞销加工容易但质量较大；两段截锥形的活塞销质量较小，且因为活塞销所受的弯矩在其中部最大，所以接近于等强度梁，但锥孔加工较难；组合型的活塞销的特点介于上述两者之间。

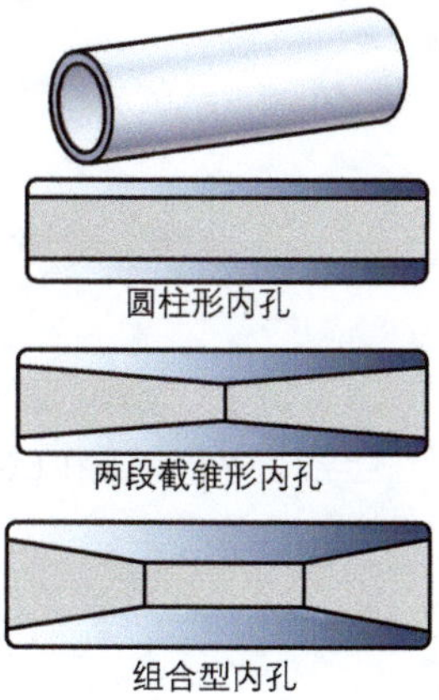

图 3-13 活塞销

活塞销与活塞销座孔和连杆小头衬套孔的连接配合方式有两种，即全浮式和半浮式。全浮式活塞销能在连杆小头衬套孔和活塞销座孔内作自由转动，可以保证活塞销沿圆周磨损均匀。为防止活塞销轴向窜动而损坏气缸壁，在活塞销座两端装有弹性卡环来限位。活塞销的连接方式如图3-14所示。

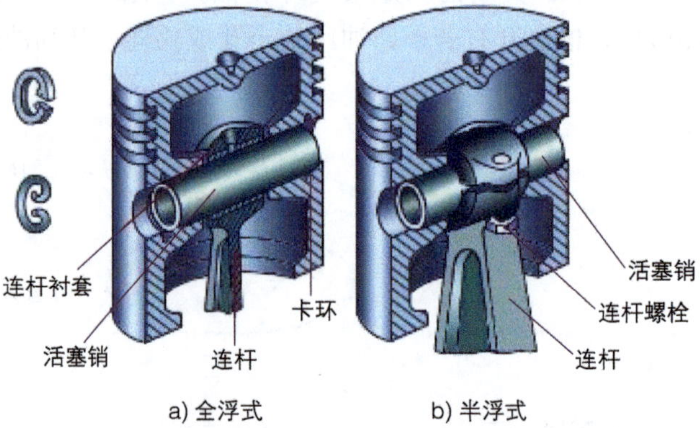

图3-14 活塞销的连接方式

半浮式活塞销是用螺栓将活塞销夹紧在连杆小头孔内，这时活塞销只在活塞销孔内转动，在拉杆小头孔内不转动。小头孔不装衬套，销孔中也不装活塞销挡圈。

四、连杆

1. 连杆功用

连杆的功用是将活塞承受的力传给曲轴，推动曲轴转动，变活塞的往复运动为曲轴的旋转运动。

2. 连杆结构

连杆可分为连杆小头、杆身和连杆大头三部分，如图3-15所示。连杆小头用来安装活塞销以连接活塞，在全浮式连接的连杆小头孔内压有减摩的青铜衬套或铁基粉末冶金衬套。为润滑衬套，在连杆小头和衬套上一般铣有积存飞溅润滑油的油槽或油孔。有时，在连杆杆身内钻有纵向的压力油通道，以对小头进行压力润滑。

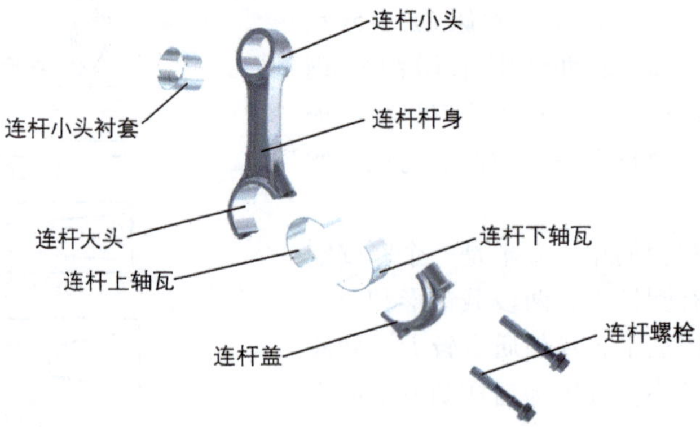

图3-15 连杆结构

连杆杆身多采用“工”字形断面，从而在质量尽可能小的情况下提高其抗弯刚度。

连杆大头与曲轴的连杆轴颈相连。为便于安装，通常将连杆大头做成剖分式的，上半部与杆身为一体，下半部即连杆盖，二者通过连杆螺栓装合。连杆大头孔的表面粗糙度值要求较小，以便于连杆轴承装入后能很好地贴合传热。

3. 连杆材料

连杆一般采用 45、40Cr 等中碳钢或中碳合金钢经模锻或辊锻制成，也有少数用球墨铸铁制成。为提高疲劳强度，连杆常进行表面喷丸处理。对于小型发动机的连杆，则常用高强度铝合金制造。

五、连杆轴承

连杆轴承装在连杆大头孔内，用以保护连杆轴颈（曲柄销）及连杆大头孔，俗称轴瓦。现代汽车发动机用的连杆轴承是由钢背和减磨层组成的分成两半的薄壁轴承，如图 3-16 所示。钢背由厚 1 ~ 3mm 的低碳钢带制成，既有足够的强度以承受近乎冲击性的载荷，又有一定的刚度以便与轴承孔良好地贴合。减磨层由厚 0.3 ~ 0.7mm 的薄层减磨合金制成，减磨合金具有保持油膜、减少摩擦阻力和易于磨合的作用。目前汽车发动机的轴承减磨合金主要有：

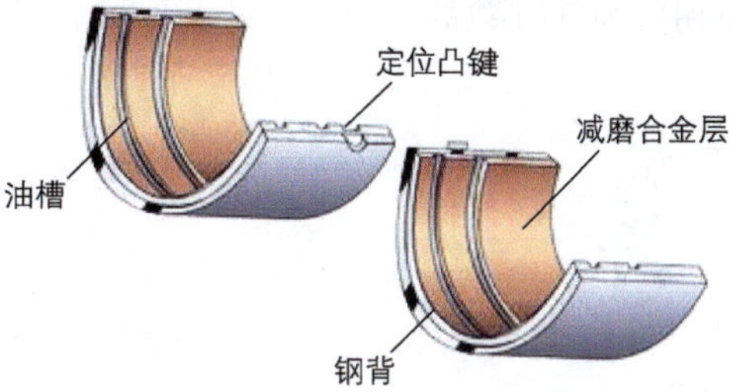

图 3-16　连杆轴承

1）巴氏合金：减磨性好，但机械强度较低、耐热性较差，常用于负荷不大的汽油发动机。

2）铜铅合金：机械强度高、承载能力大、耐热性较好；但减磨性能差。为此，常在其表面镀一层厚度为 0.02 ~ 0.03mm 的铟或锡，用于高强化的柴油发动机。

3）高锡铝合金：具有较好的力学性能和减磨性，广泛用于各类汽油机和柴油机上。

连杆轴承的背面应有很大的粗糙度。在自由状态下，轴承的曲率半径和周长都略大于连杆大头孔的曲率半径和周长，装入后，能使其紧贴在大头孔壁上，以利于散热和防止润滑油从轴承背面流失。

在两个轴承的剖分面上均制有定位凸键，以防止连杆轴承在工作中发生转动或轴向移动；在其内表面加工有油槽用以贮油，保证可靠润滑。

第二节　曲轴飞轮组

曲轴飞轮组主要由曲轴、飞轮、正时齿轮、带轮及曲轴扭转减振器等组成，如图 3-17 所示。

一、曲轴

1. 曲轴的作用与材料

曲轴的主要作用是将活塞连杆组传来的气体压力转变为转矩，用以驱动汽车的传动系统、发动机的配气机构以及其他辅助装置。曲轴在工作中，要承受周期性变化的气体压力、往复惯性力、离心力及由此而产生的转矩和弯矩的共同作用。因此要求曲轴要有足够的刚度、强度，各工作表面润滑良好、耐磨，并需要很好的平衡。

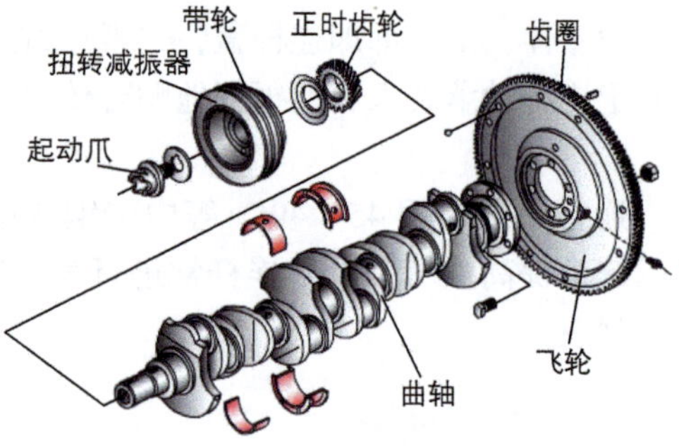

图 3-17　曲轴飞轮组的结构

2. 曲轴的结构

如图 3-18 所示，曲轴一般由主轴颈、连杆轴颈、曲柄臂、平衡重、平衡轴驱动齿轮和飞轮输出端等组成。一个连杆轴颈和它两端的曲柄及相邻两个主轴颈构成一个曲拐。曲拐的数目取决于发动机的气缸数目及其排列方式，直列发动机的曲拐数等于气缸数；而 V 型和对置式发动机的曲拐数为气缸数的一半。

曲轴结构

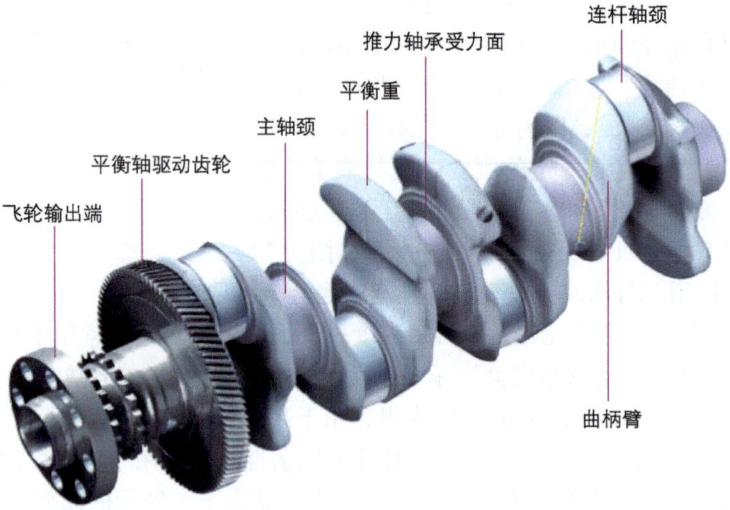

图 3-18　曲轴

曲轴平衡重用来平衡旋转惯性力及其力矩，以使发动机运转平稳，并可减小曲轴主轴承的负荷。

3. 曲轴的种类

根据曲轴主轴颈数目的多少，曲轴分为全支承曲轴及非全支承曲轴。在相邻两曲拐间都设置了一个主轴颈的曲轴，称为全支承曲轴；否则称为非全支承曲轴。全支承曲轴刚度较好，且主轴颈的负荷相对较小，多用于柴油发动机和负荷较大的汽油发动机。

4. 曲拐的布置与多缸发动机的工作顺序

曲轴的形状及各曲拐的相对位置取决于气缸数、气缸排列形式和发动机的工作顺序。在选择各气缸的工作顺序时，应遵循以下几点原则：

1）应使各气缸的做功间隔尽量均衡，即发动机每完成一个工作循环，各缸都应发火做功一次，对于缸数为 i 的四冲程发动机，其发火间隔角为 720°/i。

2）连续做功的两缸相距尽可能远些，以减小主轴承载荷和避免进气行程中发生“抢气”现象。

3）V 型发动机左右两列应交替发火。

常见多缸发动机的曲拐布置和发火顺序如下：

四冲程直列四缸发动机的发火间隔角为 720°/4 = 180°。四个曲拐在同一个平面内，如图 3-19 所示。发动机的工作顺序为 1-3-4-2 或 1-2-4-3。其工作循环见表 3-1。

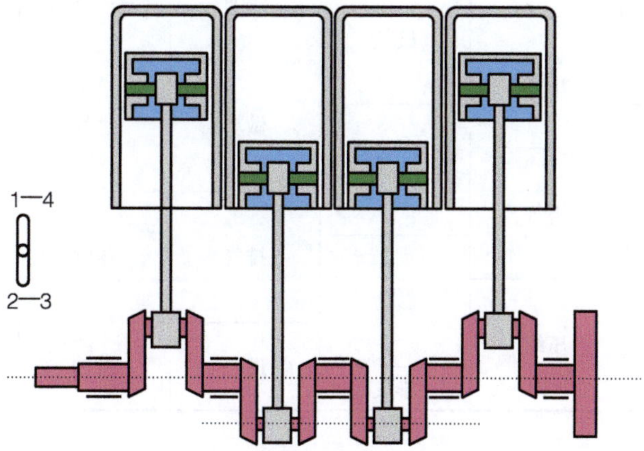

图 3-19　直列四缸发动机的曲拐布置

表 3-1　直列四缸发动机工作循环表（工作顺序 1-3-4-2）

曲轴转角 /（°）	第一缸	第二缸	第三缸	第四缸
0 ~ 180	做功	排气	压缩	进气
180 ~ 360	排气	进气	做功	压缩
360 ~ 540	进气	压缩	排气	做功
540 ~ 720	压缩	做功	进气	排气

四冲程直列六缸发动机的发火间隔角为 720°/6 = 120°。六个曲拐互成 120°，如图 3-20 所示。发动机的工作顺序为 1-5-3-6-2-4 或 1-4-2-6-3-5。其工作循环见表 3-2。

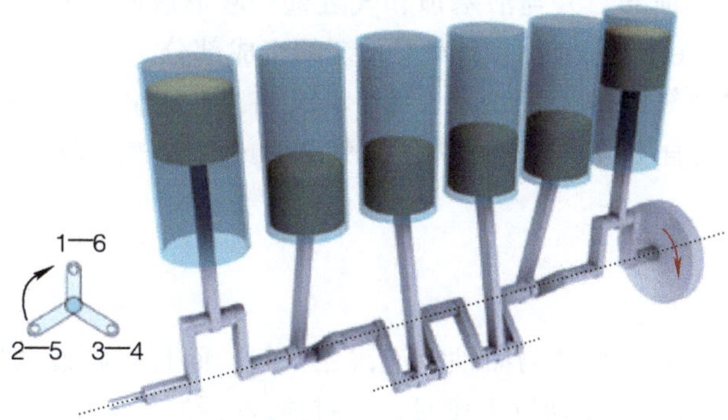

图 3-20　直列六缸发动机的曲拐布置

表 3-2　直列六缸发动机工作循环表（工作顺序 1-5-3-6-2-4）

<table>
<tr><th colspan="2">曲轴转角 /（°）</th><th>第一缸</th><th>第二缸</th><th>第三缸</th><th>第四缸</th><th>第五缸</th><th>第六缸</th></tr>
<tr><td rowspan="3">0 ~ 180</td><td>0 ~ 60</td><td rowspan="3">做功</td><td rowspan="2">排气</td><td>进气</td><td>做功</td><td rowspan="2">压缩</td><td rowspan="3">进气</td></tr>
<tr><td>60 ~ 120</td><td rowspan="3">压缩</td><td rowspan="3">排气</td></tr>
<tr><td>120 ~ 180</td><td rowspan="3">进气</td><td rowspan="3">做功</td></tr>
<tr><td rowspan="3">180 ~ 360</td><td>180 ~ 240</td><td rowspan="3">排气</td><td rowspan="3">压缩</td></tr>
<tr><td>240 ~ 300</td><td rowspan="3">做功</td><td rowspan="3">进气</td></tr>
<tr><td>300 ~ 360</td><td rowspan="3">压缩</td><td rowspan="3">排气</td></tr>
<tr><td rowspan="3">360 ~ 540</td><td>360 ~ 420</td><td rowspan="3">进气</td><td rowspan="3">做功</td></tr>
<tr><td>420 ~ 480</td><td rowspan="3">排气</td><td rowspan="3">压缩</td></tr>
<tr><td>480 ~ 540</td><td rowspan="3">做功</td><td rowspan="3">进气</td></tr>
<tr><td rowspan="3">540 ~ 720</td><td>540 ~ 600</td><td rowspan="3">压缩</td><td rowspan="3">排气</td></tr>
<tr><td>600 ~ 660</td><td rowspan="2">进气</td><td rowspan="2">做功</td></tr>
<tr><td>660 ~ 720</td><td>排气</td><td>压缩</td></tr>
</table>

二、飞轮

飞轮的主要作用是贮存做功行程的一部分能量，以克服各辅助行程的阻力，使曲轴均匀旋转，使发动机具有克服短时超载的能力。飞轮是一个转动惯量很大的圆盘，其结构如图 3-21 所示。飞轮又常作为汽车传动系中摩擦离合器的主动盘。飞轮的外缘上镶有齿圈，起动机上的齿轮工作时，供发动机起动用。在飞轮上还刻有上止点记号，用来校准点火正时或喷油正时，以及调整气门间隙。

图 3-21　飞轮的结构

第三节　机　体　组

机体组是发动机的支架，是曲柄连杆机构、配气机构和发动机各系统主要零部件的装配基体。气缸盖用来封闭气缸顶部，并与活塞顶和气缸壁一起形成燃烧室。另外，气缸盖和机体内的水套、油道以及油底壳也是冷却系统和润滑系统的组成部分。

发动机机体组主要由气缸体、气缸盖、气门室罩盖、气缸垫及油底壳等组成，如图 3-22 所示。有的发动机亚镶有气缸套，气缸套分为干式气缸套或湿式气缸套。

一、气缸体

1. 气缸体的结构特点

绝大多数水冷发动机的气缸体与曲轴箱连铸在一起，而且多缸发动机的各个气缸也合铸成一个整体，如图 3-23 所示。在发动机工作时，气缸体承受拉、压、弯、扭等不同形式的机械负荷，同时还承受很大的热负荷。

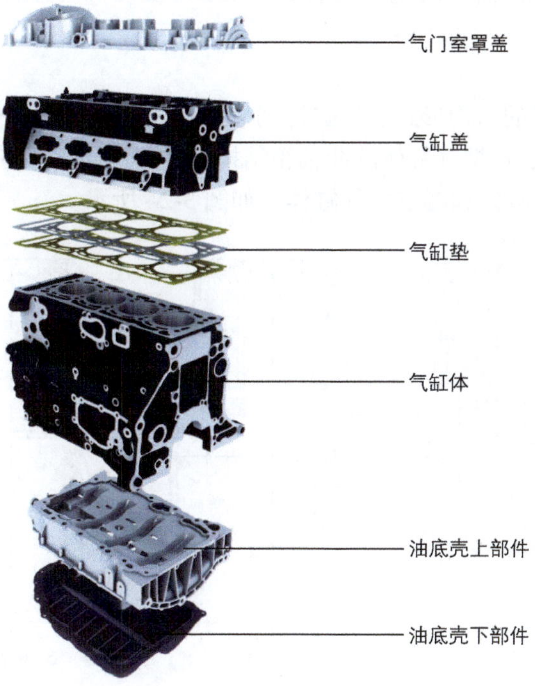

图 3-22　发动机机体组的组成

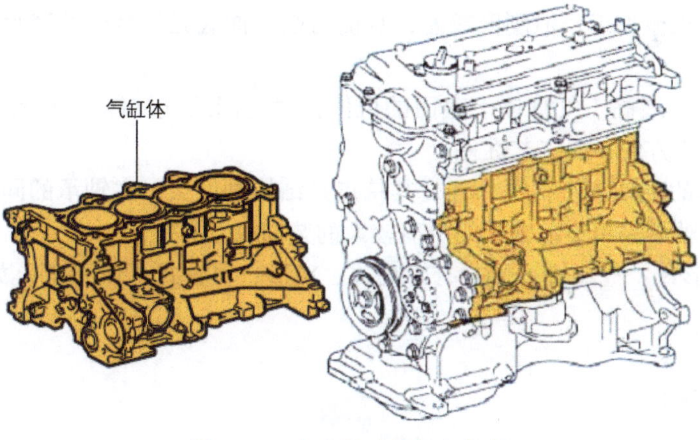

图 3-23　水冷发动机的气缸体

2. 气缸体的材料

气缸体一般用高强度灰铸铁或铝合金铸造。近年来，在轿车发动机上越来越多地采用铝合金气缸体。

3. 气缸体的结构

气缸体是结构极为复杂的箱形零件，其大部分壁厚均为铸造工艺所允许用的最小壁厚。在气缸体侧壁和前后壁的内外表面以及缸间的横隔板上均有加强肋，旨在减小气缸体质量的同时，保证气缸体有足够的强度和刚度。在气缸体的前后壁和缸间横隔板上铸有支承曲轴的主轴承座或主轴承座孔以及满足润滑需要的纵、横油道。在水冷发动机气缸的外壁铸有冷却水套和储水室，以增强其散热能力。

4. 气缸体的种类

缸体的构造与曲轴箱的结构形式、气缸排列形式和气缸结构形式有关。

1）曲轴箱结构形式：根据气缸体的曲轴箱结构形式的不同，可将其分为三种：一般式（平底式）气缸体、龙门式气缸体和隧道式气缸体，如图3-24所示。

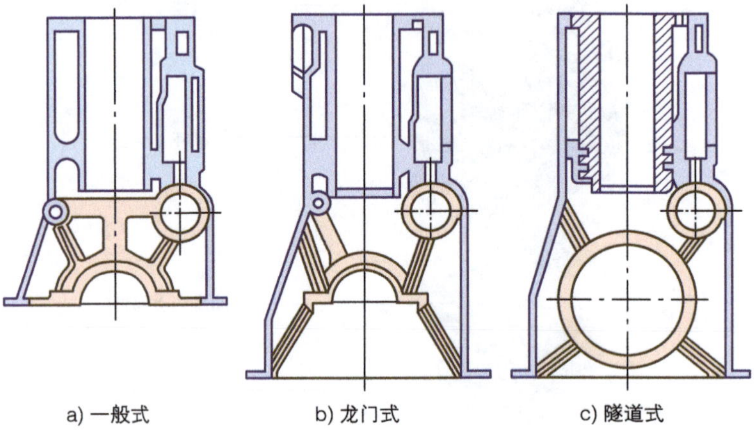

图3-24　气缸体结构示意图

发动机的主轴承座孔中心线位于曲轴箱分开面上的为一般式气缸体，其特点是机体高度小、质量小、便于机械加工，但刚度较差，且前后端与油底壳接合处的密封性较差，多用于中小型发动机。

主轴承座孔中心线高于气缸体下表面的机体称为龙门式气缸体，其特点是结构刚度较好、密封简单可靠、维修方便，但工艺性差。

隧道式气缸体的主轴承座孔不分开，其特点是结构刚度大，主轴承的同轴度易保证，但拆装不便，多用于主轴承采用滚动轴承的负荷较大的柴油机。

2）气缸排列形式：气缸排列形式有直列式、V形、对置式、W形等，如图3-25和图3-26所示。

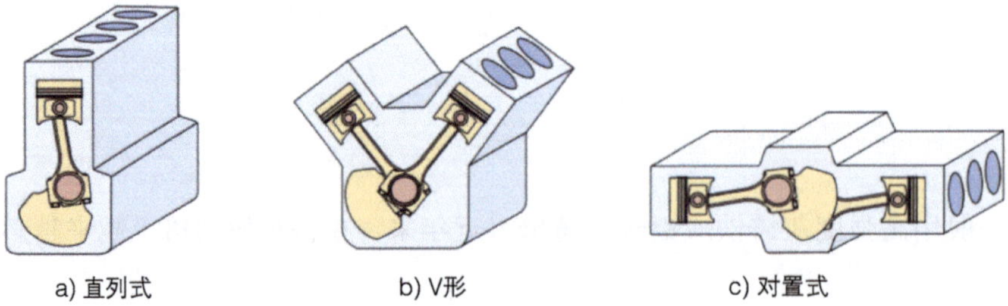

图3-25　气缸的排列形式

各气缸排成一直列的称为直列式气缸排列。其特点是机体的宽度小而高度和长度大，一般只用于六缸以下的发动机。

两列气缸排成 V 形的称为 V 形气缸排列。此发动机称为 V 型发动机。V 型发动机机体宽度大，而长度和高度小，形状比较复杂，但机体的刚度大，质量和外形尺寸较小。

对置式发动机是指两列气缸水平相对排列，其优点是重心低，而且水平对置式发动机的平衡性好。

图 3-26 所示为 W12 发动机活塞的分布方式。它实际是两个六缸发动机呈 V 形排列。每个六缸发动机又呈小角度 V 形排列。此发动机结构比相同气缸数的 V 型发动机更紧凑。

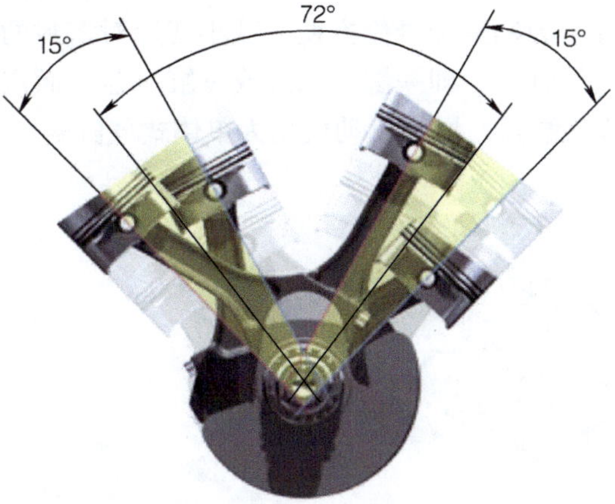

图 3-26　W12 发动机活塞分布方式

3）气缸结构形式：根据气缸结构形式的不同，气缸可分为无气缸套式、干气缸套式和湿气缸套式，如图 3-27 所示。

无气缸套式机体即不镶嵌任何气缸套的机体，在机体上直接加工出气缸。其优点是缩短了气缸中心距，从而使机体的尺寸和质量减小，机体的刚度大，工艺性好。但其缺点是为了保证气缸的耐磨性，整个机体必须采用耐磨的合金铸铁制造。

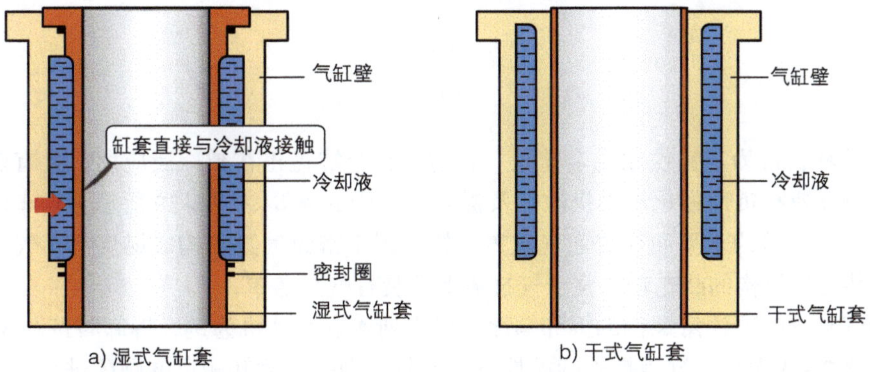

图 3-27　气缸结构形式

气缸套的外表面不直接与冷却液接触的称为干式气缸套。为保证散热效果和缸套的定位，缸套的外表面与气缸体的缸套座孔内表面必须精确加工，且一般采用过盈配合，壁厚仅为 1 ~ 3.5mm 的干式气缸套是被压装到气缸中去的。

气缸套的外表面直接与冷却液接触的称为湿式气缸套。其壁厚达 5 ~ 9mm，以微小的装配间隙放入气缸中。大多数湿式气缸套装入后，其顶面一般高出气缸体 0.05 ~ 0.15mm，这样在紧固气缸盖螺栓时，可将气缸垫压得更紧，以保证气缸的密封性，防止漏水、漏气。相对而言，湿式气缸套具有散热性好、缸体铸造方便、易拆卸等优点。

二、气缸盖

气缸盖被用来封闭气缸的上部，并与活塞顶、气缸壁共同构成燃烧室。

气缸盖内有与气缸体相通的冷却水套、燃烧室、火花塞座孔（汽油发动机）或喷油器座孔（柴油发动机）、进排气道等。为制造和维修方便、减小变形对密封的影响，功率较大的柴油发动机多采用分开式（块状）气缸盖，即一缸、二缸或三缸一盖。而汽油发动机因缸径较小、缸盖负荷较轻，多采用整体式气缸盖。风冷发动机均为单体式气缸盖。图 3-28 所示为各种形式的气缸盖。

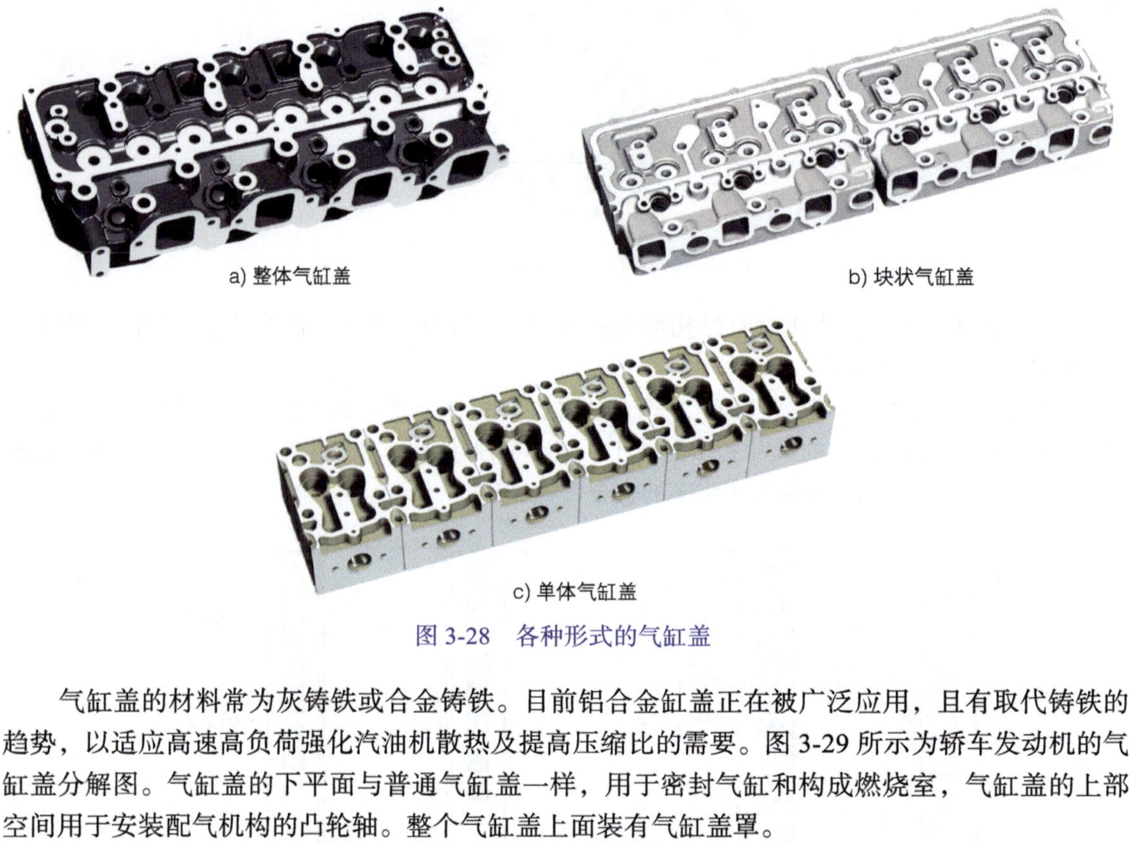

a) 整体气缸盖　b) 块状气缸盖

c) 单体气缸盖

图 3-28　各种形式的气缸盖

气缸盖的材料常为灰铸铁或合金铸铁。目前铝合金缸盖正在被广泛应用，且有取代铸铁的趋势，以适应高速高负荷强化汽油机散热及提高压缩比的需要。图 3-29 所示为轿车发动机的气缸盖分解图。气缸盖的下平面与普通气缸盖一样，用于密封气缸和构成燃烧室，气缸盖的上部空间用于安装配气机构的凸轮轴。整个气缸盖上面装有气缸盖罩。

在拆卸气缸盖时要注意螺栓的拆卸顺序，以直列 4 缸发动机为例，拆卸时按图 3-30 所示序号的顺序，分 2 ~ 3 次将气缸盖螺栓旋松拧下。安装时则按与拆卸相反的顺序进行。

发动机的燃烧室是当活塞位于上止点时，由活塞顶部及气缸盖上相应的凹部空间组成。常用汽油机燃烧室有以下几种，如图 3-31 所示。

1）半球形燃烧室（图 3-31a）。这种燃烧室的结构最为紧凑、散热面积小，有利于促进燃料的完全燃烧及排气净化，但配气机构较复杂。

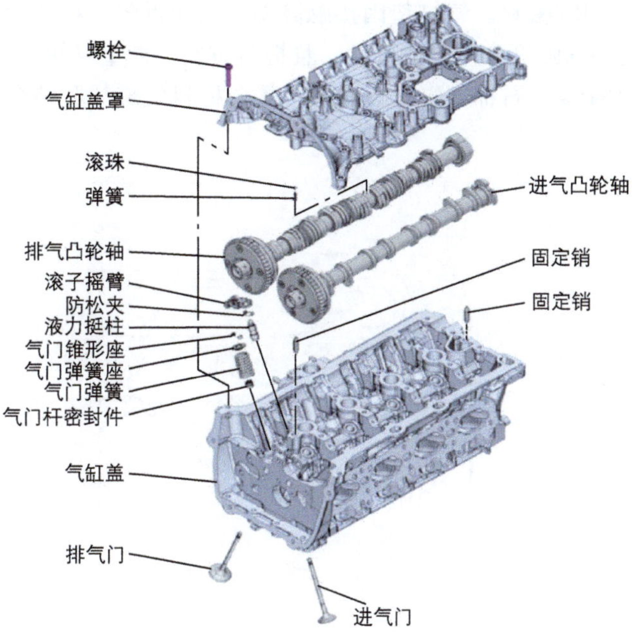

图 3-29 轿车发动机气缸盖

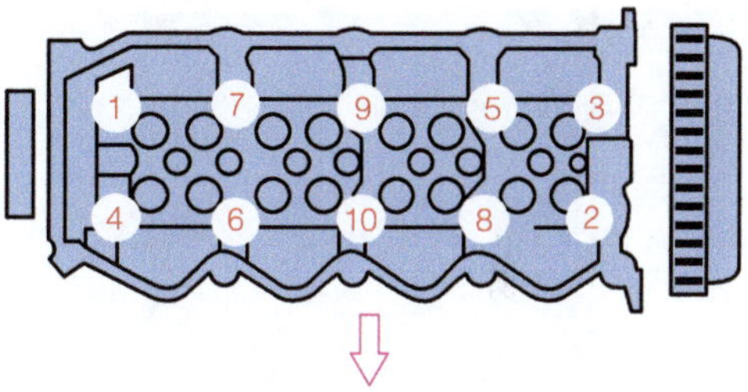

图 3-30 气缸盖螺栓的拆卸顺序

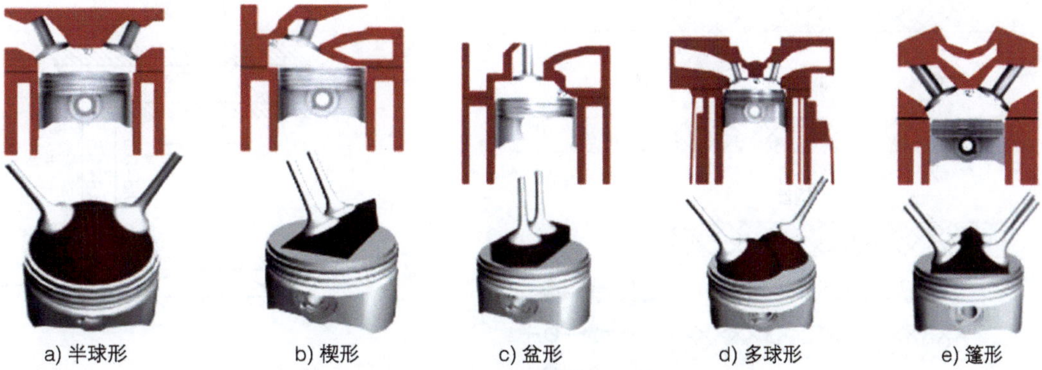

图 3-31 常用汽油机燃烧室

2）楔形燃烧室（图 3-31b）。楔形燃烧室的结构较简单、紧凑，进气道较平直，进气阻力小，在压缩终了时能形成挤气涡流，用于每缸两气门发动机上。

3）盆形燃烧室（图 3-31c）。盆形燃烧室的结构也较紧凑、简单，气门与气缸轴线平行，进气弯道较大，燃烧速度快，热效率高，在压缩终了时能形成挤气涡流，用于每缸两气门发动机上。

4）多球形燃烧室（图 3-31d）。多球形燃烧室是由两个以上半球形凹坑组成的，其结构紧凑，面容比小，火焰传播距离较短，气门直径较大，且能产生挤气涡流。

5）篷形燃烧室（图 3-31e）。篷形燃烧室是近年来高性能多气门轿车发动机上广泛应用的燃烧室。特别是小气门夹角的浅篷形燃烧室，发展较快。

三、气缸垫

气缸垫用来保证气缸体与气缸盖接合面间的密封。气缸垫因接触高温、高压燃气，在使用中易被烧蚀，故要求它耐热、耐腐蚀、有足够的强度和一定的弹性，且拆装方便，能重复使用，寿命长。按所用材料的不同，气缸垫可分为金属 - 石棉气缸垫、金属 - 复合材料气缸垫和纯金属气缸垫，如图 3-32 所示。

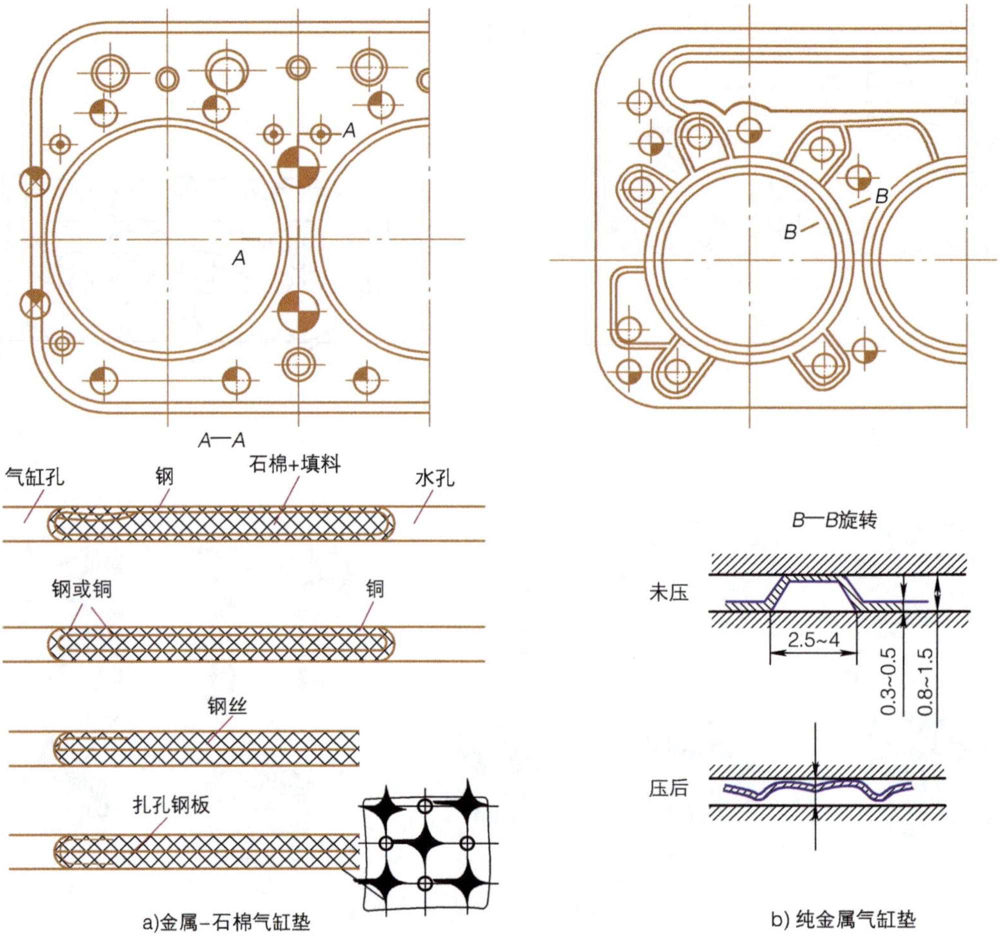

图 3-32　气缸垫的种类与结构

金属 - 石棉气缸垫通常由夹有金属丝或金属屑的石棉外覆铜皮组成。为防烧蚀，在水孔及燃烧室孔周围用镶边增强。中间的石棉耐热性很高，且具有一定的弹性，可提高气缸的密封性。

纯金属气缸垫由单层或多层金属片（低碳钢或铜）制成。为加强密封，在缸口、水孔和油孔周围冲有弹性凸纹。金属气缸垫强度高，耐腐蚀能力强，多用于强化程度较高的发动机上。近年来，主流发动机开始使用耐热密封胶以取代传统的气缸垫，这就要求气缸盖和气缸体的接合面有较高的加工精度。

四、油底壳

油底壳的作用是贮存机油并封闭曲轴箱，一般由薄钢板冲压而成，也有的发动机为达到良好的散热效果，采用铝合金铸造而成的带有散热片的轻金属油底壳。

为保证发动机纵向倾斜时机油泵仍能吸到机油，油底壳中部或后部做得较深。有时在油底壳中还设有挡油板，以减轻油面波动。油底壳底部装有磁性的放油螺栓，用于吸附润滑油中的铁屑，减少发动机的磨损。油底壳的结构如图 3-33 所示。

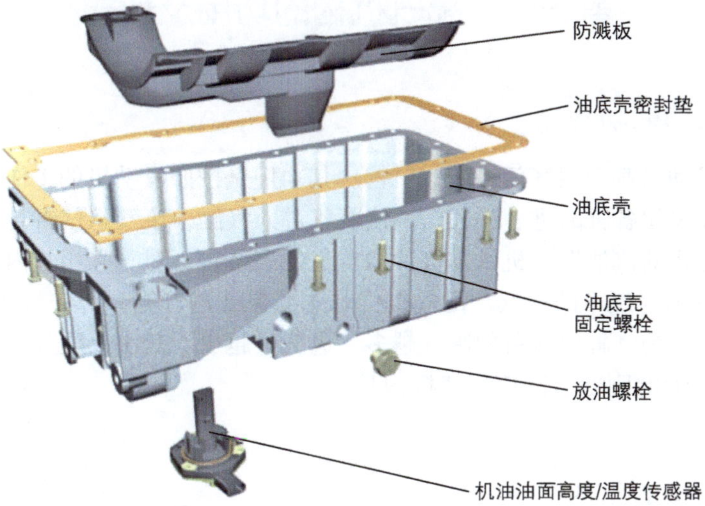

图 3-33　油底壳的结构

思　考　题

1. 曲柄连杆机构由哪几部分组成？
2. 活塞的结构有何特点？
3. 活塞环是如何实现密封功能的？
4. 燃烧室的结构形式有哪些？
5. 按照操作规范要求，简述拆卸和安装气缸盖螺栓的顺序。
6. 从职业素养要求出发，简述在更换发动机机油时对放油螺栓应该做怎样的操作。
7. 简述如何处理废旧机油。

第四章
配气机构

第一节　配气机构的功用及形式

一、配气机构的功用

四冲程汽车发动机都采用气门式配气机构。其功用是按照发动机的工作顺序和工作循环的要求，定时开启和关闭各缸的进、排气门，使新气进入气缸，废气从气缸排出。所谓新气，对于采用歧管喷射方式的汽油发动机就是汽油与空气的混合物，对于采用缸内直喷方式的汽油发动机和柴油发动机则为纯净的空气。配气机构首先要保证进气充分，进气量尽可能多；同时，废气要排除干净，因为气缸内残留的废气越多，进气量越少。其次，配气机构的运动件应该具有较小的质量和较大的刚度，以使配气机构具有良好的动力特性。

二、配气机构的组成与形式

配气机构由气门组和气门传动组组成，如图 4-1 所示。

根据凸轮轴的位置不同，发动机配气机构可分为凸轮轴下置、凸轮轴中置、凸轮轴上置等形式，如图 4-2 所示。

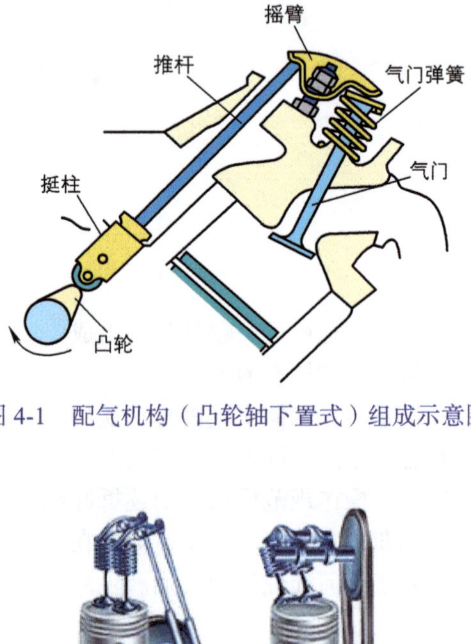

图 4-1　配气机构（凸轮轴下置式）组成示意图

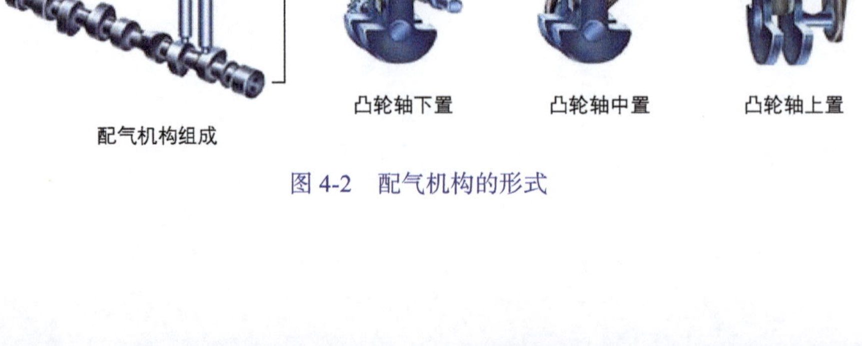

图 4-2　配气机构的形式

第二节 气 门 组

气门组包括气门、气门导管、气门座和气门弹簧等主要零部件，气门组的作用是实现气缸的密封。气门组的组成如图 4-3 所示。

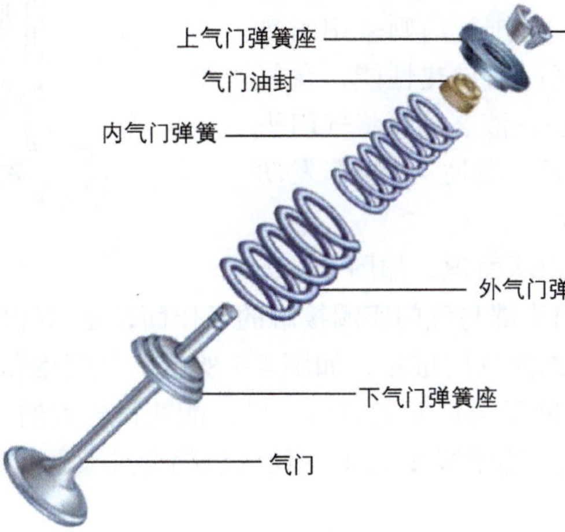

图 4-3 气门组的组成

一、气门

气门由头部和杆部两部分组成，头部用来封闭气缸的进、排气通道，杆部则主要为气门的运动导向，如图 4-4 所示。

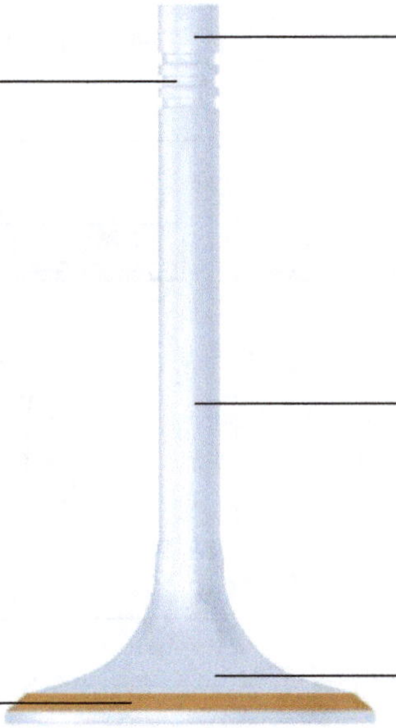

图 4-4 气门的结构

气门的作用是与气门座相配合，对气缸进行密封，并按工作循环的要求定时开启和关闭，使新鲜气体进入气缸，使废气排出气缸。气门头部受高温作用，承受高压及气门弹簧和传动组惯性力的作用，气门杆在气门导管中作高速直线往复运动，其冷却和润滑条件差，因此，要求气门必须具有足够的强度、刚度、耐热和耐磨能力。进气门材料常采用合金钢（铬钢或镍铬钢等），排气门则采用耐热合金钢（硅铬钢等）。另外，为了改善气门的导热性能，在气门内部充注金属钠，钠在970°C时为液态，液态钠可将气门头部的热量传给气门杆，冷却效果十分明显。奥迪A6轿车发动机排气门即采用钠冷却气门，如图4-5所示。

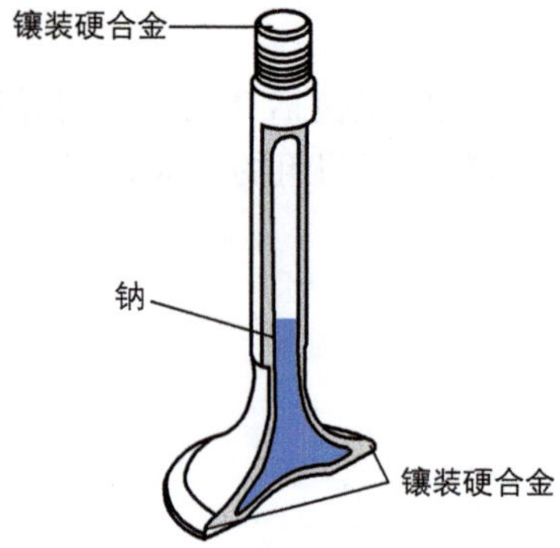

图4-5 充钠排气门

气门头部的形状有平顶、喇叭形顶和球面顶，如图4-6所示。目前使用最多的是平顶气门头。气门头部与气门座圈接触的工作面，是与杆部同心的锥面，通常将这一锥面与气门顶部平面的夹角称为气门锥角，如图4-7所示。气门锥角一般为30°或45°。采用锥形工作面的目的：①像锥形塞子可以塞紧瓶口一样，能获得较大的气门座合压力，以提高密封性和导热性；②气门落座时有定位作用；③避免使气流拐弯过大而降低流速。

a) 平顶　b) 喇叭形顶　c) 球面顶

图4-6 气门头部的结构形式

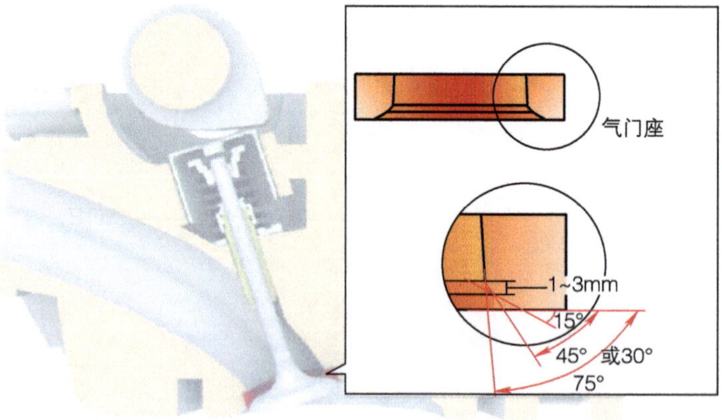

a) 气门与气门座　b) 气门锥角

图4-7 气门锥角

气门杆是圆柱形，在气门导管中不断进行上、下往复运动。气门杆部应具有较高的加工精度和较小的表面粗糙度，与气门导管保持正确的配合间隙，以减小磨损和起到良好的导向、散热作用。气门杆尾部结构取决于气门弹簧座的固定方式，如图 4-8 所示。常用的结构是用剖分成两半的锥形锁夹或卡块来固定气门弹簧座（图 4-8a、图 4-8b），这时气门尾端可切出环形槽来安装锁夹或卡块。也可以用圆柱锁销来固定气门弹簧座（图 4-8c），对应的气门杆尾部应有一个用来安装锁销的径向孔。

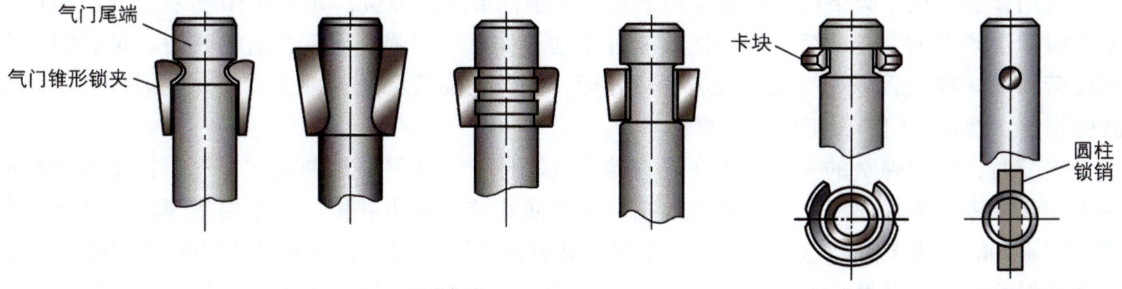

图 4-8　气门弹簧座的固定方式

二、气门座

气缸盖或气缸体的进、排气道与气门锥面相接合的部位称为气门座，它也有相应的锥面。气门座的作用是靠其内锥面与气门锥面的紧密贴合密封气缸，并接收气门传来的热量。气门座可在气缸盖上（气门顶置时）或气缸体上（气门倒置时）。因为气门座在高温下工作，磨损严重，故有不少发动机的气门座是用耐热钢材或合金铸铁单独制成气门座圈，然后镶嵌入气缸盖或气缸体上的气门座圈孔中，以提高其使用寿命，同时便于更换。

三、气门导管

气门导管的功用是给气门的运动导向，并为气门杆散热。其结构如图 4-9 所示。为便于调换或修理，气门导管内、外圆柱面经加工后压入气缸盖或气缸体的气门导管孔中，然后再精铰内孔。为了防止气门导管在使用过程中松落，有的发动机对气门导管用卡环定位，使气门弹簧下座将卡环压住，导管就有了可靠的轴向定位。气门杆与气门导管之间一般留有 0.05 ~ 0.12mm 的间隙，使气门杆能在导管中自由运动。气门导管的工作温度较高，润滑比较困难，一般用含石

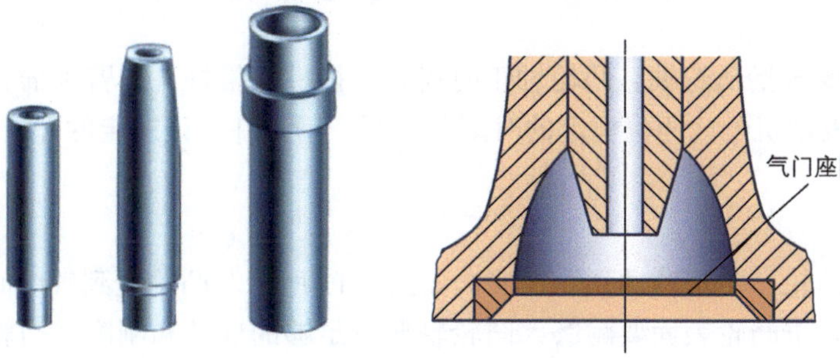

图 4-9　气门导管与气门座圈

墨较多的铸铁或铁基粉末冶金制成，以提高自润滑性能。

四、气门弹簧

气门弹簧借其张力克服气门关闭过程中气门及传动件因惯性力而产生的间隙，保证气门及时落座并紧密贴合，同时也可防止气门在发动机振动时因跳动而破坏密封。因此要求气门弹簧具有足够的刚度和安装预紧力。

气门弹簧多用中碳铬钒钢丝或硅铬钢丝制成圆柱形螺旋弹簧，如图 4-10 所示。气门弹簧在工作时承受频繁的交变载荷，为保证其能可靠地工作，气门弹簧应有合适的弹力、足够的刚度和疲劳强度。加工后应对气门弹簧进行热处理，钢丝表面要磨光、抛光或喷丸处理，借以提高疲劳强度，增强气门弹簧工作的可靠性。

安装时，气门弹簧的一端支承在气缸盖或气缸体上，而另一端则压靠在气门杆尾端的弹簧座上，弹簧座用锁片固定在气门杆的末端。为了防止弹簧发生共振，可采用变螺距的圆柱形弹簧（图 4-10b）。大多数高速发动机是一个气门装有同心安装的内、外两根气门弹簧（图 4-10c），这样不但可以防止共振，而且当一根弹簧折断时，另一根仍可维持工作。此外，还能降低气门弹簧的高度。当装用两根气门弹簧时，气门弹簧的螺旋方向和螺距应各不相同，这样可以防止折断的弹簧圈卡入另一个弹簧圈内。

a) 等螺距圆柱弹簧　b) 变螺距圆柱弹簧　c) 内外等螺距圆柱弹簧

图 4-10　气门弹簧

第三节　气门传动组

气门传动组主要包括凸轮轴、凸轮轴正时齿轮、挺柱、推杆、摇臂和摇臂轴。气门传动组的作用是使气门按发动机配气相位规定的时刻及时开、闭，并保证规定的开启时间和开启高度。

一、凸轮轴

凸轮轴主要由凸轮、凸轮轴轴颈等组成，如图 4-11 所示。凸轮受到气门间歇性开启的周期性冲击载荷，因此要求凸轮表面要耐磨，凸轮轴要有足够的韧性和刚度。凸轮轴一般用优质锻钢或特种铸铁制成，凸轮和轴颈的工作表面经热处理后精磨和抛光，以提高其硬度及耐磨性。

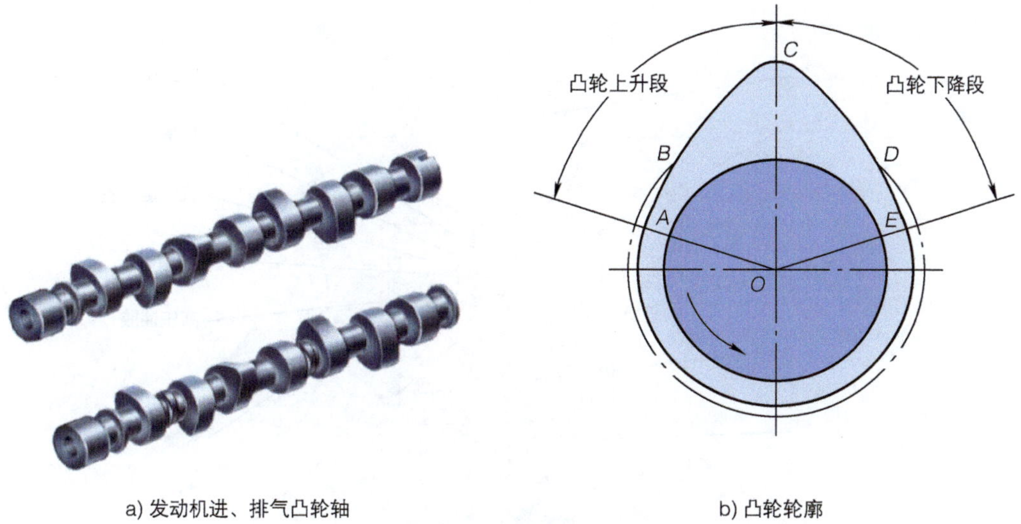

图 4-11 凸轮轴和凸轮轮廓

同一气缸的进、排气凸轮的相对角位置是与既定的配气相位相适应的。发动机各个气缸的进、排气凸轮的相对角位置应符合发动机各缸的点火次序和点火间隔时间的要求。对于四缸四冲程发动机，每完成一个工作循环，曲轴须旋转两周而凸轮轴只旋转一周，在这期间内，每个气缸都要进行一次进气或排气，且各缸进气或排气的时间间隔相等，即各缸进或排气凸轮彼此间的夹角均为 360°/4 = 90°。六缸发动机各缸进或排气凸轮彼此间的夹角均为 360°/6 = 60°。

凸轮轮廓形状如图 4-11 所示。*O* 点为凸轮轴的轴心，$\overset{\frown}{EA}$为凸轮的基圆。当凸轮按图示方向转过$\overset{\frown}{EA}$弧段时，挺柱处于最低位置不动，气门处于关闭状态；凸轮转过 *A* 点后，挺柱开始上移；至 *B* 点时，气门间隙消除，气门开始开启；凸轮转到 *C* 点时，气门开度达到最大，而后逐渐关小；至 *D* 点时，气门闭合终了。此后，挺柱继续下落，出现气门间隙，至 *E* 点时，挺柱又处于最低位置。凸轮轮廓$\overset{\frown}{BCD}$弧段为凸轮的工作段，其形状决定了气门的升程及其升降过程的运动规律。

二、挺柱

挺柱的作用是将凸轮的推力传递给推杆或气门杆，并承受凸轮轴旋转时所施加的侧向力。

挺柱可分为普通挺柱和液力挺柱两种。由于气门间隙的存在，发动机工作时，配气机构中将发生撞击而产生噪声。为解决这一矛盾，现代发动机普遍采用了液力挺柱，如图 4-12 所示。挺柱体是液力挺柱的基础件，外圆柱面上加工有环形油槽，顶部内侧加工有键形油槽，中部内圆柱面与液压缸配合。液压缸内装有柱塞，两者存在着相对运动。单向阀弹簧将单向阀压靠在柱塞的阀座上，该弹簧还可以使挺柱顶面与凸轮轮廓线保持紧密接触，从而消除气门间隙。

液压缸与柱塞、单向阀和单向阀弹簧装配在一起，构成了气门间隙补偿偶件。球阀将液压缸下部和柱塞上部分隔成两个油腔。当球阀关闭时，上部为低压油腔，下部为高压油腔；当球阀打开时，上下油腔连通。发动机工作时，机油可以通过缸盖上的油道及斜油孔进入挺柱体环形油槽，再经键形油孔进入柱塞上部的低压油腔，这样缸盖上主油道与液力挺柱的低压油腔之间便形成了一个通路。

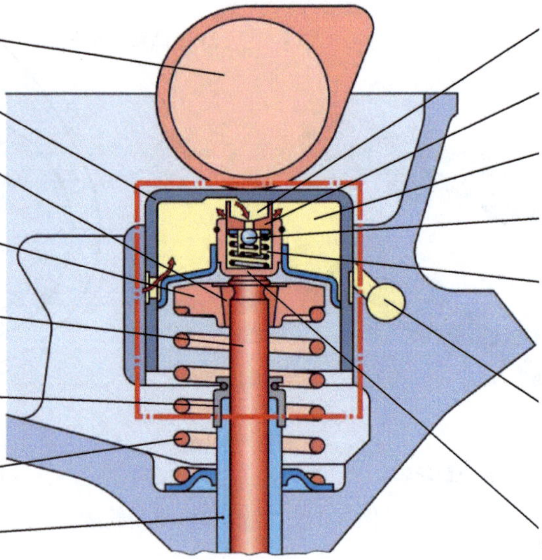

图 4-12 液力挺柱结构图

液力挺柱装在气缸盖上的挺柱孔内，挺柱顶面与凸轮接触，液压缸底面则与气门杆端接触。当凸轮轴转动、凸轮的升程段与挺柱顶面接触时，挺柱在凸轮推动力作用下向下移动，高压腔内的机油被压缩，单向阀在压力差和单向阀弹簧的作用下关闭，高、低压油腔被分隔开。由于液体的不可压缩性，整个挺柱如同一个刚体一样下移推开气门并保证了气门升程。此时挺柱体上的环形油槽已离开了气缸盖上的进油位置，停止进油。当挺柱开始上行返回时，在弹簧向上顶压和凸轮下压的作用下，高压油腔继续封闭，液力挺柱仍可认为是一个刚体，直至上行到凸轮处于基圆即气门关闭时为止。此时，气缸盖主油道中的机油经斜油孔和挺柱体上的环形油槽再次进入挺柱的低压油腔，由于挺柱不再受凸轮推动力和气门弹簧力的作用，高压油腔中的机油与回位弹簧推动柱塞上行，高压油腔的油压下降，单向阀打开，低压油腔中的机油流入高压油腔，使两腔连通充满机油。这时，液力挺柱的顶面仍然和凸轮表面紧贴，从而起到了补偿气门间隙的作用。当气门受热膨胀时，柱塞和液压缸作轴向相对运动，高压油腔中机油可经过液压缸与柱塞间缝隙被挤入低压油腔。因此使用液力挺柱时，可以不预留气门间隙。

三、推杆

推杆常用于载货汽车发动机的配气机构中，其结构如图 4-13 所示。推杆的作用是将凸轮轴经过挺柱传来的推力传递给摇臂，它是配气机构中最易弯曲的细长零件。为了减小质量并保证有足够的刚度，推杆通常采用冷拔无缝钢管制成，对于缸体和缸盖都是铝合金制造的发动机，其推杆最好用硬铝制造。推杆可以是实心的，也可以是空心的。

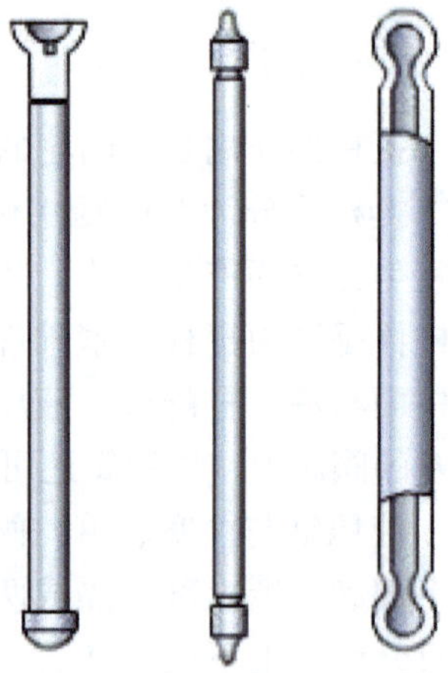

a) 实心推杆 b) 实心推杆 c) 空心推杆

图 4-13 推杆

四、摇臂

摇臂是一个中间带有圆孔的不等长双臂杠杆，其作用是将推杆传来的力改变方向，作用到气门杆尾部使其推开气门。

摇臂的长臂端部以圆弧形的工作面与气门尾端接触用以推动气门。短臂的端部有螺孔，用来安装调整螺钉及锁紧螺母以调整气门间隙。螺钉的球头与推杆顶端的凹球座相连接。由于靠气门一端的臂长，因此在一定的气门升程下，可减小推杆、挺柱等运动件的运动距离和加速度，从而减少工作中的惯性力，如图 4-14a 所示。图 4-14b 所示为薄板冲压而成的摇臂，它与液压挺柱联用，因此摇臂上不安装气门间隙调整螺钉。

摇臂可由锻钢、可锻铸铁、球墨铸铁或铝合金制造。

为了防止摇臂的窜动，在摇臂轴上每两摇臂之间都装有定位弹簧。在一些轿车发动机中取消了摇臂，由凸轮轴凸轮直接驱动气门。

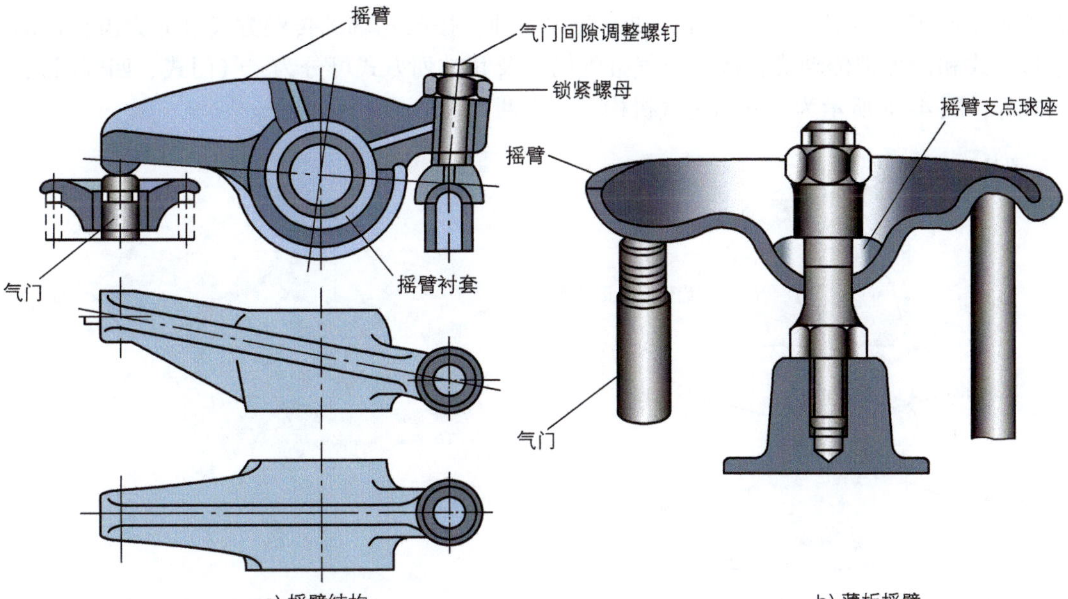

图 4-14 摇臂

第四节 配气机构的驱动方式与种类

凸轮轴由曲轴通过传动装置驱动，常见的有齿轮传动、链条传动、齿型带传动。中重型货车发动机采用一对正时齿轮传动，如图 4-15 所示。小齿轮和大齿轮分别用键安装在曲轴和凸轮轴的前端，其传动比为 2 : 1。在装配曲轴和凸轮轴时，必须将齿轮正时标记对准，以保证正确的配气相位和点火时刻。轿车发动机普遍采用的链条传动和齿形带传动，如图 4-16 和图 4-17 所示。

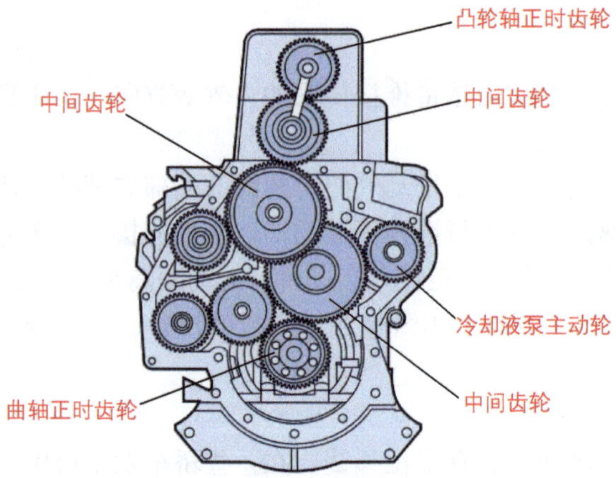

图 4-15 发动机正时齿轮传动

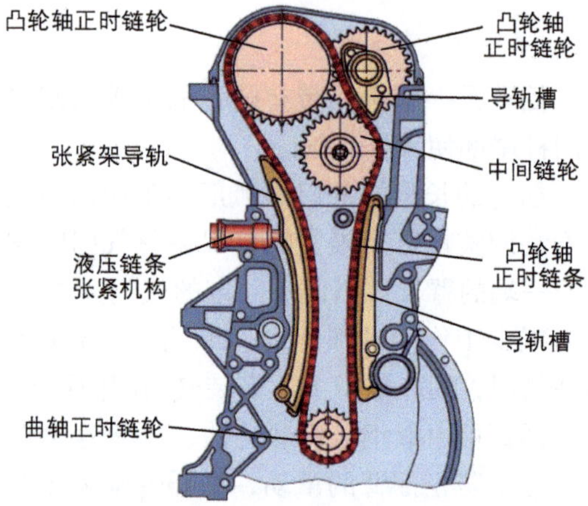

图 4-16 发动机正时链条传动

现代轿车发动机均采用顶置气门，即进、排气门置于气缸盖内，倒挂在气缸顶上。按凸轮轴的位置不同可分为下置式、中置式和上置式三种；按凸轮轴的传动方式可分为齿轮传动式、链条传动式和齿形带传动式；按每个气缸气门数及其排列方式可分为二气门式、四气门式、五气门式等，图 4-18 所示为五气门配气机构（三进两出）。

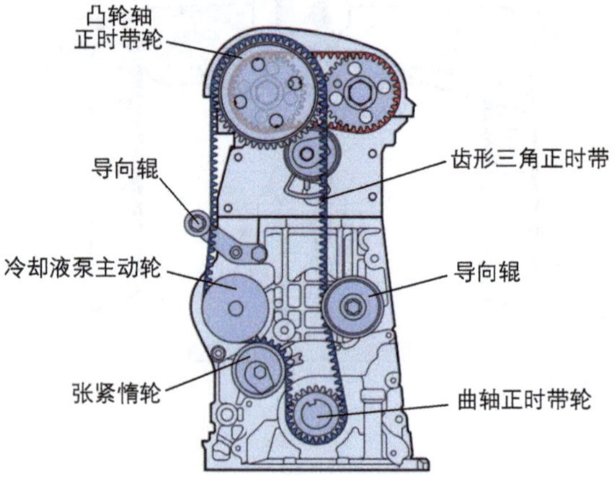

图 4-17 发动机正时齿形带传动

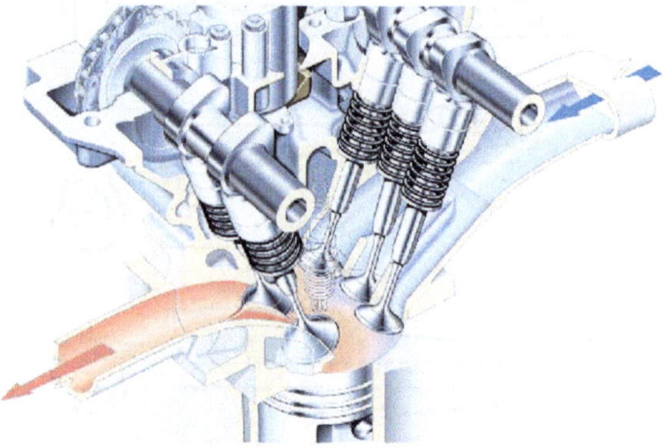

图 4-18 五气门配气机构

第五节 气门间隙与配气相位

一、气门间隙

发动机在冷态下，当气门处于关闭状态时，气门与传动件之间的间隙称为气门间隙。

发动机工作时，气门及其传动件，如挺柱、推杆等都将因温度升高而膨胀伸长。如果气门及其传动件之间在冷态时无间隙或间隙过小，则在热态下，气门及其传动件的受热膨胀势必会引起气门关闭不严，造成发动机在压缩和做功行程中漏气，从而使功率下降，严重时甚至无法起动。为了消除这种现象，通常留有适当的气门间隙，以补偿气门受热后的膨胀量。气门间隙的大小由发动机制造厂根据试验确定，一般在冷态时，进气门的间隙为 0.25 ~ 0.30mm，排气门的间隙为 0.30 ~ 0.35mm。气门间隙过大，将影响气门的开启量，同时在气门开启时产生较大的冲击响声。为了能对气门间隙进行调整，在摇臂（或挺柱）上装有调整螺钉及其锁紧螺母。

在装用液力挺柱的配气机构中，不预留气门间隙。

二、配气相位

用曲轴转角表示的进、排气门实际开闭时刻和开启持续时间，称为配气相位。通常用相对于上、下止点曲拐位置的曲轴转角的环形图来表示，这种图形称为配气相位图，如图 4-19 所示。

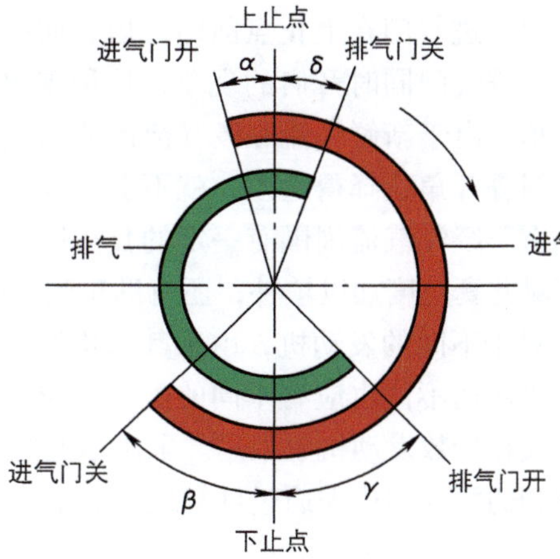

图 4-19 配气相位图

发动机工作时，进入气缸内的新气量越多，其动力性越好。影响进气量的因素很多，而进、排气门开启和关闭的时刻便是其中之一。理论上，四冲程发动机的进气门当曲拐处在上止点时开启，下止点时关闭；排气门则当曲拐在下止点时开启，上止点时关闭。进气时间和排气时间各占 180° 曲轴转角。但实际上发动机转速很高，活塞每一行程历时相当短，势必会造成进气不足和排气不净，从而使发动机功率下降。因此，现代发动机都采取延长进、排气时间的方法，即实际开闭时刻不是恰好在上、下止点，而是提前开、迟后关一定的曲轴转角，以改善进、排气状况，从而提高发动机的动力性。

配气相位

1. 进气门的配气相位

（1）进气提前角　在排气行程接近终了、活塞到达上止点之前，进气门便开始开启，从进气门开始开启到活塞移到上止点所对应的曲轴转角 α 称为进气提前角。进气门提前开启的目的是：保证进气行程开始时进气门已开大，减小了进气阻力，使新鲜气体能顺利地充入气缸。

（2）进气迟后角　在进气行程下止点过后，活塞重又上行一段，进气门才关闭。从下止点到进气门关闭所对应的曲轴转角 β 称为进气迟后角。进气门迟后关闭目的是：由于活塞到达下止点时，气缸内压力仍低于大气压力，且气流还有相当大的惯性，可以利用气流惯性和压力差继续进气。

由此可见，进气门开启持续时间内的曲轴转角，即进气持续角为 $\alpha + 180° + \beta$。α 角一般为 10° ~ 30°，β 角一般为 40° ~ 80°。

2. 排气门的配气相位

（1）排气提前角　在做功行程接近终了、活塞到达下止点之前，排气门便开始开启。从排气门开始开启到下止点所对应的曲轴转角 γ 称为排气提前角。排气门提前开启的目的是：当做功行程活塞接近下止点时，气缸内的气体大约还有 0.30 ~ 0.50MPa 的压力，此压力对做功的作用已经不大，但仍比大气压力高，可利用此压力使气缸内的废气迅速地自由排出，待活塞到达下止点时，气缸内只剩约 0.11 ~ 0.12MPa 的压力，使排气行程所消耗的功率大为减小，此外，高温废气迅速地排出，还可以防止发动机过热。

（2）排气迟后角 活塞越过上止点后，排气门才关闭。从上止点到排气门关闭所对应的曲轴转角 δ 称为排气迟后角。排气门迟后关闭的目的是：当活塞到达上止点时，气缸内的残余废气压力高于大气压力，加之排气时气流有一定的惯性，仍可以利用气流惯性和压力差把废气排放得更干净。

由此可见，排气门开启持续时间内的曲轴转角，即排气持续角为 $\gamma + 180° + \delta$。γ 角一般为 $40° \sim 80°$，δ 角一般为 $10° \sim 30°$。

3. 气门叠开

由于进气门在上止点前即开启，而排气门在上止点后才关闭，因此这就出现了在一段时间内进、排气门同时开启的现象，这种现象称为气门叠开。同时开启的曲轴转角 $\alpha + \delta$ 称为气门叠开角。由于新鲜气流和废气流的流动惯性都比较大，在短时间内是不会改变流向的，因此只要气门叠开角选择得适当，就不会有废气倒流入进气管和新鲜气体随同废气排出的可能性。相反，由于废气气流周围有一定的真空度，对排气速度有一定影响，从进气门进入的少量新鲜气体可对此真空度加以填补，还有助于废气的排出。

对于不同的发动机，由于其结构形式、转速各不相同，因而其配气相位也不相同。同一台发动机转速不同也应有不同的配气相位，转速越高，提前角和迟后角也应越大，但这种结构复杂，仅在少数发动机上采用。采用不变配气相位的发动机，它只适应于发动机某一常用的转速。最有利的配气相位需通过反复试验确定。

三、可变配气相位

在高转速汽油发动机上，固定的配气相位很难满足发动机高、低转速下的性能要求，因此，有些发动机采用可变配气相位电控装置（Variable Valve Timing，VVT），即正时可变气门控制系统，如图 4-20 所示。

在低转速时，活塞运动得慢，使得可燃混合气能够跟随活塞的运动。进气门必须较早地被关闭，使得可燃混合气不会被强行排回进气歧管；在高速时，进气歧管中的流量很大，以至于虽然活塞向上运动但是可燃混合气仍能够连续不断地流入气缸。当可燃混合气不能再进入气缸时，进气门关闭。

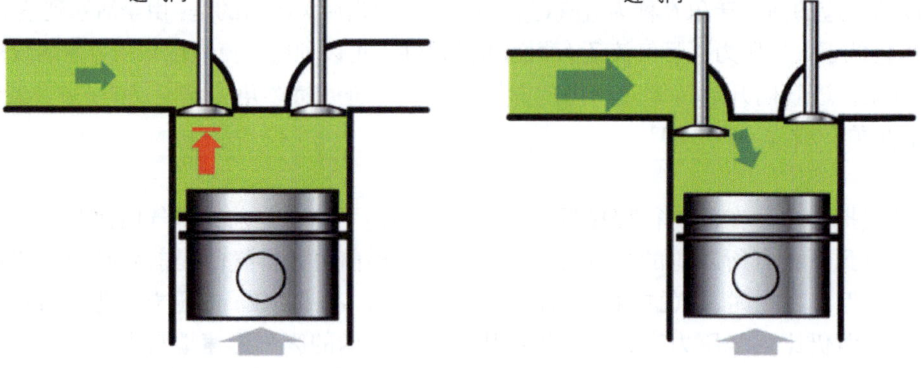

a) 低转速进气门关闭较早　　b) 高转速进气门关闭较迟

图 4-20 可变气门正时

因此，在具有可变配气相位的发动机中，进气门的关闭时间被调节在速度范围之内。发动机转速高时，提前开启和延迟关闭进气门，可以提高发动机的功率；发动机转速低时，延迟开启和提前关闭进气门，可以提高发动机的转矩，以满足发动机对经济性、稳定性和减少排放污染物的要求。

1. 链张紧式可变进气相位

大众车系普遍采用的链张紧式进气相位可变技术。图 4-21 所示为大众公司 V 型 6 缸发动机的可变进气系统的组成，图 4-22 所示为其调整装置的结构。

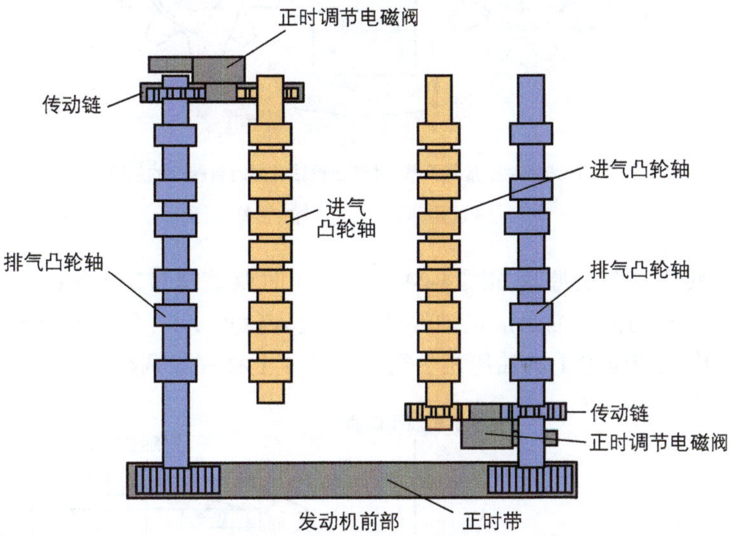

图 4-21 大众公司的 V 型 6 缸发动机的可变进气系统组成

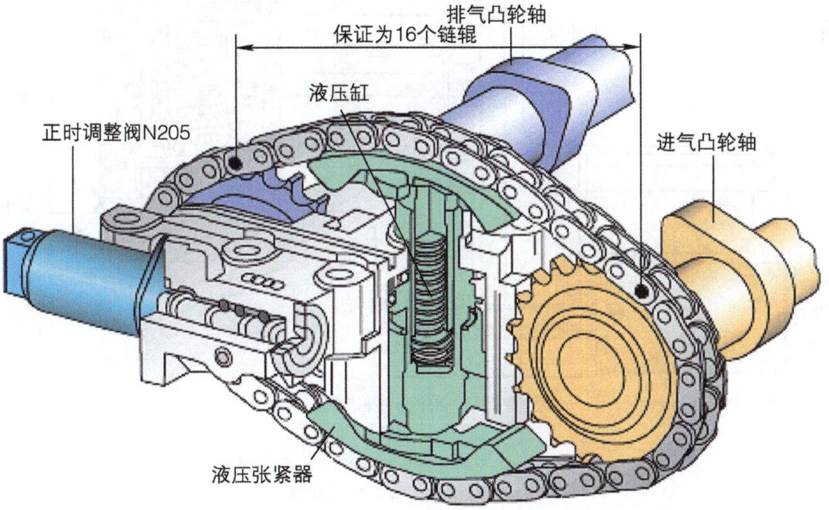

图 4-22 可变进气系统调整装置结构

（1）转矩调整 可变进气正时的转矩调整如图 4-23 所示。发动机在中、低转速时，为获得大转矩输出，凸轮轴调整器向下拉长，于是链条上部变短，下部变长。因为排气凸轮轴被正时带固定了，所以此时排气凸轮轴不能被转动，进气凸轮轴被朝前转一个角度，实现进气门提前开启和提前关闭。

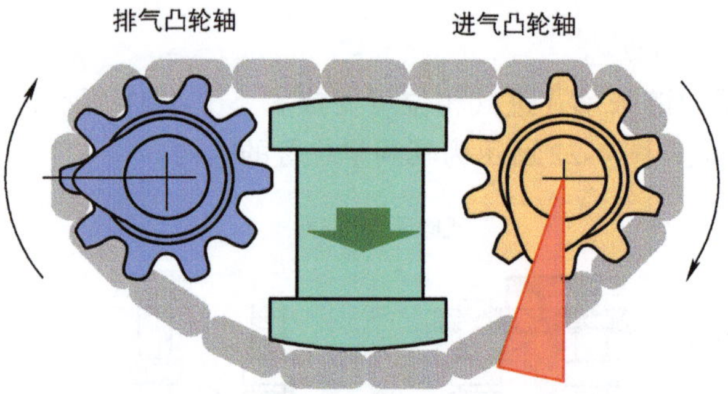

图 4-23 可变进气正时的转矩调整

可变进气正时转矩调整的原理如图 4-24 所示。正时调整阀 N205 断电，活塞在弹簧作用下左移，油道 1 泄油，发动机机油泵的机油经油道 3 进入位置Ⅰ，经油道 2 进入活塞 4 下部和活塞 5 上部之间的工作腔与位置Ⅰ的油压相平衡，活塞 4 上移完成调整。

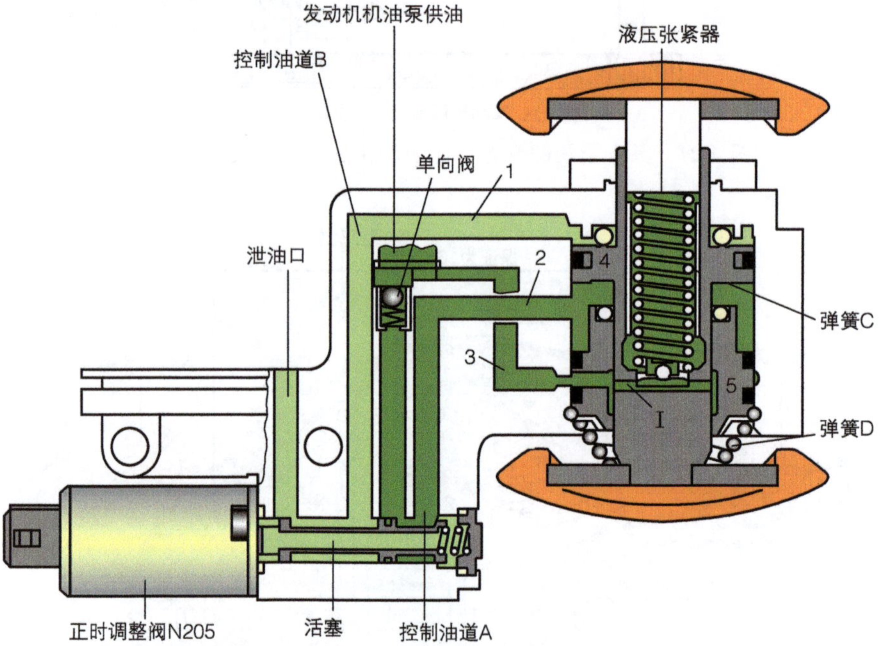

图 4-24 可变进气正时的转矩调整原理

1～3—油道 4、5—活塞

（2）功率调整 发动机在高转速时，功率大，转速在 3700r/min 以上时，要求进气门延迟关闭。发动机怠速时，也要求进行相同的控制。可变进气正时的功率调整如图 4-25 所示。调整链条下部短，上部长，进气门延迟开启，进气管内气流速度高，气缸充气量足。

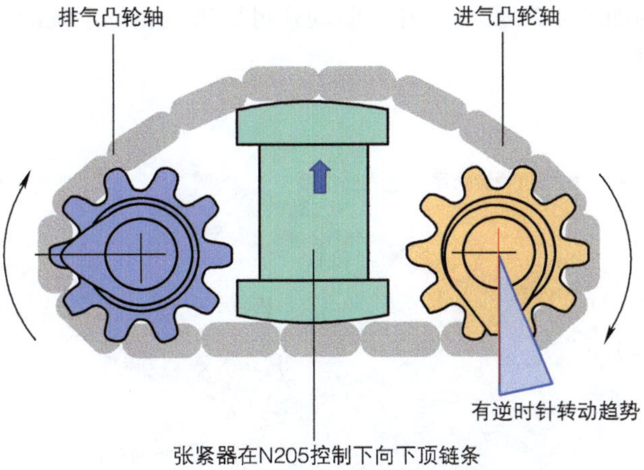

图 4-25 可变进气正时功率调整

可变进气正时的功率调整原理如图 4-26 所示。正时调整阀 N205 通电，活塞克服弹簧力右移，油道 2 泄油，发动机机油泵的机油经油道 3 进入位置 Ⅰ，经油道 1 进入活塞 4 上部，活塞 4 下移压缩活塞 5，活塞 5 下移完成调整。

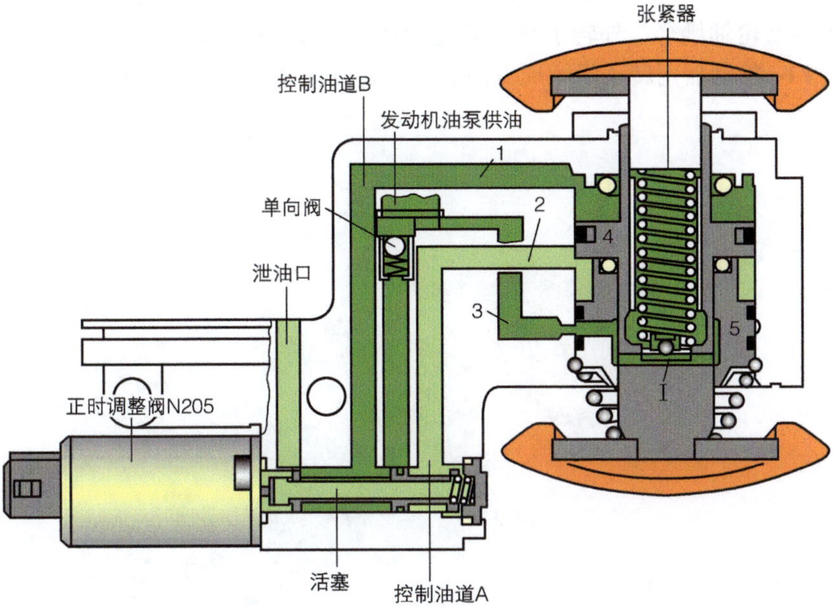

图 4-26 可变进气正时功率调整原理

1～3—油道 4、5—活塞

2. 叶片驱动式可变进气相位

叶片驱动式可变进气相位是通过液压油推动与凸轮轴固定连接的叶片转动来实现的。丰田车系普遍采用叶片驱动式进气相位可变技术。VVT-i 系统用来控制进气凸轮轴在 40° 角范围内保持最佳的气门正时，以适应发动机状况，从而实现在所有速度范围提高转矩和燃油经济性，减少废气排放量。

VVT-i系统的结构如图4-27所示。叶片驱动式可变进气相位系统的核心部件是VVT-i控制器和凸轮轴正时调节阀。

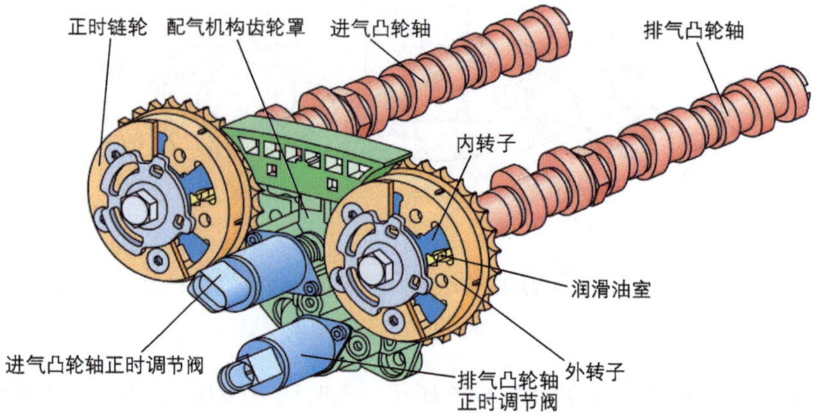

图4-27 VVT-i系统结构图

（1）VVT-i控制器 VVT-i控制器的结构如图4-28所示。VVT-i控制器由内转子和外转子组成，内转子与凸轮轴耦合，外转子与正时链轮连成一体。凸轮轴上的提前或滞后油路传送机油压力，使VVT-i控制器内转子沿圆周方向旋转，连续改变进、排气正时。

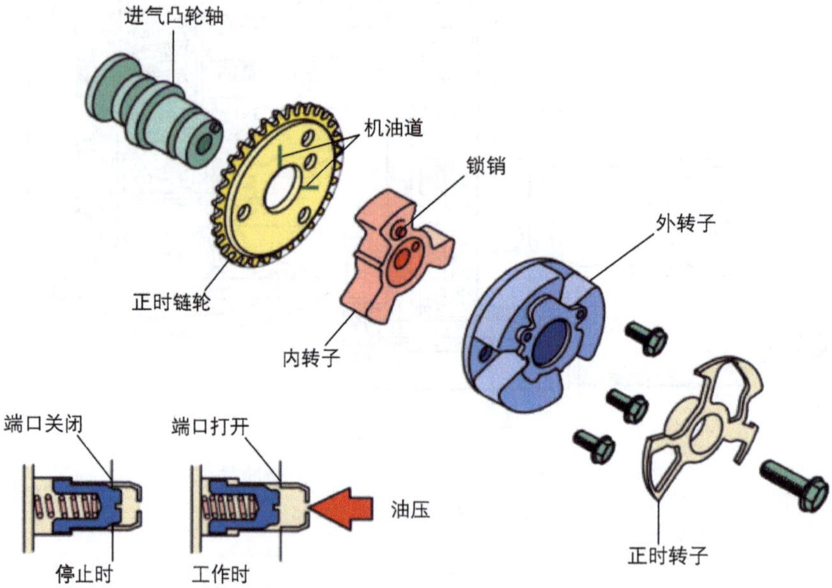

图4-28 VVT-i控制器的结构

当发动机停机时，进气凸轮轴处在滞后状态，以确保起动性能。液压没有传递至VVT-i控制器，紧接着起动发动机，锁销会锁止VVT-i控制器，以防止产生爆振噪声。

（2）凸轮轴正时调节阀　凸轮轴正时调节根据来自发动机 ECU 的提前、滞后或保持信号，选择接通 VVT-i 控制器的通路。凸轮轴正时调节阀的结构如图 4-29 所示，其在不同控制状态下的位置如图 4-30 所示。

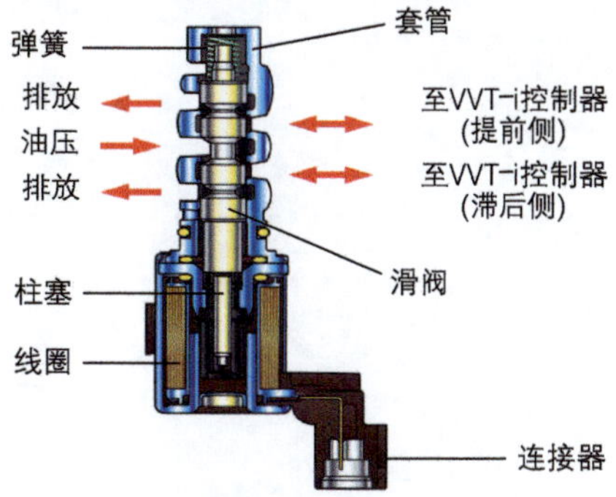

图 4-29　凸轮轴正时调节阀结构

例如，接到发动机 ECU 的提前控制信号时，凸轮轴正时调节阀处在图 4-30a 所示位置，油压作用到正时提前腔，使凸轮轴向正时提前方向转动。接到发动机 ECU 的滞后控制信号时，凸轮轴正时调节阀处在图 4-30c 所示位置，油压作用到正时滞后腔，使凸轮轴向正时滞后方向转动。

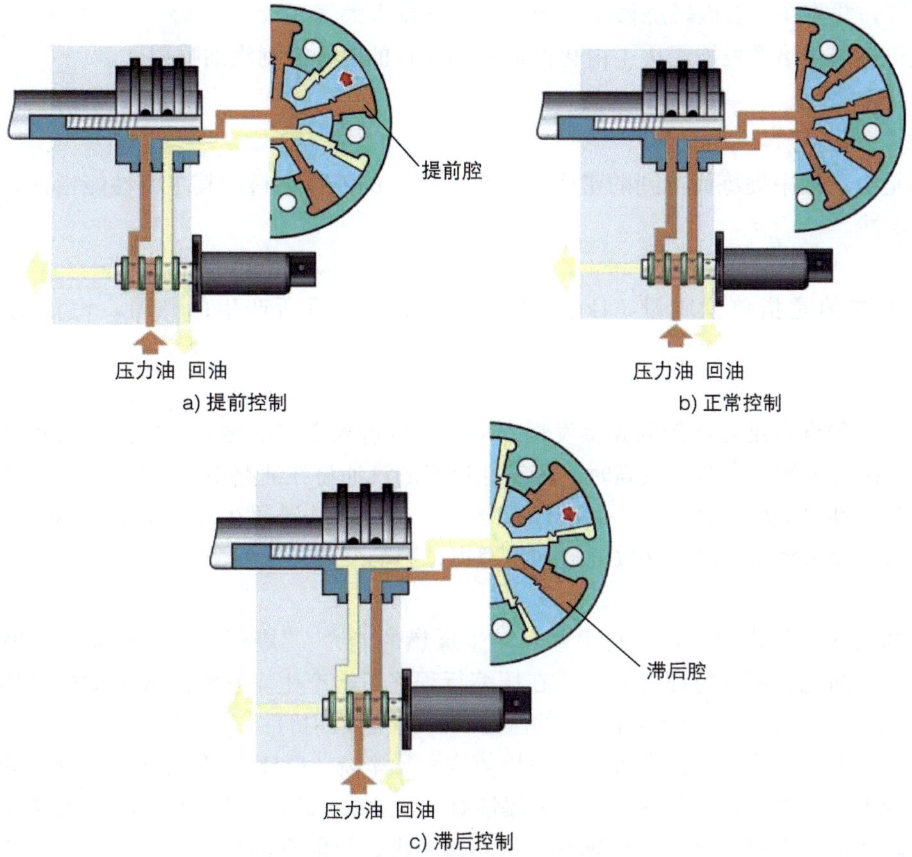

图 4-30　凸轮轴正时调节阀位置

思　考　题

1. 配气机构的布置形式有哪些？各有何优缺点？
2. 什么是气门间隙？为什么采用液压挺柱的配气机构不用留有气门间隙？
3. 什么是配气相位？为什么进、排气门要早开晚关？
4. 什么是可变配气相位？它有何优点？可变配气相位机构是如何工作的？

第五章

汽油机燃料供给系

第一节 概 述

汽油机燃料供给系的功用是根据发动机各工况的不同要求，准确地计量空气与燃油的混合比，将一定数量的汽油喷入进气道或气缸内（缸内直喷）与空气混合，形成一定数量和浓度的可燃混合气，并将在气缸内燃烧做功后产生的废气排入大气。

汽油机燃料供给系发展经历了由化油器式到现在的电子控制汽油喷射式。

一、汽油

汽油是由石油中提炼而得到的密度小又易于挥发的液体燃料，其主要性能指标为热值、蒸发性和抗爆性。

1. 热值

汽油的热值是指单位质量（1kg）的汽油完全燃烧后所产生的热量。汽油的热值约为44000kJ/kg。

2. 蒸发性

汽油中必须含有足够比例的高蒸发性的成分，以得到良好的冷起动性能，其蒸发性的大小影响发动机正常工作。当温度较高时，蒸发性过高的汽油易在油路中蒸发形成“气阻”；当温度较低时，蒸发性过低的汽油会有一部分不能蒸发、燃烧，并滞留在气缸壁上，不仅使燃油消耗量增加，而且会稀释润滑油，导致气缸加快磨损，影响发动机的寿命。

3. 抗爆性

汽油的抗爆性是指汽油在气缸中避免产生爆燃的能力。“爆燃”是一种非正常燃烧，与发动机温度、压缩比、燃油特性等有关，在压缩行程终了时产生。它将造成发动机过热、排气冒烟、功率下降、油耗增加，并伴有明显的敲缸声，甚至损坏机件。

汽油的抗爆性评价指标是辛烷值。辛烷值表示异辛烷（C_8H_{18}）在汽油混合物中的容积百分比，其值最大为100。辛烷值高，汽油抗爆性好；反之，汽油抗爆性差。由于未经处理的直馏汽油的抗爆性低，因此需要加入抗爆剂。从环保考虑，目前汽油普遍添加无铅的添加剂。测定辛烷值的方法有马达法和研究法。我国用研究法辛烷值（RON）表示汽油的牌号，如90、93和97号。如今，考虑到车用汽油由于降硫、禁锰引起的辛烷值降低，将第五阶段车用汽油牌号由90号、93号、97号分别调整为89号、92号、95号，同时在标准附录中增加98号车用汽油的指标要求。压缩比高的发动机选用辛烷值高的汽油，反之则选用辛烷值低的汽油。

二、可燃混合气的成分

可燃混合气是指燃料与空气的混合物。对汽油机而言，就是汽油与空气混合形成的混合气。

目前可燃混合气浓度表示方法有过量空气系数和空燃比。我国采用过量空气系数，欧美采用空燃比。

1. 过量空气系数

过量空气系数是指燃烧 1kg 燃料实际供给的空气质量与理论上 1kg 燃料完全燃烧所需的空气质量之比，用 α 表示。$\alpha = 1$ 的可燃混合气定义为理论混合气；$\alpha<1$ 为浓混合气；$\alpha>1$ 为稀混合气。

2. 空燃比

空燃比是指实际吸入发动机中空气的质量与燃料质量的比值，用 R 或 A/F 表示。$A/F = 14.7$ 表示理论混合气；$A/F>14.7$ 为稀混合气；$A/F<14.7$ 为浓混合气。

三、可燃混合气的形成过程

液体汽油必须在蒸发为气态后才能与空气均匀混合。要使混合气在很短的时间内（0.01 ~ 0.02s）形成，必须先将燃料雾化成极微小的油滴，以增大蒸发面积。

传统发动机的可燃混合气由化油器产生。对于普通电喷发动机而言，汽油是通过发动机控制单元控制喷油器电磁阀开启，将一定压力的燃油以雾状喷入靠近进气门的进气歧管内。当发动机处于进气行程时，在气缸内产生真空，新鲜空气与汽油的混合气被吸入发动机气缸内。而汽油缸内直喷发动机则是通过发动机控制单元控制喷油器电磁阀开启，将一定压力的汽油以雾状直接喷射到气缸内，燃油在气缸内混合形成可燃混合气。

四、可燃混合气成分对发动机性能的影响

（1）理论混合气　当 $\alpha = 1$ 时，从理论上讲，气缸内空气与燃料充分混合后正好完全燃烧。但实际上，由于气缸内还存在废气、混合气混合不均匀等原因，使气缸内理论混合气不能完全燃烧。

（2）稀混合气　当 $\alpha>1$ 时，气缸内有足够的空气使燃料完全燃烧，当 $\alpha = 1.05 \sim 1.15$ 时，燃料消耗率最低，经济性最好，我们称燃料消耗率最低时对应的可燃混合气为经济混合气。当 α 更大时，由于空气过量，燃烧速度减少，热损失增加，发动机功率降低，会出现进气管回火现象。

（3）浓混合气　当 $\alpha<1$ 时，气缸内可燃混合气中汽油分子较多，使燃烧速度加快，发动机功率增大，我们称发动机输出最大功率时的可燃混合气为功率混合气，此时 α 一般为 0.85 ~ 0.95。如果混合气太浓，将使燃烧不完全，产生大量 CO，同时在燃烧室内产生积炭，并发生排气管放炮和冒黑烟现象，导致发动机功率下降，燃油消耗率显著增加。

为了兼顾发动机的动力性和经济性，α 一般取值 0.88 ~ 1.11。过浓或过稀（$\alpha<0.4$ 或 $\alpha>1.4$）都将导致火焰传播无法进行，发动机运转不稳。

五、发动机各工况对可燃混合气成分的要求

汽车的行驶工况随载荷、车速、路况等因素经常变化，各种工况对混合气浓度的要求也不同。

1. 起动工况

起动工况属于过渡工况。由于发动机处于冷机状态（特别是北方冬天）及发动机转速较

低，燃油不易汽化，造成气缸内实际产生的混合气浓度过低，不易起动，需要多喷入燃油，使发动机顺利起动，要求 $\alpha = 0.2 \sim 0.6$。

2. 暖机工况

暖机工况属于过渡工况。发动机起动后，随着发动机温度逐渐上升，汽油的蒸发和汽化条件逐步转好，这时应逐步减少供油量使 α 逐步增大，但仍属于浓混合气范围。

3. 怠速及小负荷工况

发动机在怠速工况时，节气门处于接近关闭位置，吸入的空气量少，且汽油蒸发雾化效果差，应提供较浓的混合气，一般 $\alpha = 0.7 \sim 0.9$。

4. 中负荷工况

这是行车中最常用的工况，要求在中负荷工况燃油经济性最好，因此 $\alpha = 0.9 \sim 1.1$。

5. 全负荷工况

节气门全开时，为了使发动机发出最大的功率，应使 $\alpha = 0.85 \sim 0.95$。

6. 加速工况

节气门开度突然加大，使吸入的空气量急剧增加，气缸内可燃混合气浓度瞬间变稀，影响汽车加速性能，因此，在汽车加速过程中应增加喷油量。

六、电子控制汽油喷射系统的种类

电子控制汽油喷射系统淘汰了传统化油器式发动机，并为发动机今后发展提供更大的空间。电子控制汽油喷射系统按燃油喷射位置不同，可分为缸外喷射和缸内喷射。

1. 缸外喷射

缸外喷射是指进气歧管内喷射或进气门前喷射。该方式中喷油器被安装于进气歧管内或进气门附近，故燃油在进气过程中被喷射后与空气混合形成可燃混合气再进入气缸内。

由于缸外喷射方式汽油的喷油压力不高（0.1 ~ 0.5MPa），且结构简单，成本较低，应用较为广泛。

2. 缸内喷射

缸内喷射是指喷油器将燃油直接喷射到气缸燃烧室内，因此需要较高的喷油压力（3 ~ 35MPa）。由于缸内喷射喷油压力较高，可实现稀薄燃烧，有利于提高经济性和排放指标，但对供油系统的要求较高，成本也相应较高。

第二节 汽油供给装置

一、汽油供给装置的组成及工作原理

汽油供给装置的作用是向发动机供给燃烧过程所需的燃油。汽油供给装置主要由燃油箱、燃油泵、燃油滤清器、燃油压力调节器、喷油器、油管等组成，如图 5-1 所示。图 5-2 所示为捷达轿车发动机的汽油供给装置。

工作时，汽油由电动汽油泵从燃油箱中泵出，经汽油滤清器滤去杂质后，被送到燃油导轨，通过燃油导轨上的燃油压力调节器调整喷油压力，喷油器根据发动机控制单元的喷油指令

开启喷油器内的电磁阀，将适量的汽油喷入进气歧管内。对于缸外喷射系统，一般汽油喷射压力为 250 ~ 300kPa。

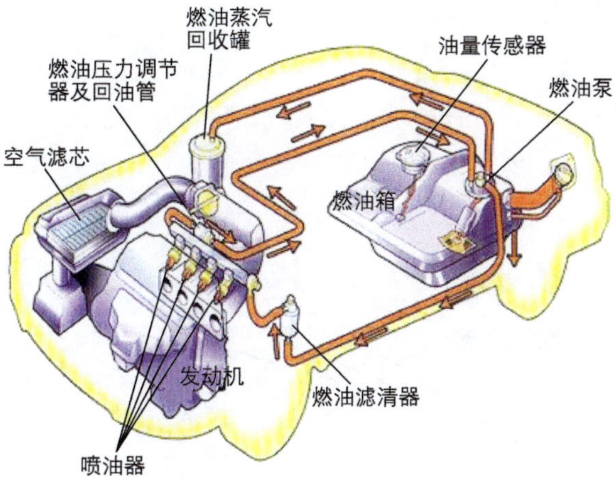

图 5-1 燃料供给装置的组成

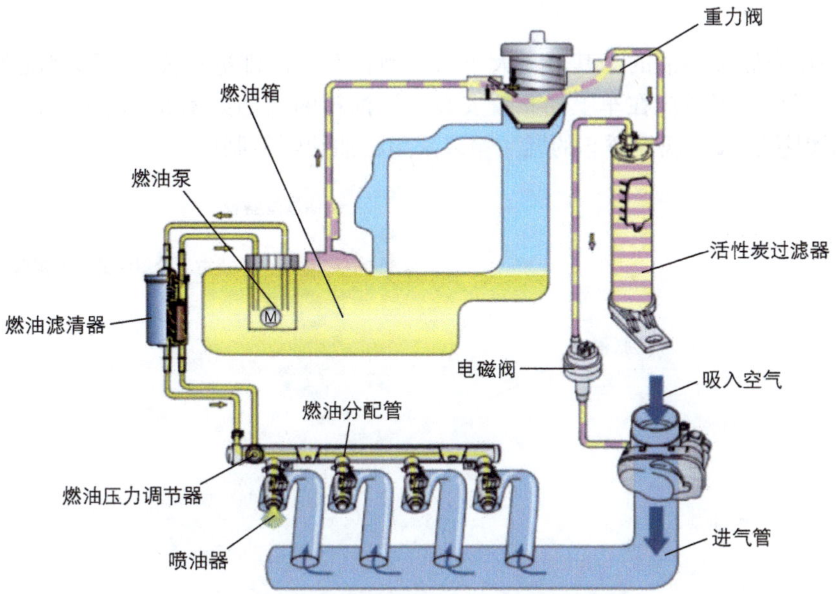

图 5-2 捷达轿车汽油供给装置

为了改善发动机冷起动性能，有些车型在进气管处安装一个冷起动喷油器，以便在冷起动时喷入一定量的汽油。

为了减少燃油蒸发排放，在一些车辆中采用无回油管系统，如丰田的花冠、威驰轿车等。

无回油管燃油供给系统如图 5-3 所示。这套系统使燃油不从发动机部位回流，从而防止燃油箱内温度升高，降低了燃油蒸发排放。

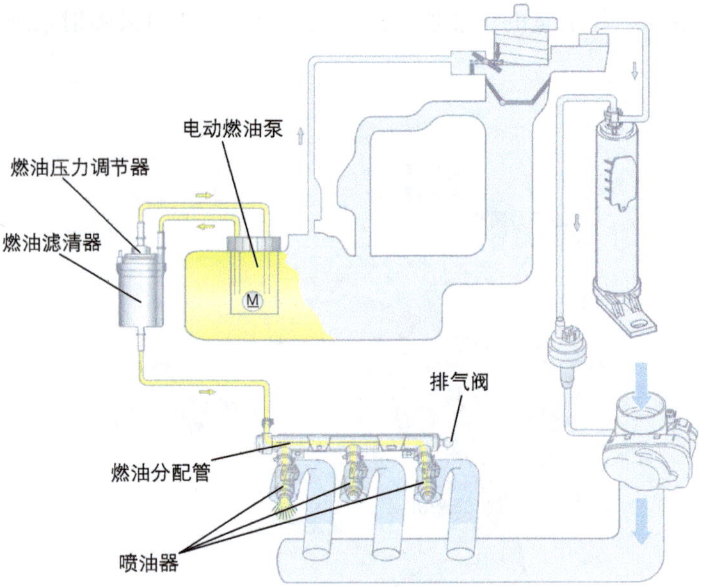

图 5-3 无回油管燃油供给系统

二、主要部件

1. 燃油箱

燃油箱是用来储存燃油的，其容积大小与车型和发动机排量有关。其形状随车型不同而有所不同，这主要是为了适应在车上的布置安装。燃油箱的结构如图 5-4 所示。传统的燃油箱采用薄钢板冲压焊接制成，现代轿车的燃油箱多采用耐油硬塑料制成。

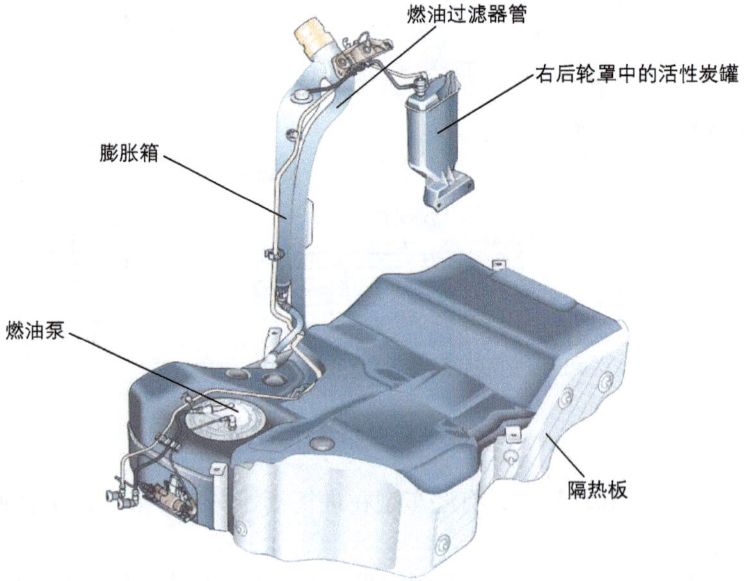

图 5-4 燃油箱的结构

油箱盖必须密封，以防止汽油因振荡溅出。为保证汽油泵正常工作，油箱盖设有空气阀和蒸气阀。图 5-5 所示为双阀式油箱盖原理。空气阀受软弹簧控制，当燃油箱内燃油减少、压力下降到预定值（约 98kPa）时，大气推开空气阀进入燃油箱；蒸气阀受硬弹簧控制，当燃油箱内的蒸气压力增大到约 120kPa 时，蒸气阀被推开，燃油蒸气泄出，保持燃油箱内压力正常。在一些轿车的油箱盖上还设有重力阀，它的作用是依靠其自重，在正常情况下允许空气进入燃油箱以消除负压，当车辆倾斜 45° 或翻车时，此阀自动将通风口关闭，防止汽油漏出，发生火灾。

2. 电动汽油泵

电动汽油泵的作用是向发动机输送充足的燃油并维持足够的压力，以保证喷油器在所有工况下能够有效地喷射。

根据安装位置的不同，电动汽油泵分内置式和外置式两种。内置式是将电动汽油泵安装在燃油箱内，外置式是电动汽油泵安装在燃油箱外。现在绝大多数轿车采用内置式电动汽油泵。

电动汽油泵的结构如图 5-6 所示。

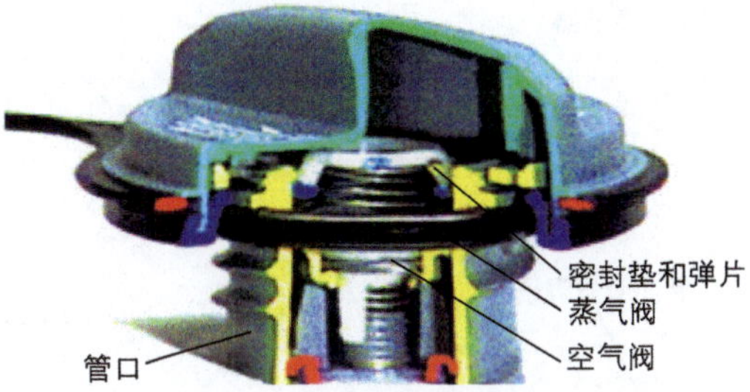

图 5-5 双阀式油箱盖原理

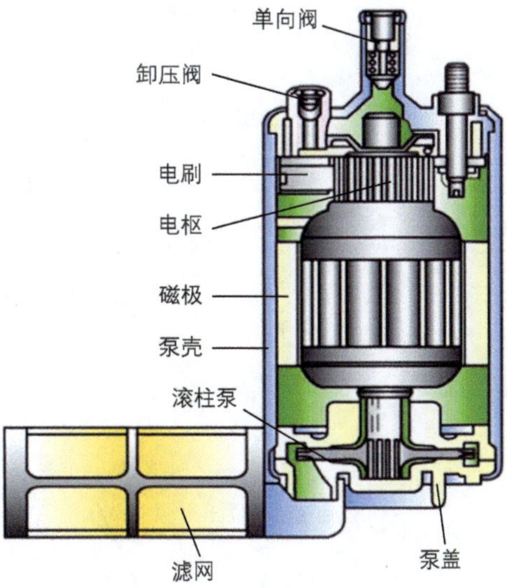

图 5-6 电动汽油泵的结构

只要发动机工作，电动汽油泵就一直工作，其过程是：电动汽油泵通电，电动机（由电枢、磁极、电刷等组成）工作，带动泵体转动，吸入汽油。汽油通过泵、电动机、单向阀由出油口泵出。其中单向阀的作用是防止汽油倒流。当发动机停机时，电动汽油泵也停止工作，使汽油管路和燃油导轨内保存一定残余压力的汽油，以便于发动机下次起动，并可防止由于温度过高而产生的气阻现象。

泵体一般有涡轮泵、滚柱泵、内啮合齿轮泵等，如图 5-7 所示。

无回油的供油系统采用的是模块式燃油泵。模块式燃油泵总成的结构如图 5-8 所示，其将燃油滤清器、压力调节器、燃油液位传感器和燃油切断阀集成于一体，它可以避免从发动机部位的部件回油，有效防止了燃油箱内温度的升高。

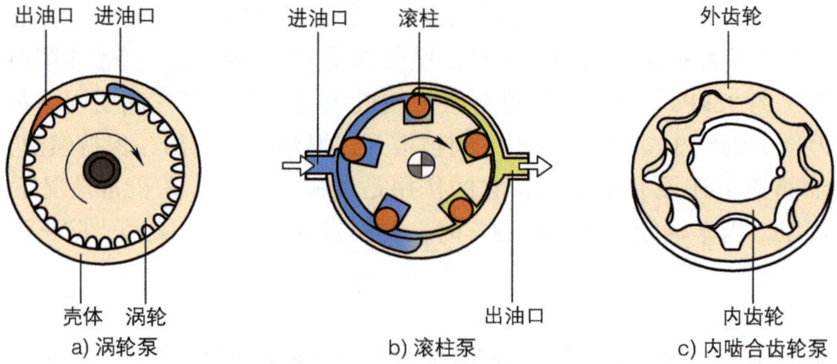

图 5-7 电动汽油泵

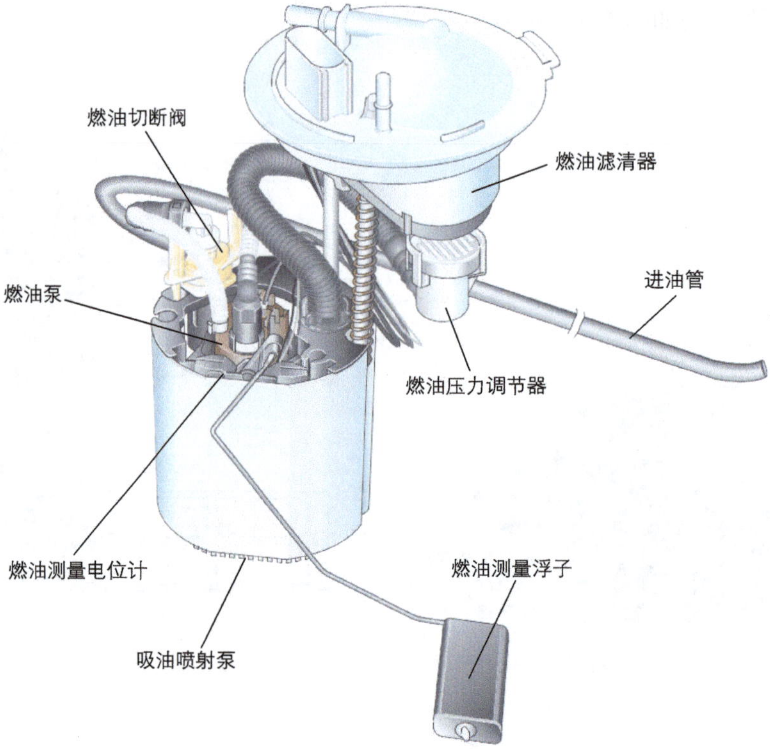

图 5-8 模块式燃油泵总成的结构

3. 汽油滤清器

汽油滤清器的作用是将汽油中的氧化铁、粉尘等杂质滤去，防止燃油系统堵塞，减少机件的磨损，确保发动机稳定工作，提高可靠性。

汽油滤清器的结构如图 5-9 所示。滤芯一般由滤纸制造，可滤去直径大于 0.01mm 的杂质。汽油滤清器安装在汽油泵的出口一侧。

4. 燃油压力调节器

燃油压力调节器一般安装在燃油导轨上，其作用是根据进气歧管内绝对压力的变化来调节系统油压（燃油总管油压），保持喷油器的喷油压力相对恒定，使喷油器的燃油喷射量只取决于喷油器的开启时间。一般系统油压在 250 ~ 300kPa 之间。油压调整值随进气歧管压力的变化情况如图 5-10 所示。

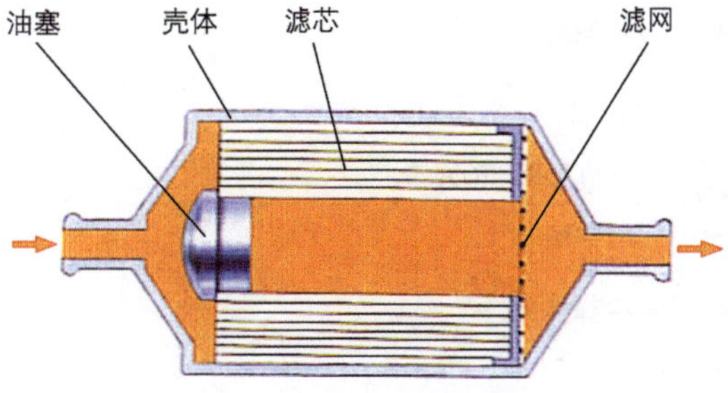

图 5-9 汽油滤清器

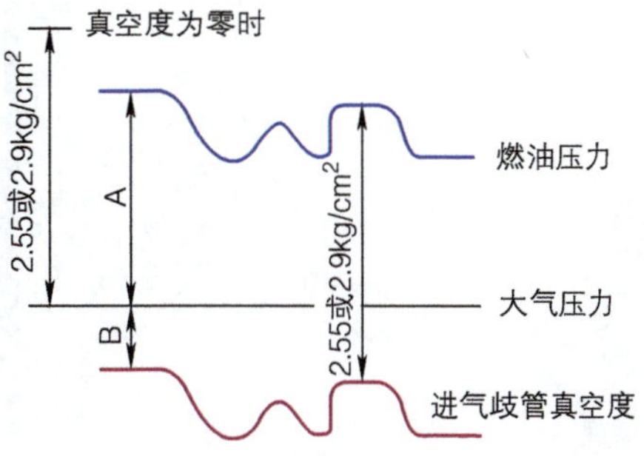

图 5-10 油压调整值随进气歧管压力的变化情况

燃油压力调节器的结构如图 5-11 所示。它有金属壳体，其内部由橡胶膜片分为弹簧室和燃油室两部分。弹簧室内有一个带预紧力的螺旋弹簧，它作用在膜片上。在膜片上安装有一个阀来控制回油。另外，还通过一根真空管与进气歧管相连。

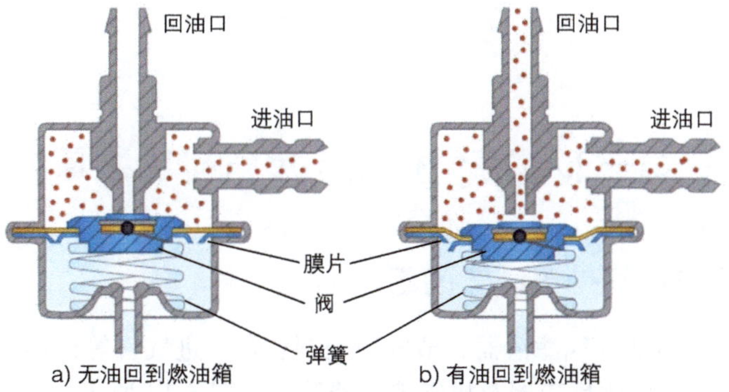

图 5-11 燃油压力调节器的结构

燃油压力
调节器工作原理

当系统油压超过规定值时，汽油压力克服弹簧压力，将膜片向下压，打开阀门，与回油通道接通，系统压力降低，回到规定值。

如果进气歧管真空度变大，为了维持燃油导轨内部与进气歧管内部的压力差恒定，就必须降低系统油压。把进气歧管真空度引入弹簧室，能够减小膜片上螺旋弹簧的作用力，进而减少打开阀门的压力，使系统油压下降到规定值；反之亦然。

当电动汽油泵停止工作时，在膜片和螺旋弹簧力的作用下使阀关闭，保持油路中的残余压力。

5. 喷油器

喷油器是供油系统中非常重要的部件。它是一个电磁阀，由发动机控制单元控制。电磁喷油器根据喷油口形式的不同，可分为轴针式、球阀式和片阀式三种。按用途可分为单点式和多电式。

图 5-12 所示为轴针式电磁喷油器的结构。当电磁线圈无电流时，针阀在弹簧的作用下处于

关闭状态。当发动机控制单元发出喷油脉冲信号时，电磁线圈产生电磁吸力，打开针阀（针阀上升约 0.1mm），压力燃油通过针阀与阀座之间的间隙喷出，进入进气管。

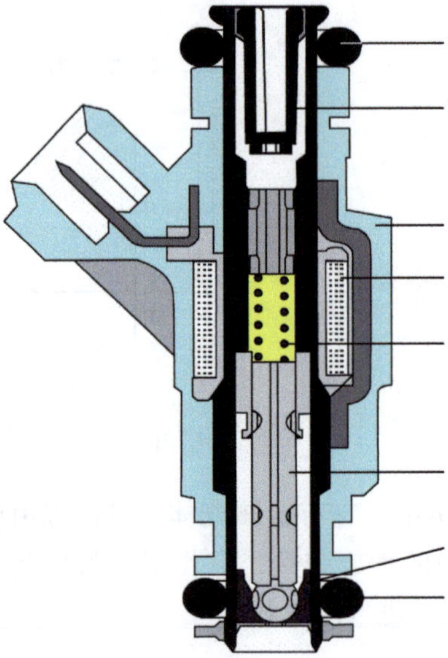

图 5-12　轴针式喷油器

喷油器工作原理

第三节　空气供给与废气排出装置

一、空气供给与废气排出装置的组成

空气供给装置主要包括空气滤清器、节气门控制装置、进气管等，如图 5-13 所示。废气排出装置包括排气管、三元催化反应器及排气消声器等，如图 5-14 所示。

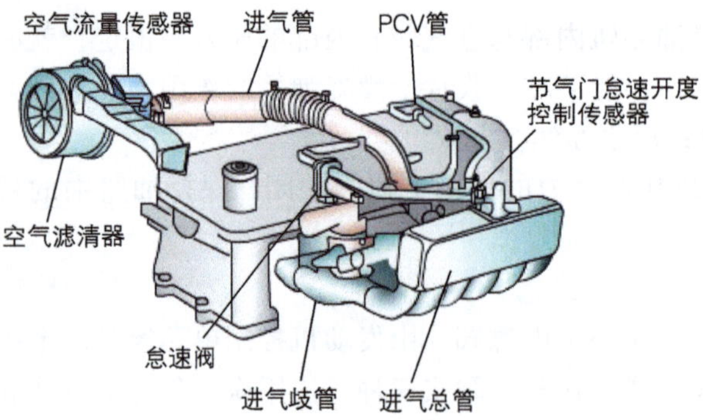

图 5-13　空气供给装置

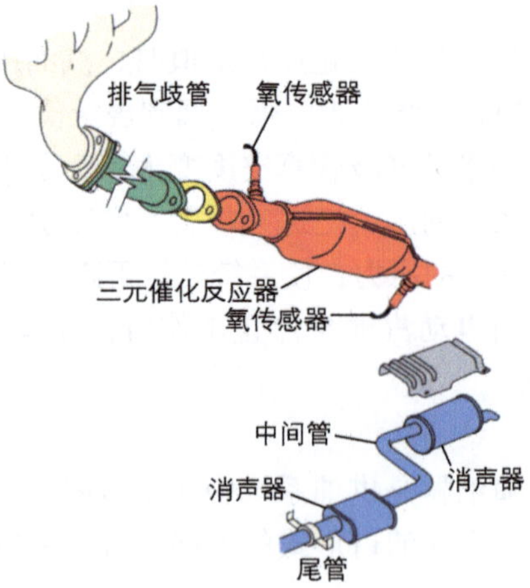

图 5-14　废气排出装置

二、主要部件

1. 空气滤清器

空气滤清器的主要作用是净化流入进气道的空气，防止空气中灰尘进入气缸，减少气缸、活塞、活塞环等零件的磨损，延长发动机的使用寿命。

空气滤清器常用的种类有纸质干式空气滤清器和油浴式空气滤清器。其中纸质干式空气滤清器应用最多，如图 5-15 所示，它采用树脂处理的纸质滤芯，其优点是滤清效率高，且与负荷无关，结构简单。

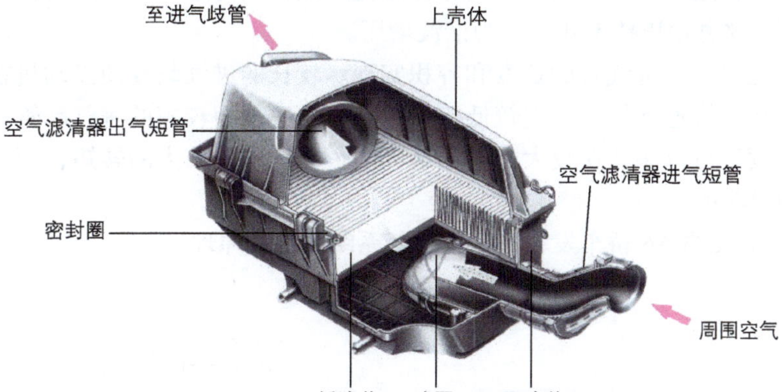

图 5-15　纸质干式空气滤清器

2. 排气消声器

排气消声器的作用是降低排气噪声，并消除废气中的火星及火焰。

排气消声器有吸收、反射两种基本的消声方式，如图 5-16 所示。吸收式消声器的原理是通过废气在玻璃纤维、钢纤维和石棉等吸声材料上的摩擦而减少其能量。反射式消声器则是多个串联的谐调腔与长度不同的多孔反射管相互连接在一起，废气在其中经过多次反射、碰撞、膨胀、冷却而降低压力，减轻振动。

汽车上实际使用的排气消声器，多数是综合利用不同的消声原理组合而成的，如图 5-17 所示。

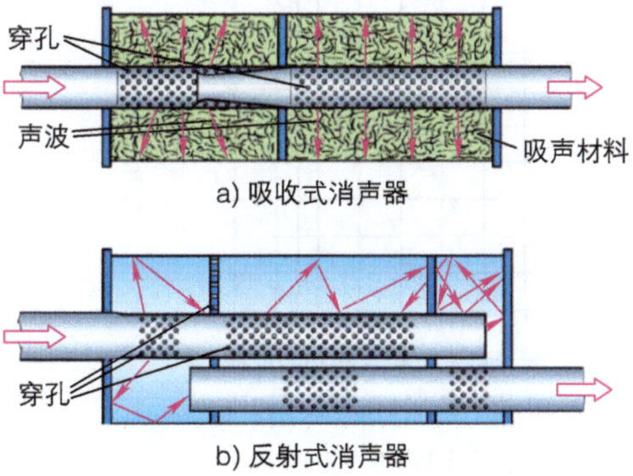

图 5-16　排气消声器

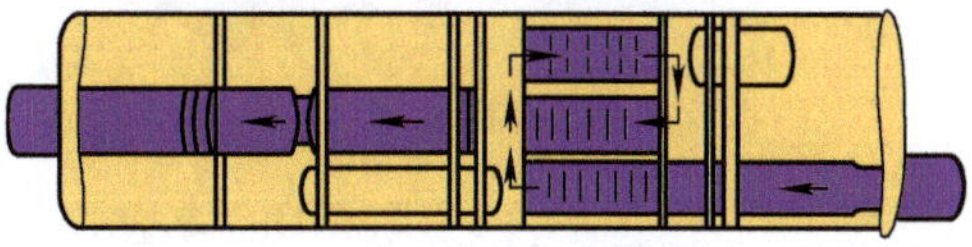

图 5-17　组合式消声器

三、可变进气系统

可变进气系统的作用是通过进气系统的调谐作用，提高发动机的充气效率，以获得最佳的输出功率。

在进气过程中，当进气门刚打开时，在进气门口处产生一定的真空，形成负的压力波，这种负压力波沿进气管以音速传递到进气管的入口，然后反射，形成正的压力波，又返回到进气门端。如果在进气终了时，这种正的压力波波峰恰好达到进气门端，则进气压力升高，充气效率增加，反之，如果波谷恰好达到进气门端，则进气压力减少，充气效率降低。我们希望在发动机的转速范围内，这种正压力波与进气脉冲最佳匹配，使得进气终了时的正压力波的波峰恰好达到进气门端。这种增压技术我们称为谐波增压。

谐波增压可通过改变进气管的长度和容积实现。较长的进气歧管使发动机在低转速下获得较大的转矩，但在高转速下却会出现较低的最大输出功率，而较短的进气歧管却正相反。通过可变进气歧管长度，可以保证在较大的转速范围内，不但具有较大的转矩，而且在高转速区具有较高的最大输出功率。

图 5-18 所示为奥迪 A6 轿车发动机可变进气系统的工作原理。

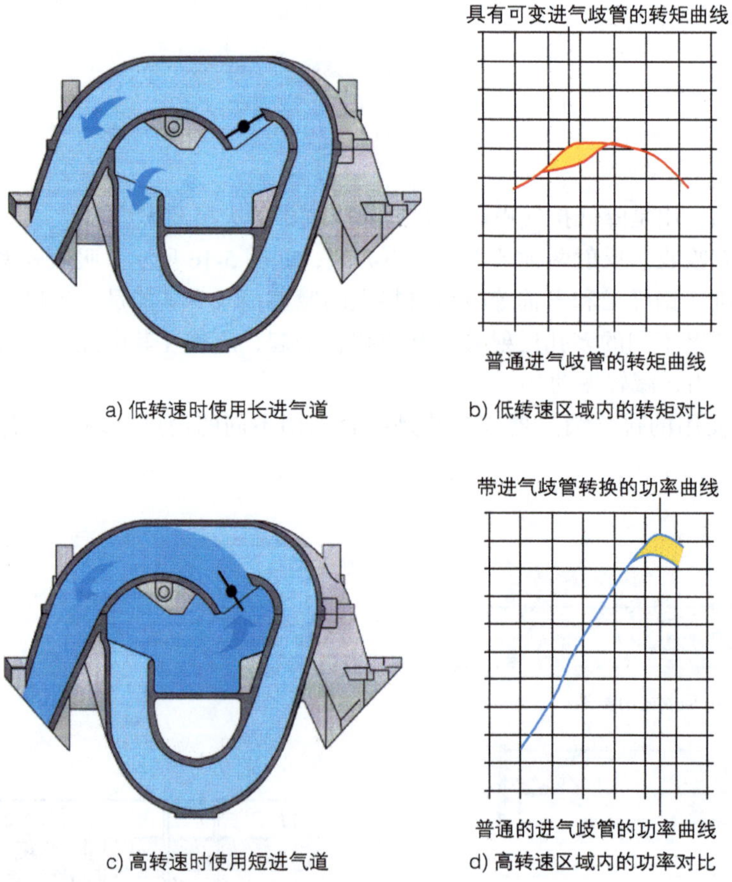

a) 低转速时使用长进气道　b) 低转速区域内的转矩对比

c) 高转速时使用短进气道　d) 高转速区域内的功率对比

图 5-18　奥迪 A6 轿车可变进气系统工作原理

四、废气涡轮增压系统

废气涡轮增压是指利用发动机排出的高温高压废气能量，驱动涡轮作高速旋转，带动同轴上的压缩机，对燃烧所需的空气进行预压缩，这样，在发动机排量和转速不变的情况下，增加了流入发动机的空气量，提高了进气效率，因而可提高发动机的功率。

废气涡轮增压系统的结构原理如图 5-19 所示。排气管接到涡轮壳上，发动机排出的具有一定压力的高温废气经排气管进入涡轮壳里，高速的废气流按一定的方向冲击涡轮，使涡轮高速旋转。废气的压力、温度和速度越高，涡轮转速也越快，通过涡轮的废气最后排入大气。因为涡轮和增压器压缩轮安装在同一转子轴上，所以两者同速旋转。经过空气滤清器并吸入压气机壳内的空气，被高速旋转的压缩轮甩向压缩轮的外缘，使其速度和压力增加，被压缩的空气经发动机进气管进入气缸，以提高发动机的充气量。

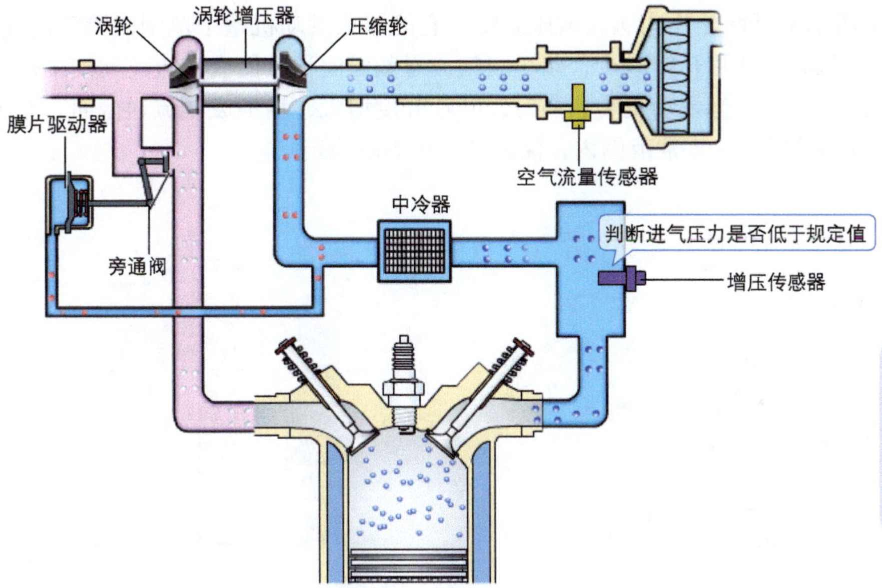

图 5-19 废气涡轮增压系统的结构原理

由于利用高温废气进行增压，涡轮增压器温度较高，经压缩的空气温度也较高，使进气密度减少，对提高进气效率不利，因此，需要在压缩空气出口到进气管之间安装冷却器，冷却压缩空气，提高其密度。

传统废气涡轮增压系统存在两个问题：一是发动机转速很高时，涡轮转速很高（超过 100000r/min），压缩空气量超出实际需求；二是在发动机怠速或小负荷工况时，涡轮达不到应有的转速，空气压缩不足，发动机增压效果不明显。

针对上述问题目前有两种解决方法，一是采用在涡轮增压器上加一个旁通支路；二是采用可调叶片式涡轮增压系统。

图 5-20 所示是在涡轮增压器上加一个旁通支路。当发动机转速低时，控制阀 N75 控制旁通支路关闭；当发动机转速较高时，进气压力增大，控制压力箱逐步打开旁通支路，减少通过废气涡轮的废气量，从而降低废气涡轮的转速。

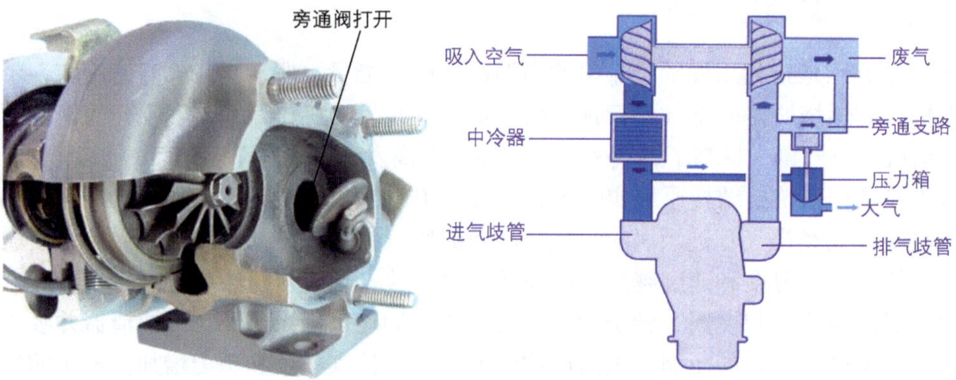

a) 结构图　　b) 原理图

图 5-20　旁通支路式废气涡轮增压系统

图 5-21 所示是可调叶片式涡轮增压系统。它能够在发动机整个范围内调整进气增压压力。当发动机转速低时，叶片开度减少，减小废气流通截面面积，使废气流速增加，提高废气涡轮转速，增加进气压力；当发动机转速高时，叶片开度增大，增加废气流通截面，使废气流速降低，维持废气涡轮转速在正常范围内，保证进气压力的稳定。

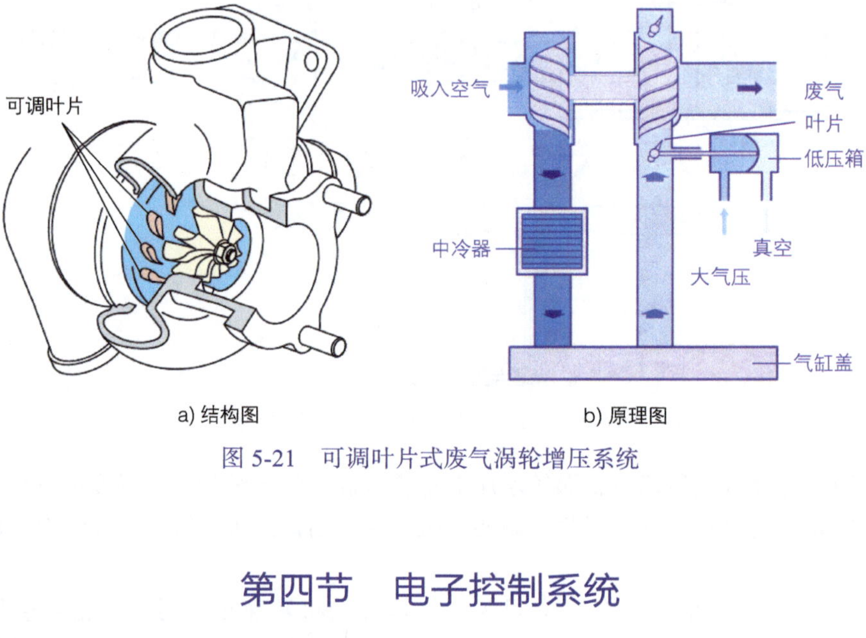

a) 结构图　　b) 原理图

图 5-21　可调叶片式废气涡轮增压系统

第四节　电子控制系统

一、电子控制系统的功用与组成

电子控制装置的功用是根据发动机运转状况和车辆运行状况确定汽油最佳喷射量和点火时刻。该系统由传感器、电子控制装置（ECU）和执行装置三部分组成，如图 5-22 所示。

控制系统的核心是 ECU。ECU 根据发动机中各种传感器送来的信号控制喷油时间、点火定时等。传感器监测发动机的实际工况，计量各种信号并传输给 ECU。ECU 输出的各种控制指令由执行装置执行，主要有：喷油脉宽控制、点火提前角控制、怠速控制、自诊断、故障备用程序启动、仪表显示等。

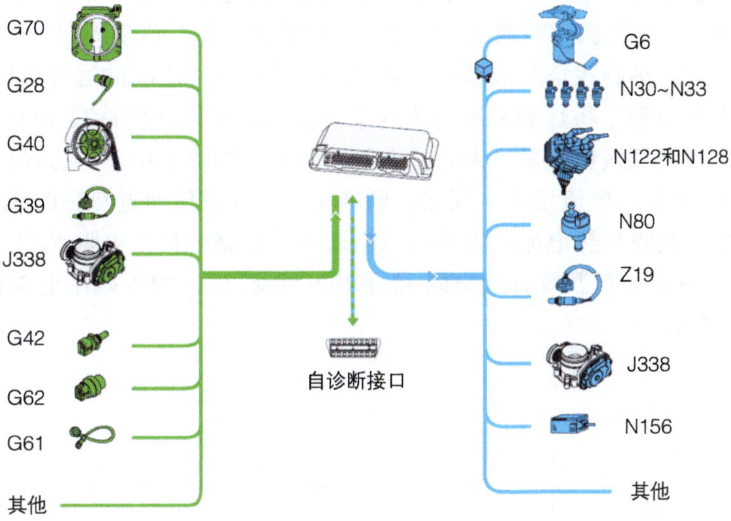

图 5-22 燃油喷射控制系统组成

G70—空气流量计 G28—发动机转速传感器 G40—霍尔传感器 G39—氧传感器
J338—节气门控制单元 G42—进气温度传感器 G62—冷却液温度传感器 G61 — 爆燃传感器
G6—汽油泵 N30 ~ N33—1 ~ 4 缸喷嘴 N122—终端能量输出极 N128—1、4 缸点火线圈
N80—活性炭罐电磁阀 Z19—氧传感器加热器 N156—进气歧管转换阀

二、电子控制系统主要部件

（一）传感器

1. 空气流量计

空气流量计通常为热膜式，安装在空气滤清器和进气软管之间，其结构如图 5-23 所示，主要由传感器元件（热膜）、传感器电子单元（控制电路）、数字接口及传感器壳体组成。

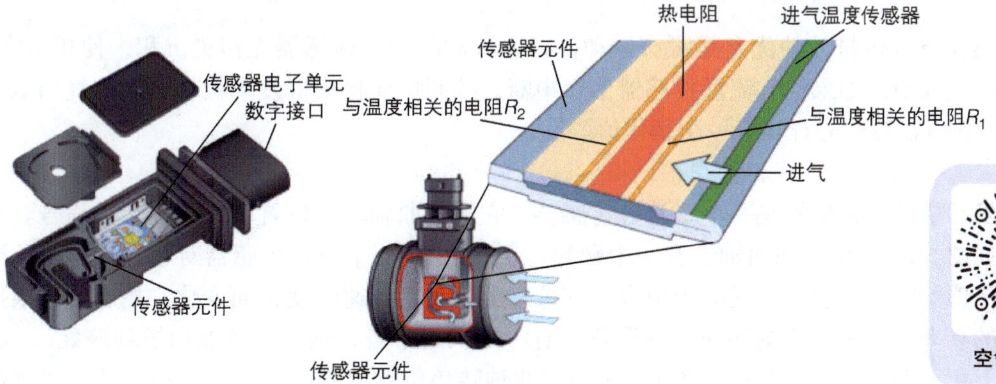

图 5-23 热膜式空气流量计的结构

空气流量计是用来测量进入发动机的空气量，该信号是控制单元计算点火时间和喷油量的主要参数，其工作原理如图 5-24 所示。在空气通道中放置的热膜 R_H 和温度补偿电阻 R_K（惠斯通电桥的两个臂），在控制线路板上黏结着一只精密电阻 R_1，也是惠斯通电桥的一个臂，该电阻上的电压就是热膜空气流量计的输出电压信号，惠斯通电桥还有一个臂 R_2，装在控制线路板上。工作时热膜发热，其热量不断地被空气带走，热膜被冷却，热膜周围通过的空气流量越大，被带走的热量也越多。热膜式空气流量计就是利用热膜与空气之间的这种热传递现象测量空气质量流量的。其工作原理是将热膜温度与吸入空气温度差值始终保持在 100℃，热膜温度由混合集成电路控制，当空气质量流量增大时，由于空气带走的热量增多，为保持热膜温度，混合集成电路使热膜 R_H 通过的电流增大；反之，则减小。这样就使通过热膜的 R_H 的电流是空气质量流量的单一函数。热膜加热电流的大小由惠斯通电桥电路中精密电阻 R_A 上的电压信号输出。在惠斯通电桥的另一臂上有温度补偿电阻 R_K 和电桥电阻 R_B，为了减小电损耗，其阻值较高，通过这个臂上的电流较小。

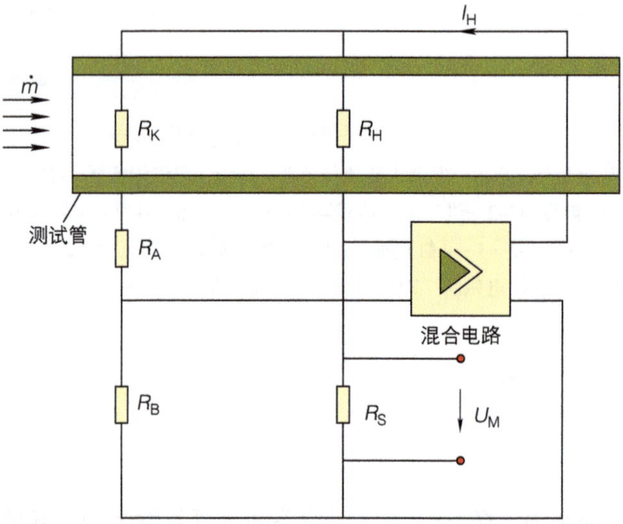

图 5-24　热膜式空气流量计工作原理

R_H—热膜电阻　R_K—温度补偿电阻　R_A—精密电阻　R_B—电桥电阻

热膜空气流量计的优点是没有运动件，无流动阻力，传感器无污染沉积，使用可靠性好。在使用过程中，如果空气流量传感器信号中断，控制单元将根据发动机转速、节气门电位计信号以及进气温度信号计算出一个替代值。

2. 发动机转速传感器

发动机转速传感器是一个磁感应传感器。它采集曲轴转角位置和发动机转速信号。其工作原理如图 5-25 所示。在曲轴上有一个靶轮，靶轮上有 60 个齿，传感器对它进行扫描。当靶轮经过传感器时，产生一个变电压信号，其频率随发动机转速的变化而变化，控制单元根据交变电压的频率识别发动机的转速。在靶轮上有一处缺两个齿，感应传感器扫描到该处，1 缸活塞处于上止点前 72°，它是作为控制单元识别曲轴转角位置的基准标记。发动机转速传感器所感应出的信号如图 5-26 所示。

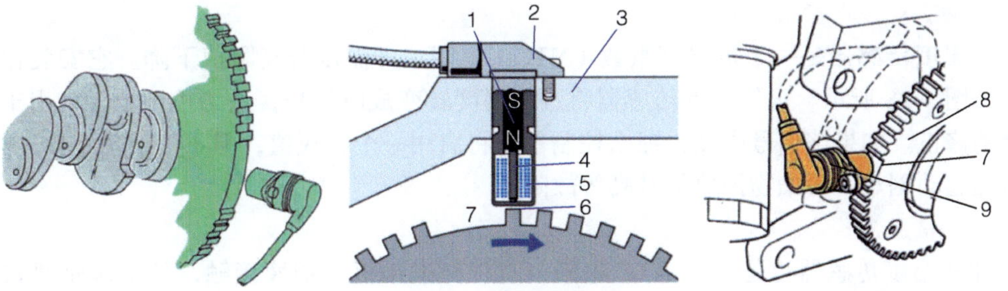

a) 外形　　b) 工作原理　　c) 安装位置

图 5-25　发动机转速传感器

1—杆式永久磁铁　2—转速传感器壳体　3—缸体　4—软磁极柱　5—感应线圈
6—空气间隙　7—缺齿（基准标记）　8—靶轮　9—转速传感器

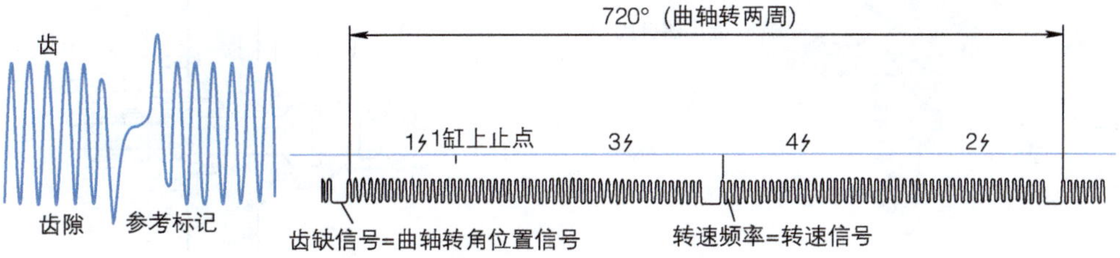

图 5-26　发动机转速传感器信号

3. 霍尔传感器

霍尔传感器安装在缸盖右侧，进气凸轮轴后端。它是一个电子开关，利用霍尔原理工作，其结构如图 5-27 所示。霍尔传感器隔板上有一个霍尔窗口，凸轮轴每转一周（曲轴转 720°）产生一个信号，该信号出现在 1 缸压缩行程上止点前 72°。控制单元根据此信号可识别 1 缸压缩行程上止点位置，用于顺序喷油和爆燃选择控制。当霍尔传感器信号中断时，因为它没有替代功能，所以发动机控制单元不能区分 1 缸和 4 缸。

霍尔传感器
工作原理

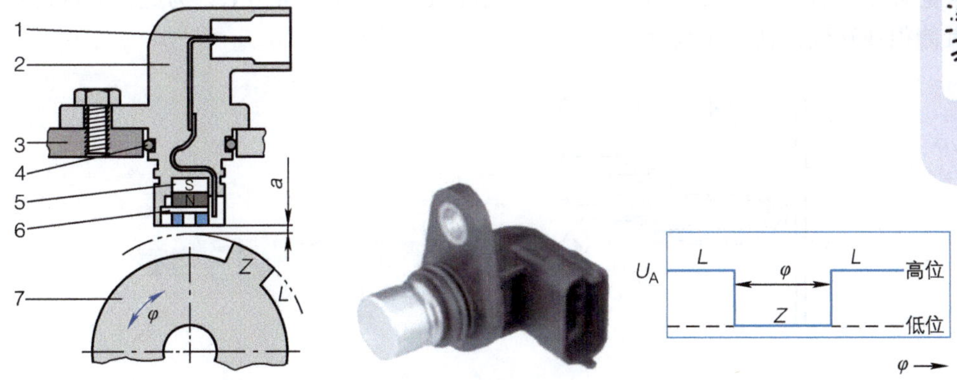

a) 工作原理　　b) 外形　　c) 波形

图 5-27　霍尔传感器

1—插头　2—传感器外壳　3—固定的壳体　4—密封圈　5—永久磁铁　6—霍尔元件　7—靶轮　*a*—空气隙

4. 进气温度传感器

进气温度传感器是一个负温度系数（NTC）电阻，即温度升高阻值下降。它安装在进气管上体，如图 5-28 所示。进气温度传感器将进气温度转变成电信号，送给控制单元，用于各种控制功能的修正。如果该信号中断，那么控制单元将启用一个替代值，但不能准确感知进气温度，会导致热起动困难、污染物排放值升高等故障。

5. 冷却液温度传感器

冷却液温度传感器也是一个 NTC 电阻，直接与发动机冷却液接触，其工作原理如图 5-29 所示。该信号是一个较重要的修正信号。如果该信号中断，控制单元将采用一个替代值，但不能准确感知冷却液温度，将会导致发动机冷热起动困难、油耗增加、怠速自适应差、污染物排放值升高等故障。

冷却液
温度传感器

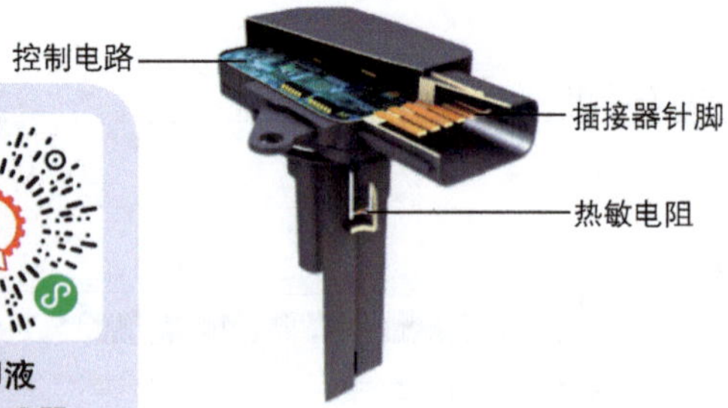

图 5-28　进气温度传感器

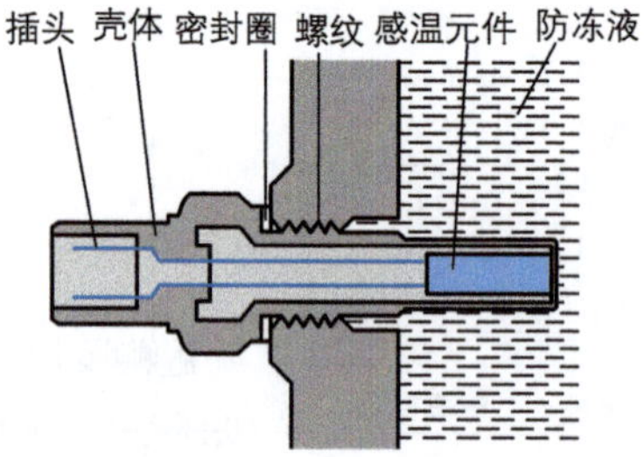

图 5-29　冷却液温度传感器的工作原理

6. 氧传感器

氧传感器就是 λ 传感器，它安装在排气管谐振腔内，其工作原理和外形如图 5-30 所示。氧传感器用于检测发动机的燃烧状况，向控制单元提供修正喷油量的电信号，从而实现燃油喷射的闭环控制。氧传感器由氧化锆陶瓷及表面覆盖的多孔性铂膜制成，其内侧与大气相通，外侧与排出废气接触。废气中残余含氧量与大气中含氧量的浓差，能在氧化锆陶瓷表面产生电位差，此电位差能体现出废气中氧含量，反映出混合气的浓度，控制单元根据此信号对喷油量进行调节。

氧传感器的最佳工作温度是 600℃，工作温度区间为 300 ~ 850℃，为此在其内部设有加热器，使其能很快达到最佳工作温度。

氧传感器

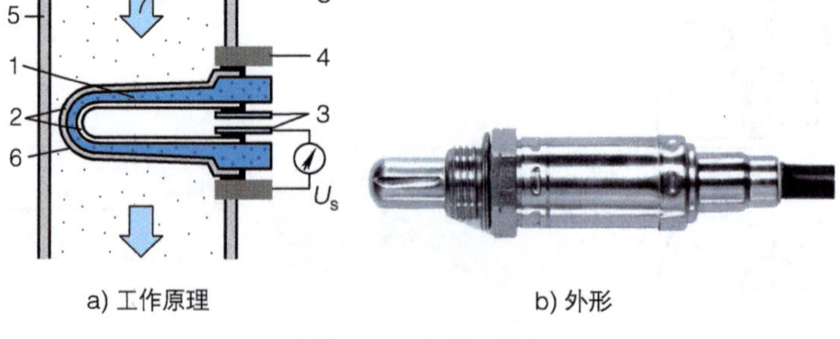

图 5-30　氧传感器

1—氧传感器陶瓷体　2—铂电极　3—触头　4—壳体触头　5—排气管　6—微孔陶瓷保护层　7—废气　8—大气　U_s—氧传感器电压

7. 爆燃传感器

爆燃传感器的工作原理和安装位置如图 5-31 所示。该车采用两个爆燃传感器，分别安装在缸体进气侧 1 缸和 2 缸、3 缸和 4 缸之间。当发动机发生爆燃时，气缸中产生的爆燃信号传递到爆燃传感器的压电陶瓷，在其上产生一个电压信号，控制单元根据这个电压信号识别出爆燃缸，并推迟该缸的点火。

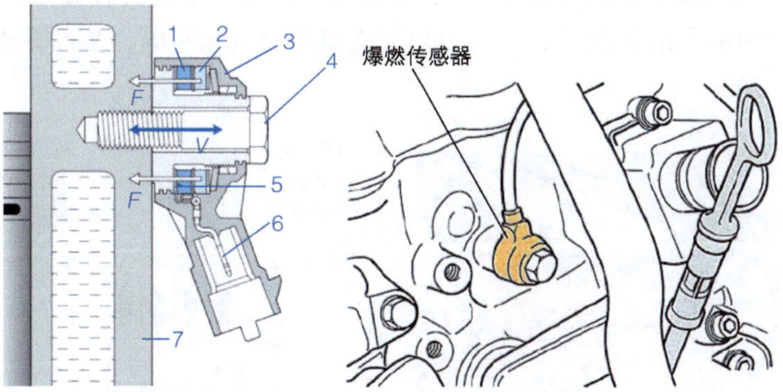

a) 工作原理　　b) 安装位置

图 5-31　爆燃传感器的工作原理和安装位置

1—压电陶瓷　2—振动质量　3—壳体　4—螺钉　5—接触片　6—插头　7—发动机机体

V—振动速度　*F*—爆燃压力

爆燃传感器

（二）执行元件

1. 节流阀体

节流阀体也称节气门控制单元，多采用整式结构，其结构如图 5-32 所示，主要由怠速开关、怠速节气门电位计、节气门电位计以及怠速电机组成。这种整体式结构取消了节气门的旁通通道，怠速调节直接在节气门上进行。其优点是减少了部件数目，减少了漏气的可能性，避免了一些故障的发生。

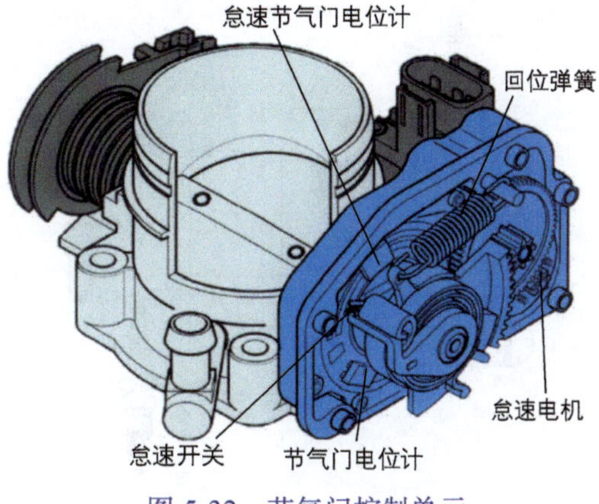

图 5-32　节气门控制单元

怠速开关、怠速节气门电位计、节气门电位计向控制单元提供节气门当前位置信息，属于传感器部分；怠速电机是执行元件。在怠速范围内，控制单元根据各种信息，通过控制怠速电机来调节怠速时节气门的开度，具体功能有：怠速时，怠速电机根据发动机负荷和温度来控制节气门开大或关小，使发动机总工作在最佳怠速状态；当快速松开加速踏板时，怠速电机可使节气门缓慢回位，直至到达所要求的怠速转速为止，起到了节气门缓冲器的作用；若电子控制怠速失效，节气门将保持在一个确定位置，控制单元对此不起作用。

2. 喷油器

喷油器装在进气门上方的进气管下体上，每一个气缸都装有一个喷油器，它是由电磁元件控制的。电控单元发出指令信号，可将喷油器头部的针阀打开，精确地将一定量的燃油喷入进气门前，并与吸入进气歧管内的空气混合，混合后的可燃混合气进入气缸内点火燃烧。

3. 点火线圈及终端能量输出极

点火系中主要部件是点火线圈及终端能量输出极（点火模块）。点火线圈及终端能量输出极装在一个壳体里，固定在气缸体上，如图 5-33 所示。在点火线圈的壳体上有各缸排序标识。1、4 缸共用一个点火线圈，2、3 缸共用一个点火线圈。双火花点火线圈如图 5-34 所示。终端能量输出极根据控制单元指令控制点火线圈初级绕组的通电和断电，从而在点火线圈次级产生点火高压。

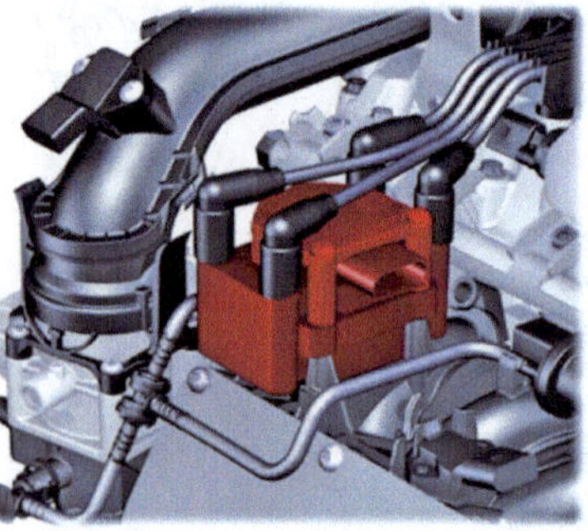

a) 实物

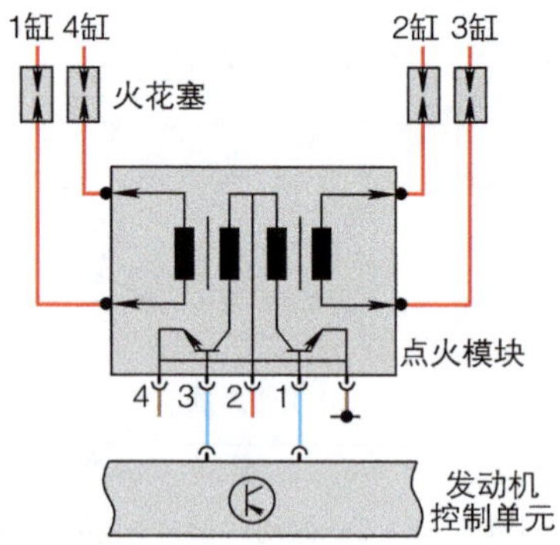

b) 电路

图 5-33　点火线圈及终端能量输出极

1—2、3 缸点火信号线　2—点火电源　3—1、4 缸点火信号线　4—搭铁

（三）控制单元

发动机控制单元是一种具有 80 个插脚的电子综合控制装置，其外观结构如图 5-35 所示。

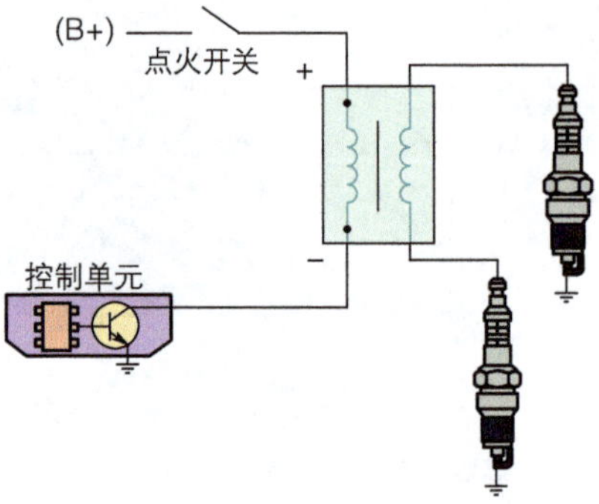

图 5-34　双火花点火线圈

图 5-35　发动机控制单元外观结构

控制单元负责对发动机控制系统进行管理。它不仅控制燃油喷射系统，同时还具有点火控制、怠速控制、油箱通风控制、自诊断和备用控制等多种功能。具体功能包括如下几点。

1）给传感器提供基准电压，将所需输出的信息转变成控制单元所能接收的信号。

2）接收传感器或其他装置输入的各种信息。

3）进行存储、计算、分析处理信息；存储该车的特征参数；计算出输出值；存储运算中的数据；存储故障信息。

4）运算分析。根据信息参数求出执行命令数值，并将输出信息与标准值比较。

5）输出执行命令。把弱信号变为强的执行命令。

6）自我修正功能（自适应功能）。

发动机控制单元能在较短时间内处理很多信号，能够进行高精度的发动机控制。

发动机控制单元要管理多个信息，它通过信号线与控制器或系统部件相连，如图 5-36 所示。通过这些附加信号与汽车上其他系统部件之间相互交换信息。

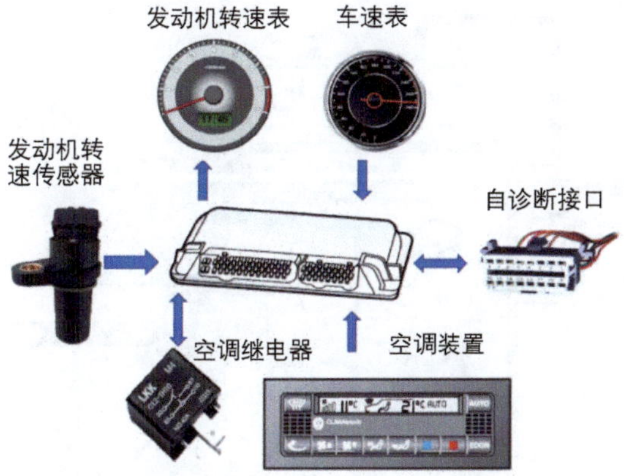

图 5-36　控制单元与其他系统的信息交换

（1）发动机转速　控制单元从发动机转速传感器获得发动机转速信号，并传递给转速表。

（2）空调压缩机信号　控制单元通过空调继电器与空调压缩机相联系。空调压缩机信号是双向传递的，一方面它可以向控制单元提供压缩机接通信息，由发动机控制单元控制节气门控制单元提高怠速转速；另一方面在发动机处于急加速到全负荷、应急运行、冷却液温度过高等工况时，控制单元将切断空调压缩机工作。

（3）车速信号　控制单元从车速表上获得行驶速度信号，利用该信号由节气门控制单元进行怠速稳定控制。

第五节　缸内直喷电子控制系统

汽油缸内直喷与进气道喷射不同的是，汽油被直接喷入到燃烧室。

一、汽油缸内直喷的特点

（1）燃油消耗低　汽油缸内直喷发动机缸内直接喷射可形成高压雾化混合气，相对于传统的缸外喷射发动机可减少 10% ~ 15% 的燃油消耗。

（2）热效率高　由于燃烧只发生在火花塞附近，所以气缸壁上的热损耗少，提高了热效率。

（3）废气再循环率高　强制分层充气可使废气再循环率高达 35%，可有效地对排放进行控制。

（4）压缩比高　吸入的空气通过燃油在燃烧室直接喷射雾化而冷却下来，降低了爆燃的可能性，可提高压缩比。

（5）优化超速切断效果　在变速器转速恢复到低于发动机转速的过程中，气缸壁不会沉积燃油，燃油基本上被完全转化成可用能量，即使在恢复转速较低时，发动机也能稳定运行。

二、缸内直喷燃油系统的组成

缸内直喷燃油系统的组成如图 5-37 所示。

缸内燃油
直喷系统

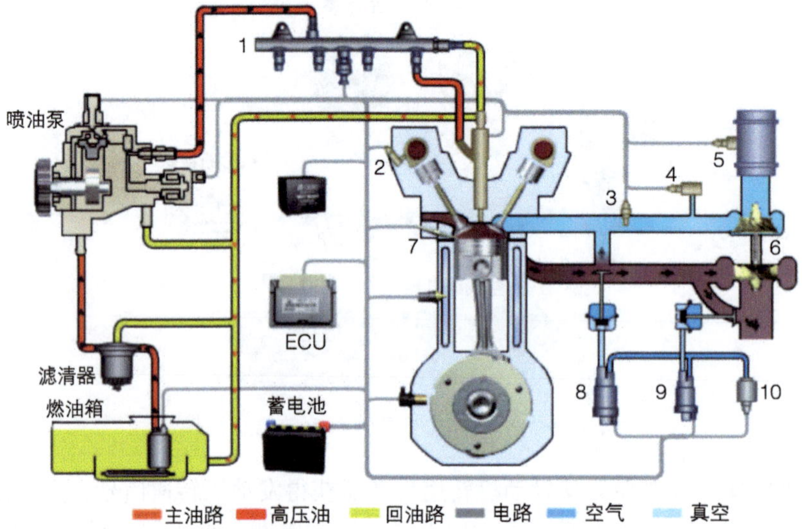

图 5-37　缸内直喷燃油系统的组成

1—高压共轨　2—凸轮轴位置传感器　3—进气温度传感器　4—进气压力传感器　5—空气流量计
6—废气涡轮　7—预热塞　8—EGR 电磁阀　9—压力调节阀　10—真空泵

（1）低压油路　低压油路主要由电子燃油泵及压力调节装置组成，产生压力为 350kPa 的燃油供给发动机驱动的高压泵。

（2）高压油路　高压部分主要由高压油泵、油轨、压力控制阀等组成。将油压从 350kPa 升高到 12MPa，并使油轨的压力波动最小，向各喷油器供油。

（3）控制装置　电子控制装置的工作原理与缸外喷射系统的相类似。控制系统对发动机进行负荷计算时，控制单元所需获取的传感器信号主要有：①环境压力。②所吸入空气的温度。③节气门的位置。④进气管中的压力和温度。⑤废气再循环阀的气门位置。⑥充气运动阀门的位置。⑦进气凸轮轴的位置。

第六节　汽油机的排放净化

汽车排放污染主要有 3 个排放源：①发动机经排气管排出的燃烧废气（俗称尾气），汽油车废气中的主要污染成分是 CO、HC 和 NO_x，而柴油车除了这 3 种有害物外还排放大量的微粒物；②曲轴箱排放物，由发动机在压缩和燃烧过程中未燃的 HC 由燃烧室漏向曲轴箱再排向大气而产生；③燃料蒸发排放物，主要由发动机燃料供给系的燃料蒸发而产生，如图 5-38 所示。

图 5-38 汽车排放污染源

一、汽油机排放污染物的成因

1. 一氧化碳

1）燃料不完全燃烧。CO 是烃类燃料在燃烧过程中缺氧而不能完全燃烧的产物。

2）CO_2 和 H_2O 在高温时离解。当汽油机缸内温度超过 1800℃时，CO_2 和 H_2O 在高温时会产生离解，生成 CO。

2. 碳氢化合物

1）由于气缸壁对火焰的冷却作用、缝隙效应、油膜和沉积物对燃油蒸气的吸附作用，使燃料未燃烧或未完全燃烧。

2）由于燃料供给系统的蒸发以及燃烧室等泄漏而产生。

3. 氮氧化物

1）混合气在高温燃烧过程中，空气中的分子氮被氧化为 NO，也称为高温 NO，是 NO_x 的主要来源。

2）燃料中的含氮化合物在燃烧过程中，分解成低分子氮化物被氧化生成 NO，也称为燃料 NO。

3）在燃烧过程中燃料中的碳氢化合物裂解出的 CH、CO_2、C 等与空气中的 N_2 反应生成 HCN 和 NH 等，并进一步与 OH、O 反应生成 NO，也称为激发或瞬发 NO。

二、汽油发动机排放污染物的主要影响因素

1. 混合气浓度

空燃比与汽油发动机排气污染物的关系如图 5-39 所示（假定发动机转速和负荷不变）。当空燃比在 16 以下时，随着空燃比的下降，混合气浓度增大，氧气不足，不完全燃烧现象严重，使 CO、HC 排放增多，NO_x 排放减少。当空燃比大于 17 时，随着空燃比增大，CO 排放减少。同时氧化反应速度慢，燃烧温度下降，使 HC 排放增多，NO_x 排放减少。在混合气浓度略低处，HC、CO 排放浓度最小，而 NO_x 排放浓度最大。

2. 运行工况

汽油发动机在怠速和小负荷工况运行时，供给的混合气偏浓，且燃烧室温度较低，燃烧速度慢，易引起不完全燃烧，使 CO 含量增多；又因为燃烧室温度低，燃烧室壁面激冷现象严重，不能燃烧的燃油量增多，使排出的 HC 增多。

在中等负荷时，供给经济混合气，混合气易于完全燃烧，CO、HC 排放减少；由于燃烧室温度增高，使 NO_x 生成量增多。

在大负荷时，供给浓混合气，使燃烧气体压力、温度升高，有较多的 NO_x 生成；同时也提高了排气温度，使 HC 在排气中继续燃烧，其排放量减少；但由于混合气较浓，使 CO 排放量增多。

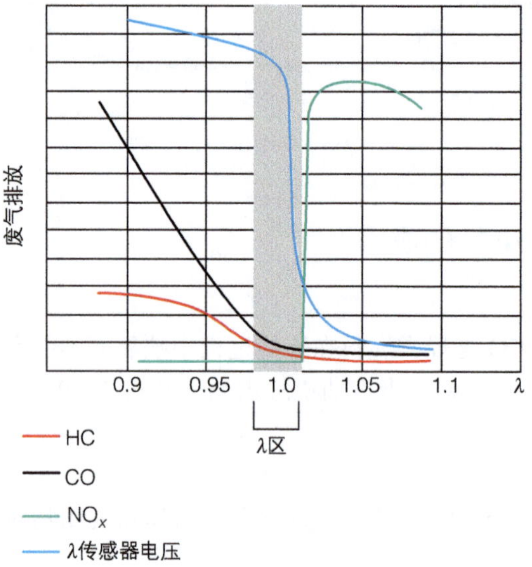

图 5-39　空燃比与汽油发动机排气污染物的关系

3. 火花质量和点火提前角

汽油发动机点火系统的火花质量和点火提前角对汽车排气污染物有较大影响。

1）火花质量决定点燃混合气的能力。当点燃稀薄混合气时，火花的持续时间对汽车排气污染物的影响是很大的。火花越弱，出现失火现象越多，而失火将会造成大量的 HC 生成。

2）点火提前角推迟时，可降低燃烧气体的最高温度，使 NO_x 排放量降低。点火提前角的推迟，还会延长混合气燃烧时间，在做功行程后期，未燃的 HC 会继续燃烧，使 HC 排放量降低。

4. 配气相位

配气机构凸轮形状决定气门开启和关闭时刻及气门升程曲线，而这些参数影响发动机的充气过程。进入气缸新鲜混合气数量，决定发动机的转矩和功率。留在气缸内未燃混合气量和在排气门开启时未被排出的废气量会影响点火性能和燃烧状况，从而影响发动机效率、未燃 HC 的排放浓度。在进、排气门同时开启时，根据气缸内压力状况，新鲜混合气可能排出气缸外，或废气流回进气歧管，这会对发动机效率和未燃 HC 排放物造成很大影响。

三、降低汽油车废气排放的措施

降低汽油车排放控制技术主要有：①采用曲轴箱强制通风装置；②采用燃油蒸发控制系统；③采用电控多点燃油喷射系统；④采用氧化型催化转化器；⑤采用废气再循环系统；⑥采用高能电子点火和控制系统；⑦采用稀薄燃烧发动机技术；⑧采用多气门、可变配气相位和进气旋流等技术，优化燃烧室形状；⑨采用三效催化转化器和闭环电控系统；⑩采用车载诊断系统，对汽油车排放控制系统进行自动监控。

1. 燃油蒸发控制系统

为了防止燃油箱向大气中排放汽油蒸气所产生的污染，在现代轿车上普遍采用了由ECU控制的燃油蒸发排放控制系统，如图5-40所示。

燃油箱中的燃油蒸气通过单向阀进入活性炭罐上部，空气从炭罐下部进入清洗活性炭。发动机工作时，ECU根据发动机的转速、温度、空气流量等信号，控制活性炭罐电磁阀的动作来控制排放阀上部的真空度，从而控制排放阀的开闭动作。当排放阀打开时，汽油蒸气通过阀中的定量排放小孔被吸入进气歧管，然后进入气缸燃烧。

在某些车型上，燃油蒸发排放控制系统为抑制发动机爆燃，当ECU判断出发动机产生爆燃时，即刻使活性炭罐电磁阀关闭，切断真空，关闭排放控制阀，直至爆燃消失且超过150ms时，ECU才使燃油蒸发排放控制系统恢复工作。

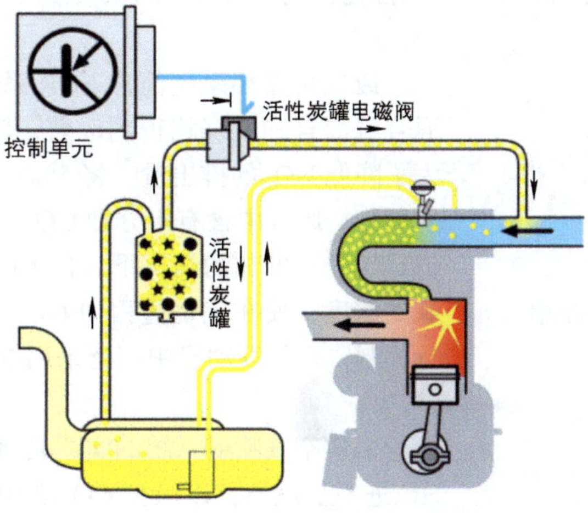

图5-40　燃油蒸发排放控制系统

2. 三元催化转化系统

发动机排气中的HC、CO和NO_x排放物在温度高于1000℃时可以很容易变成无害气体。然而，在排气系统中想要维持这么高的温度是不可能的。含有铂（Pt）钯（Pd）或铑（Ph）等贵金属的催化剂可以在低得多的温度（300～900℃）下将这三种排放物同时转化掉，因此被称为三元催化转化器。

三元催化转化器由壳体、减振层、载体和催化剂涂层四部分组成，如图5-41所示。

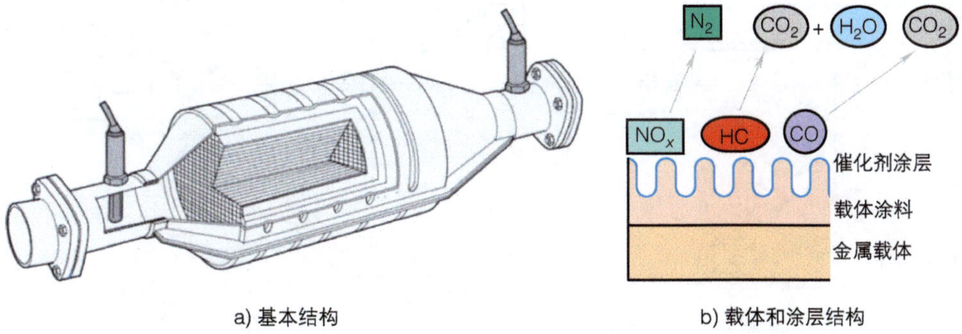

图5-41　三元催化转化器的结构

三元催化原理

减振层位于壳体和载体之间，起固定载体、减振、缓解热应力、隔热和密封等作用。载体是催化剂涂层的支撑体（图5-41b），排气从其孔隙中通过并与固定在涂层上的活性催化剂相互作用，加速氧化、还原反应速度，达到净化排气的目的。在载体孔道的壁面上，涂有一层氧化铝层。在涂层表面是活性材料贵重金属，一般是铂（Pt）、铑（Ph）和钯（Pd）以及作为辅助催化剂的稀土类材料。

三元催化转化器的转化效率与空燃比关系极大，要求空燃比保持在理论空燃比（14.7 ± 0.3）范围内。只有这样，催化剂才能即使 CO、HC 氧化，又使 NO_x 还原，实现催化剂三效。为此，三元催化转化器必须与电喷发动机配合使用，并在三元催化转化器之前安装氧传感器，检测三元催化转化器入口处的氧气浓度，以便精确控制空燃比。

3. 废气再循环系统

废气再循环

废气再循环系统简称 EGR 系统。在燃烧温度升高时，EGR 系统令燃油汽化、混合气混合和燃烧均得到改善，CO 和 HC 的排出量减少，但 NO_x 的排出量增多。为了降低 NO_x 的排出量，将 5% ~ 20% 排出的废气重新引入进气管和混合气一起进入气缸。废气中含有水分和 CO_2，可以使混合气燃烧时的最高温度降低，在排气中 CO、HC 不增加的情况下，使 NO_x 的浓度降低。这是由于废气的稀释作用降低了氧的浓度，使在燃烧过程中 NO_x 的生成受到控制。废气量必须根据发动机工况进行控制，现代发动机中广泛采用电子控制 EGR 阀的方法，如图 5-42 所示。

4. 二次空气喷射系统

二次空气系统

二次空气喷射系统的实质是将一定量的空气引入排气管中，使废气中的 CO 和 HC 进一步燃烧，以减少 CO 和 HC 的排放，这是减少污染物排放的最早使用的办法，目前与催化转化器配合使用。

图 5-43 所示为二次空气系统工作原理。在冷起动阶段，发动机控制单元 1 通过二次空气泵继电器 2 来起动二次空气泵 5，使空气到达二次空气控制阀 4。与此同时，二次空气泵电磁阀 3 起动，这就使真空作用到二次空气控制阀 4 上，于是二次空气控制阀开启，将二次空气送到气缸盖排气通道中。

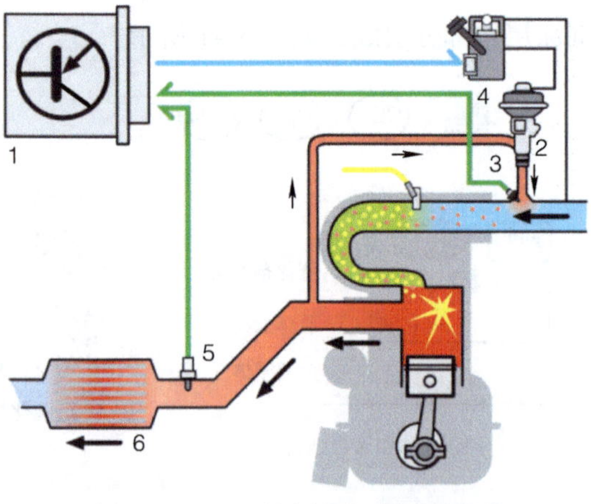

图 5-42 电子控制废气再循环系统

1—控制单元 2—废气再循环控制阀
3—废气再循环温度传感器 4—废气再循环电磁阀
5—氧传感器 6—催化净化器

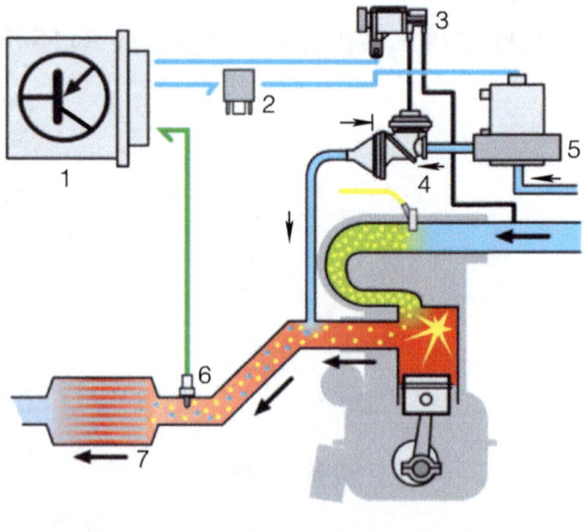

图 5-43 二次空气系统工作原理

1—控制单元 2—二次空气泵继电器 3—二次空气泵电磁阀
4—二次空气控制阀 5—二次空气泵
6—催化净化器上游的氧传感器 7—催化净化器

思　考　题

1. 发动机各工况下对可燃混合气浓度的要求是什么？表示混合气浓度的参数有哪些？
2. 电喷发动机汽油供给系统由哪些部件组成？
3. 可变进气系统是如何工作的？
4. 废气涡轮增压系统是如何工作的？
5. 汽油缸内直喷系统有何优点？
6. 汽油机排放污染物的成因及其影响因素有哪些？
7. 降低汽油机废气排放的措施有哪些？废气再循环系统是如何工作的？

第六章
柴油机燃料供给系

第一节　概　　述

目前，柴油机的应用非常广泛，不但用于重型汽车、超重型汽车，而且在轻型车、轿车上也有应用。用于轿车上的柴油机主要采用电子控制燃油喷射系统。

一、柴油

柴油是在 533 ~ 625K 的温度范围内由石油中提炼出来的碳氢化合物，其中各成分的质量分数分别是碳 87%、氢 12.6%、氧 0.4%。

柴油的使用性能指标主要是发火性、蒸发性、黏度和凝点。

1. 发火性

发火性是指柴油的自燃能力。柴油机工作时，柴油被喷入燃烧室后，并非立即着火燃烧，而要经过一段时间的物理和化学准备，这个准备时间称为备燃期。柴油的发火性用十六烷值表示，十六烷值越高，发火性越好。但十六烷值过高的柴油喷入燃烧室后，还来不及与空气充分混合就着火，使柴油在高温下裂解分离出大量的游离碳，造成油耗、烟度上升。因此，一般汽车用柴油的十六烷值应在 40 ~ 50 范围内。

2. 蒸发性

蒸发性是指柴油汽化的特性，是通过蒸馏试验来确定的，需要测量馏程为 50%、90% 及 95% 馏出温度。同一相对蒸发量的馏出温度越低，越有利于可燃混合气的形成与燃烧，越有利于起动，但同时也会使柴油机工作粗暴。反之，若燃料中重馏分含量过多，则会造成雾化不良，汽化缓慢，使燃烧不完全而产生严重的积炭现象。

3. 黏度

黏度决定柴油的流动性。黏度过大的柴油，流动阻力也过大，难以沉淀、滤清，影响喷雾质量；反之，黏度过小的柴油将增加精密偶件工作表面间的柴油漏失量，并加剧这些表面的磨损。因此应选用黏度合适的柴油。

4. 凝点

凝点是表示柴油冷却到开始失去流动性的温度。柴油的凝点应比柴油机最低工作温度低 3 ~ 5℃。凝点过高将造成油路堵塞。

汽车用柴油机是高转速的，因此应采用轻柴油。轻柴油的牌号是根据凝点编定的，如 10 号、0 号和 −35 号轻柴油的凝点分别为 10℃、0℃和 −35℃。

为降低柴油的凝点，改善其低温流动性，使用时可在其中掺入裂化煤油或添加降凝剂。

二、可燃混合气的形成与燃烧

与汽油机相比，柴油机可燃混合气的形成与燃烧条件要差得多。在柴油机工作中，进气行程进入气缸的是纯空气，只是在压缩行程接近终了时刻，才将高压柴油喷入燃烧室。喷油持续时间只占 15° ~ 35° 曲轴转角，所形成的可燃混合气很不均匀，在燃烧室的不同区域以及不同时期，可燃混合气的浓度相差都很大。

根据气缸中压力和温度的变化特点，可将混合气的形成与燃烧过程按曲轴转角划分为四个阶段，如图 6-1 所示。

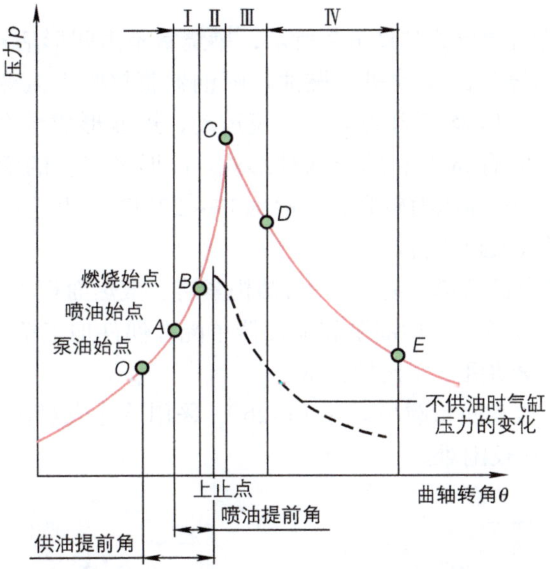

图 6-1　气缸压力与曲轴转角的关系

Ⅰ—备燃期　Ⅱ—速燃期　Ⅲ—缓燃期　Ⅳ—后燃期

1）备燃期Ⅰ：是指喷油器喷油始点 *A* 到燃烧始点 *B* 之间的曲轴转角。这一期间进行着燃烧前的物理和化学准备过程。

2）速燃期Ⅱ：是指从燃烧始点 *B* 到气缸内压力达最高的 *C* 点之间的曲轴转角。火焰自火源迅速向四周推进，上一时期积存的柴油以及在此期间陆续喷入的柴油，在已燃气体的高温作用下，迅速蒸发、混合和燃烧，使气缸内压力和温度急剧上升，最高压力可达 6 ~ 9MPa，一般出现在上止点后 6° ~ 15° 曲轴转角处。这一时期的放热量为每循环放热量的 30% 左右。

3）缓燃期Ⅲ：是指从最高压力点 *C* 到最高温度点 *D* 之间的曲轴转角。在此期间，燃烧以很快的速度继续进行，后期由于氧气缺少，废气增加，燃烧速度越来越慢。此期间的压力逐渐下降，但燃气温度还在继续升高，最高温度可达 1973 ~ 2273K，一般出现在上止点后 20° ~ 35° 曲轴转角处。喷油是在 *D* 点以前结束的，缓燃期内的放热量为每循环放热量的 70% 左右。

4）后燃期Ⅳ：从最高温度点 *D* 到柴油已基本上完全燃烧的 *E* 点之间的曲轴转角。燃烧是在逐渐恶化的条件下缓慢进行直到停止。在此期间，压力和温度均下降。为防止柴油机过热，应尽量缩短后燃期。加强燃烧室内气体的运动、改善混合气的形成条件是缩短后燃期的有效措施。

综上所述，柴油机从喷油开始到燃烧结束，仅占 50°～60° 的曲轴转角，可燃混合气形成的时间极短、空间极小。因此，在这段时间里，提高燃料的雾化程度、加强气流的运动强度、改善燃烧后期的燃烧条件，是提高柴油机动力性和经济性的有效途径。

三、燃烧室

由于柴油机可燃混合气的形成和燃烧主要是在燃烧室内进行的，因此燃烧室的形状对可燃混合气的形成和燃烧有着直接的影响。柴油机的燃烧室按其结构形式可分为统一式燃烧室和分隔式燃烧室两大类。

1. 统一式燃烧室

统一式燃烧室常见的结构形式如图 6-2 所示，燃烧室是由凹形活塞顶与气缸盖底面所围成的一个内腔。采用这种燃烧室的发动机，燃油自喷油器直接喷射到燃烧室中，借喷出油柱的形状和燃烧室形状的匹配，以及室内的空气涡流运动，迅速形成混合气。此种燃烧室又称为直接喷射式燃烧室。常见的有 ω 形和球形两种形式。ω 形燃烧室的活塞凹顶剖面轮廓呈 ω 形（图 6-2a）。这种燃烧室要求喷油压力较高，一般为 17～22MPa，并应采用小孔径的多孔喷油器，以使喷注形状与燃烧室形状大致相符。

ω 形燃烧室的优点是形状简单，易于加工；结构紧凑、散热面积小、热效率高；起动性能好。其缺点是所要求的喷油压力高，对喷油泵和喷油器中配合偶件加工精度要求较高，多孔喷油器的喷孔直径小，易堵塞，发动机工作比较粗暴。

球形燃烧室的活塞凹顶表面轮廓呈球形（6-2b），采用单孔或双孔喷油器，发动机工作比较柔和。其缺点是发动机起动较困难。

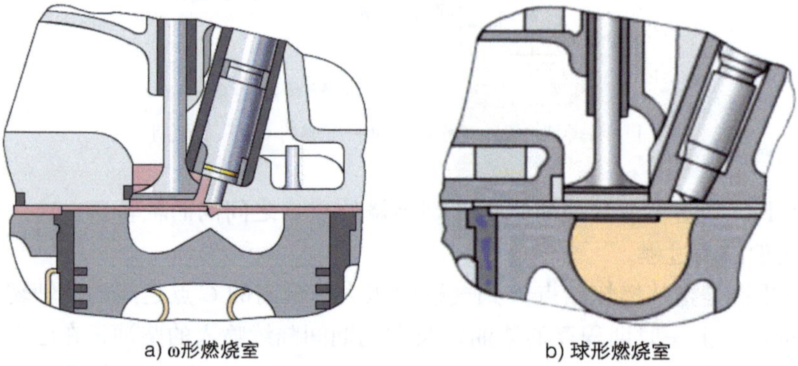

图 6-2 统一式燃烧室

2. 分隔式燃烧室

分隔式燃烧室由两部分组成，一部分由活塞顶与缸盖底面围成，称为主燃烧室；另一部分在气缸盖中，称为副燃烧室。主、副燃烧室之间由一个或几个孔道相连通。分隔式燃烧室的常见形式有涡流室式燃烧室和预燃室式燃烧室，如图 6-3 所示。

分隔式燃烧室的优点是混合气的形成主要通过强烈的空气运动，对喷油系统要求不高，即可采用喷油压力较低（12～14MPa）的轴针式喷油器，在使用中其故障较少；发动机工作较平稳，排气污染少。分隔式燃烧室的缺点是散热面积大，热效率低，经济性较差，起动性差。

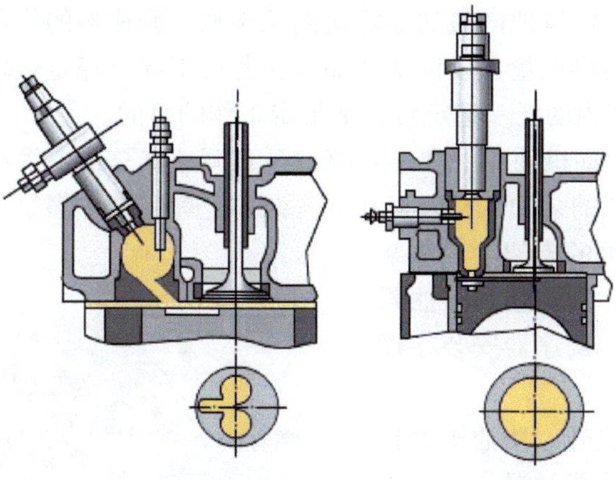

图 6-3　分隔式燃烧室

四、传统柴油机燃料供给系的组成

传统柴油机燃料供给系一般由燃油箱、柴油粗滤器、输油泵、柴油细滤器、喷油泵、调速器、喷油器及油管等部件组成。其中喷油泵是柴油机燃料供给系中的关键部件。

图 6-4 所示为装有柱塞式喷油泵的柴油机燃料供给系统示意图。发动机工作时，输油泵经吸油管将柴油自燃油箱内吸出，经柴油滤清器过滤后，并将柴油压力提高到 0.15 ~ 0.30MPa 送至喷油泵，喷油泵将柴油压力进一步提高至 10MPa 以上，通过高压油管泵入喷油器，喷油器再将柴油以雾状喷入燃烧室并与空气混合后自行着火燃烧。输油泵供给的多余柴油以及喷油器顶部回油孔流出的少量柴油，都经回油管流回燃油箱。

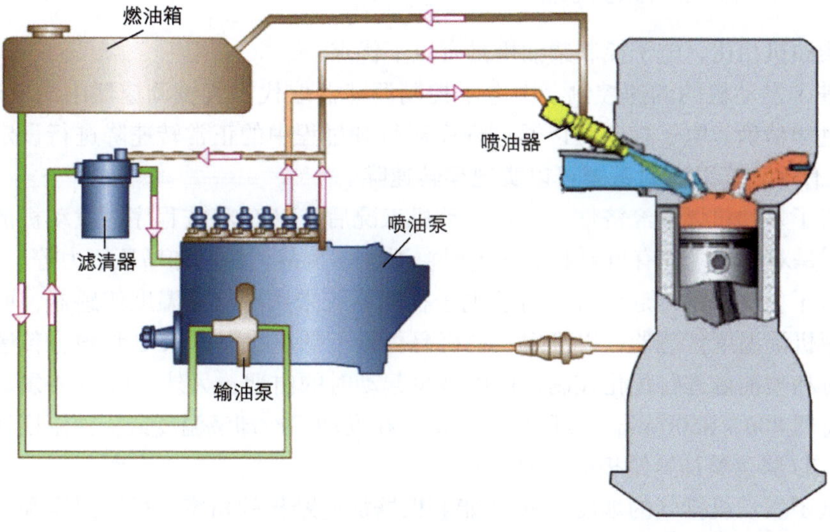

图 6-4　装有柱塞式喷油泵的柴油机燃料供给系统示意

喷油泵又称为高压油泵。它是柴油机燃料供给系中最重要的一个总成。它的功用是根据发动机的不同工况，定时、定量地向喷油器输送高压柴油。调速器的作用是根据柴油机负荷的变化，自动地调节喷油泵的供油量，以保证柴油机在各种工况下稳定运转，达到稳定怠速、限制超速、或在工作转速范围内的任一选定转速下稳定工作的目的。

图 6-5 所示是四缸发动机使用的柱塞式喷油泵和调速器总成，发动机的每个气缸都需要有一套泵油机构，几个相同的泵油机构装置在同一泵体上就构成了多缸发动机喷油泵。喷油泵一般固定在柴油机机体一侧的支架上，由柴油机曲轴通过齿轮驱动，齿轮轴和喷油泵的凸轮轴用联轴器连接，调速器安装在喷油泵的后端。

除上述燃油供给装置外，柴油机燃料供给系还包括空气供给装置、混合气形成装置及废气排出装置。空气供给装置由空气滤清器、进气管和进气道组成，有的还装有空气增压器及中冷器；混合气形成装置为燃烧室；废气排出装置由排气道、排气管和排气消声器组成。

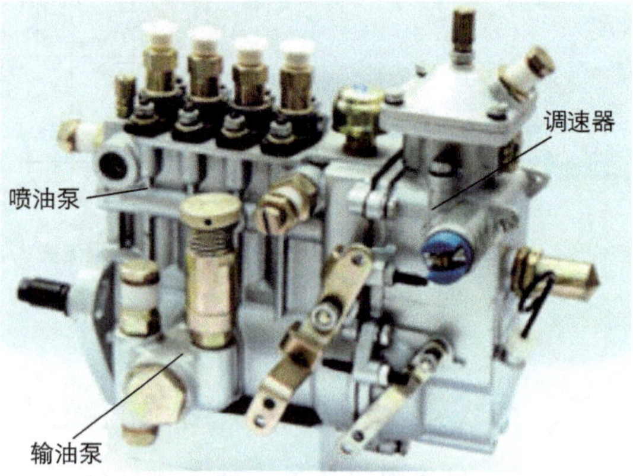

图 6-5　四缸发动机柱塞式喷油泵和调速器总成

第二节　电子控制柴油机喷射系统

随着电子技术的发展，电子控制柴油机喷射技术发展很快。自 20 世纪 80 年代投放市场以来，更是得到了迅猛发展，目前柴油机普遍采用电子控制柴油机喷射技术。

一、电子控制柴油机的优点

与传统柴油机相比，电子控制柴油机具有以下优点：

（1）改进了发动机的调速控制　由电子控制调速器取代了机械调速器中的旋转飞块装置，使转速控制更加精确，电子控制可以通过程序对行驶过程中的正常转速降进行设定，在取力装置（PTO）工作和汽车驻车时甚至可以实现零转速降。

（2）改善了发动机燃油经济性　选定发动机工况后，ECU 将按程序对发动机的运转工况进行监测，特别是对喷油过程有重要影响的定时、温度、负荷、转速和增压压力等。

（3）改善了发动机的冷起动性　有些电子控制系统采用冷却液温度传感器，而有些电子控制系统则采用机油温度传感器，以确定发动机是否处于低温状态，ECU 将根据传感器输入的信号对喷油定时和喷油量进行优化控制，可以减少起动时的白烟；另外，ECU 将发动机冷态下的怠速转速提高到 800～850r/min，按照程序规定，在发动机冷却液温度或机油温度达到最低工作温度以前，ECU 将忽略加速踏板的任何输入。

（4）降低了发动机排气的烟度　ECU 能够根据加速踏板的角度、机油温度和涡轮增压压力精确地控制喷油定时和喷油量，使发动机在稳态及瞬态工况下的烟度能够达到排放法规的要求。

（5）减少排放污染　减少发动机的排气污染物，满足排放法规要求。

（6）具有发动机自动保护功能　当专用传感器向电子控制单元（ECU）指示系统超过正常

安全参数运转时，ECU将向驾驶员发出报警信号，并降低发动机的功率，甚至使发动机停止运转。

（7）具有发动机故障诊断功能　ECU对发动机或汽车的所有传感器、喷油器、插接器和线路进行连续监测，在传感器及电路发生故障时，ECU将储存诊断故障码（DTC）或故障码。

（8）减小了发动机的维护工作量　由于燃油喷射得到了严格的控制，从而改善了发动机的燃烧效果，另外，由于取消了机械调速器拉杆或齿条，从而减少了调整和维修项目。

二、电子控制柴油喷射系统的种类

电子控制柴油喷射系统根据其产生高压燃油的机构不同，可分为电子控制直列泵喷射系统、电子控制分配泵喷射系统、电子控制泵喷嘴喷射系统和电子控制共轨喷射系统。

1. 电子控制直列泵喷射系统

博世电子控制直列泵喷射系统的结构如图6-6所示。在电子控制直列泵燃油系统中，由调速器执行机构控制调节齿杆的位置，从而控制供油量；由提前器执行机构（定时器）控制发动机驱动轴和喷油器凸轮轴间的相位差，从而控制喷油时间。调速器执行机构和提前器执行机构是电子控制直列泵燃油系统中的两个特殊机构。

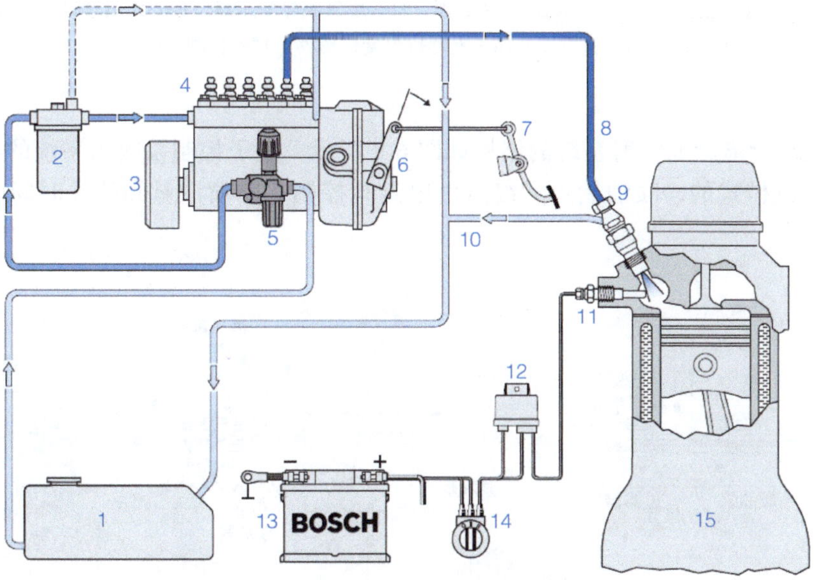

图6-6　博世电子控制直列泵喷射系统的结构

1—燃油箱　2—燃油滤清器　3—定时装置　4—直列式喷油泵　5—输油泵　6—调速器　7—加速踏板　8—高压油管　9—喷油器　10—回油管　11—预热塞　12—电子控制单元　13—蓄电池　14—预热塞和起动机开关　15—柴油机

2. 电子控制分配泵喷射系统

博世电子控制分配泵燃油喷射系统的结构如图6-7所示。电子控制分配泵都是在VE型分配泵的基础上实现电子控制的。电子控制分配泵燃油系统根据各种传感器的信息检测出发动机的实际运行状态，由电子控制单元完成喷油量控制、喷油时间控制、怠速转速控制、故障诊断和应急等功能。

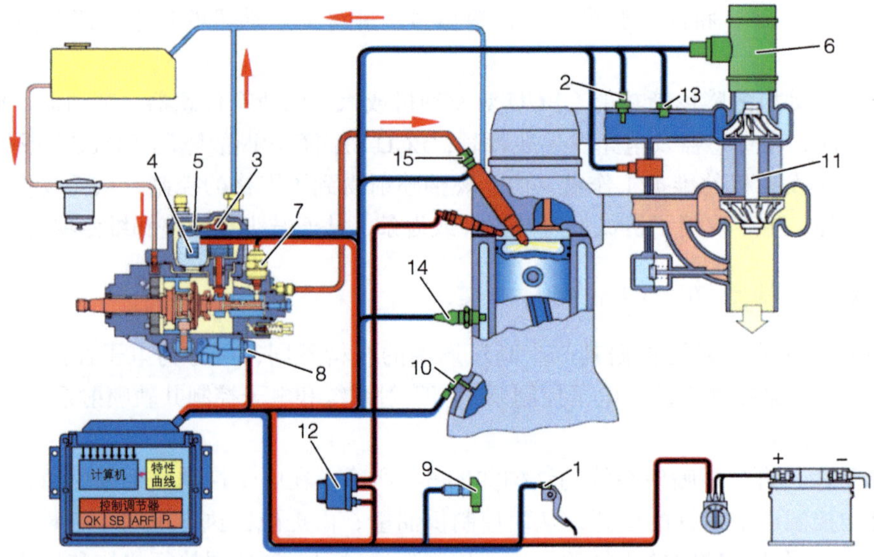

图 6-7　博世电子控制分配泵燃油喷射系统的结构

1—加速踏板传感器　2—空气温度传感器　3—分配式喷油泵位置传感器　4—分配式喷油泵流量调节机构
5—燃油温度传感器　6—空气质量流量计　7—电子旁通阀（ELAB）　8—分配式喷油泵喷油提前角调节器
9—速度传感器　10—发动机转速传感器　11—废气涡轮增压器　12—预热时间控制器
13—增压压力传感器　14—发动机温度传感器　15—针阀升程传感器

3. 电子控制泵喷嘴喷射系统

博世电控泵喷嘴燃油喷射系统的结构如图 6-8 所示。电子控制泵喷嘴系统的特点是燃油压力升高仍然是机械式的，喷油始点和终点由电磁阀控制，即喷油量和喷油时间是由电磁阀控制的。

泵喷嘴

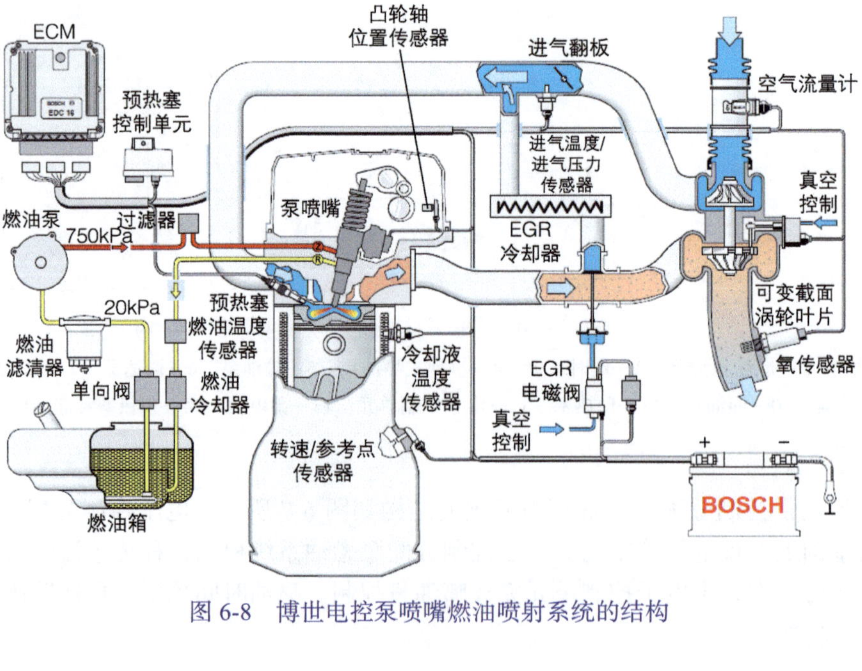

图 6-8　博世电控泵喷嘴燃油喷射系统的结构

泵喷嘴就是将泵油柱塞和喷油嘴合成一体，安装在缸盖上。喷油嘴由于无高压油管，所以可以消除长的高压油管中压力波和燃油压缩的影响，高压容积大大减少，因此喷射压力可以很高。它的驱动机构比较特殊，必须是顶置式凸轮轴。

泵喷嘴实质上是由喷油泵、喷油器和电磁控制阀三部分组成，其结构如图 6-9 所示。

喷油凸轮安装在控制气门打开和关闭的凸轮轴上，其上升段为陡峭的直线，有利于快速提高喷油压力，而下降段较平缓，有利于在喷油结束以后向高压油腔缓慢进油，避免在燃油中产生气泡。电磁控制阀位于泵喷油器的中部，由柴油机电子控制系统控制。电磁控制阀针阀用于接通和切断高压油腔与低压油道之间的通道。辅助柱塞的上部为圆台，实际上是两个阀门，圆台的锥面用来开启和关闭高压油腔与辅助柱塞腔之间的通道，而圆台的底面则用来开启和关闭辅助柱塞腔与喷油针阀复位弹簧腔之间的通道。喷油针阀阻尼器为倒“工”字形，其作用是控制燃油的预喷量。

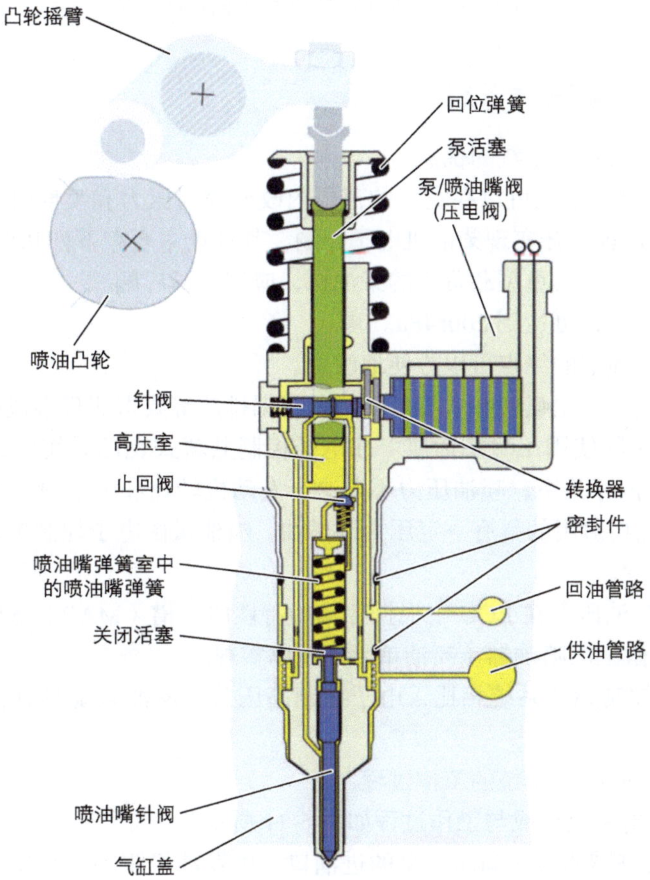

图 6-9　泵喷嘴结构示意

4. 高压共轨喷射系统

高压共轨燃油喷射系统的结构如图 6-10 所示。高压油泵不直接控制喷油，只是向共轨供油以维持所需的共轨压力，高压燃油由共轨送入各缸喷油器。喷油压力、喷油量及喷油定时由电子控制单元（ECU）灵活控制。

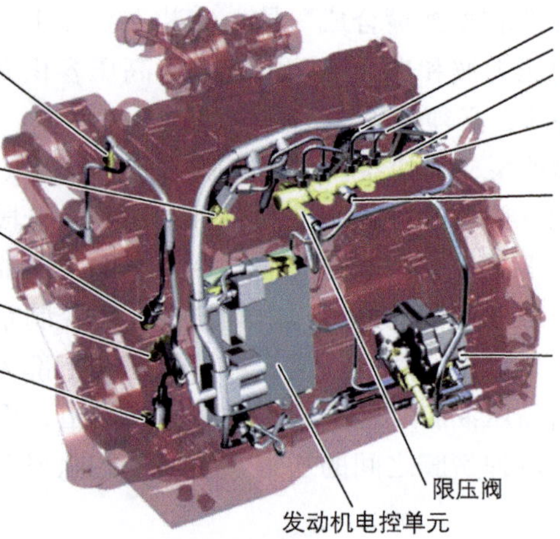

图 6-10 高压共轨燃油喷射系统的结构

三、电控柴油共轨喷射系统

（一）电控柴油共轨喷射系统的优点

电子控制共轨式燃油系统可以在宽广的范围内改变喷射压力和喷射时间，通过将油压产生过程和燃油喷射控制过程分开实现柴油机电子控制。其优点主要有下列几点。

1）可用于轿车、轻型、重型载货车的柴油机，应用领域广阔。

2）更高的喷油压力，可达到 200MPa。

3）喷油的始点、喷油的终点可以方便地改变。

4）可以实现预喷射、主喷射和后喷射，可以根据排放等要求实现多段喷射。

5）喷油压力与实际使用工况相适应。在电子控制共轨式燃油系统中，喷油压力的建立与燃油喷射之间无互相依存关系，喷油压力不取决于发动机转速和喷油量。在高压燃油存储器即“共轨”中，始终充满喷射用的具有一定压力的燃油。喷油量由电子控制单元通过计算决定，受到的其他制约条件很少。

6）喷油正时和喷油压力在 ECU 中根据存储的特性曲线谱（MAP）算出。然后，电磁阀控制装在每个发动机气缸上的喷油器（喷油单元）予以实现。

7）与其他电子控制燃油系统相比，电子控制高压共轨燃油系统具有较高的技术和经济优势，见表 6-1。

（二）电控柴油共轨喷射系统的工作过程

电控柴油共轨喷射系统组成与工作过程如图 6-11 所示。

供油泵从燃油箱将燃油泵入高压油泵的进油口，由发动机驱动的高压油泵将燃油增压后送入共轨腔内，发动机电控单元根据各种传感信息发出指令，控制各缸喷油器在相应时刻喷油。

在共轨电控喷射系统中，最重要的就是喷油器喷射过程的控制，一般都采用带有电磁阀、具备预喷射功能的电控喷油器，具体喷射过程如下。

预喷射在主喷射之前，将小部分燃油喷入气缸，在缸内发生预混合或者部分燃烧，缩短主喷射的着火延迟期。这样缸内压力升高率和峰值压力都会下降，发动机工作比较缓和，同时缸内温度降低使得 NO_x 排放减少。预喷射还可以降低失火的可能性，改善高压共轨系统的冷起动性能。主喷射初期降低喷射速率，也可以减少着火延迟期内喷入气缸内的油量。提高主喷射中期的喷射速率，可以缩短喷射时间从而缩短缓燃期，使燃烧在发动机更有效的曲轴转角范围内完成，提高输出功率，减少燃油消耗，降低炭烟排放。主喷射末期快速断油可以减少不完全燃烧的燃油，降低烟度和碳氢排放。

表 6-1　柴油发动机三种电控喷射系统的比较

系统类型	共轨系统	分配泵	泵喷嘴
喷油压力	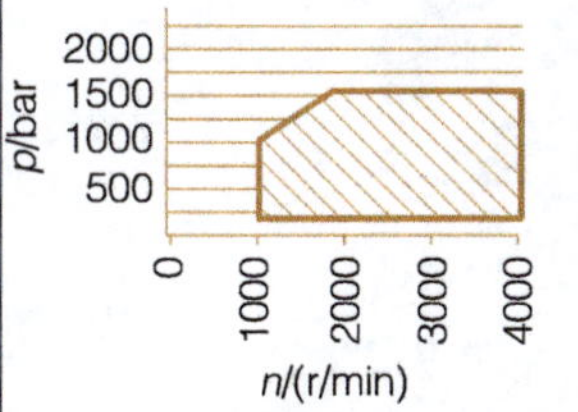	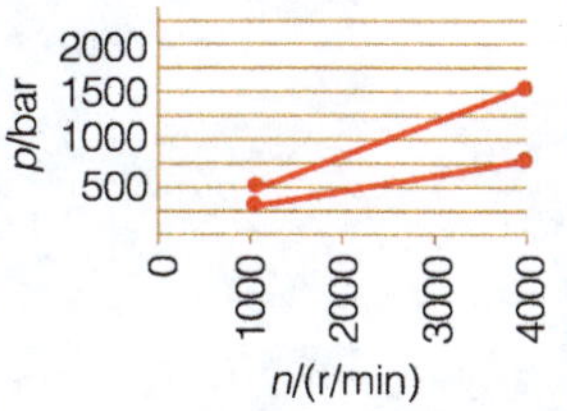	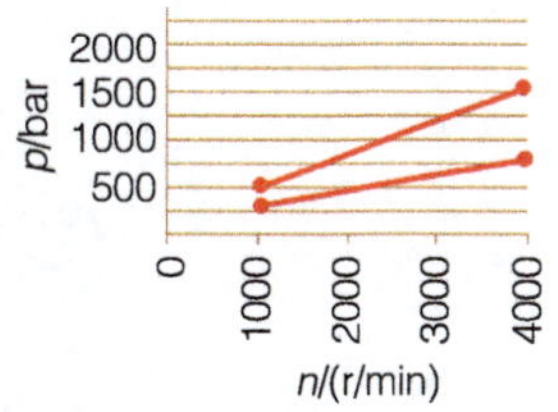
预喷射	优	一般	良
多段喷射	优	差	一般
发动机设计	良	良	差
喷油泵驱动	优	一般	差
系统成本（含发动机）	良	一般	差

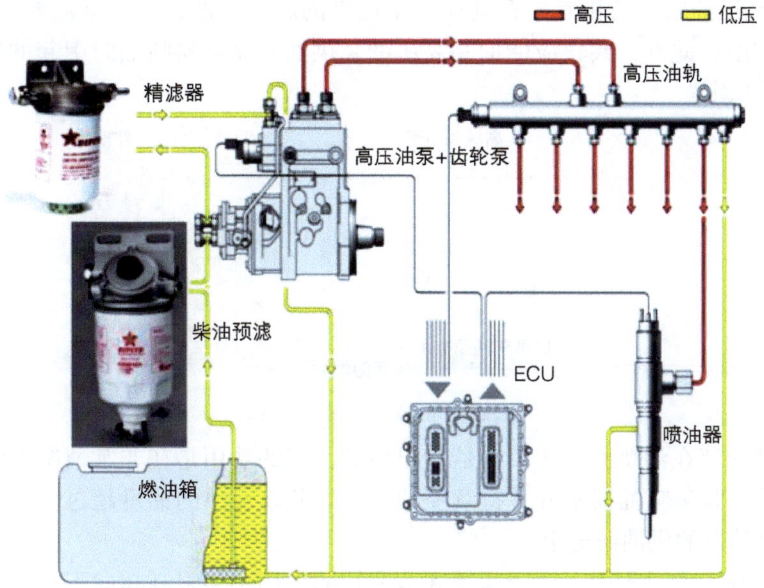

图 6-11　电控柴油共轨喷射系统组成与工作过程

（三）电控柴油共轨喷射系统的组成

电控柴油共轨喷射系统主要由液力系统和电控系统组成，如图 6-11 所示，主要包括燃油箱、柴油滤清器、高压油泵、共轨腔及高压油管、喷油器、电控单元（ECU）、各类传感器和执行器等部件。其中，喷油器、高压泵、高压油轨、电控单元为柴油共轨系统四大核心的部件。

1. 液力系统

液力系统分为低压液力系统和高压液力系统。低压液力系统由燃油箱、输油泵、燃油滤清器、低压油管等组成；高压液力系统由高压泵、高压油轨、喷油器、高压油管等组成。

（1）高压泵　高压泵的作用是将燃油由低压状态通过柱塞将其压缩成高压状态，以满足系统和发动机对燃油喷射压力和喷油量的要求。高压泵总成的结构如图 6-12 所示。

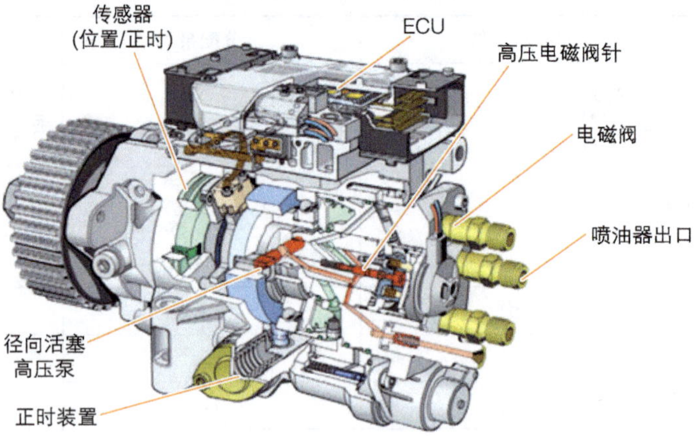

图 6-12　高压泵总成的结构

（2）高压油轨　高压油轨为各缸共同所有，其为共轨系统的标志。高压油轨的结构如图 6-13 所示，高压油轨的功用是贮存高压油泵提供的高压燃油，并根据需要分配给各喷油器，即起蓄压器的作用；此外，共轨应能抑制高压油泵供油和喷油器喷油时引起的压力波动，以保持共轨中压力的稳定。

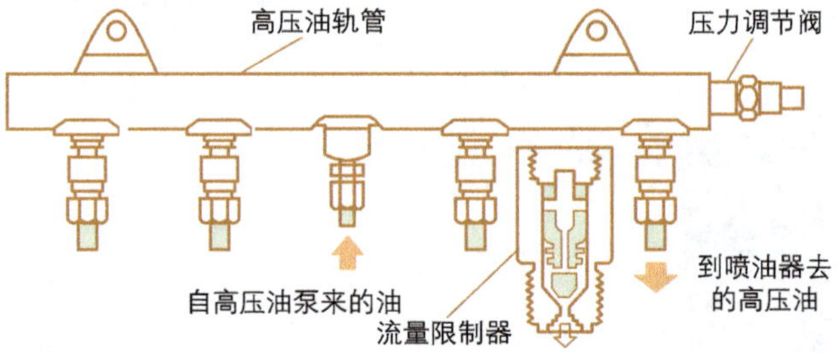

图 6-13　高压油轨的结构

流量限制器安装在油轨到每个喷油器的出口处，它的功用是在非常情况下防止喷油器常开并持续喷油，即一旦某喷油器常开并持续喷油，导致共轨输出的油量超过一定限值，流量限制器就会关闭该喷油器的供油通道上。

流量限制器在工作过程中，由于弹簧和节流孔的作用，使限制阀向下移动的量随喷油速率增加而增大。喷油器异常泄漏使“喷油”速率和喷油量超过正常喷油最大值，限制阀完全关闭停止给喷油器供油。

（3）喷油器　喷油器的结构如图 6-14 所示，汽车上多采用电磁阀式喷油器，其由孔式喷油嘴和电磁阀（喷油器电磁阀的响应时间为 0.2ms 左右）等组成。喷油器喷孔的数量一般为 6 个。来自高压共轨的高压燃油，经油道流向喷油嘴，同时经节流孔流向针阀控制腔，针阀控制腔通过球阀控制的泄油孔与回油管路相连。

当喷油孔的电磁阀不通电时，泄油孔关闭，作用在针阀控制活塞顶部的压力大于作用在针阀承压面上的压力，针阀被迫进入阀座而将高压油道与燃烧室隔离。当喷油器的电磁阀通电时，泄油孔被打开，针阀控制腔的压力降低，作用于针阀控制活塞顶部的压力也随之下降。一旦压力降至低于作用于喷油嘴针阀承压面上的压力，针阀即上升，燃油经喷油嘴喷孔喷入燃烧室。此外，在控制柱塞处泄漏的燃油，通过回油管和高压油泵出来的回油一起流回燃油箱。

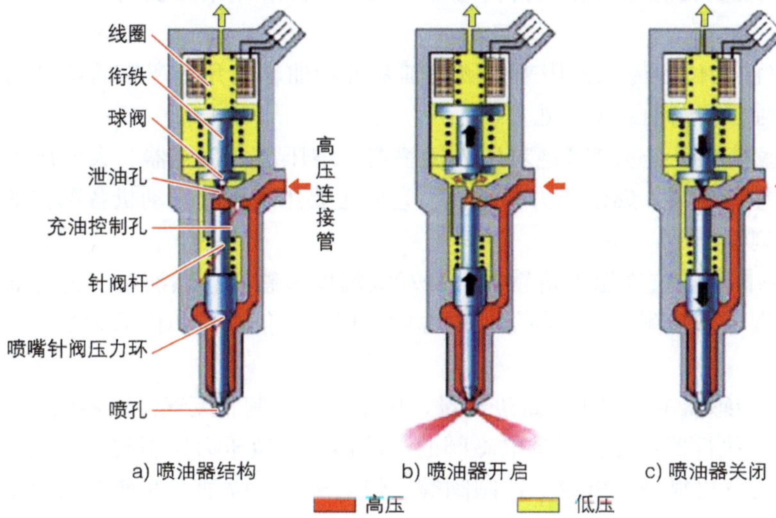

图 6-14 喷油器的结构及工作原理

2. 电子控制系统

电子控制系统由传感器、电控单元、执行器等组成，如图 6-15 所示。

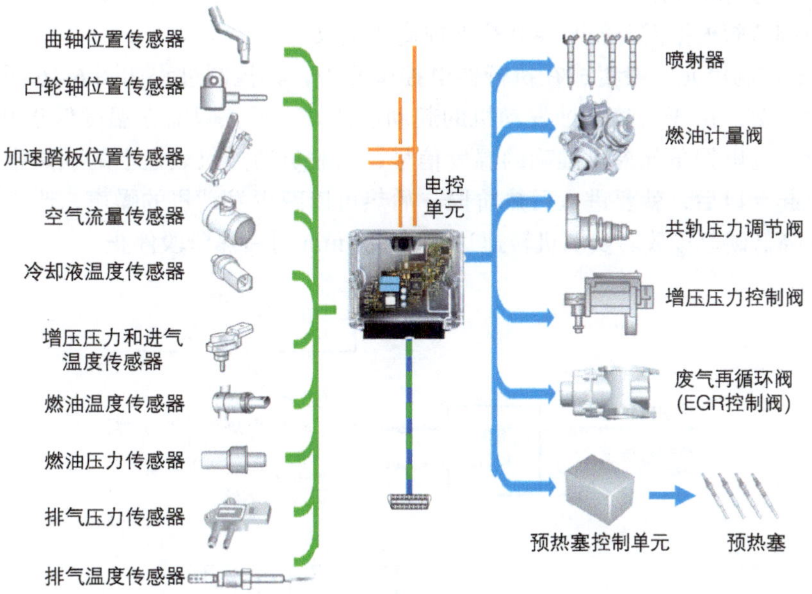

图 6-15 电子控制系统的组成

（1）电控单元　电控单元就像发动机的“大脑”，它收集发动机的运行工况参数，结合已存储的特性图谱进行计算处理，并把信号传递给执行器，实现发动机的运行控制、故障诊断等功能。

（2）传感器　传感器主要包括加速踏板位置传感器、凸轮轴 / 曲轴位置传感器、压力传感器、温度传感器、空气流量传感器等。

1）加速踏板位置传感器又称负荷传感器，用来检测加速踏板被驾驶员踩下的位置及位置变化。

2）凸轮轴 / 曲轴位置传感器用来检测曲轴基准和曲轴转角，产生的信号用于喷油正时控制，它安装于曲轴、凸轮轴或飞轮处。

3）压力传感器包括：进气管绝对压力传感器、增压压力传感器、大气压力传感器、排气压力传感器、压差传感器、燃油压力传感器。它们主要用来检测发动机各部位的压力，以修正供油量和供油时刻等。

4）温度传感器包括进气温度传感器、冷却液温度传感器、燃油温度传感器、排气温度传感器等。它们主要用来检测发动机各部位的温度，以修正供油量和供油时刻，还可以控制发动机的排气污染。

5）空气流量传感器主要用于测量进气量，用于进气控制和废气再循环控制。

（3）执行器　执行器主要包括带电磁阀的喷油器、共轨压力控制阀、预热塞控制单元、增压压力控制阀、废气再循环（EGR）控制阀等。带电磁阀的喷油器在前面液力系统中已经做了相关介绍。

1）共轨压力调节阀用于调节共轨压力。控制单元首先根据加速踏板位置、空气流量、凸轮轴位置、曲轴位置传感器等信号，确定高压共轨内的燃油压力值；然后发出指令通过占空比信号调节共轨压力调节阀，实现共轨压力控制。同时通过共轨压力传感器的反馈信号，实现对共轨内的燃油压力闭环控制。

共轨压力调节阀根据需要安装在共轨上或高压油泵上。

2）预热塞控制单元一般集成在执行器电控单元中，其控制过程如图 6-16 所示。控制分为预热和后热两部分。由于直喷柴油发动机的起动性能好，预热只需在温度低于 9℃时进行，冷却液温度传感器为电控单元提供准确的温度信号，驾驶员通过仪表盘上的预热报警灯了解预热情况。发动机起动以后，就要进入后热阶段，后热可以减少发动机的噪声，改善怠速工况的发动机性能并且降低碳氢排放。发动机转速达到 2500r/min 时后热阶段停止。

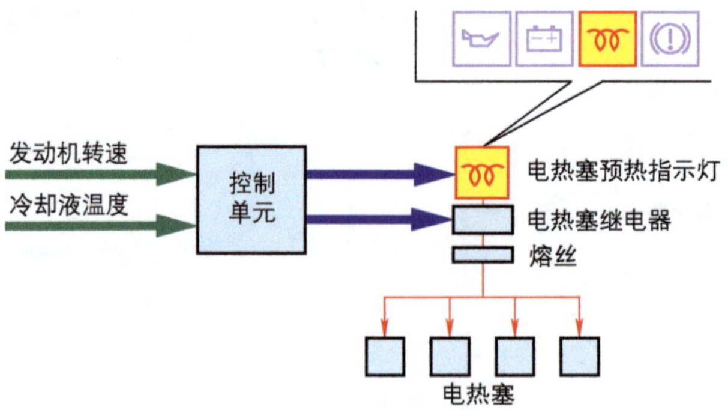

图 6-16　电热塞控制系统

3）增压压力控制阀。柴油机电控增压系统的结构如图 6-17 所示。控制单元根据进气压力传感器、进气温度传感器和海拔传感器等信号确定增压压力控制电信号，传给增压压力控制阀。增压压力控制阀把电信号转化成真空度信号，传给废气涡轮增压器上的增压压力调节阀，控制增压压力沿理想的特性曲线运行。

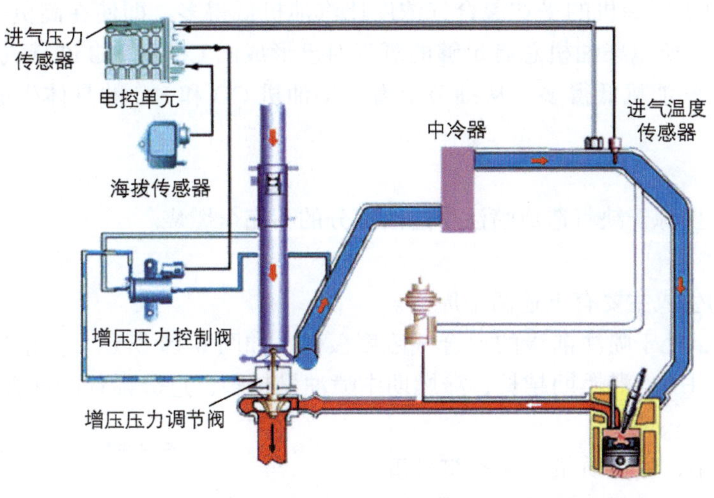

图 6-17　柴油机电控增压系统的结构

4）废气再循环（EGR）控制阀。系统结构如图 6-18 所示，废气再循环（EGR）控制阀把电信号转化成真空度信号传给 EGR 阀，改变 EGR 阀的开度，控制废气再循环率。在控制单元内存有废气再循环（EGR）特性曲线，它包括发动机各工况点所需的空气量。控制单元利用空气流量传感器的信号，把实际进气量与标定进气量进行比较，然后对 EGR 控制阀发出相应的控制电信号以补偿这个差值。

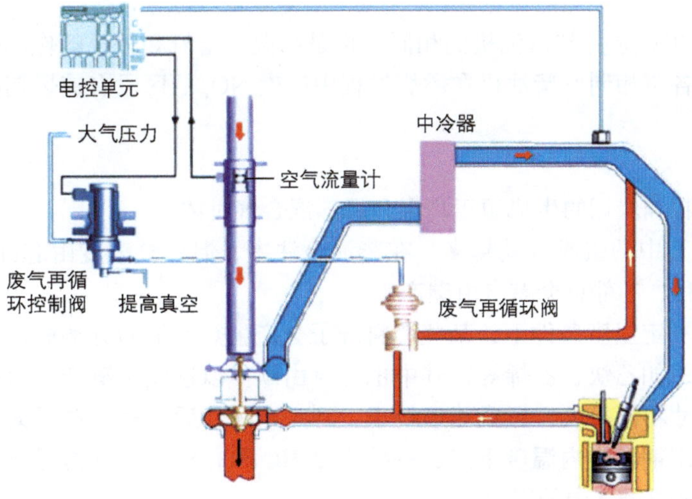

图 6-18　废气再循环（EGR）系统结构

第三节 柴油机的排放净化

汽油机污染物主要是CO、HC和NO_x，而柴油机污染物主要是PM（微粒和炭烟）和NO_x。

一、柴油机排放污染物的成因

从总体看，由于柴油机的平均混合气浓度比汽油机低得多，即使在高负荷区，平均过量空气系数也远大于1，所以柴油机总有足够的氧气对已形成的CO和HC进行氧化。柴油机的CO和HC排放量要比汽油机低得多。从细节上看，柴油机CO和HC的具体生成原因也与汽油机有所不同。

1. 一氧化碳

柴油机CO主要源于缺氧造成喷注中过浓部分的不完全燃烧。

2. 碳氢化合物

柴油机HC的生成主要有下述两个原因。

1）滞燃期中，处于喷注前缘的混合气浓度极低，如图6-19所示。其浓度远低于燃烧极限而无法着火便产生HC。滞燃期越长，滞燃期中喷油量越多，过分稀释的混合气也越多，HC排放量也就增多。

2）在柴油机中，喷雾质量、喷雾贯穿度、与空气的混合等因素对未燃HC的生成影响很大。喷油器结构不合理，特别是针阀后压力室容积过大是形成未燃HC的重要原因。此外，窜机油、起动时不着火以及不正常喷射（如二次喷射）也是产生未燃HC的原因。在冷起动、怠速、低负荷等条件下，喷注中的大颗粒油滴来不及蒸发，严重的后燃也会造成未燃HC的排放。

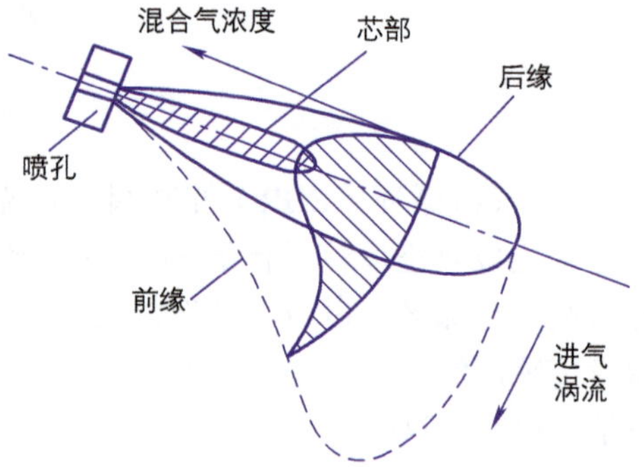

图6-19 滞燃期喷入气缸内的喷注形状示意

3. 氮氧化物

柴油机NO_x的生成条件与汽油机的相同，也是高温、富氧和较长的作用时间，但是达到上述条件的具体情况各不相同。柴油机在燃烧过程中产生NO_x的区段有速燃期的稀燃火焰区和缓燃期的扩散燃烧区。

4. 微粒和炭烟

柴油机中，微粒和炭烟的生成源于高温和局部混合气过浓。

混合气越浓，其中的碳成分就越多。在柴油喷注中，混合气浓度由芯部到前缘急剧降低，所以喷注在燃烧过程，芯部总会有自由碳产生。

混合气在高于一定温度条件下，某些燃料分子会产生热裂解而分解成许多分子量低而碳比例高的碳氢化合物，如乙炔、乙烯等，其中也有自由碳。以这些裂解产物为核心，会不断使表面增长和凝聚，尺寸不断扩大，形成球形粒子。到一定尺寸后，多个粒子又会聚成键状的集合体。当燃烧进行到末期，缸内温度下降，一些未燃HC和有机、无机物凝结黏附在这些集合体表面，这就成为柴油机排气中的微粒。

炭烟生成量与温度和混合气浓度的关系如图6-20所示。1600～1700K的温度范围对炭烟形成的影响最大；混合气越浓，炭烟值越大。

二、柴油机排放污染物的主要影响因素

1. 混合气浓度

混合气浓度与直喷式柴油机排气污染物的关系如图 6-21 所示。尽管柴油机混合气不均匀，会有局部过浓区，但由于过量空气系数较大，氧气较充分，能对生成的 CO 在缸内进行氧化，因而一般 CO 较少，只是在接近冒烟界限时急剧增加。HC 也较少，当 ϕ_a 增加时，HC 将随之上升。在 ϕ_a 稍大于 1 的区域，虽然总体是富氧燃烧，但由于混合气不均匀，当局部高温缺氧使 $2 \geqslant \phi_a > 1$ 时，就会急剧产生大量炭烟，随着 ϕ_a 增大，炭烟浓度将迅速下降。柴油 NO_x 排放量随混合气浓度变低、温度下降而减少。

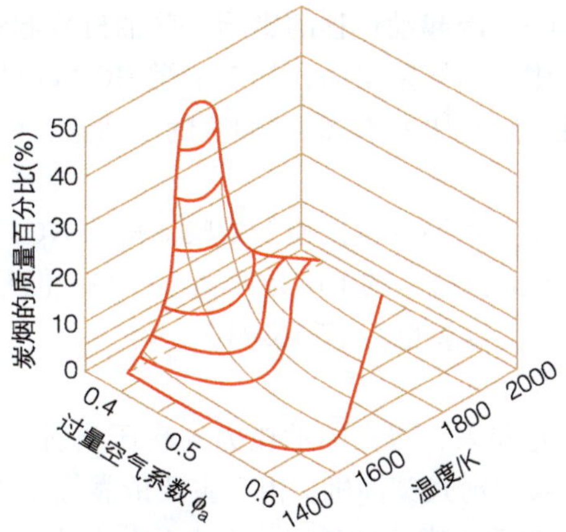

图 6-20 炭烟生成量与温度和混合气浓度的关系

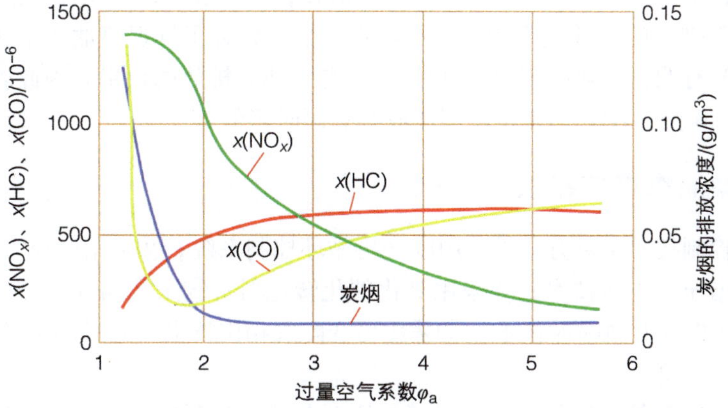

图 6-21 混合气浓度与直喷式柴油机排气污染物的关系

2. 运行工况

车用柴油机不仅在宽广的负荷和转速范围内工作，而且还经常进行加、减速工况转换。这些情况下的排放特性各有其自身特点，对总体排放量有不可忽视的影响。

（1）稳定工况时负荷和转速变化的影响 工况对排放的影响总体表现为：在低速、低负荷时，CO 和 HC 排放偏高，而 NO_x 和微粒排放量很低；在高速、高负荷时则微粒和 NO_x 排放上升；特别是微粒炭烟排放，即使是中、低转速，由于转矩校正、油量加大的缘故，往往烟度超标，所以低速冒烟常常成为车用柴油机的一个痼疾。

（2）柴油机的加、减速排放特性 对于全速式调速器，踩下加速踏板，相当于加大弹簧预紧力，调速器工作，很快加大供油量，转矩上升，然后再下降达到新的平衡点，因此加速迅猛，过大的油量往往造成炭烟和 HC、CO 排放量过高。而两速式调速器，踩下加速踏板直接操纵喷油泵供油拉杆，达到新的平衡点加速平缓，污染物排放量的增加很少。柴油机的减速过程是减小供油量，因此污染物排放量下降。

（3）冷起动过程的影响 柴油机冷起动时，缸内压缩温度很低，燃油雾化条件差，相当部分会附于燃烧室壁面，初期未燃 HC 以白烟的形式排出机外。由于起动时雾化程度低，直喷柴油机一般要加大 50% ~ 100% 的供油量，因此炭烟、HC 和 CO 排放量必然增多。

3. 喷油提前角

推迟喷油令直接喷射式柴油机的 NO_x 排放量大幅度下降，而对间接喷射式涡流室柴油机而言，NO_x 排放量的下降幅度则小一些。但是喷油过迟，燃油消耗率和炭烟排放都会恶化，对 CO 和 HC 的排放也有不利影响。

4. 喷油压力

近年来，提高喷油压力的高压喷射措施日渐成为直接喷射式柴油机机内净化的最佳手段。而间接喷射式柴油机，由于主要依靠气流进行雾化、混合，因此对喷油压力要求较低。

在循环喷油量和喷孔大小及分布不变的情况下，提高喷油压力就是加大喷油率，它直接产生两方面的效果。

（1）降低微粒烟度的排放量 喷油压力提高，则喷雾粒子的粒径减小，贯穿度加大，喷雾锥角加大，再加上紊流的增强，直接促进了燃油与空气的混合。其直接效果是降低了某一时刻浓混合气成分的比例，使生成微粒炭烟的范围缩小。因此高压喷射必然使微粒炭烟排放降低。

（2）降低油耗率 喷油率增大必然缩短喷油时期，使燃烧加速，从而使油耗率降低。

以上高压喷射带来的降低烟度和油耗的优点，恰恰弥补了推迟喷油所带来的缺点。应认识到，高压喷射并没有明显削弱推迟喷油所带来的减小 NO_x 排放的效果。因此若将两种措施同时应用，进行合理调配后，NO_x 和微粒炭烟排放都会同时降低。

三、降低柴油车废气排放的措施

柴油车排放控制技术主要有：①采用废气再循环控制系统；②采用电控可变进气涡流技术；③采用废气涡轮增压与中冷技术；④采用氧化催化转化器；⑤采用四气门结构；⑥发展电控柴油喷射系统，采用电控共轨喷射技术；⑦采用可变配气相位技术；⑧采用微粒捕集器。

1. 电控共轨柴油喷射系统

电控共轨柴油喷射技术的最大特点是喷油正时与燃油计量完全分开，喷油压力、喷油量和喷油时刻由 ECU 控制，其喷油压力在整个喷油期内几乎保持恒定，最大值可达到 135MPa，是普通柴油机喷油压力的数倍，大大降低了柴油机的排放污染。

2. 微粒捕集器

微粒捕集器也称为柴油机微粒过滤器。其中，作为微粒捕集器的过滤材料可以是陶瓷蜂窝载体、陶瓷纤维编织物、金属蜂窝载体和金属纤维编织物等。

目前应用最多的是壁流式蜂窝陶瓷微粒捕集器，如图 6-22 所示。与一般催化剂载体不同的是，这种微粒捕集器的壁面是多孔陶瓷，相邻的两个通道中，一个通道的出口侧被堵住，而另一通道的进口侧被堵住。这就迫使排气由入口敞开的通道进入，穿过多孔陶瓷壁面进入相邻的出口敞开通道，而微粒就被过滤在通道壁面上。这种微粒捕集器对炭烟的过滤效率可达 90% 以上，可溶性有机成分 SOF（主要是高沸点 HC）也能部分被捕集。与催化器不同的是，一般微粒捕集器只是一种物理性地降低排气微粒的方法。随着过滤下来的微粒的积累，排气背压增加，发动机动力性和经济性恶化。因此，必须及时除去微粒捕集器中的微粒，以便发动机能继续工作。除去微粒捕集器中积存的微粒称为再生，这是微粒捕集器实用化中的关键技术。

微粒捕集器常采用的再生方法是断续加热。在实际使用加热再生方法时，需要一套复杂的控制系统。排气系统中装有两个微粒捕集器，当一侧的捕集器由于微粒的存积使排气背压升高到一定限值时，再生系统启动，通过电磁阀切换，使排气流向另一侧的捕集器；同时对积存了微粒的捕集器进行电加热以烧掉微粒使其再生。这样，两侧的微粒捕集器就交替工作或再生，如图 6-22b 和图 6-22c 所示。

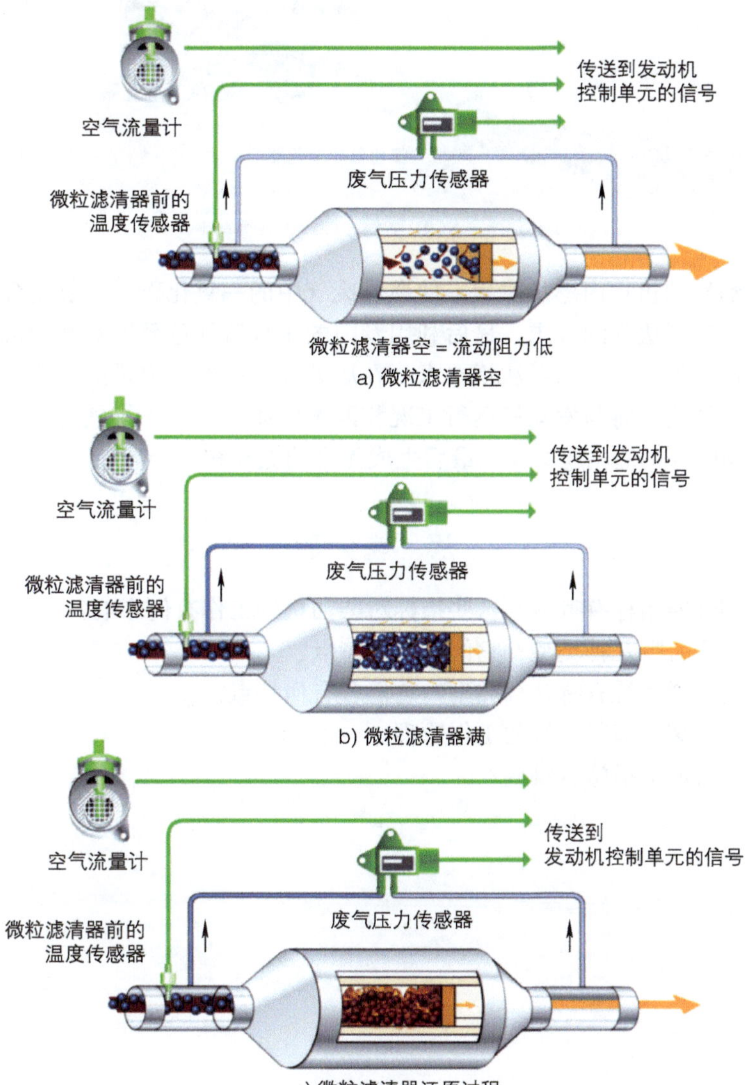

图 6-22　微粒捕集器及其控制系统

颗粒捕捉器

3. 选择性催化还原系统

选择性催化还原系统（Selective Catalytic Reduction，SCR）已成功地应用于柴油机氮氧化物的排放控制。该技术原理是利用还原剂在催化剂的作用下，在富氧的环境内将氮氧化物选择性还原生成氮气和水。

SCR 尾气后处理系统主要由催化转化器、尿素溶液箱、定量给料单元、喷雾器、排放传感器、空气滤清器等组成，如图 6-23 所示。

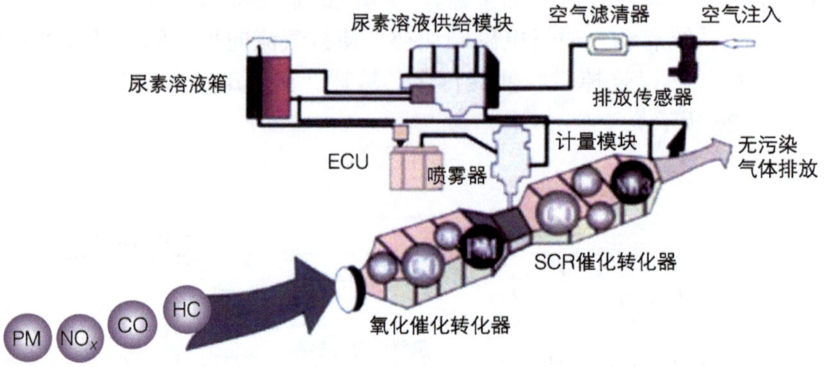

图 6-23　SCR 尾气后处理系统结构

通过优化柴油发动机缸内燃烧过程，使燃烧废气中的一氧化碳、碳氢化合物及颗粒等排放物得到有效控制并达到法规的要求，最后利用专门的车载后处理系统对发动机排出尾气中含量较高的氮氧化物进行处理，以满足法规要求。在后处理过程中，定量给料单元会根据发动机电控单元给出的指令精确地将与发动机运行工况相匹配的尿素量喷入排气管，尿素分解出的氨与氮氧化物在催化器中经过催化还原反应最后生成无害的氮气和水。

思　考　题

1. 柴油的使用性能指标有哪些？这些指标对柴油机的工作有何影响？
2. 柴油机燃烧室有哪几种类型？它们各有何特点？
3. 电控柴油机喷射系统有哪几种类型？它们各有何特点？
4. 简述高压共轨柴油喷射系统的工作原理。
5. 降低柴油机排放的措施有哪些？

第七章

发动机冷却系与润滑系

第一节　发动机冷却系

一、冷却系的作用与分类

发动机工作时，气缸内燃烧气体的温度可高达2200～2800K（汽油发动机），如果不对发动机采取必要的冷却措施，将不能保证其正常工作。

发动机冷却系的任务就是使发动机得到适度的冷却，从而保持在最适宜的温度范围内工作。

发动机的冷却要适度。若冷却不足，会使发动机过热，从而造成：充气效率下降、早燃和爆燃的倾向加大，致使发动机功率下降；运动机件间正常的间隙受到破坏，使零件不能正常运动，甚至卡死、损坏；零件因力学性能下降而导致变形和损坏；因润滑油黏度降低、润滑油膜易破裂而加剧零件的磨损。若冷却过度，会使发动机过冷，从而导致：进入气缸的可燃混合气（或空气）因温度过低而使点燃困难或燃烧延迟，造成发动机功率下降及油耗上升；润滑油黏度增大，造成润滑不良而加剧零件的磨损；因温度低而未汽化的燃油冲刷摩擦表面（气缸壁、活塞等）上的油膜；同时因混合气与温度较低的气缸壁接触，使其中原已汽化的燃油重又凝结而流入曲轴箱内，不仅增加油耗，且使机油稀释而影响润滑，从而导致发动机功率下降，磨损增加。

发动机冷却系按冷却介质的不同，可分为风冷系和水冷系。风冷系因冷却效果差、噪声大、功耗大等缺点，仅用于部分小排量汽车或摩托车发动机上。水冷系采用了通过冷却液在发动机水套中循环流动而吸收多余的热量，再将此热量散入大气而进行冷却的一系列装置。水冷系因冷却强度大、易调节，便于冬季起动而广泛用于汽车发动机上。采用水冷系时，气缸盖内冷却液的温度应保持在353～363K的范围内，气缸壁的温度则不超过470～550K。

二、水冷系的组成及水路循环

目前汽车发动机上普通采用的是强制循环式水冷系，其组成如图7-1所示。水冷发动机的气缸盖和气缸体中都铸有相互连通的水套。冷却液在水泵的作用下，流经气缸体及气缸盖的冷却水套而吸收热量，然后沿水管流入散热器。利用汽车行驶的速度及风扇的强力抽吸，使空气由前向后高速通过散热器，不断地将流经散热器的高温冷却液的热量散到大气中去，而使冷却液温度下降。冷却后的冷却液流至散热器的底部后，被水泵再次压入发动机的水套中，如此循环而将发动机工作时产生的大量热量不断带走，保证发动机正常工作。

现代汽车普遍使用防冻液作为冷却介质。防冻液通常由一定比例的乙二醇和蒸馏水混合而成，其冰点可达238K，沸点则高达400K左右。在优质的防冻液中还常含有水泵润滑剂、防尘剂、防腐剂和酸度中和剂，以减少保养维修工作量，延长发动机的使用寿命。

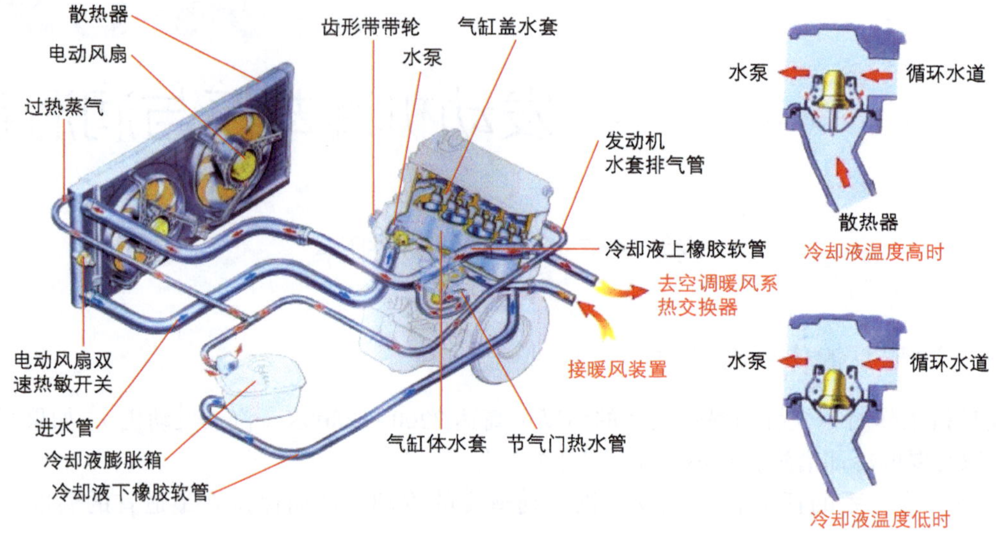

图 7-1　强制循环式水冷系的组成

因防冻剂的膨胀系数比水受热时的膨胀系数略高，为避免因为膨胀而造成冷却液溢流损失，冷却液不能加得太满。在带有冷却液膨胀箱的冷却系中，冷却液的液面高度应与膨胀箱上的标记对齐。

为使发动机在低温时减少热量损失、缩短暖机时间，在低速大负荷情况下加快散热、冷却系中设有调节温度的装置，如节温器、温控电动风扇及百叶窗等。为便于驾驶员能及时掌握冷却系的工作情况，有些车型在仪表板上还设有冷却液温度表和高温警告灯等。

图 7-2 所示是典型轿车发动机的冷却系统冷却液循环路线。

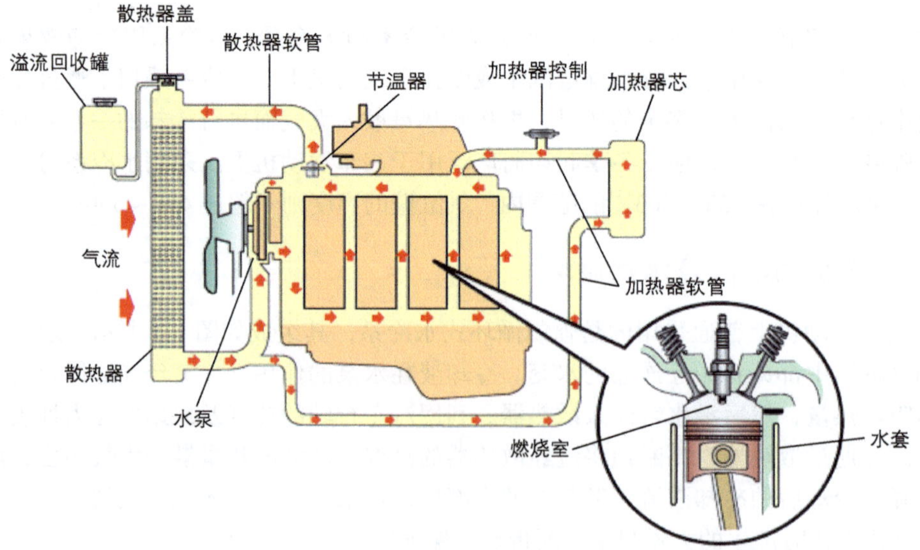

图 7-2　发动机冷却液循环路线

在发动机冷却液温度较低时，节温器主阀门关闭，控制从发动机气缸盖流出的冷却液可以不经散热器而直接进入水泵，于是，未经散热的冷却液被水泵重新压入发动机水套内，从而减少了热量损失。此时冷却液的循环路线称为小循环。当发动机冷却液温度升高时，节温器主阀门打开，这时来自气缸盖出水口的高温冷却液全部进入散热器进行冷却，之后再由水泵重新压入发动机的水套内。此时冷却液的循环路线称为大循环。冷却液大、小循环的区别在于冷却液是否流经散热器。

三、水冷系的主要部件

1. 散热器

散热器俗称水箱，它被安装在发动机前的车架横梁上。其作用是将冷却液在水套中所吸收的热量传给外界大气，使冷却液温度下降。散热器要用导热性能良好的材料制造，并应保证足够的散热面积。

散热器有横置和纵置两种。主要由左、右（上、下）储水箱、散热器芯、散热器盖等组成，如图 7-3 所示。在左、右（上、下）储水箱上分别装有进水管口及出水管口，它们分别与发动机气缸盖上的出水管口及水泵的进水管口用软管连接。

常用散热器芯的结构有管带式和管片式两种，如图 7-4 所示。

管带式（图 7-4a）散热器芯由扁平冷却管及波纹状薄金属散热带焊接成蜂巢状。水管与散热带相间排列，在散热带上常开有形似百叶窗的孔，以破坏气流在散热带表面上的附面层，提高散热能力。管带式散热器芯的优点是散热能力强、制造工艺简单、质量小。随着路况的不断改善，其应用将日益增多。

管片式（图 7-4b）散热器芯由若干扁形冷却管和散热片构成。散热片套装在扁形冷却管周围以增大散热面积及增加整个散热器的刚度和强度。空气吹过扁形冷却管和散热片，使管内流动的水得到冷却。管片式散热器因结构刚度较好而广泛为汽车发动机所采用。

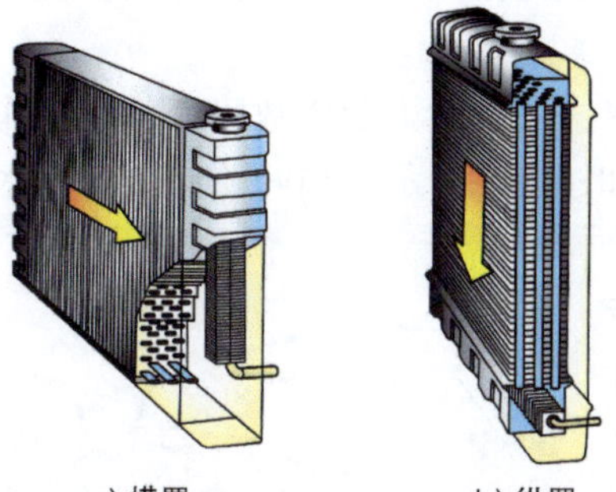

图 7-3　散热器的组成

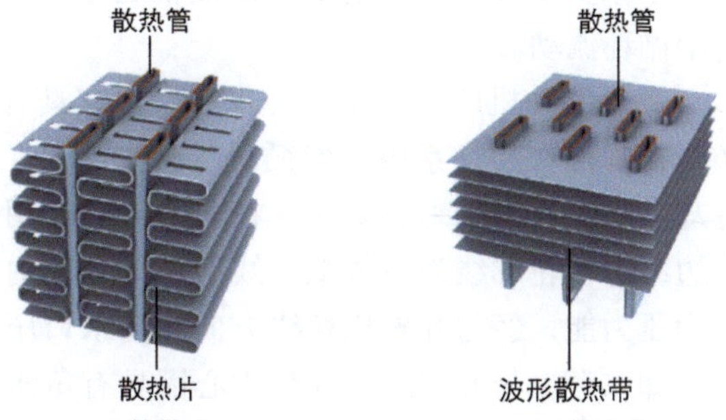

图 7-4　散热器芯的结构

散热器芯多采用导热性、焊接性和耐腐蚀性良好的黄铜制造。为减小质量、节约铜材，铝制散热器芯目前广泛用于许多使用条件较好的轿车上。也有些汽车发动机的散热器芯的冷却管仍用黄铜，而散热片则改用铝锰合金材料制成。

散热器一般为竖流式，即冷却液从顶部流向底部。为降低汽车发动机罩轮廓的高度，有些轿车（如奥迪轿车）采用了横流式散热器，即冷却液从一侧的进水口进入散热器，然后水平横向流动到另一侧的出水口。

合适的冷却液面高度对冷却系统的有效工作极其重要。因此，有些汽车上装有冷却液回收装置，可将受热溢出的冷却液回收在膨胀箱内。这时，检查液面和加注冷却液都在膨胀箱上进行，安全方便。发动机处于冷态时，冷却液面应在膨胀水箱的 MIN 和 MAX 标记之间；发动机处于暖态时其液面应略高于 MAX 标记。

汽车上广泛采用闭式水冷系，该水冷系的散热器盖具有空气 - 蒸汽阀作用，如图 7-5 所示，可自动调节冷却系内压力，提高冷却效果。

发动机热状态正常时，两阀在弹簧力作用下均关闭，使冷却系与大气隔绝。因水蒸气的产生而使冷却系内的压力稍高于大气压力，提高了冷却液的沸点，改善了冷却效能。当散热器内压力达到 126 ~ 137kPa 时（此压力下，水的沸点达 381K），蒸汽阀开启而使蒸气从通气孔排出，如图 7-5a 所示；当冷却液的温度下降，冷却系内的真空度低于 1 ~ 20kPa 时，空气阀打开，空气从通气孔进入冷却系，如图 7-5b 所示，以防散热器及芯管被大气压变形。

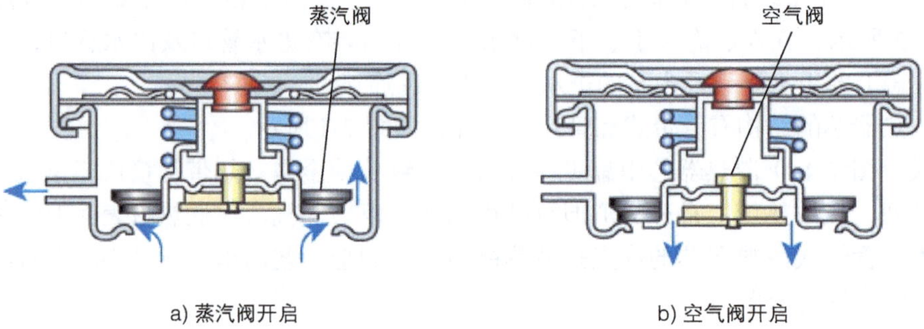

图 7-5　具有空气 - 蒸汽阀的散热器盖

2. 水泵

水泵安装在发动机前端，由曲轴通过带轮驱动。水泵的作用是对冷却液加压，使之在冷却系中循环流动。

汽车发动机广泛采用离心式水泵。它具有结构紧凑、泵水量大及因故障而停止工作时不会妨碍冷却液在冷却系内自然循环等优点，其工作原理如图 7-6 所示。当叶轮旋转时，水泵内的冷却液被叶片推动一起旋转，在离心力的作用下甩向叶轮边缘，在轮廓线为对数螺旋线的水泵壳体内将动能转变为压力能，经与叶轮成切线方向的出水口压入发动机的冷却水套。与此同时，叶轮中心因具有负压而使散热器中的冷却液经进水管被吸入水泵。

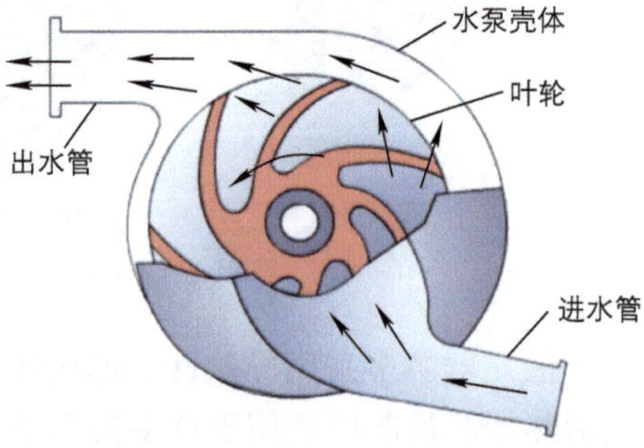

图 7-6　离心式水泵示意图

3. 风扇

风扇通常安装在散热器的后面，用来提高流经散热器的空气流速和流量，增强散热器的散热能力，同时对发动机其他附件也有一定的冷却作用。

风扇的扇风量主要取决于风扇的直径、转速、叶片形状及安装角等。

目前车用水冷发动机大多采用轴流式风扇，如图 7-7 所示。风扇叶片多用薄钢板压制而成，数目为 4 ~ 8 片。为减小叶片旋转时的振动和噪声，叶片之间的夹角一般不相等。叶片与其旋转平面呈 30° ~ 45° 的安装倾斜角，借以产生吸风能力，使空气沿轴向流动。在轿车及轻型载货汽车上还常使用翼形断面的整体风扇，由铝合金、尼龙等材料制成，可提高风扇的效率、减小功率消耗、降低噪声。

风扇常和发电机一起由曲轴带轮通过平带驱动。为调节平带的张紧程度，通常将发电机的支架做成可调节的，如图 7-8 所示。

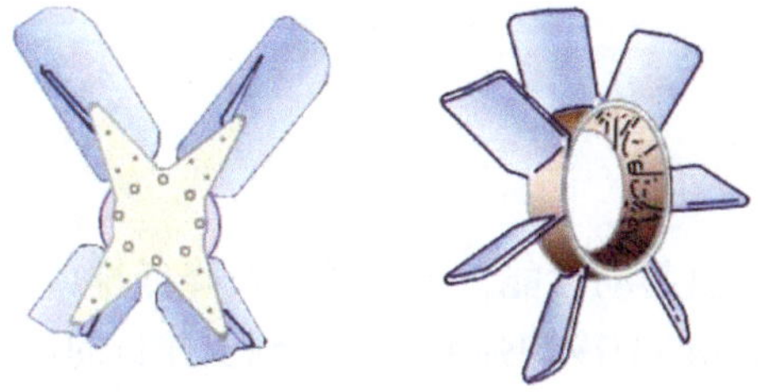
a) 薄钢板压制风扇　b) 尼龙压铸整体风扇

图 7-7　轴流式风扇型式

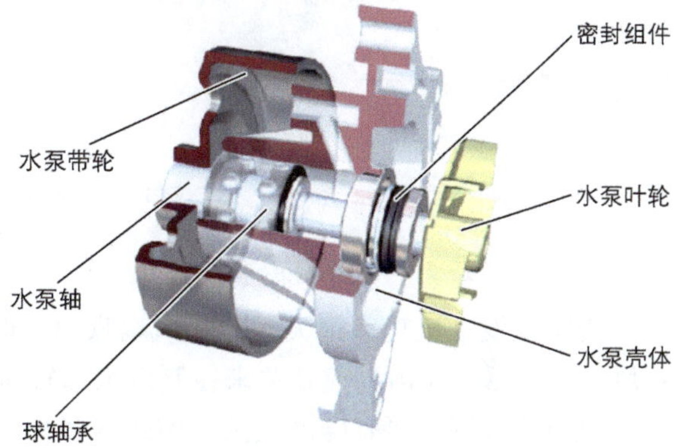

图 7-8　风扇的驱动及平带张紧装置

在轿车上普遍采用以蓄电池为动力的电动风扇，其转速与发动机的转速无关。电动机的开关由位于散热器的温度传感器控制，需要风扇工作时自行启动。这种风扇无动力损失，结构简单，布置方便。

4. 节温器

节温器安装在水泵的进水口或气缸盖的出水口。其作用是根据发动机冷却液温度自动改变冷却液的循环路线及流量，使发动机始终在最合适的温度下工作。目前汽车上多采用蜡式节温器。

图 7-9 所示为蜡式双阀门节温器。其核心部分为蜡质感温元件，推杆的一端固定于支架上，另一端插入橡胶套的中心孔内，橡胶套与感应体间装有精制石蜡，利用石蜡受热后由固态变为液态时体积膨胀的性质进行控制。发动机工作后，因温度逐渐升高而使石蜡逐渐变为液态，体积开始膨胀。在发动机冷却液温度低于 358K 时，因石蜡产生的膨胀力小于主阀门弹簧的预紧力，主阀门在主阀门弹簧的作用下压在出水口上，从散热器来的低温冷却液不能进入发动机水套内。此时，从发动机气缸盖出水口流出的高温冷却液可以不经散热器而直接进入水泵，于是，未经散热的冷却液被水泵重新压入发动机水套内，因而减少了热量损失，此时冷却系小循环工作。当发动机冷却液温度超过 358K 时，石蜡产生的膨胀力克服了主阀门弹簧的预紧力，主阀门开始打开。当冷却液温度达到 378K 时，主阀门完全打开，而旁通阀则彻底关闭了小循环通路。这时来自气缸盖出水口的高温冷却液全部进入散热器进行冷却，之后再由水泵重新压入发动机的水套内，此时冷却系大循环工作。当冷却液的温度在 358 ~ 378K 时，主阀门与旁通阀同时打开一定的程度，此时，冷却系中的大小循环同时进行。

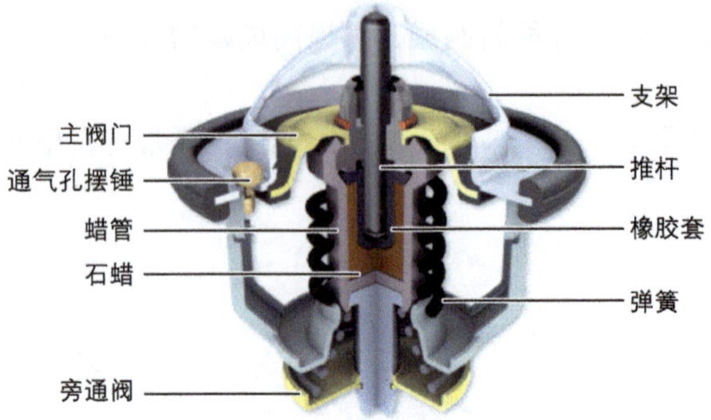

a) 结构图

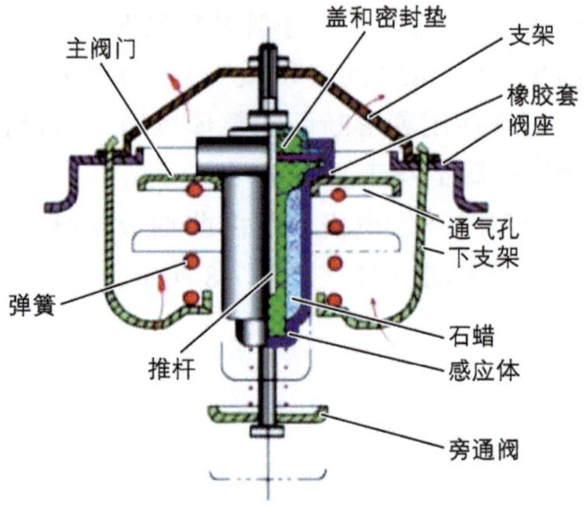

b) 工作示意图

图 7-9　蜡式双阀门节温器

5. 风扇离合器和温控开关

为减少发动机功率损失，减小风扇噪声，改善低温起动性能，节约燃料及降低排放，可采用风扇离合器或风扇温控开关来控制风扇的转速，自动调节冷却强度，来达到上述目的。

风扇离合器主要有硅油式及电磁式等多种。图 7-10 所示为硅油风扇离合器。

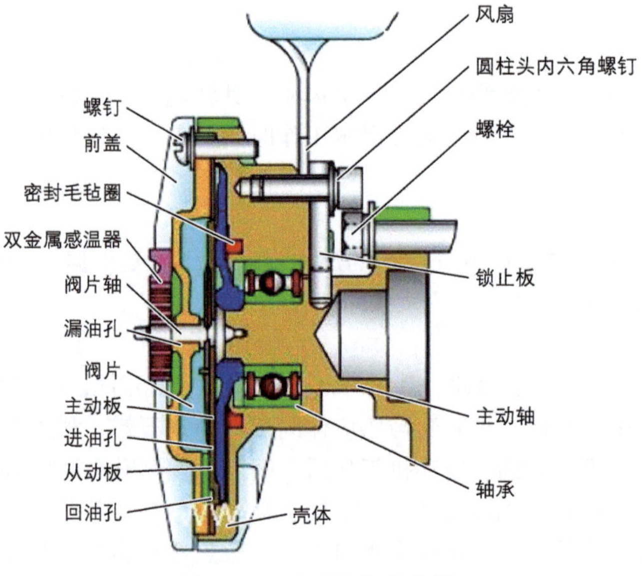

图 7-10　硅油风扇离合器

当冷却液温度不高时，双金属感温器不带动阀片偏转，进油孔关闭，工作腔内无油，风扇离合器处于分离状态。这时仅由于密封毛毡圈和轴承的摩擦，使风扇随同离合器壳体一起在主动轴上空转打滑，转速很低。当发动机的负荷增加而使吹向双金属感温器的气流温度超过 338K 时，阀片转到将进油孔打开的位置，于是硅油从贮油腔进入工作腔。主动板利用硅油的黏性带动离合器壳体和风扇转动。此时离合器处于接合状态，风扇转速得到提高以适应发动机需要增强冷却的需要。若发动机的负荷减小，流经双金属感温器的气流温度低于 308K 时，双金属感温器复原，阀片将进油孔关闭。工作腔内油液继续从回油孔流向贮油腔，直至甩空为止。这时风扇离合器又回到分离状态。漏油孔的作用是防止风扇离合器在静态时从阀片轴周围泄漏硅油。

近年出现了电控硅油风扇离合器，它的应用不受发动机布置的限制，而且电信号具有的快速、准确的特点，有效提高了风扇调速的灵敏性。

图 7-11 所示为双温蜡质热敏温控开关。它由蜡质感温驱动元件及两档触点动作机构组成，利用石蜡受热由固态变为液态时体积突然变大来移动推杆，控制触点 1、2 的开闭。它装在散热器的水箱上。

随冷却液温度的升高，石蜡开始膨胀，通过橡胶密封膜推动推杆而压动拉簧架。当冷却液温度升至 368K 时，低速触点闭合，散热器电机风扇接通电源，以 1600r/min 低速运转。

当冷却液温度继续上升至 378K 时，因石蜡继续膨胀而使高速触点闭合，使散热器电机风扇以 2400r/min 的高速运转，以增加冷却强度。当冷却液温度下降时，石蜡体积收缩，推杆在触点拉力的作用下回缩而使触点断开，实现了对散热器电机风扇的控制。

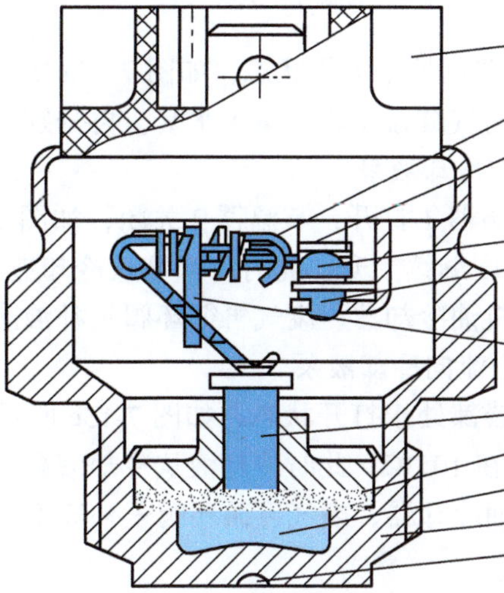

图 7-11　双温蜡质热敏温控开关

6. 百叶窗

在某些汽车发动机散热器的前面还装有起辅助调节冷却强度的百叶窗。它通过调节流经散热器的空气量来调节冷却系的冷却强度，使发动机在适宜的温度下工作。

百叶窗是由许多片活动挡板组成的，可由驾驶员通过手柄在驾驶室内操纵、控制，也可由节温器根据冷却液温度的高低自动调节挡风板的开度。

四、双回路冷却系统

在双回路冷却系统中，冷却液分别在两个回路中循环：三分之一的冷却液流向气缸体内的冷却水套，三分之二的冷却液流向气缸盖内的冷却水套。为此需要两个在不同温度时打开的节温器，如图 7-12 所示。同时冷却液循环回路中集成了废气再循环电磁阀，以防止温度过高。

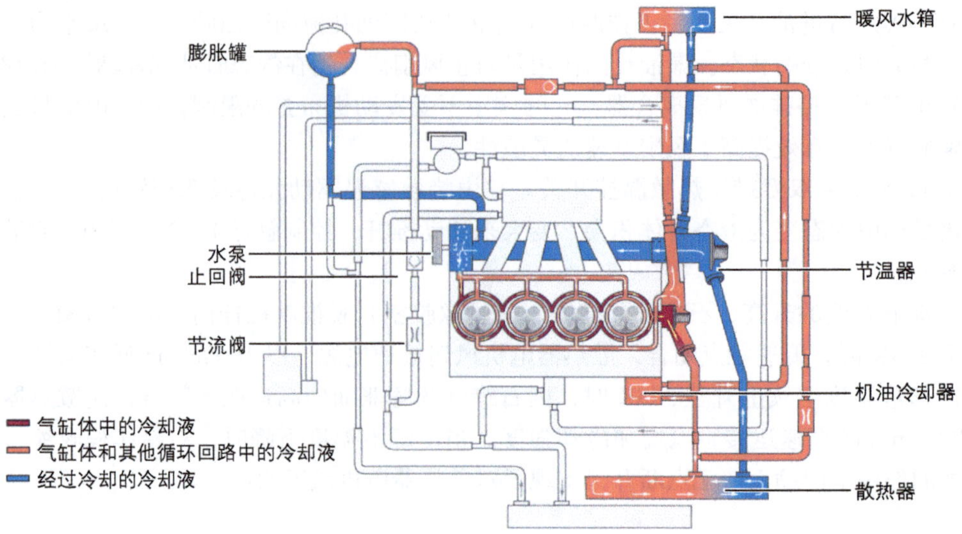

图 7-12　双循环冷却系统

温度在 87℃以下时，两个节温器都处于关闭状态，如图 7-13a 所示，从而令发动机能够更快升温。此时冷却液从冷却液泵流向气缸盖（燃烧室）水套，再分别经由暖风热交换器、机油冷却器、废气再循环阀 + 补液罐流向冷却液泵。

温度在 87 ~ 105℃之间时，节温器 1 打开，节温器 2 关闭，如图 7-13b 所示。将气缸盖中的温度控制在 87℃，气缸体内的温度继续上升。此时冷却液从冷却液泵流向气缸盖（燃烧室）水套，再分别经由暖风热交换器、机油冷却器、废气再循环阀 + 补液罐流向冷却液泵，同时散热器中的冷却液经打开的节温器 1 也流向冷却液泵。

温度超过 105℃时，两个节温器都处于打开状态，如图 7-13c 所示。将气缸盖中的温度控制在 87℃，将气缸体内的温度控制在 105℃。此时冷却液从冷却液泵流向气缸盖（燃烧室）水套，再分别经由暖风热交换器、机油冷却器、废气再循环阀 + 补液罐、气缸盖 + 散热器 + 冷却液调节器壳体流向冷却液泵。

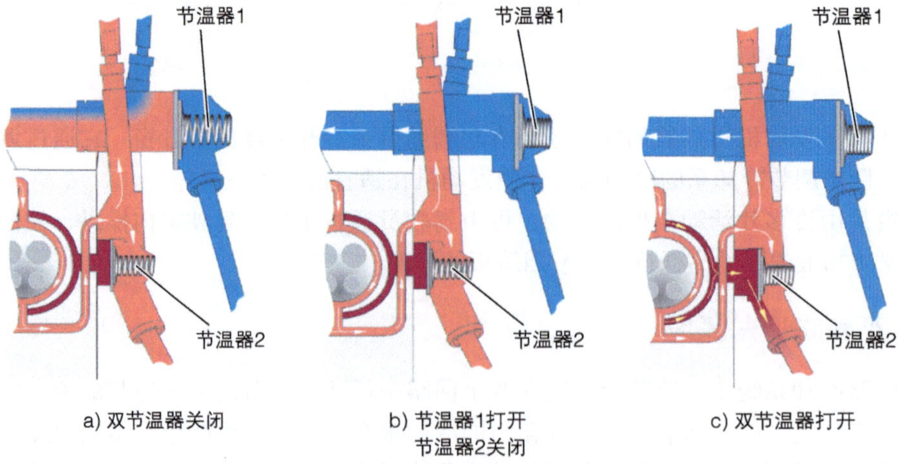

图 7-13　双循环冷却系统工作状态

双循环冷却系统具有以下优点：①气缸体升温更快；②通过气缸体中的较高温度可以减少曲轴运动的摩擦；③通过气缸盖中较低的温度可以更好地冷却燃烧室；④更好的气缸盖冷却可以在改善充气的同时降低爆燃的危险。

第二节　发动机润滑系

一、概述

1. 润滑系的功用

发动机的润滑是由润滑系来实现的。润滑系的功用就是在发动机工作时连续不断地将数量足够、压力和温度适当的洁净润滑油输送到全部运动副的摩擦表面，并在摩擦表面之间形成油膜，实现液体摩擦，从而减小摩擦阻力、降低功率消耗、减轻机件磨损，以达到提高发动机工作可靠性和耐久性的目的。此外，流动的润滑油还能起到清洁、吸热、密封、减振、降噪、防锈的功能。

润滑系统功用

2. 润滑方式

由于发动机运动副的工作条件不尽相同，因此，对负荷及相对运动速度不同的运动副采用不同的润滑方式。

（1）压力润滑　压力润滑是将润滑油以一定压力供入摩擦表面的润滑方式，主要用于主轴承、连杆轴承及凸轮轴承等负荷较大、相对运动速度较高的摩擦表面的润滑。

（2）飞溅润滑　飞溅润滑是利用发动机工作时运动零件溅泼起来的油滴或油雾润滑摩擦表面的润滑方式，主要用来润滑负荷较轻的气缸壁面和配气机构的凸轮、挺柱、气门杆以及摇臂等零件的工作表面。

（3）润滑脂润滑　通过润滑脂油嘴定期加注润滑脂来润滑零件的工作表面，如水泵及发电机轴承等。

3. 润滑剂的种类及选用

汽车发动机润滑系所用的润滑剂包括润滑油和润滑脂两种。

目前国际上广泛采用美国 SAE 黏度分类法和 API 用途分类法，并已被国际标准化组织（ISO）确认。

美国汽车工程师学会（SAE）按照机油的黏度等级，把机油分为冬季用机油和夏季用机油。冬季用机油有 6 种牌号：SAE0W、SAE5W、SAE10W、SAE15W、SAE20W、SAE25W。夏季用机油有 5 种牌号：SAE20、SAE30、SAE40、SAE50、SAE60。数字较大的机油黏度较大，适合于在较高的环境温度下使用。

上述牌号的机油只有单一的黏度等级，称为单级油，当使用这种机油时，汽车驾驶员需根据季节和气温的变化随时更换机油。目前使用的机油大多数具有多黏度等级，称为多级油或稠化机油，其牌号有 SAE5W-20、SAE10W-30、SAE15W-40、SAE20W-40 等。例如，SAE5W-20 在低温下使用时，其黏度与 SAE5W 一样，而在高温下，其黏度又与 SAE20 相同。因此，可以冬夏通用。根据使用环境温度对机油型号的选用建议如图 7-14 所示。

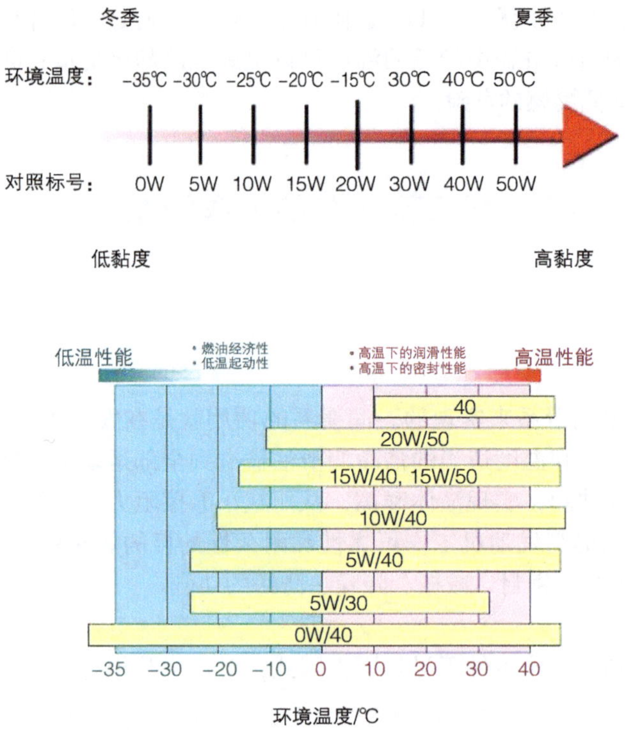

图 7-14　机油型号的选用建议

API 用途分类法是美国石油学会（API）根据机油的性能及其最适合的使用场合，把机油分为 S 系列和 C 系列两类。S 系列为汽油机机油，目前有 SA、SB、SC、SD、SE、SF、SG、SH、SJ 9 个级别。C 系列为柴油机机油，目前有 CA、CB、CC、CD、CD-2、CE、CF-4 和 CG-4　8 个级别。级号越靠后，机油的使用性能越好，适用的机型越新或强化程度越高。其中 SA、SB、SC 和 CA 级机油已很少使用。

我国的机油分类参照 ISO 分类方法。GB/T 28772—2012 规定，按机油的性能和使用场合分为：

汽油机油：SE、SF、SG、SH、SJ、SL、SM、SN 等 8 个级别。

柴油机油：CC、CD、CF、CF-2、CF-4、CG-4、CH-4、CI-4、CJ-4 等 9 个级别。

每一种使用级别又有若干种单一黏度等级和多黏度等级的机油牌号。

近年来还出现了汽、柴油机通用的多用途发动机油。

润滑脂是将稠化剂掺入液体润滑剂中所制成的一种稳定的固体或半固体产品，其中可以加入旨在改善润滑脂某种特性的添加剂。

润滑脂在常温下可附着于垂直表面而不流淌，并能在敞开或密封不良的摩擦部位工作，具有其他润滑剂所不能代替的特点。因此，在汽车的许多部位都使用润滑脂润滑。

目前，进口汽车和国产新车普遍推荐使用汽车通用锂基润滑脂，这种润滑脂具有良好的高低温适应性，可在 −30 ~ 120℃的宽广温度范围内使用；具有良好的抗水性和防锈性能，可用于潮湿或与水接触的摩擦部位；具有良好的安定性和润滑性，在高速运转的机械部位使用，不变质、不流失，保证润滑效果。

二、润滑系的组成

汽车发动机润滑系的组成如图 7-15 所示，润滑系统主要由油底壳、机油泵、限压阀及旁通阀、机油滤清器、机油冷却器、油道等组成。

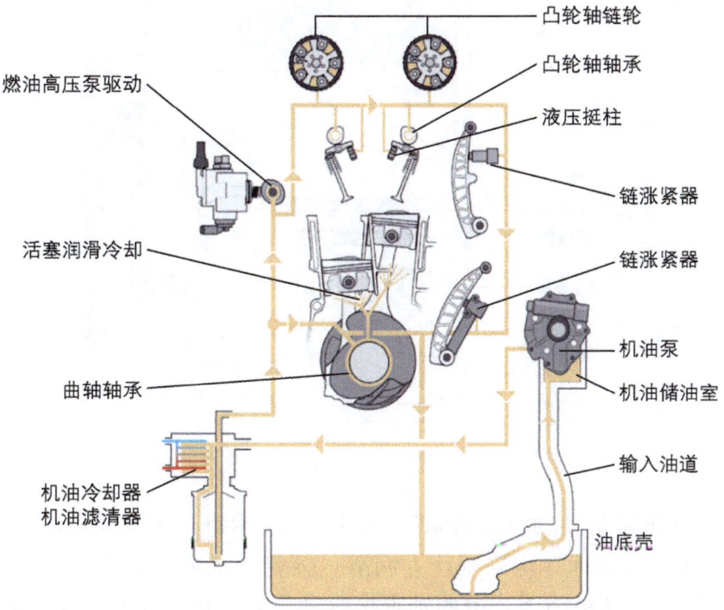

图 7-15　发动机润滑系的组成

润滑系组成

（1）油底壳　用来储存润滑油的装置，加密封垫后固定在气缸体底面上。

（2）机油泵　机油泵能够建立足够的油压，以保证机油循环，实现压力润滑。

（3）限压阀及旁通阀　限压阀用来限制最高油压，旁通阀用来避免因机油粗滤器堵塞而造成主油道供油中断。

（4）机油滤清器　用来防止润滑油中混入的金属磨屑、机械杂质及润滑油本身氧化生成的胶质进入主油道。

（5）机油冷却器　用来加强润滑油冷却，使润滑油温度保持在正常工作范围内（343 ~ 363K），用于热负荷较高的发动机。

（6）机油压力表、温度表和机油标尺　用来使驾驶员随时掌握润滑系工作状况。

此外，发动机润滑系还包括油管、油道等组成的润滑油引导、输送、分配装置。

三、润滑油路

发动机润滑部位主要有曲柄连杆机构、配气机构、正时齿轮室等。图 7-16 所示是捷达轿车发动机润滑系统油路。在润滑油道装有机油压力报警开关。当发动机起动后，若机油压力较低，则低压报警开关触点闭合，机油报警灯亮。当机油压力超过规定值（一般为 30kPa 左右）时，低压报警开关触点断开，机油报警灯熄灭。当发动机超过一定转速（2000r/min 以上）时，机油压力若低于规定值（一般为 180kPa），这时开关触点闭合，机油报警灯闪亮，同时蜂鸣器鸣响报警。

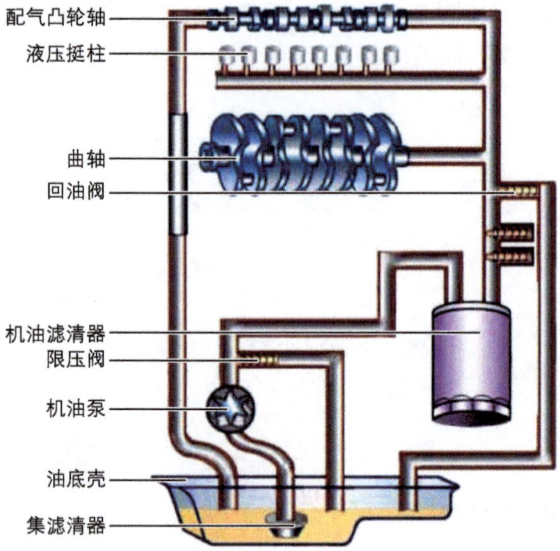

图 7-16　捷达轿车发动机润滑系统油路

图 7-17 所示为本田轿车发动机润滑系统结构及油路示意。该发动机的曲轴主轴承、连杆轴承及凸轮轴和摇臂轴上各轴承等均采用压力润滑；摇臂、活塞、活塞环、气缸壁等部位则采用飞溅润滑。机油泵装在发动机前面，由曲轴直接驱动。发动机工作时，机油泵由曲轴带动运转，机油从油底壳经集滤器 1 被吸进机油泵。机油在通过集滤器时，夹杂在机油中的一些较大的机械杂质被过滤。被机油泵压出的由限压阀限制且具有一定压力的机油经过机油滤清器，此时机油中较细的机械杂质和胶质被进一步过滤。机油在润滑系统中不断地循环，从而不断地被滤清器过滤、清洁。被滤清器过滤并具有一定压力的机油从滤清器流出进入主油道，然后分两路：一路经油道润滑曲轴主轴承、连杆轴承和平衡轴轴承；另一路经缸体油道，通过机油控制节流孔进行流量调节后送到缸盖上的油道，润滑凸轮轴和摇臂轴上的各轴承。飞溅起来的润滑油则润滑凸轮、摇臂等其他零件，活塞和气缸壁是靠连杆大头轴瓦油孔喷出来的机油润滑的，各润滑部位的机油最后经气缸体回油道流回油底壳，在机油泵的作用下经过过滤再次循环，从而不断润滑各零件摩擦表面。

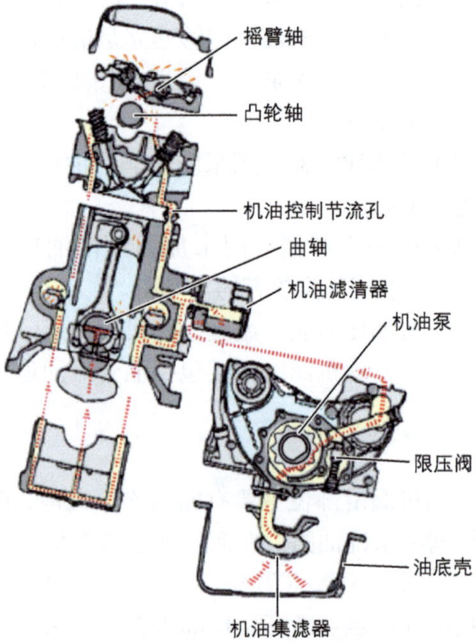

图 7-17　本田轿车发动机润滑系统结构及油路示意

在发动机润滑系统油路中还装有机油压力传感器和油压过低信号器，并分别通过导线与驾驶舱的机油压力指示装置和机油压力报警灯相接，以便驾驶员可以随时监视系统油压，保证发动机正常工作。限压阀和旁通阀分别装在机油泵和机油滤清器中。

四、润滑系的主要部件

1. 机油泵

机油泵的功用是保证机油在润滑系统内循环流动，并在发动机任何转速下都能以足够高的压力向润滑部位输送足够数量的机油。

机油泵结构形式可分为齿轮式和转子式两类。齿轮式机油泵又分内齿轮式和外齿轮式。

（1）外齿轮式机油泵　外齿轮式机油泵的工作原理如图 7-18 所示。在机油泵壳体内装有一对外啮合齿轮，分别为驱动齿轮和从动齿轮。齿轮的端面由机油泵盖封闭。壳体、泵盖和齿轮的各个齿槽组成工作腔。当齿轮按图示方向旋转时，轮齿逐渐脱离啮合而使进油腔的容积增大，腔内产生一定的真空，机油从油底壳经进油口被吸入进油腔，随后又被轮齿带到出油腔。轮齿逐渐进入啮合而使出油腔的容积减小，使机油压力升高，机油经出油口被压入发动机机体上的油道。在发动机工作时，机油泵齿轮不停地旋转，机油便连续不断地流入油道，经过滤清之后被送到各润滑部位。

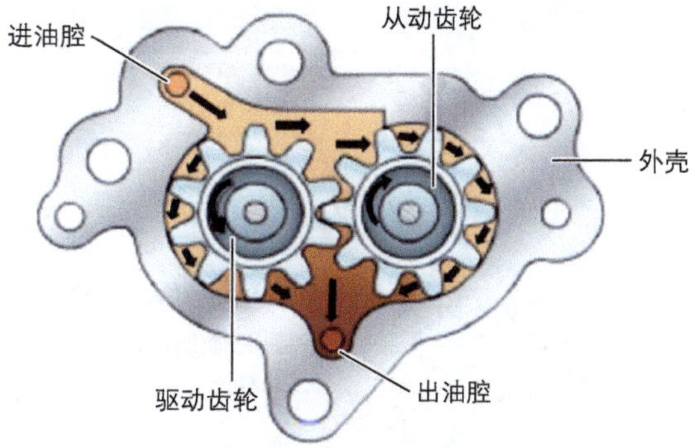

图 7-18　外齿轮式机油泵工作原理

当轮齿进入啮合时，封闭在轮齿径向间隙内的机油压力急剧升高，使齿轮受到很大的推力，并使机油泵轴衬套的磨损加剧。因此在泵盖上加工一道卸压槽，使轮齿径向间隙内被挤压的机油通过卸压槽流入出油腔，从而降低油压。

外齿轮式机油泵的结构如图 7-19 所示。外齿轮式机油泵结构简单、制造方便、工作可靠、效率高，故应用广泛。但是外齿轮式机油泵需要中间传动机构，制造成本相应较高。

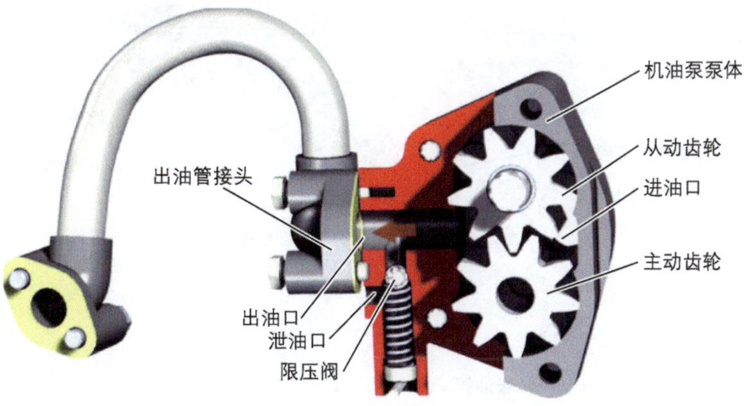

图 7-19　外齿轮式机油泵结构

齿轮机油泵工作原理

（2）内齿轮式机油泵　内齿轮式机油泵的工作原理如图 7-20 所示。当发动机工作时，主动齿轮随驱动轴一起转动并带动从动齿轮以相同的方向旋转。主、从动齿轮在转到吸油侧处时开始逐渐脱离啮合，并沿旋转方向两者形成的空间逐渐增大，产生一定的真空度，将油从机油泵吸油侧吸入。随着齿轮的继续旋转，月牙板将主、从动齿轮隔开，齿轮旋转时把齿间所存的机油带往压力侧。在靠近压力侧处，主、从动齿轮间的空间逐渐减少，油压升高，机油从机油泵压力侧被送往发动机油道中，主、从动齿轮又重新啮合。

（3）转子式机油泵　转子式机油泵的工作原理如图 7-21 所示。当机油泵工作时，主动轴带动内转子旋转，内转子则带动外转子朝同一方向转动。内、外转子工作面的轮廓是一对共轭曲线，可以保证两个转子相互啮合时既不干涉也不脱离。内、外转子将外转子的内腔分成四个工作腔。当某一工作腔转过进油口时，容积增大，油压减小，机油经进油口被吸入工作腔。当该工作腔转过出油口时，容积减小，油压升高，机油经出油口被压出。

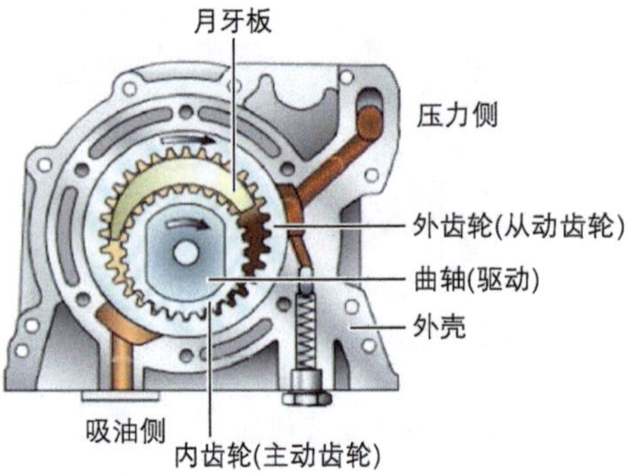

图 7-20　内齿轮式机油泵工作原理

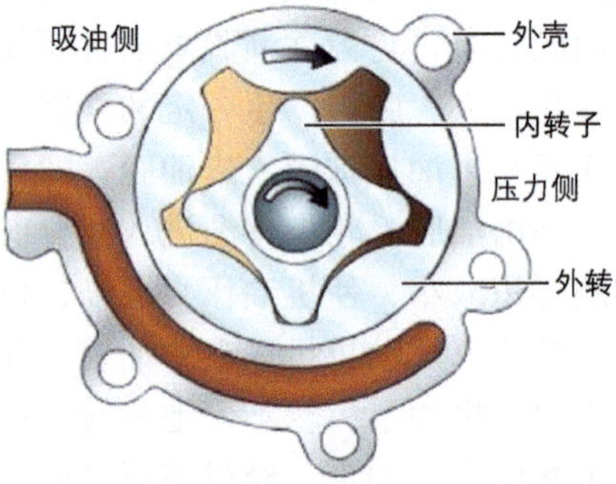

图 7-21　转子式机油泵工作原理

转子式机油泵结构如图 7-22 所示。转子式机油泵结构紧凑、供油量大、供油均匀、噪声小、吸油真空度较高。因此，当机油泵安装在曲轴箱以外或安装位置较高时，采用转子式机油泵比较合适。但是内、外转子啮合表面的滑动阻力比齿轮泵大，因此功率消耗较大。

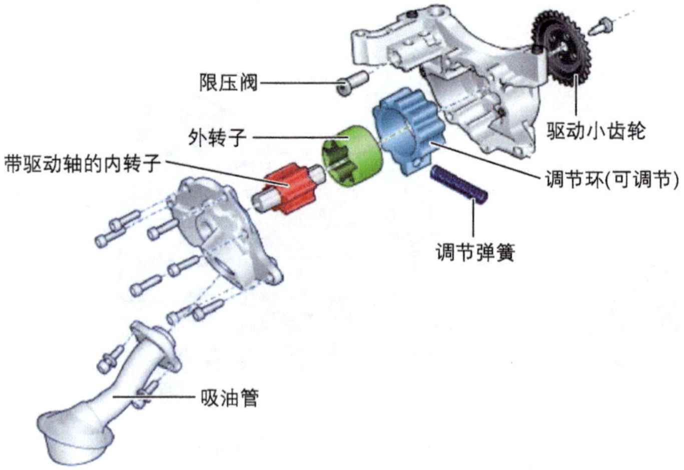

图 7-22　转子式机油泵结构

（4）安全阀　机油泵必须在发动机各种转速下都能供给足够数量的机油，以保持足够的机油压力，保证发动机的润滑。机油泵供油量的多少与其转速有关，而机油泵的转速又与发动机转速成正比。因此，在设计机油泵时，都是保证其在低速时有足够大的供油量。但是，这造成在高速时机油泵的供油量偏大，机油压力明显偏高。另外，在发动机冷起动时，机油黏度大，流动性差，机油压力也会大幅度升高。为了防止油压过高，在润滑油路中设置了安全阀或限压阀。安全阀一般装在机油泵上或机体的主油道上。当安全阀安装在机油泵上时，如果油压达到规定值，则安全阀开启，多余的机油返回机油泵进口。如果安全阀安装在主油道上，则当油压达到规定值时，多余的机油经过安全阀流回油底壳。

2. 机油滤清器

汽车发动机在运转过程中，为了保持机油清洁，延长机油的使用寿命，在发动机润滑系中都装有机油滤清器。

为了保证滤清效果，一般使用多级滤清器，方式有两种：轿车上普遍采用集滤器加全流式机油滤清器的滤清方式，机油滤清器串联于机油泵和主油道之间，全部机油都经过它滤清，如图 7-23a 所示。货车特别是重型货车上一般采用集滤器加粗、细双级滤清器的滤清方式，其中机油粗滤器与主油道串联，而分流式机油细滤器则与主油道并联，经过粗滤器的机油进入主油道，而流过细滤器的机油直接返回油底壳，如图 7-23b 所示。粗滤器用来滤除机油中粒径为 0.05mm 以上的杂质，细滤器则用来滤除粒径为 0.01mm 以上的细小杂质。

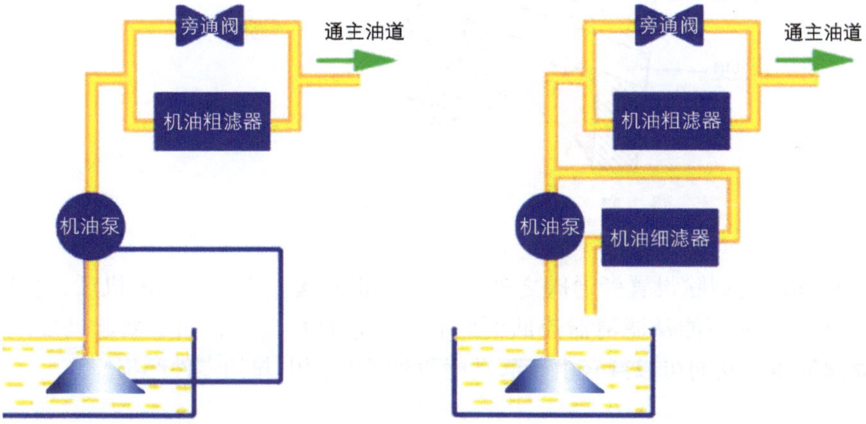

a) 全流式　　b) 分流式

图 7-23　机油滤清方式

机油滤清器

（1）集滤器　集滤器装在机油泵之前的吸油口端，多采用滤网式，防止粒度大的杂质进入机油泵，汽车发动机使用的集滤器目前分为浮式集滤器和固定式集滤器两种。

浮式集滤器工作时漂浮于机油油面上，以保证油泵总是吸入最上层较清洁的机油，但油面上的泡沫易被吸入，造成机油压力降低，润滑可靠性差。固定式集滤器装在油面下面，吸入的机油清洁度略逊于浮式集滤器，但可防止泡沫吸入，润滑可靠、结构简单、使用广泛。

（2）全流式机油滤清器　现代汽车发动机所采用的全流式机油滤清器多为过滤式，其结构如图 7-24 所示。全流式机油滤清器主要由壳体、外壳、滤芯和旁通阀等零件组成。在壳体中设有进、出油口，机油泵工作时压出的压力机油经过进油口进入滤清器外壳与滤芯之间的空间，穿过滤芯，从出油口流出，然后进入主油道或流回油底壳中。在壳体中装有旁通阀，当滤芯被杂质堵塞时，机油则不能穿过滤芯流向出油口，这时滤芯周围的机油压力升高，于是推开旁通阀直接流到出油口进入主油道，以确保机件润滑。

滤清器的过滤能力、过滤效果和机油的流通阻力主要取决于滤芯的材料和结构。轿车上一般都采用纸质滤芯。

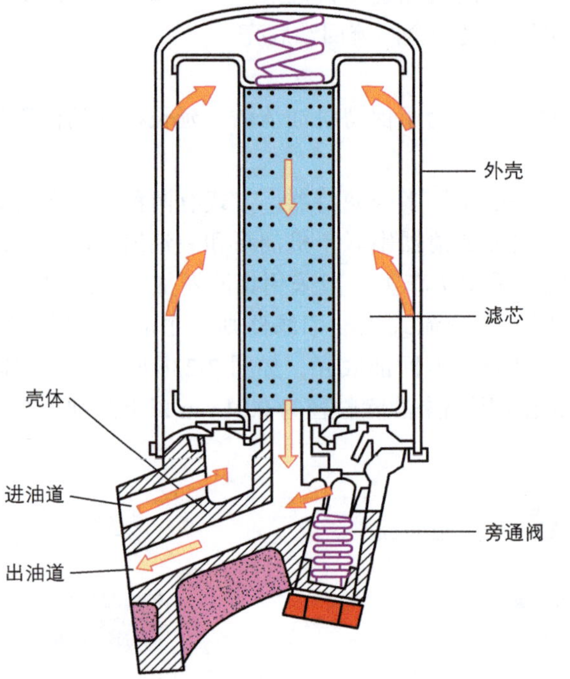

图 7-24　全流式机油滤清器结构

有些发动机的机油滤清器除设置旁通阀之外，还加装止回阀。当发动机停机后，止回阀将滤清器的进油口关闭，机油不能从滤清器流回油底壳。在这种情况下，当重新起动发动机时，润滑系能迅速建立起油压，从而可以减轻由于起动时供油不足而引起的零件磨损。

3. 机油散热器

在高性能大功率的强化发动机上，由于热负荷大，必须装设机油散热器。机油散热器布置在润滑油路中，其工作原理与发动机散热器相同。

发动机机油散热器分为风冷式和水冷式两类。风冷式机油散热器利用汽车行驶时的迎面风对机油进行冷却。这种机油散热器散热能力大，多用于赛车及热负荷大的涡轮增压汽车上。但是风冷式机油散热器在发动机起动后需要很长的暖机时间才能使机油达到正常的工作温度，所以在普通轿车上很少采用。

水冷式机油散热器外形尺寸小，布置方便，且不会使机油冷却过度，机油温度稳定，因而在轿车上应用较广，其工作原理如图 7-25 所示。机油经滤清器过滤之后直接进入散热器，机油在散热器芯内流动，从散热器出水管引来的冷却液在散热器芯外流过。两种流体在散热器内进行热交换，使高温机油得以冷却降温。

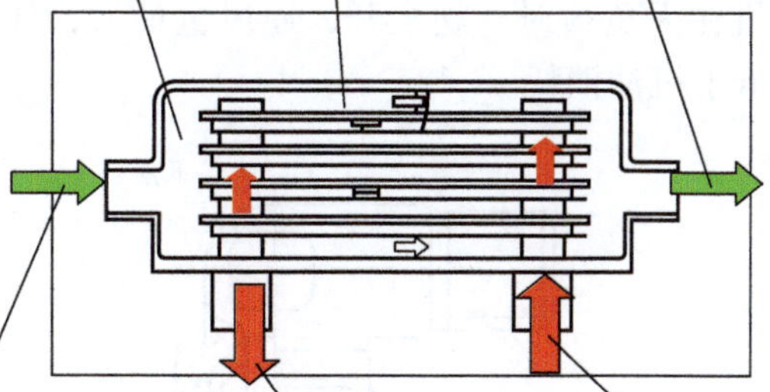

图 7-25 水冷式机油散热器的工作原理

五、曲轴箱通风

发动机工作时，存在着一定的可燃混合气下窜现象。漏到曲轴箱内的汽油蒸气凝结后将稀释机油，使机油黏度变低；废气中的水蒸气凝结于润滑油中形成泡沫，破坏润滑油的供给。废气中的水蒸气和酸性物质将侵蚀零件并使润滑油变质。同时，漏入曲轴箱内的气体使曲轴箱压力和温度升高，将造成机油从油封、衬垫处泄漏而流失。因此曲轴箱必须设有曲轴箱通风装置，排出漏入的气体并加以利用，同时使新鲜的空气进入曲轴箱，形成不间断的对流。

为了减少对大气污染，现代发动机采用的是强制通风法。图 7-26 所示是发动机曲轴箱强制通风系统的结构。强制通风的动力来自发动机进气歧管的真空。为了防止在发动机低速小负荷时进气歧管的真空度太大而将机油从曲轴箱内吸出，在抽气管上装有单向阀（PCV 阀）。

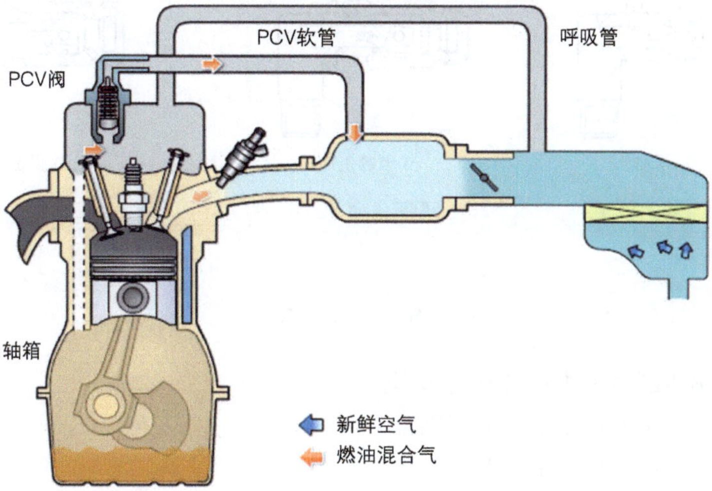

图 7-26 发动机曲轴箱强制通风系统的结构

PCV 阀的结构如图 7-27 所示，其工作过程如图 7-28 所示。当发动机在小负荷低转速运转时，进气管真空度较大。此时阀克服弹簧的压力被吸靠在阀座上，曲轴箱内的废气经阀的中心小孔进入进气管。由于节流作用，防止了曲轴箱内的机油被吸出，如图 7-28a 所示。当负荷加大时，进气管真空度降低，阀在弹簧张力的作用下离开阀座而逐渐打开，通风量逐渐加大，如图 7-28b 所示。当发动机在大负荷时，阀全开，通风量最大，如图 7-28c 所示。因此既更新了曲轴箱内的气体，又降低了机油消耗。

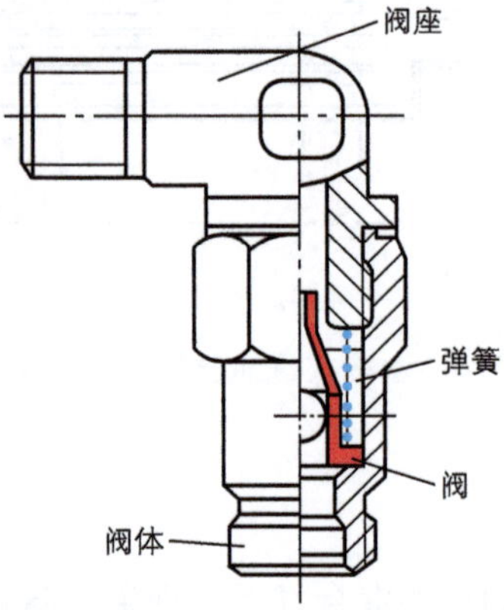

图 7-27 PCV 阀

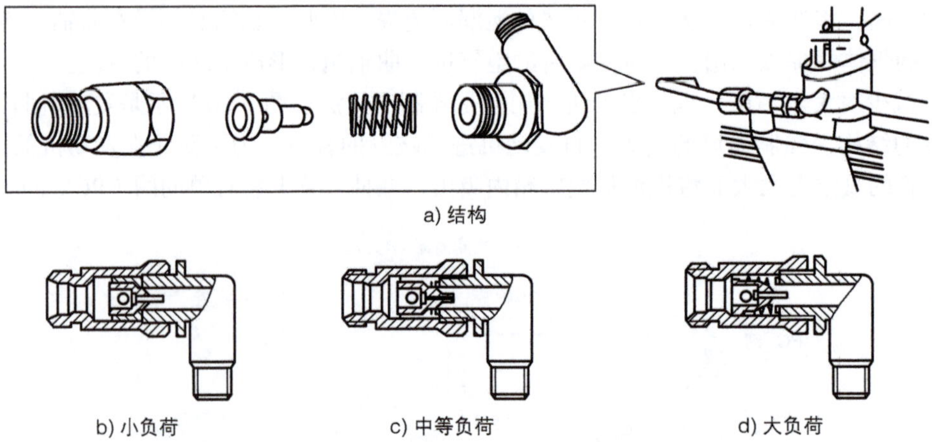

图 7-28 曲轴箱通风单向阀工作过程

思 考 题

1. 水冷系由哪些部件组成？各有何作用？
2. 冷却液的大、小循环路线有何区别？
3. 单级油和多级油有什么不同？
4. 润滑系统一般由哪些零部件组成？各有何功用？
5. 分析某一车型的润滑油路。
6. PCV 阀是怎样工作的？它堵塞会有什么后果？

第八章

发动机点火系与起动系

第一节　汽油机点火系

一、点火系的功用

能够按时在火花塞两电极之间产生电火花的全部装置，称为汽油机点火系统。点火系统的作用是适时地为汽油发动机气缸内已压缩的可燃混合气提供足够能量的电火花，使发动机能及时、迅速地做功。点火系统性能的好坏对发动机的工作有十分重要的影响。

点火系的工作机理就是想办法将蓄电池或发电机供给的 12V 低压电，转变为上万伏的高压电，并按工作需要分送到各缸火花塞，使其电极间产生电火花。

二、微机控制点火系统

点火系统种类较多，主要有传统点火系统、无触点电子点火系统、微机控制点火系统等。随着化油器发动机的淘汰，现代汽油发动机普遍采用电控燃油喷射系统，将燃油喷射控制与点火控制结合在一起，实行集中控制，共用很多传感器信号。

微机控制点火系统主要由传感器、发动机控制单元、点火线圈等组成，如图 8-1 所示。

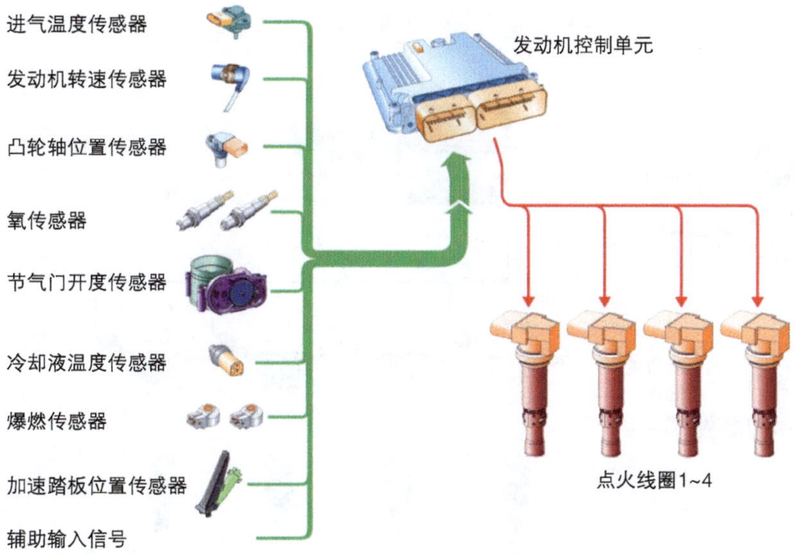

图 8-1　微机控制点火系统的组成

1）传感器（包括各种开关）主要有：发动机转速传感器、曲轴位置传感器、节气门开度传感器、进气温度传感器、冷却液温度传感器、氧传感器、爆燃传感器、加速踏板位置传感器、车速传感器、空调开关信号等。

2）电子控制器的作用是根据发动机各传感器输入的信息及内存的数据，进行运算、处理、判断，然后输出指令（信号）控制有关执行器（如点火器）动作，达到快速、准确控制发动机工作的目的。

3）点火器的作用是根据电子控制器输出的指令，通过内部的大功率晶体管的导通和截止，控制点火线圈初级电流的通断，进而使点火线圈的次级产生高压，完成点火工作。

采用微机点火控制以后，可以由控制系统直接进行高压电的分配，成为无分电器电子点火系统。

无分电器电子点火系统分两种，一种方式为每两缸装一个点火线圈，两缸同时点火，如图 8-2 所示；另一种方式为每缸一个点火线圈，各缸独立进行控制，如图 8-3 所示。

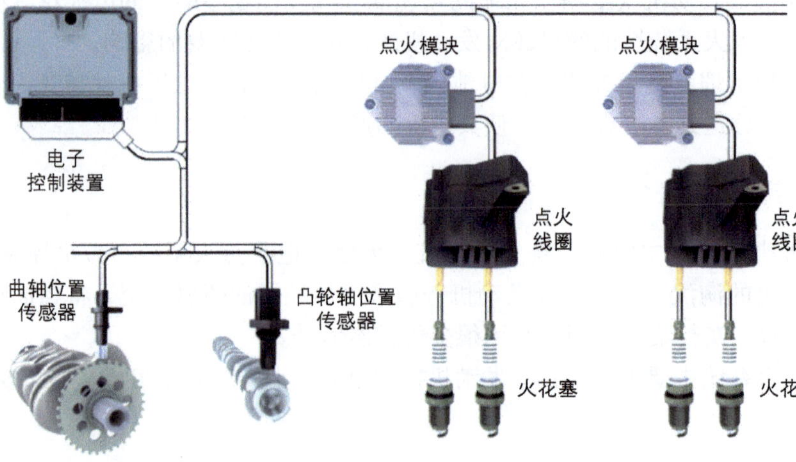

图 8-2　每两缸一个点火线圈的点火系统

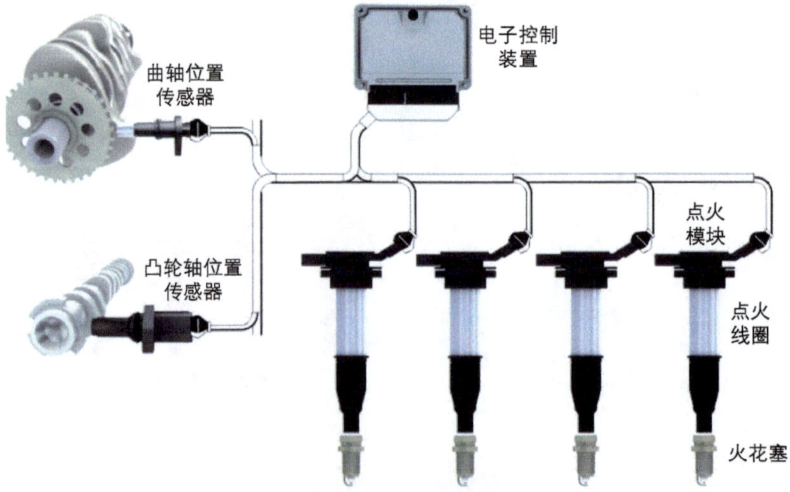

图 8-3　每缸一个点火线圈的点火系统

三、点火系的主要部件

1. 点火线圈

点火线圈由初级绕组、次级绕组和铁心等组成。按磁路的结构形式不同，可分为开磁路式点火线圈和闭磁路式点火线圈。闭磁路点火线圈具有漏磁少、转换效率高、体积小、质量轻、铁心裸露易于散热等优点，故已在电子点火系中广泛采用。

闭磁路式点火线圈的结构如图 8-4 所示。在“日”字形或“口”字形铁心内绕有初级绕组，在初级绕组外面绕有次级绕组，初级绕组在铁心中的磁通，通过铁心形成闭合磁路，故称其为闭磁路式点火线圈。

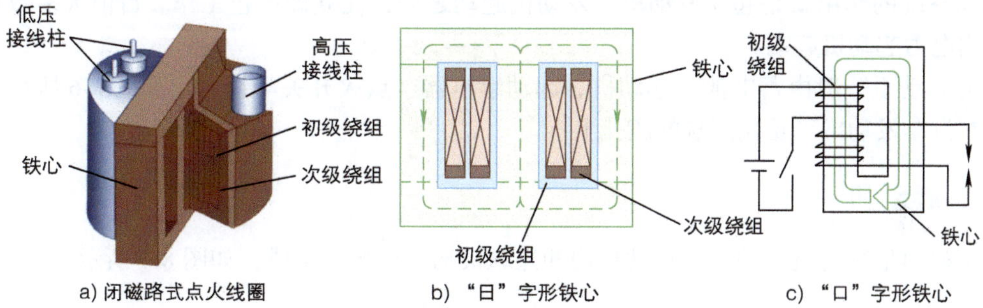

图 8-4 闭磁路式点火线圈结构

2. 火花塞

火花塞的结构如图 8-5 所示。在钢制壳体的内部固定有高氧化铝陶瓷绝缘体，使中心电极与侧电极之间保持足够的绝缘强度。绝缘体孔的上部装有接线螺杆，通过接线螺母与高压导线相连，下部装有中心电极。接线螺杆与中心电极之间用导电玻璃密封。中心电极用镍锰合金制成，具有良好的耐高温、耐腐蚀和导电性能。火花塞借壳体下部的螺纹旋入气缸盖中，旋紧时密封垫圈受压变形保证壳体与缸盖之间密封良好。为了适应不同发动机的需要，火花塞因下部的形状和绝缘体裙部长度的不同有多种形式。

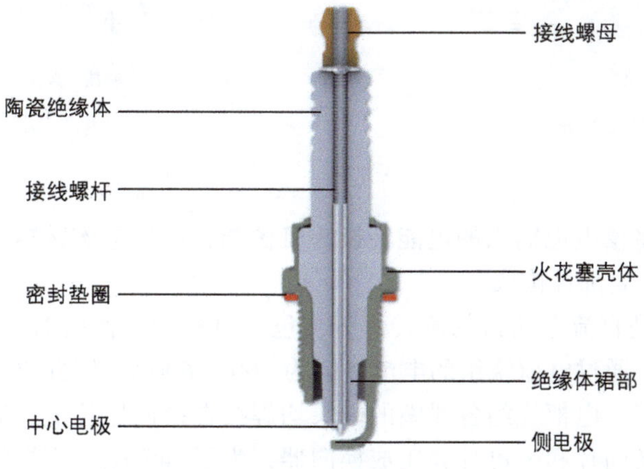

图 8-5 火花塞的结构

火花塞的热特性主要取决于绝缘体裙部的长度。绝缘体裙部长的火花塞，受热面积大，传热距离长，散热困难，裙部温度高，被称为热型火花塞；反之，裙部短的火花塞，被称为冷型火花塞。热型火花塞适用于低转速、低压缩比、小功率发动机；冷型火花塞适用于高转速、高压缩比、大功率发动机。

第二节　发动机起动系

一、起动系统的功用与组成

起动系统的作用就是起动发动机，发动机起动之后，便立即停止工作。目前大多数运输车辆都采用电力起动机起动。

电力起动系一般由蓄电池、起动机、起动继电器、点火开关等组成，如图 8-6 所示。起动机安装在汽车发动机飞轮壳前端的座孔上。

二、起动机

起动机由他励直流电动机、传动机构和操纵机构三个部分组成，如图 8-7 所示。

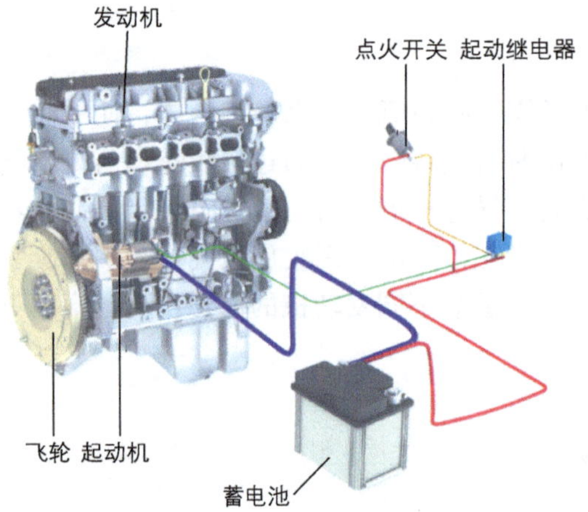

图 8-6　电力起动系统组成

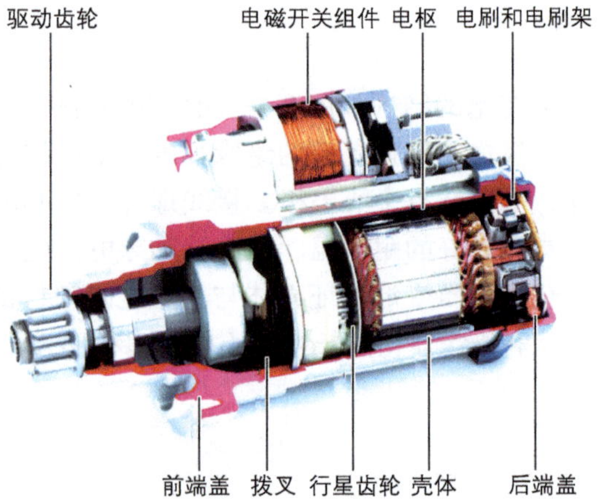

图 8-7　起动机构造

1. 直流电动机

电动机的作用是将蓄电池输入的电能转换为机械能，产生电磁转矩。直流电动机主要由电枢、磁极、换向器等主要部件构成。

（1）电枢　电枢是直流电动机的旋转部分，包括电枢轴、换向器、电枢铁心、电枢绕组。为了获得足够的转矩，通过电枢绕组的电流一般为 200 ~ 600A，因此电枢绕组采用较粗的矩形裸铜线绕制成成型绕组。电枢绕组各线圈的端头均焊接在换向器片上，通过换向器和电刷将蓄电池的电流引进来。换向片和云母片叠压成换向器，为了避免电刷磨损的粉末落入换向片之间造成短路，起动机换向片间的云母一般无须切割过低。

（2）磁极　磁极一般是4个，两对磁极相对交错安装在电动机定子内壳上，由低碳钢板制成的机壳也是磁路的一部分。另外，有些起动机具有6个磁极。

（3）电刷与电刷架　电刷架一般为框式结构，其中正极刷架与端盖绝缘地固定，负极刷架直接搭铁。电刷置于电刷架中，电刷由铜粉与石墨粉压制而成，呈棕红色。刷架上装有弹性较好的盘形弹簧。

（4）轴承　因为起动机工作持续时间短暂，每次工作时间仅几秒钟，所以一般采用青铜石墨轴承或铁基含油轴承。

2. 传动机构

起动机的传动机构是其主要组成部件，它包括离合器和拨叉两个部分。离合器的作用是将电动机的电磁转矩传递给发动机使之起动，同时又能在发动机起动后自动打滑，保护起动机不致飞散损坏。传动机构中的离合器分为滚柱式离合器、摩擦片式离合器、弹簧式离合器三种。而拨叉的作用是使离合器做轴向移动，将驱动齿轮啮入和脱离飞轮齿圈。

发动机起动时，按下按钮或起动开关，线圈通电产生电磁力将铁心吸入，于是带动拨叉转动，由拨叉头推出离合器，使驱动齿轮啮入飞轮齿圈。发动机起动后，线圈即断电，电磁力消失，在回位弹簧的作用下，铁心退出，拨叉返回，拨叉头将打滑工况下的离合器拨回，驱动齿轮脱离飞轮齿圈。

滚柱式离合器是目前国内外汽车起动机中使用最多的一种。滚柱式离合器的构造如图8-8所示。其中，驱动齿轮与外壳连成一体。外壳内装有十字块和4套滚柱弹簧，十字块与花键套筒固定连接，壳底与外壳相互折合密封。花键套筒的外面装有缓冲弹簧及衬圈，末端固装着拨环与卡圈。整个离合器总成利用花键套筒套在起动机轴的花键部位上，可以做轴向移动和随轴移动。

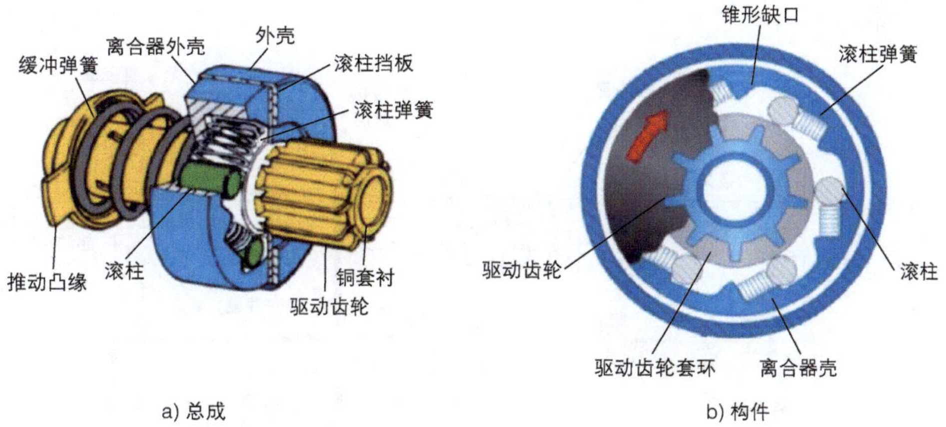

图8-8　滚柱式离合器的构造

滚柱式离合器的工作原理如图8-9所示。在图8-9a中，发动机起动时，经拨叉将离合器沿花键推出，驱动齿轮啮入发动机飞轮齿圈。由于十字块处于主动状态，随电动机电枢一起旋转，促使4套滚柱进入槽的窄端，将花键套筒与外壳挤紧，于是电动机电枢的转矩就可由十字块经滚柱离合器外壳传给驱动齿轮，从而达到驱动发动机飞轮齿圈旋转、起动发动机运转的目的。

在图 8-9b 中，发动机起动后，飞轮齿圈的转速高于驱动齿轮，十字块处于被动状态，促使滚柱进入槽的宽端而自由滚动，只有驱动齿轮随飞轮齿圈作高速旋转，起动机转速并不升高，在这种离合器打滑的功能下，防止了电枢超速飞散。起动完毕，由于拨叉回位弹簧的作用，经拨环使离合器退回，驱动齿轮完全脱离飞轮齿圈。

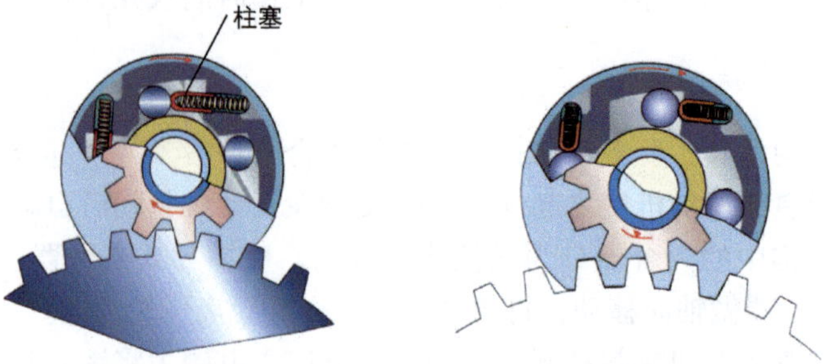

a) 发动机起动时　　b) 发动机起动后

图 8-9　滚柱式离合器的工作原理

这种滚柱式离合器具有结构简单、坚固耐用、体积小、质量低、工作可靠等优点，因此得到广泛采用。其不足是不能用于大功率起动机上。

三、控制装置

控制装置的作用是接通和断开电动机与蓄电池之间的电路。起动机的控制装置分为直接操纵式和电磁操纵式两种形式。目前，采用电子式起动继电器的电磁操纵式起动机应用最为广泛。

图 8-10 所示为 QD124 型电磁操纵式起动机控制电路。

发动机起动系

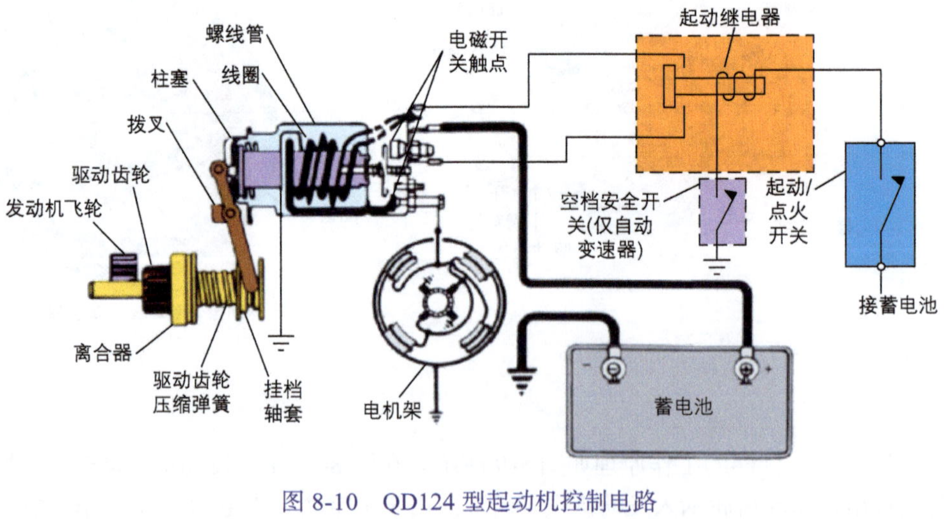

图 8-10　QD124 型起动机控制电路

发动机起动时，起动继电器通电，吸下可动臂使触点闭合，接通了电磁开关线圈电路，起动机投入工作。发动机起动后，点火开关自动转回到点火工作档位，起动继电器线圈断电触点打开，电磁开关也随即断开，起动机停止工作。

利用起动继电器控制电磁开关，能减小通过点火开关起动触点的电流，避免烧蚀触点，延长使用寿命。有些汽车上的起动继电器在改进控制电路以后，还能起到自动停止起动机工作及安全保护的作用。对于装有自动变速器车辆，起动机的工作电路还将受到变速器的档位开关信号的控制，只有在N档（空档）或P档（驻车档）才允许起动机工作。

思　考　题

1. 微机控制点火系统是怎样工作的?
2. 简述起动系统的组成。
3. 滚柱式离合器是如何工作的？
4. 简述直接控制电磁开关强制啮合式起动机的工作过程。

第九章

汽车传动系

第一节 概 述

一、传动系的功用

汽车传动系是指从发动机到驱动轮之间的所有动力传递装置的总称。其基本功用是将发动机发出的动力传给驱动车轮，使汽车以一定速度行驶，并根据驾驶员意图实现减速与变速、倒车、中断动力传动、驱动车轮差速等功能。

二、传动系的布置

传动系在汽车上的布置方式有发动机前置前轮驱动（FF）、发动机前置后轮驱动（FR）、发动机后置后轮驱动（RR）、全轮驱动（AWD）等。

1. 发动机前置前轮驱动

发动机前置前轮驱动简称前置前驱动（FF），其结构如图 9-1 所示。发动机布置在汽车前部，动力经过离合器、变速器、主减速器差速器总成、半轴，最后传到前驱动车轮使汽车行驶。这种布置形式在变速器与驱动桥之间省去了万向传动装置，使传动系结构简单紧凑，整车质量小，高速行驶时操纵稳定性好。大多数轿车采用这种布置形式，但这种布置形式导致车辆的爬坡性能相对较差。

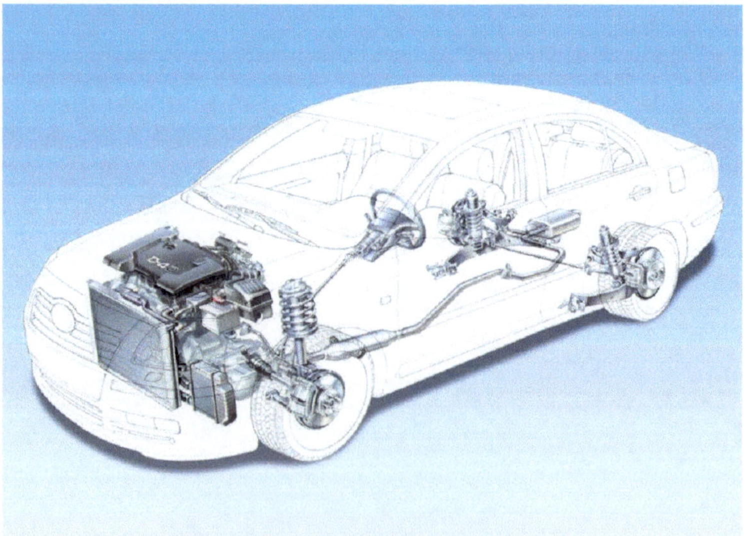

图 9-1 发动机前置前轮驱动结构

2. 发动机前置后轮驱动

发动机前置后轮驱动简称前置后驱动（FR）。图 9-2 所示为发动机前置后轮驱动的结构，其发动机布置在汽车前部，动力经过离合器、变速器、万向传动装置、后驱动桥，最后传到后驱动车轮使汽车行驶。

发动机前置后轮驱动结构应用广泛，大多数的货车、部分轿车和部分客车都采用这种形式。

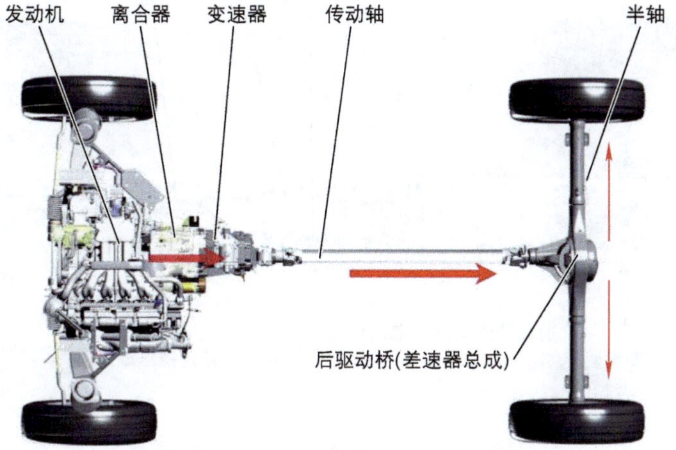

图 9-2　发动机前置后轮驱动结构

3. 发动机后置后轮驱动

发动机后置后轮驱动简称后置后驱动（RR）。其结构如图 9-3 所示，发动机布置在汽车后部，动力经过离合器、变速器、角传动装置、万向传动装置、后驱动桥，最后传到后驱动车轮使汽车行驶。这种布置形式便于车身内部的布置，减小车舱内发动机的噪声，一般用于大型客车。

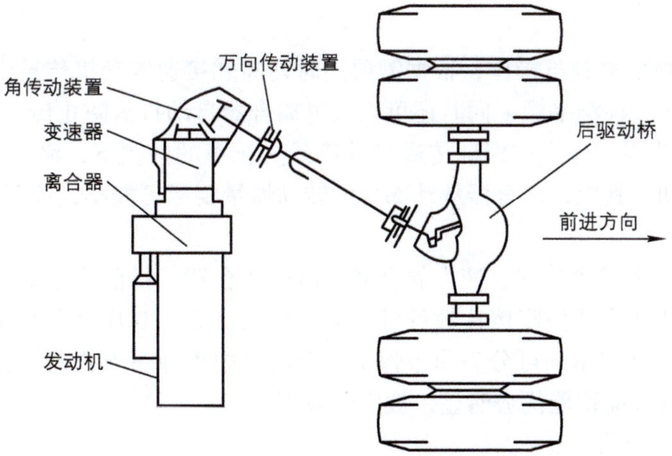

图 9-3　发动机后置后轮驱动结构

4. 发动机前置全轮驱动

发动机前置全轮驱动简称全轮驱动（AWD）。其结构如图 9-4 所示，发动机布置在汽车前部，动力经过离合器、变速器、分动器、万向传动装置分别到达前后驱动桥，最后传到前后驱动车轮使汽车行驶。由于所有的车轮都是驱动车轮，因而提高了汽车越野时的通过性能，这通常是越野汽车采取的布置形式。

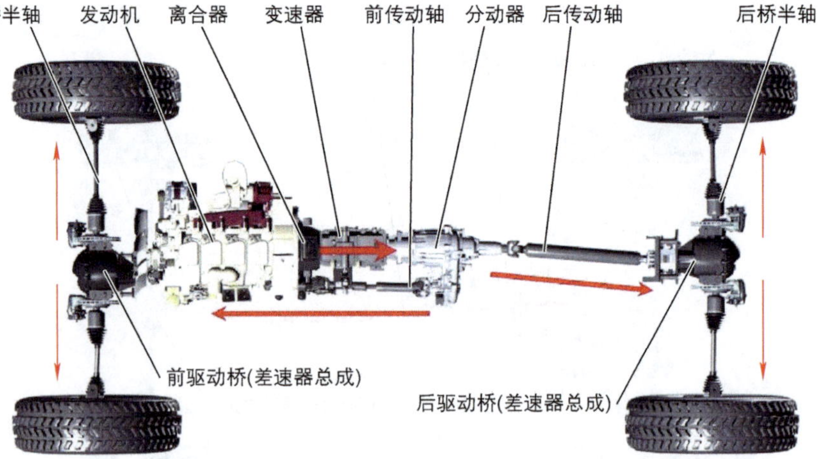

图 9-4　发动机前置全轮驱动结构

第二节　手动传动装置

一、离合器

离合器是手动变速汽车传动系中直接与发动机相连接的部件。

（一）离合器的功用与分类

1. 功用

离合器的功用是由驾驶员操作，根据需要随时切断和接通发动机传给变速器的动力，从而保证汽车的平稳起步、换档平顺，同时还可以通过离合器自动打滑防止传动系过载。

离合器的具体结构首先应在保证传递发动机最大转矩的前提下，满足两个基本性能要求：分离彻底、接合柔和。其次，离合器从动部分的转动惯量要尽可能小，还要求离合器散热良好。

2. 分类

离合器可分为摩擦式离合器、液力偶合器和电磁离合器。目前汽车上采用比较广泛的是摩擦式离合器。摩擦式离合器按摩擦片数目可分为单片离合器、双片离合器和多片离合器；按压紧弹簧的安装位置和结构不同可分为周布弹簧离合器、中央弹簧离合器和膜片弹簧离合器。由于膜片弹簧离合器各方面性能优势明显，被广泛应用。

（二）膜片弹簧离合器

1. 膜片弹簧离合器的结构

膜片弹簧离合器的基本结构如图 9-5 所示。

膜片弹簧离合器由主动部分、从动部分、压紧机构和操纵机构组成，如图 9-6 ~ 图 9-8 所示。

（1）主动部分　主动部分由飞轮、离合器盖和压盘组成。离合器盖通过螺栓固定在飞轮上，为了保持正确的安装位置，离合器盖通过定位销进行定位。压盘与离合器盖之间通过周向均布的三组或四组传动片来传递转矩。传动片用弹簧钢片制成，每组两片，一端用铆钉铆在离合器盖上，另一端用螺钉连接在压盘上。

（2）从动部分　包括从动盘和从动轴，从动盘一般都带有扭转减振器。发动机传到传动系的转速和转矩是周期性变化的，它使传动系产生扭转振动，这将使传动系的零部件受到冲击性交变载荷，使其寿命下降、零件损坏。采用扭转减振器可以有效地防止传动系的扭转振动。带扭转减振器的从动盘如图 9-9 所示。

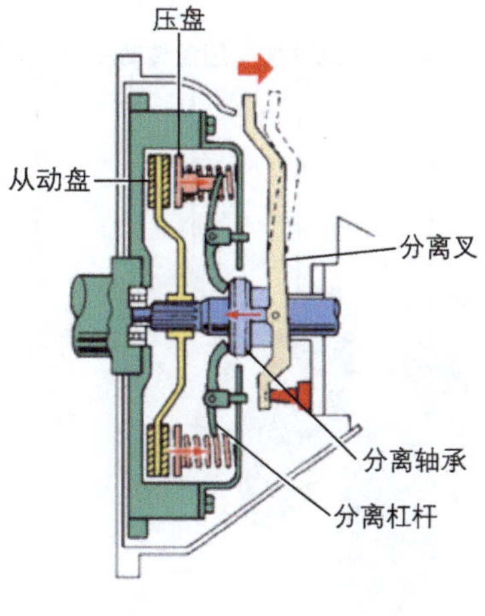

图 9-5　膜片弹簧离合器的基本结构

从动盘钢片外圆周铆接波浪形弹簧钢片，摩擦衬片分别铆接在弹簧钢片上，从动盘钢片与减振器盘铆接在一起，这两者之间夹有摩擦垫圈和从动盘毂。从动盘毂、从动盘钢片和减振器盘上都有沿圆周均布的六个窗孔，减振弹簧装在窗孔中。

当从动盘受到转矩作用时，转矩从摩擦衬片传到从动盘钢片，再经减振弹簧传给从动盘毂，此时弹簧将被压缩，吸收发动机传来的扭转振动。

（3）压紧机构　压紧机构采用的是膜片弹簧，其径向开有若干切槽，形成弹性杠杆。切槽末端有圆孔，固定铆钉穿过圆孔，并固定在离合器盖上。膜片弹簧两侧装有钢丝支承环，这两个钢丝支承环是膜片弹簧工作时的支点。膜片弹簧的外线通过分离钩与压盘联系起来。

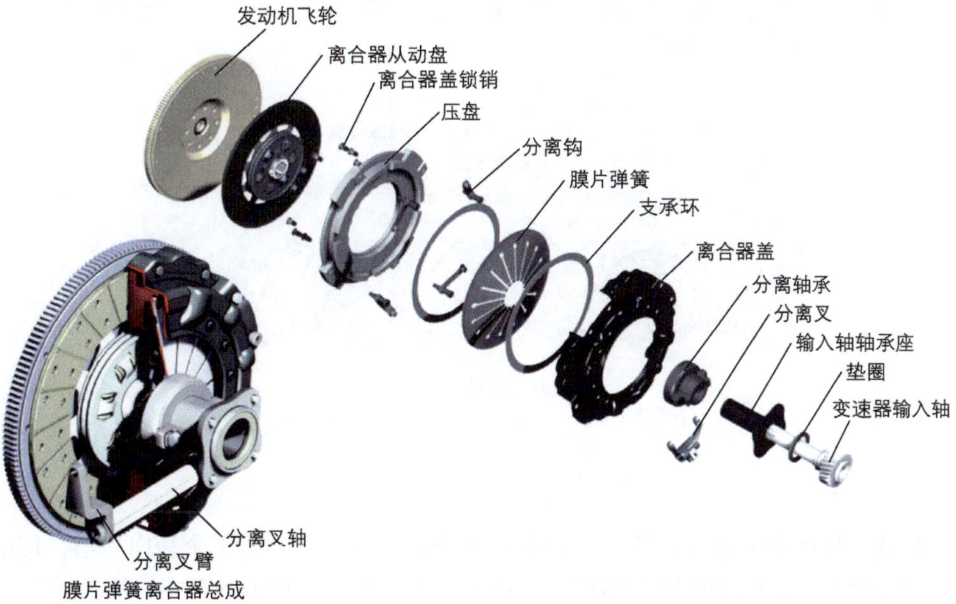

图 9-6　膜片弹簧离合器的结构

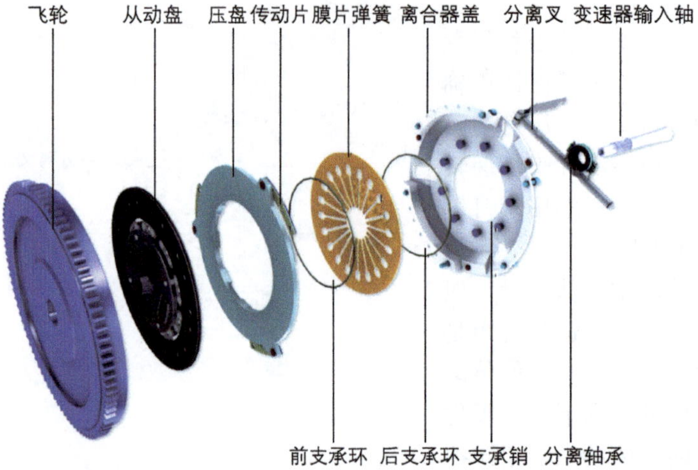

图 9-7 膜片弹簧离合器盖和压盘分解图

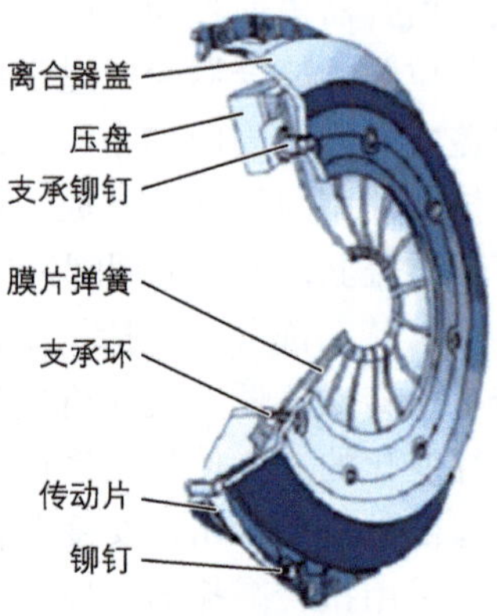

图 9-8 膜片弹簧离合器盖和压盘结构

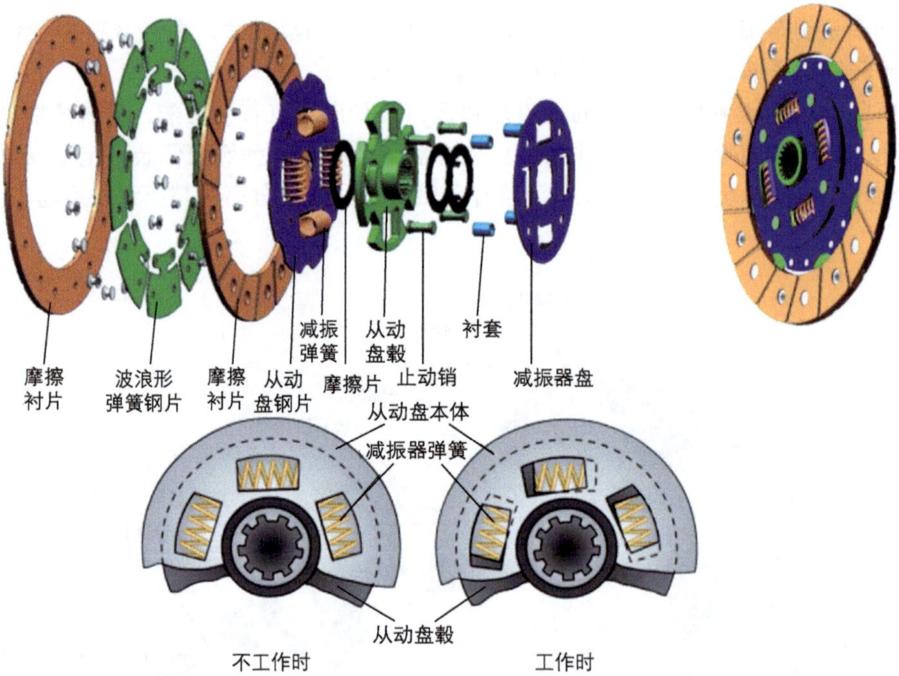

图 9-9 带扭转减振器的从动盘

膜片弹簧用优质钢板制成，其形状如图 9-10 所示，其上开有若干个径向切槽，切槽的内端开通，外端为圆孔，每两个切槽之间钢板形成一个弹性杠杆，称为分离指。膜片弹簧既是压紧弹簧又是分离杠杆。

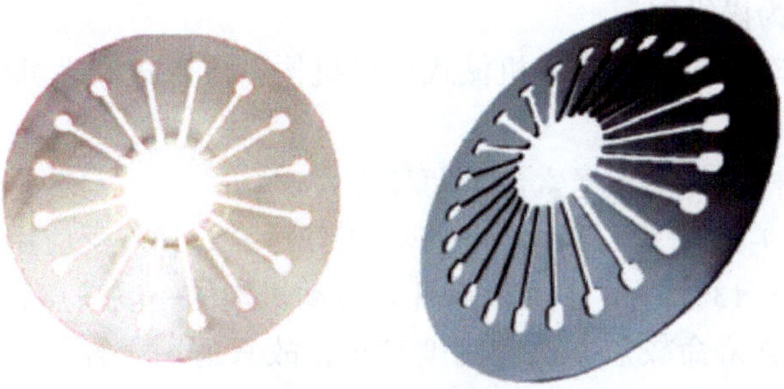

图 9-10 膜片弹簧

（4）操纵机构　操纵机构由离合器踏板、分离拉杆、调节叉、分离叉、分离套筒、分离轴承、分离杠杆、回位弹簧等组成。

当离合器处于正常接合状态时，分离轴承与分离杠杆之间应留有一定量的间隙，防止从动盘摩擦片磨损变薄时，离合器接合不彻底。为消除这一间隙所需的离合器踏板行程称为离合器踏板自由行程。

2. 工作原理

膜片弹簧离合器的工作原理如图 9-11 所示。当离合器盖通过螺栓固定在飞轮上时，膜片弹簧在支承环处受压产生弹性变形，此时膜片弹簧的外圆周对压盘产生压紧力使离合器处于接合状态，如图 9-11a 所示。当踩下离合器踏板时，分离轴承推动膜片弹簧，使膜片弹簧以支承环为支点外圆周向后翘起，通过分离钩拉动压盘后移使离合器分离，如图 9-11b 所示。

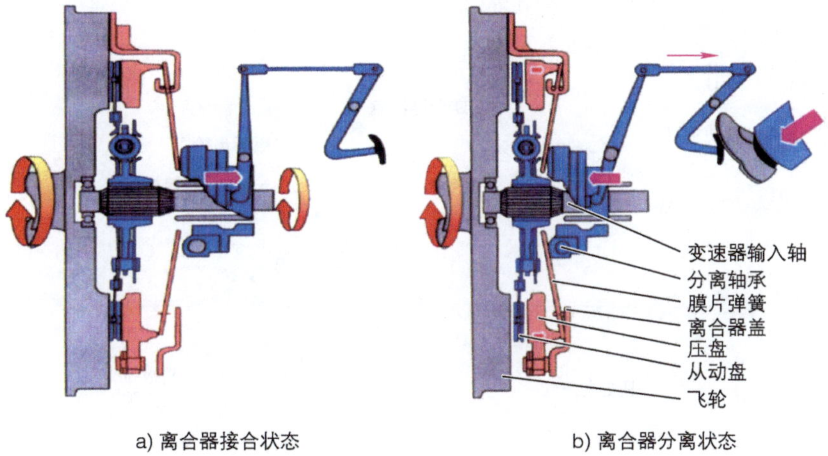

a) 离合器接合状态　　b) 离合器分离状态

图 9-11 膜片弹簧离合器的工作原理

离合器的基本工作原理

由上可知，膜片弹簧既是压紧弹簧，又是分离杠杆，简化了结构。另外膜片弹簧的弹簧特性优于圆柱螺旋弹簧，所以膜片弹簧离合器的应用越来越广泛。

（三）离合器操纵机构

按照分离离合器时所需操纵能源的不同，离合器操纵机构分为人力式和助力式。人力式又可以分为机械式和液压式；助力式又可以分为气压助力式和弹簧助力式。人力式操纵机构是以驾驶员作用在踏板上的力作为唯一的操纵能源。助力式操纵机构除了驾驶员的力以外，一般主要以其他形式的能源作为操纵能源。

下面重点介绍在轿车中应用较多的机械式操纵机构、液压式操纵机构。

1. 机械式操纵机构

机械式操纵机构有杆系传动和绳索传动两种形式。

杆系传动机构如图 9-12 所示，其结构简单，工作可靠，被广泛应用于各种类型的汽车上。

绳索传动机构如图 9-13 所示，它可消除杆系传动机构的一些缺点，并能采用便于驾驶员操纵的吊挂式踏板。但绳索寿命较短，拉伸刚度较小，故只适用于轻型、微型汽车和轿车，例如桑塔纳、捷达轿车离合器的操纵机构中就采用了绳索传动机构。

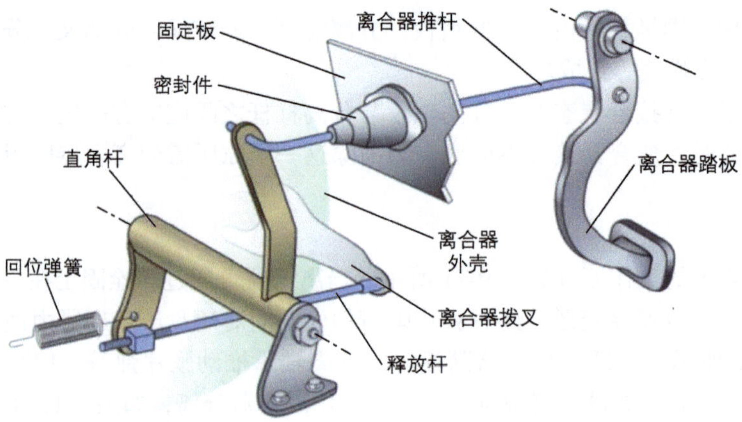

图 9-12 杆系传动机构

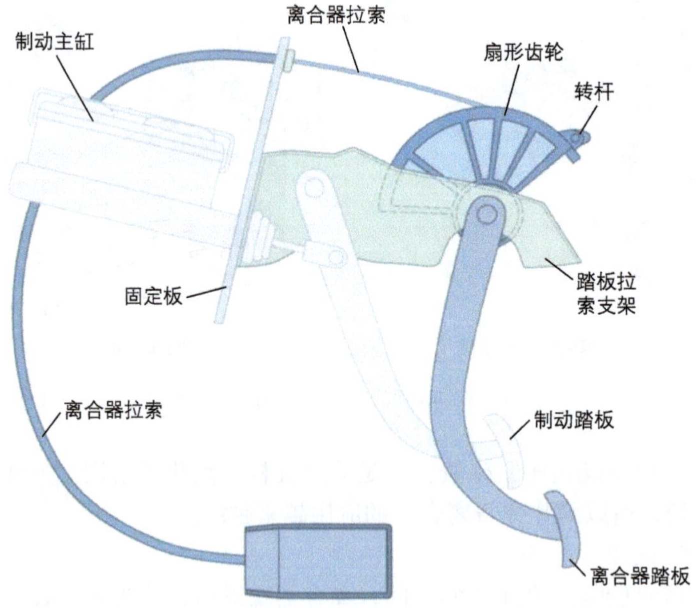

图 9-13 绳索传动机构

2. 液压式操纵机构

液压式操纵机构的结构如图 9-14 所示，它主要由主缸、工作缸和管路系统等组成。目前液压式操纵机构在各类型的汽车上应用广泛。

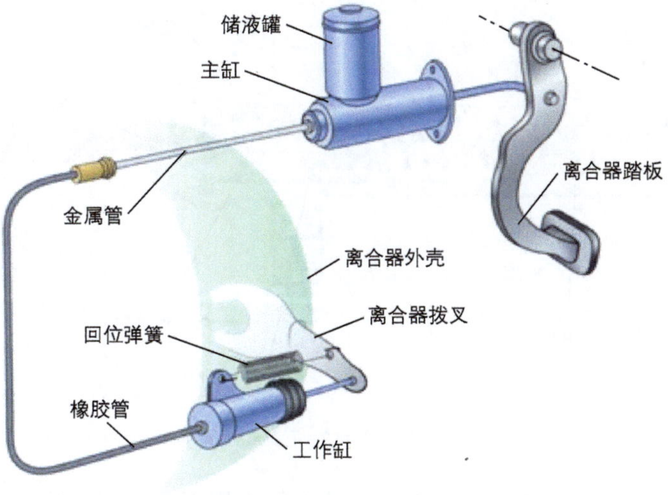

图 9-14 液压式操纵机构的结构

图 9-15 所示是典型轿车离合器液压式操纵机构，主要由离合器踏板、储液罐、离合器主缸、离合器工作缸、油管总成、分离叉、分离轴承等组成。

储液罐有两个出油孔，分别把制动液供给制动主缸和离合器主缸。

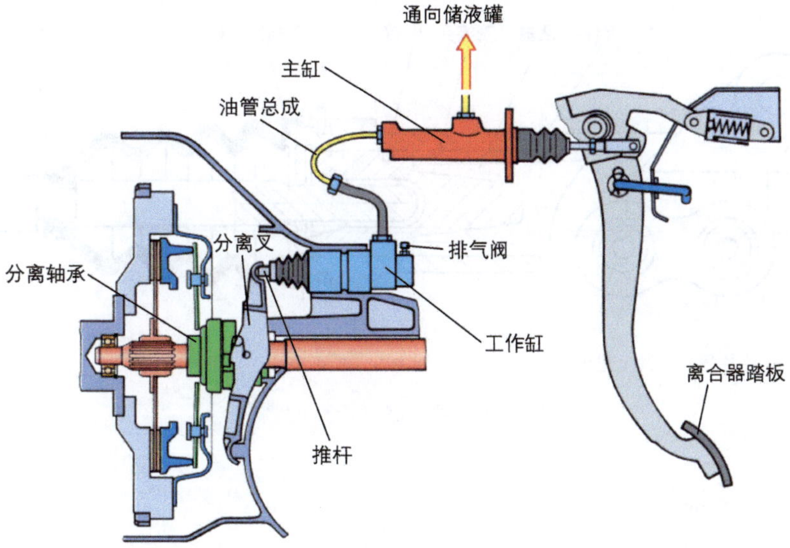

图 9-15 轿车离合器液压式操纵机构

离合器主缸的结构如图 9-16 所示，主要由缸体、储液罐、活塞、回位弹簧、油封、中央阀、管接头等组成。

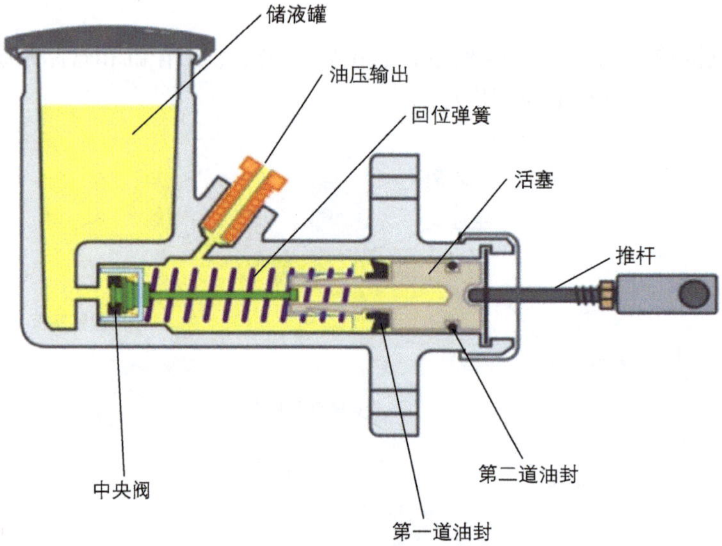

图 9-16 离合器主缸的结构

当离合器踏板处于初始位置时，活塞在回位弹簧作用下，处于右端位置，中央阀开启，储液灌中的油液充满工作腔。踩下离合器踏板时，推杆推动活塞向左移动，中央阀关闭，之后工作腔中的油压升高，经出油管流入工作缸。

离合器工作缸的结构如图 9-17 所示，工作缸内装有活塞、皮碗、推杆等，缸体上还设有放气螺塞。当管路内有空气而影响操纵时，可拧松放气螺塞进行放气。工作缸活塞直径略大于主缸活塞直径，故液压系统稍有增力作用，以补偿液流通道的压力损失。

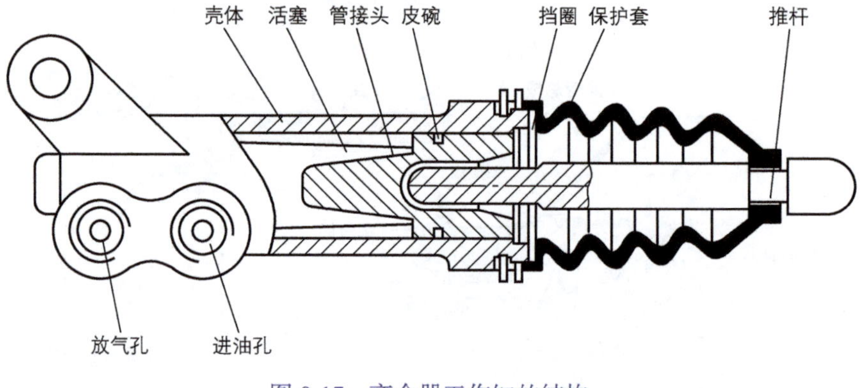

图 9-17 离合器工作缸的结构

二、手动变速器

（一）变速器的主要功用

1）改变传动比，在较大的范围内改变汽车的行驶速度和汽车驱动轮上转矩的数值，以适应经常变化的行驶条件，同时使发动机在有利的（功率较高而耗油率较低）工况下工作。

2）在发动机旋转方向不变的前提下，利用倒档实现汽车倒向行驶。

3）在发动机不熄火的情况下，利用空档中断动力传递，可以使驾驶员松开离合器踏板离开驾驶位置，且便于汽车起动、怠速、换档和动力输出。

（二）普通齿轮传动的基本原理

手动变速器包括变速传动机构和操纵机构两大部分。变速传动机构的主要作用是改变转速和转矩的大小、方向；操纵机构的作用是实现换档。

现代汽车手动变速器的变速传动机构应用的是普通齿轮变速原理，利用不同齿数的齿轮啮合传动来实现转矩和转速的改变。

齿轮传动的基本原理如图 9-18 所示，一对齿数不同的齿轮啮合传动时可以实现变速，而且两齿轮的转速比与其齿数成反比。设主动齿轮转速为 n_1，齿数为 z_1，从动齿轮转速为 n_2，齿数为 z_2。主动齿轮（即输入轴）转速与从动齿轮（即输出轴）转速之比值称为传动比，用字母 i_{12} 表示。

即由主动齿轮传到从动齿轮的传动比为 $i_{12}=n_1/n_2=z_2/z_1$

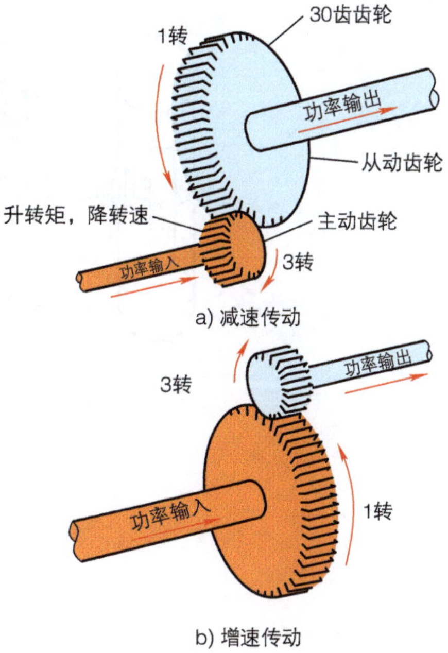

图 9-18　齿轮传动的基本原理

当小齿轮为主动齿轮带动大齿轮转动时，输出转速降低，即 $n_2 < n_1$，称为减速传动，此时传动比 $i > 1$，如图 9-18a 所示；当大齿轮驱动小齿轮时，输出转速升高，即 $n_2 > n_1$，称为增速传动，此时传动比 $i < 1$，如图 9-18b 所示。汽车变速器就是根据这一原理利用若干大小不同的齿轮副传动来实现变速的。

对多级齿轮传动，传动比

i= 所有从动齿轮齿数的乘积 / 所有主动齿轮齿数的乘积 = 各级齿轮传动比的乘积

对于变速器，各档的传动比 i 就是变速器输入轴转速与输出轴转速之比，即

$$i = n_{输入}/n_{输出} = T_{输出}/T_{输入}$$

当 $i > 1$ 时，$n_{输出} < n_{输入}$，$T_{输出} > T_{输入}$，此时实现降速增矩，为变速器的低档位，且 i 越大，档位越低；当 i=1 时，$n_{输出}=n_{输入}$，$T_{输出}=T_{输入}$，为变速器的直接档；当 $i < 1$ 时，$n_{输出} > n_{输入}$，$T_{输出} < T_{输入}$，此时实现升速降矩，为变速器的超速档。

（三）二轴式变速器的变速传动机构

变速传动机构是变速器的主体，按工作轴的数量（不包括倒档轴）可分为二轴式变速器和三轴式变速器。轿车普遍采用二轴式变速器。

1. 变速器结构

二轴式变速器用于发动机前置前轮驱动的汽车，一般与驱动桥（前桥）合称为手动变速驱动桥。前置发动机有横向布置和纵向布置两种形式，与其配用的二轴式变速器也有两种不同的结构形式。发动机横置时，主减速器采用一对圆柱齿轮，如图 9-19 所示；发动机纵置时，主减速器采用一对锥齿轮，如图 9-20 所示。

2. 动力传动路线

图 9-19 所示为发动机横向布置的二轴式变速器，所有前进档齿轮和倒档齿轮都采用常啮合斜齿轮，并采用锁环式同步器换档。

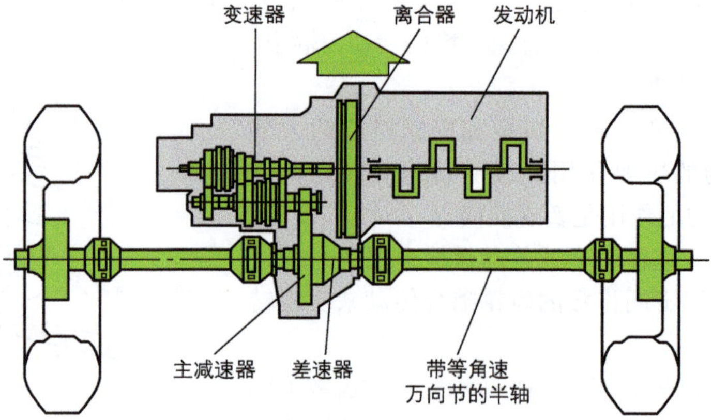

图 9-19　发动机横置的二轴式变速器结构

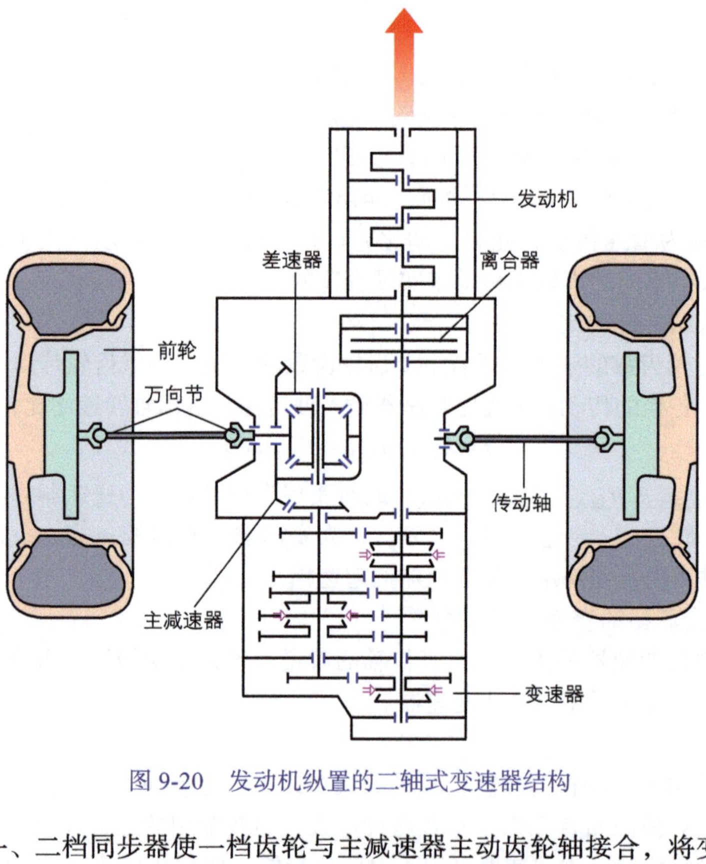

图 9-20　发动机纵置的二轴式变速器结构

（1）一档　一、二档同步器使一档齿轮与主减速器主动齿轮轴接合，将变速齿轮锁定到主减速器主动齿轮轴上。输入轴齿轮的一档主动齿轮顺时针转动，逆时针地驱动一档从动齿轮和主减速器主动齿轮轴，顺时针地驱动主减速器从动齿轮，其动力传动路线如图 9-21 所示。

（2）二档　从一档向二档换档时，一、二档同步器分离一档从动齿轮，并接合二档从动齿轮，其动力传动路线如图 9-22 所示。

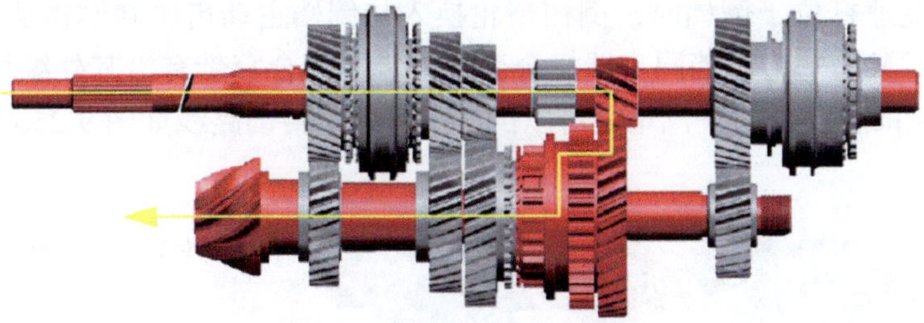

图 9-21　一档动力传动路线

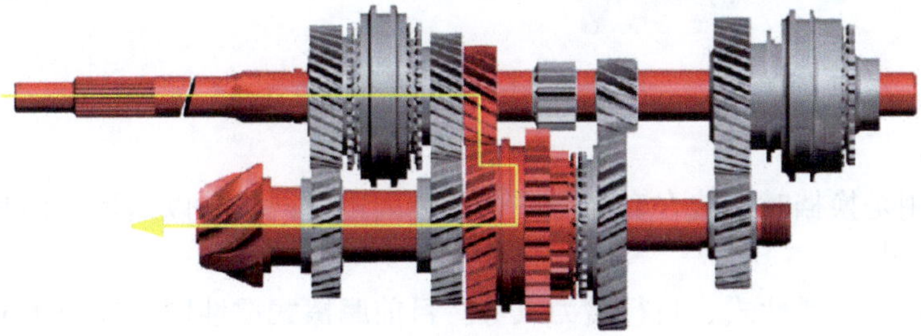

图 9-22　二档动力传动路线

（3）二档　当二档同步器接合套返回空档后，将三、四档同步器锁定到主减速器主动齿轮轴上的三档齿轮上。其动力传动路线如图 9-23 所示。

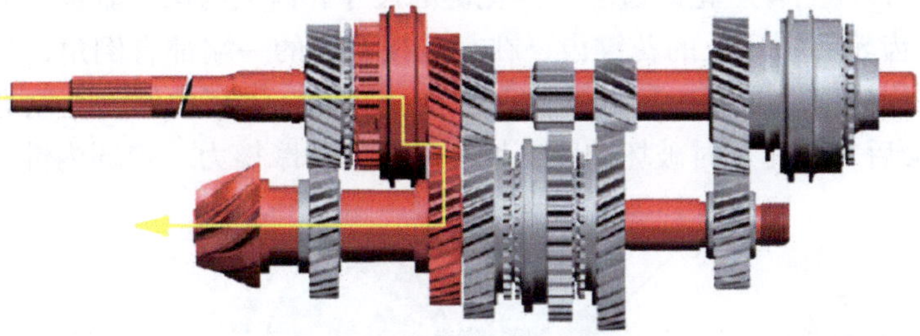

图 9-23　三档动力传动路线

（4）四档　将三、四档同步器接合套从三档齿轮移开，移向四档齿轮，将其锁定在主减速器主动齿轮轴上。其动力传动路线如图 9-24 所示。

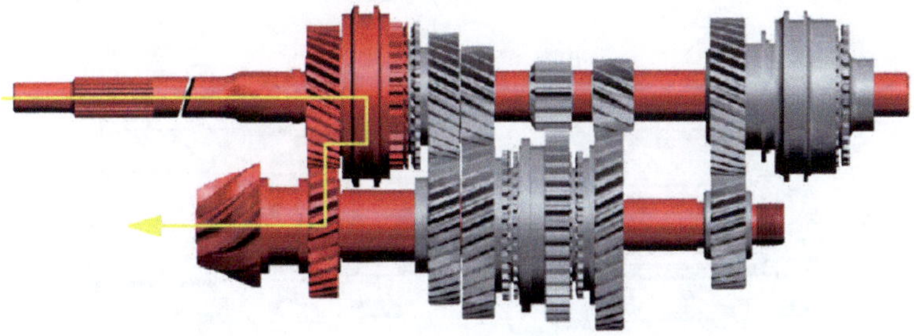

图 9-24　四档动力传动路线

（5）倒档　变速杆位于倒档时，倒档惰轮换入与倒档主动齿轮和倒档从动齿轮啮合位置。倒档从动齿轮同时又是一、二档同步器接合套，同步器接合套带有沿其外缘加工的直齿。倒档惰轮改变变速齿轮的转动方向，汽车就可以倒车。其动力传动路线如图 9-25 所示。

图 9-25　倒档动力传动路线

（四）同步器

同步器的作用是换档时使接合套与待啮合的齿圈迅速同步，以缩短换档时间，防止待啮合的齿轮产生轮齿冲击。

同步器有常压式、惯性式、自行增力式等。目前摩擦式惯性同步器应用最为广泛。按锁止装置不同，它可分为锁环式惯性同步器和锁销式惯性同步器。

1. 锁环式惯性同步器

（1）构造　锁环式惯性同步器的结构如图 9-26 所示，花键毂用内花键套装在二轴外花键上，接合套则装在花键毂上。花键毂两端与第一轴齿轮和第二轴齿轮之间各有一个青铜制成的锁环（即同步环）。锁环上有短花键齿圈，其花键的尺寸和齿数与第一轴齿轮和第二轴齿轮的外花键齿相同。两个齿轮和锁环上的花键齿，在靠近接合套的一端都有倒角，且与接合套齿端的倒角相同。锁环有内锥面，与两齿轮的外锥面锥角相同。在锁环内锥面上制有细密的螺纹（或直槽），当锥面接触后，它能及时破坏油膜，增加锥面间的摩擦力。锁环内锥面摩擦副称为摩擦

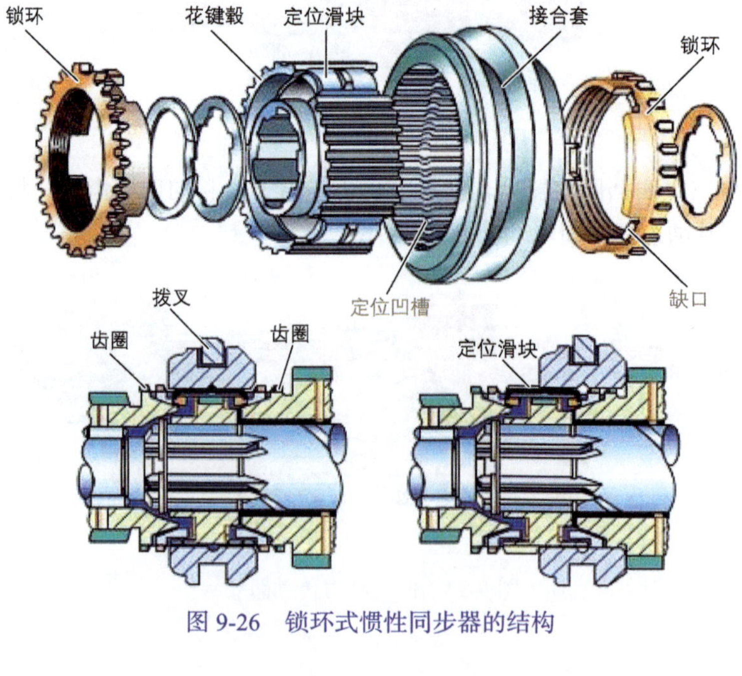

图 9-26　锁环式惯性同步器的结构

件，外沿带倒角的齿圈是锁止件，锁环上还有三个均布的缺口。三个滑块分别装在花键毂上三个均布的轴向槽内，沿槽可以轴向移动。滑块被两个弹簧圈的径向力压向接合套，滑块中部的凸起部位压嵌在接合套中部的环槽内。滑块和弹簧是推动件。滑块两端伸入锁环的缺口中，滑块窄而缺口宽，两者之差等于锁环的花键齿宽。锁环相对于滑块顺转和逆转都只能转动半个齿宽，且只有当滑块位于锁环缺口的中央时，接合套与锁环才能接合。

（2）工作原理　以五档换六档为例说明同步器的工作原理，如图 9-27 所示。

1）空档位置。接合套刚从五档退入空档时，如图 9-27a 所示，六档接合齿圈、接合套、锁环以及与其有关联的运动件，因惯性作用而沿原方向继续旋转（图示箭头方向）。由于六档齿轮是高档位齿轮（相对于五档齿轮来说），所以接合套、锁环的转速低于六档齿轮的转速。

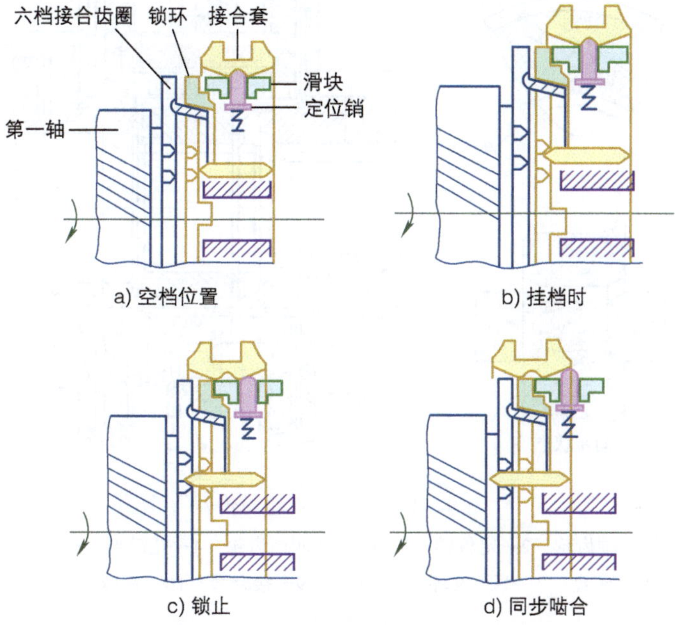

图 9-27　锁环式惯性同步器的工作原理

2）挂档。欲换入六档时，驾驶员通过变速杆使拨叉推动接合套连同滑块一起向左移动，如图 9-27b 所示，滑块又推动锁环移向六档齿轮，使锥面接触。驾驶员作用在接合套上的轴向推力，使两锥面有正压力，又因两者有转速差，所以产生摩擦力矩。通过摩擦作用，六档齿轮带动锁环相对于接合套向前转动一个角度，直至锁环缺口靠在滑块的另一侧为止，此时接合套的内齿与锁环错开了约半个齿宽，接合套的齿端倒角面与锁环的齿端倒角面互相抵住。

3）锁止。驾驶员的轴向推力使接合套的齿端倒角面与销环的齿端倒角面之间产生正压力，从而形成一个企图拨动锁环的相对于接合套反转的力矩，此力矩称为拨环力矩。这样在锁环上同时作用着方向相反的摩擦力矩和拨环力矩，同步器的结构参数可以保证在同步前（存在摩擦力矩）拨环力矩始终小于摩擦力矩，所以，在同步之前无论驾驶员施加多大的操纵力，都不会挂上档，即产生锁止作用，如图 9-27c 所示。

4）同步啮合。随着驾驶员施加于接合套上的推力加大，摩擦力矩不断增加，使六档齿轮的转速迅速降低。当六档齿轮、接合套和锁环达到同步时，作用在锁环上的摩擦力矩消失。此时在拨环力矩的作用下，锁环、六档齿轮以及与之相连的各零件都相对于接合套反转一个角度，滑块便处于锁环缺口的中央，键齿不再抵触，锁环的锁止作用消除。接合套压下弹簧圈继续左移（滑块脱离接合套的内环槽而不能左移），与锁环的花键齿圈进入啮合，进而再与六档接合齿圈进入啮合，如图 9-27d 所示，从而换入六档。

锁环式惯性同步器尺寸小、结构紧凑、摩擦力矩也小，多用于轿车和轻型车辆。

2. 锁销式惯性同步器

大、中型货车普遍采用锁销式惯性同步器，图 9-28 所示为四、五档锁销式惯性同步器的结构。

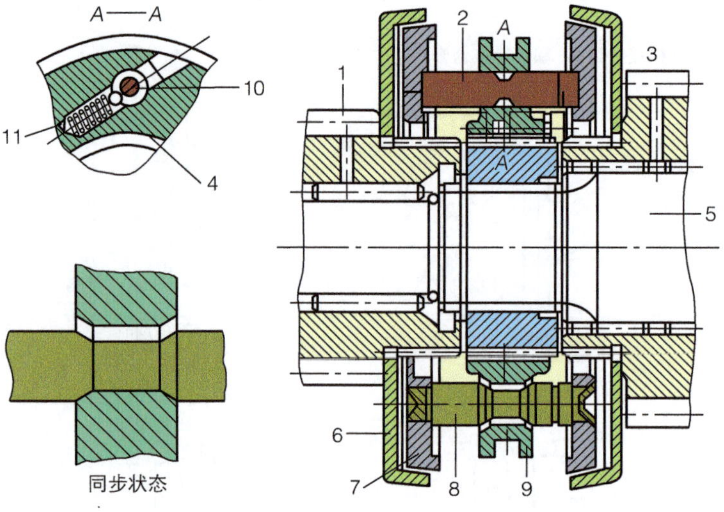

图 9-28　锁销式惯性同步器

1—第一轴齿轮　2—定位销　3—第二轴四档齿轮　4—花键毂　5—第二轴
6—摩擦锥盘　7—摩擦锥环　8—锁销　9—接合套　10—钢球　11—弹簧

两个带有内锥面的摩擦锥盘 6，以其内花键分别固装在带有接合齿圈的斜齿轮 1 和 3 上，随齿轮一起转动。两个有外锥面的摩擦锥环 7，其上有圆周均布的三个锁销 8、三个定位销 2 与接合套 9 装在一起。定位销与接合套的相应孔是滑动配合，定位销中部切有一小段环槽，接合套钻有斜孔，内装弹簧 11 把钢球 10 顶向定位销中部的环槽，使接合套处于空档位置，定位销随接合套能轴向移动。定位销两端伸入两摩擦锥环 7 内侧面的弧线形浅坑中，定位销与浅坑有周向间隙，锥环相对于接合套在一定范围内作周向摆动。锁销中部环槽的两端和接合套相应孔两端切有相同的倒角；锁销与孔对中时，接合套才能沿锁销轴向移动；锁销两端铆接在锥环相应的孔中。两个锥环、三个锁销、三个定位销和接合套构成一个部件，套在花键毂 4 的齿圈上。

锁销式惯性同步器的工作原理与锁环式惯性同步器类似。换档时接合套受到拨叉的轴向推力作用，通过钢球、定位销推动摩擦锥环向前移动。因摩擦锥环与锥盘有转速差，故接触后的摩擦作用使锥环和锁销相对于接合套转过一个角度，锁销与接合套上相应孔的中心线不再同心，锁销中部倒角与接合套孔端的锥面相抵触，在同步前，作用在摩擦面的摩擦力矩总大于锁销力矩，因而接合套被锁止不能前移，以防止在同步前接合套与齿圈进入啮合。同步后摩擦力矩消失，锁销力矩使锁销、摩擦锥盘和相应的齿轮相对于接合套转过一个角度，锁销与接合套的相应孔对中，接合套克服弹簧的张力压下钢球并沿锁销向前移动，从而完成换档。

（五）变速器操纵机构

变速器操纵机构的功用是根据汽车使用条件，保证驾驶员能准确可靠地使变速器挂入所需要的任一档工作，并可随时使之退到空档。

变速器操纵机构按照变速杆位置的不同，可分为直接操纵式和远距离操纵式两种类型。

1. 直接操纵式

直接操纵式的变速器布置在驾驶员座椅附近，多用于发动机前置后轮驱动的车辆。变速杆由驾驶室底板伸出，驾驶员可以直接操纵，如图 9-29 所示。

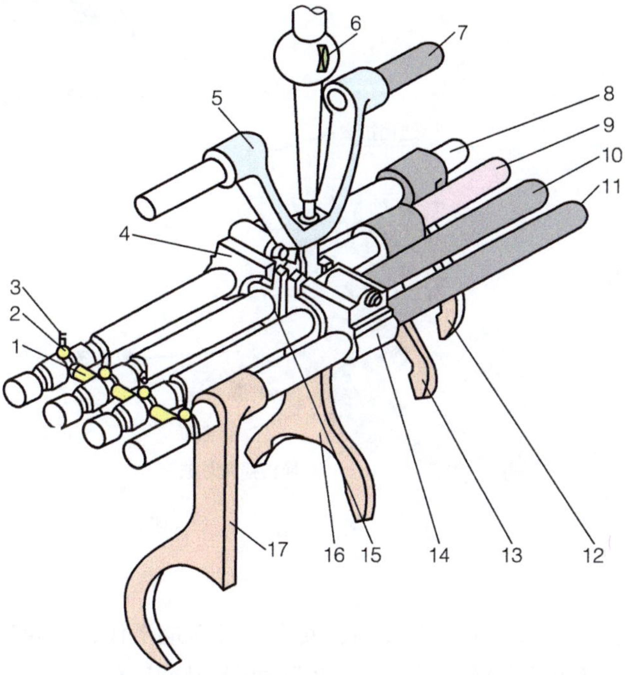

图 9-29 变速器直接操纵式操纵机构

1—互锁销 2—自锁钢球 3—自锁弹簧 4—倒档拨块 5—叉形拨杆 6—变速杆 7—换档轴 8—倒档拨叉轴 9—一、二档拨叉轴 10—三、四档拨叉轴 11—五、六档拨叉轴 12—倒档拨叉 13—一、二档拨叉 14—五、六档拨块 15—一、二档拨块 16—三、四档拨叉 17—五、六档拨叉

拨叉轴 11、10、9 和 8 的两端均支承于变速器盖的相应孔中，可以轴向滑动。所有的拨叉和拨块都以弹性销固定于相应的拨叉轴上。三、四档拨叉 16 的上端具有拨块。拨叉 16 和拨块 15、14、4 的顶部制有凹槽。变速器处于空档时，各凹槽在横向平面内对齐，叉形拨杆 5 下端的球头即伸入这些凹槽中。选档时可使变速杆绕其中部球形支点横向摆动，则其下端推动叉形拨杆 5 绕换档轴 7 的轴线摆动，从而使叉形拨杆下端球头对准与所选档位对应的拨块凹槽，然后使变速杆纵向摆动，带动拨叉轴及拨叉向前或向后移动，即可实现挂档。例如，横向摆动变速杆使叉形拨杆下端球头深入拨块 15 顶部凹槽中，拨块 15 连同拨叉轴 9 和拨叉 13 沿纵向向前移动一定距离，便可挂入二档；若向后移动一段距离，则挂入一档。当使叉形拨杆下端球头深入拨块 4 的凹槽中，并使其向前移动一段距离时，便挂入倒档。

2. 远距离操纵式

在有些汽车上，由于变速器距驾驶员座位较远，则需要在变速杆与拨叉之间加装一些辅助杠杆或一套传动机构，构成远距离操纵机构，如图 9-30 所示。这种操纵机构多用于发动机前置前轮驱动的轿车。

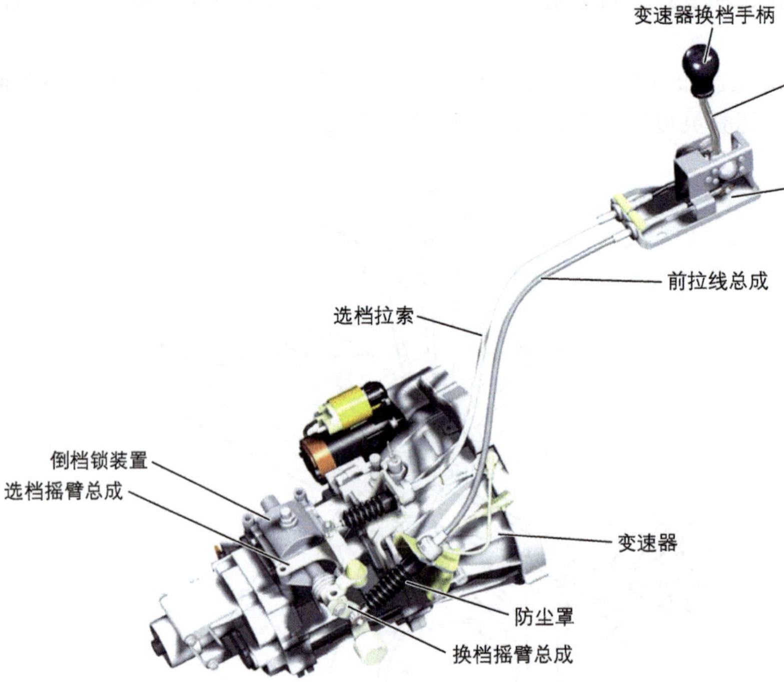

图 9-30 变速器的远距离操纵机构

3. 换档锁装置

为了保证变速器在任何情况下都能准确、安全、可靠地工作，变速器操纵机构一般都具有换档锁装置，换档锁装置包括自锁装置、互锁装置和倒档锁装置。

（1）自锁装置　自锁装置用于防止变速器自动脱档或挂档，并保证轮齿以全齿宽啮合。大多数变速器的自锁装置都是采用自锁钢球对拨叉轴进行轴向定位锁止。如图 9-31 所示，在变速器盖中钻有三个深孔，孔中装入自锁钢球和自锁弹簧，其位置正处于拨叉轴的正上方，每根拨叉轴对着钢球的表面沿轴向设有三个凹槽，槽的深度小于钢球的半径。中间的凹槽对正钢球时为空档位置，前边或后边的凹槽对正钢球时则处于某一工作档位置，相邻凹槽之间的距离保证齿轮处于全齿长啮合或是完全退出啮合。凹槽对正钢球时，钢球便在自锁弹簧的压力作用下嵌入该凹槽内，拨叉轴的轴向位置便被固定，不能自行挂档或自行脱档。当需要换档时，驾驶员通过变速杆对拨叉轴施加一定的轴向力，克服自锁弹簧的压力而将自锁钢球从拨叉轴凹槽中挤出并推回孔中，拨叉轴便可滑过钢球进行轴向移动，并带动拨叉及相应的接合套或滑动齿轮轴向移动，当拨叉轴移至其另一凹槽与钢球相对正时，钢球又被压入凹槽，因此驾驶员具有很强的手感。此时拨叉所带动的接合套或滑动齿轮便被拨入空档或被拨入另一工作档位。

（2）互锁装置　互锁装置用于防止同时挂上两个档位。互锁装置由互锁钢球和互锁销组成，如图 9-32 所示。

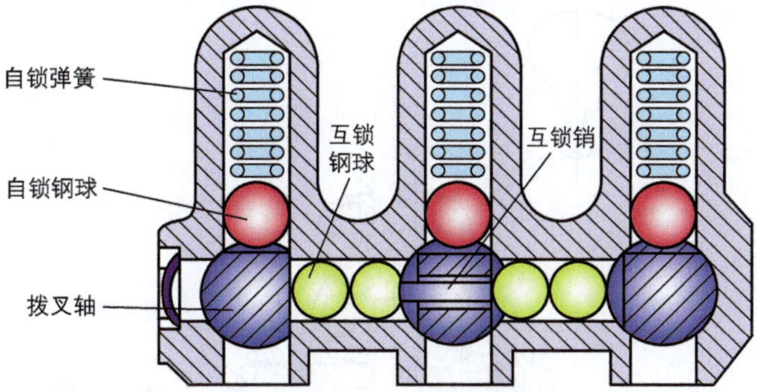

图 9-31　自锁和互锁装置

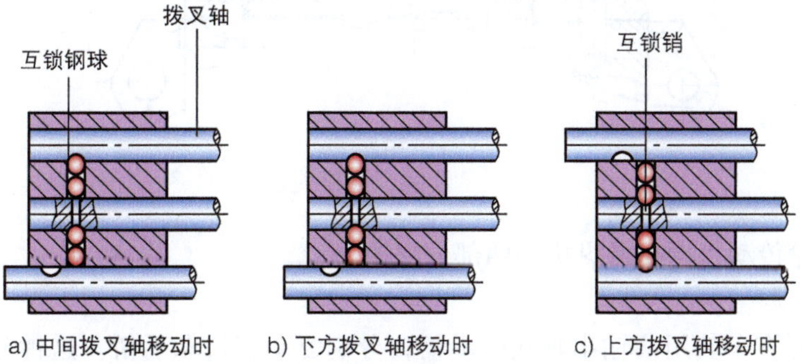

图 9-32　互锁装置工作示意

当变速器处于空档时，所有拨叉轴的侧面凹槽同互锁钢球、互锁销都在一条直线上。当移动中间拨叉轴时，如图 9-32a 所示，中间轴两侧的内钢球从其侧凹槽中被挤出，而两侧外钢球则分别嵌入上方拨叉轴和下方拨叉轴的侧面凹槽中，因而将上、下两拨叉轴刚性地锁止在其空档位置。若欲移动下方拨叉轴，则应先将中间拨叉轴退回到空档位置。于是在移动下方拨叉轴时，钢球便从下方拨叉轴的凹槽中被挤出，同时通过互锁销和其他钢球将中间拨叉轴和上方拨叉轴均锁止在空档位置，如图 9-32b 所示。同理，当移动上方拨叉轴时，则中间拨叉轴和下方拨叉轴被锁止在空档位置，如图 9-32c 所示。由此可知，互锁装置工作的机理是当驾驶员用变速杆推动某一拨叉轴时，即可自动锁止其余的拨叉轴，从而防止同时挂上两个档位。

（3）倒档锁装置　倒档锁装置用于防止误挂倒档。图 9-33 所示为常见的锁销式倒档锁装置。当驾驶员想挂倒档时，必须用较大的力使变速杆下端压缩弹簧，将锁销推入锁销孔内，才能使变速杆下端进入拨块的凹槽中进行换档。由此可见，倒档锁的作用是使驾驶员必须对变速杆施加更大的力，才能挂入倒档，因而可以起到警示注意作用，以防误挂倒档。

（六）分动器

在多轴驱动的越野汽车上，为了将变速器输出的动力分配到各驱动桥，均装有分动器。

分动器的基本结构也是一个齿轮传动系统。其输入轴直接或通过万向传动装置与变速器输出轴相连，而其输出轴则有若干个，分别经万向传动装置与各驱动桥连接。目前绝大多数越野汽车都装用两档分动器，使之兼具副变速器的作用。

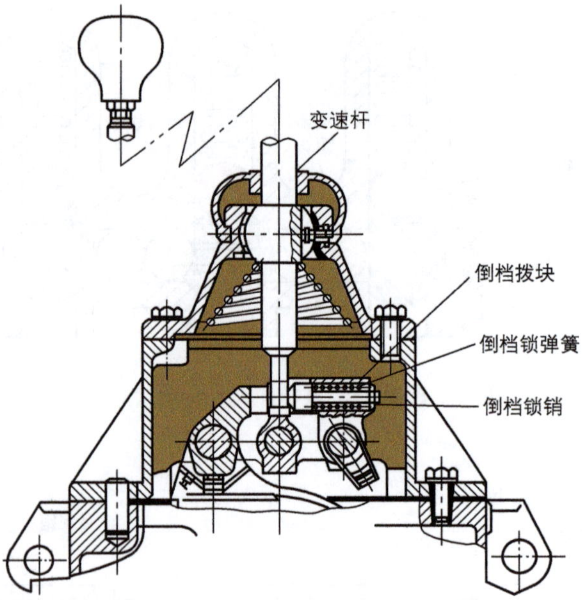

图 9-33　锁销式倒档锁装置

分动器由齿轮传动机构和操纵机构两部分组成。

1. 齿轮传动机构

多数轻型越野汽车装用两输出轴式分动器，分别驱动前桥和后桥。这种分动器齿轮机构有普通齿轮式和行星齿轮式两种。行星齿轮式分动器结构如图 9-34 所示。

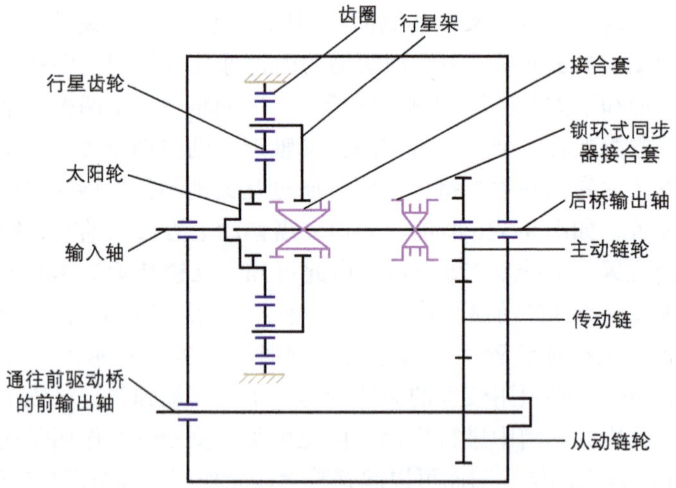

图 9-34　行星齿轮式分动器结构示意

其动力传动过程如下：接合套左移与太阳轮内齿接合时，换入高速档（传动比为 1）。此时的动力传递路线是：输入轴→太阳轮→接合套→后桥输出轴，此时齿圈固定在分动器壳上，行星齿轮和行星架空转。此过程为两轮驱动高速档。

当锁环式同步器接合套右移与主动链轮接合时，同时接合套右移与行星架接合，此时分动器处于四轮驱动低速档。其动力传递路线是：输入轴→太阳轮→行星齿轮→行星架→接合套→后桥输出轴→锁环式同步器接合套→主动链轮→传动链→从动链轮→前驱动桥输出轴。后桥动力传递路线同两轮驱动，后桥输出轴与前桥输出轴转速相同。

2. 操纵机构

分动器的操纵机构由操纵杆、传动杆、摇臂及轴等组成。

操纵分动器时，若换入低速档，则输出转矩较大。为避免后桥超载，前桥需参加驱动，分担一部分载荷。为此，分动器的操纵机构应保证：接上前桥前，不得挂上低速档；低速档退出前，不得断开前桥动力。

为满足上述对分动器操纵机构的要求，应从其结构上予以保证。分动器操纵机构如图 9-35 所示。当操纵杆向后拉动时，其下端将使传动杆向前运动以挂高速档。若操纵杆向前挂低速档时，其下端受螺钉限制，无法挂上低速档。欲挂上低速档，必须先将前桥操纵杆向前移动，使轴转动并通过摇臂使下端传动杆后推，接上前桥动力后才能实现。因为前桥操纵杆上端向前推时，下端便连同螺钉向后摆动，不再约束操纵杆挂低速档。当挂上低速档后，操纵杆下端又与螺钉接触，从而又限制住在低速档位时前桥无法摘开。

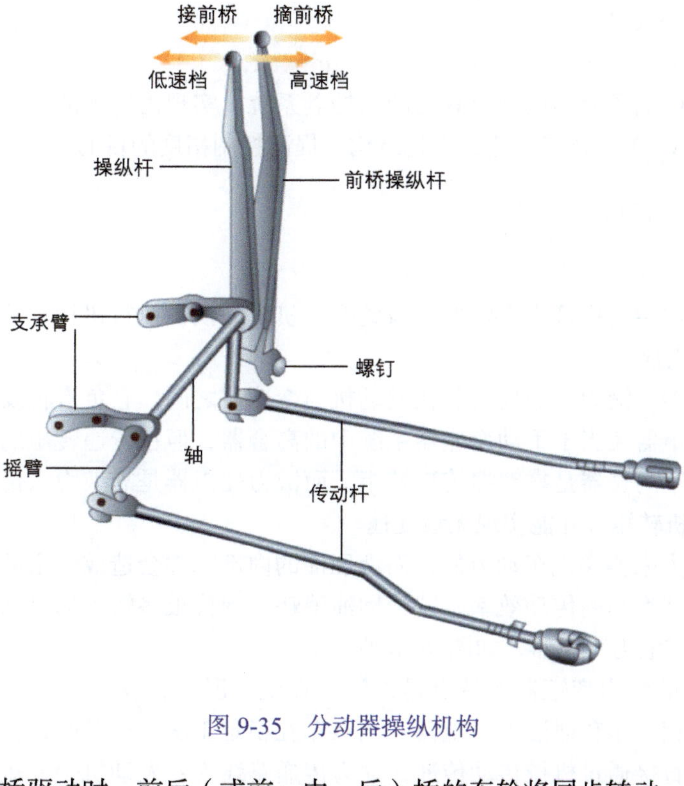

图 9-35　分动器操纵机构

总之，接上前桥驱动时，前后（或前、中、后）桥的车轮将同步转动，但前、后桥轮胎气压不等、磨损不同或行驶在凸凹不平的路面上时，易产生轮胎滑移或滑转。因此，在好路上应使用高速档，不应接前桥。当汽车在较差的路面上行驶时，应接上前桥以使汽车具有足够的驱动力，提高通过性。

第三节 自动传动装置

汽车自动传动装置主要是指自动变速器。

一、自动变速器的种类

现代汽车广泛应用的自动变速器有以下 3 种。

1. 液力自动变速器（AT）

把原由液压控制完成的工作改由电子控制单元来完成，实现了由 AT 向 EAT（Electronic-controlled AT）的转变，减少了结构复杂性和制造技术要求，降低成本，提高了产品适应性。

2. 手动式机械变速器（Manual Transmission，MT）

借助于电子控制技术，传统的手动变速器可采用电控换档装置，成为电子计算机控制的机械式自动变速器（Electronic-controlled Manual Transmission，EMT 或 Automated Manual Transmission，AMT），从而减轻了驾驶员的劳动强度。

双离合器式自动变速器是基于手动变速器发展而来的，其工作原理是通过将变速器档位按奇、偶数分开布置，分别与两个离合器连接，通过切换两个离合器的工作状态，就可以完成换档动作。双离合器式自动变速器（Dual Clutch Transmission，DCT），也叫直接换档变速器（Direct Shift Gearbox，DSG）。

3. 无级变速器（Continuously Variablc Transmission，CVT）

无级变速器改由电子控制取代原有的液压控制系统。实现由传统的无极变速器向电子控制的无极变速器（ECVT）的转变，达到简化结构、提高控制精度的目的。

二、电控液力自动变速器

1. 电控液力自动变速器的组成

电控自动变速器主要由液力变矩器、齿轮变速机构、换档执行机构、液压控制系统和电子控制系统五大部分组成。

（1）液力变矩器 液力变矩器安装在发动机与变速器之间，它负责将发动机转矩传给变速器输入轴。液力变矩器相当于手动变速器系统中的离合器，但在传递转矩的方式上又不同于普通离合器。普通汽车离合器是靠摩擦传递转矩，而液力变矩器是靠液力来传递转矩，而且液力变矩器可改变发动机转矩，并能实现无级变速。

变矩器是用液力来传递汽车动力的，而液压油的内部摩擦会造成一定的能量损失，因此传动效率较低。为提高汽车的传动效率，减少燃油消耗，现代很多轿车的自动变速器采用一种带锁止离合器的综合式液力变矩器，如图 9-36 所示。

带锁止离合器的液力变矩器的特点是，汽车在变工况下行驶时（如起步、经常加减速），锁止离合器分离，相当于普通液力变矩器；当汽车在稳定工况下行驶时，锁止离合器接合，动力不经液力传动，直接通过机械传动传递，动力传递路线为：发动机→变矩器壳体→锁止离合器压盘→减振器→从动盘→齿轮变速机构输入轴，此时变矩器传动效率为 100%。

自动变速器的电子控制单元根据车速、节气门开度、发动机转速、变速器液压油温度、操纵手柄位置、控制模式等因素，按照设定的锁止控制程序向锁止电磁阀发出控制信号，操纵锁止控制阀，以改变锁止离合器压盘两侧的油压，从而控制锁止离合器的工作。

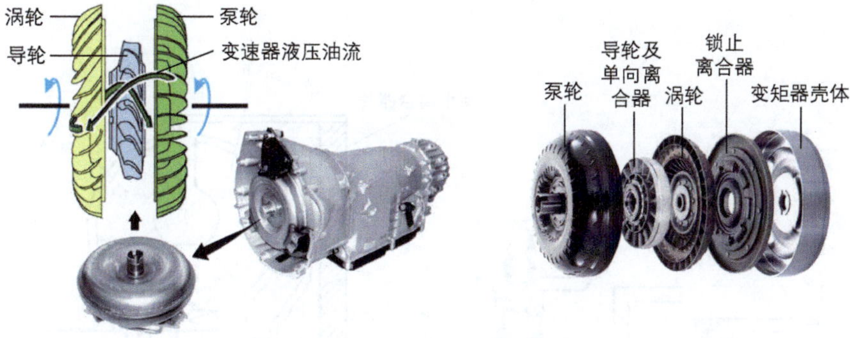

图 9-36　液力变矩器的结构及工作原理

液力变矩器的工作原理

当车辆低速行驶时，变速器、液压油流至锁止离合器的前端。锁止离合器压盘前端与后端的压力相同，使锁止离合器处于分离状态，如图 9-37 所示。这时输入变矩器的动力完全通过变速器、液压油传至涡轮。

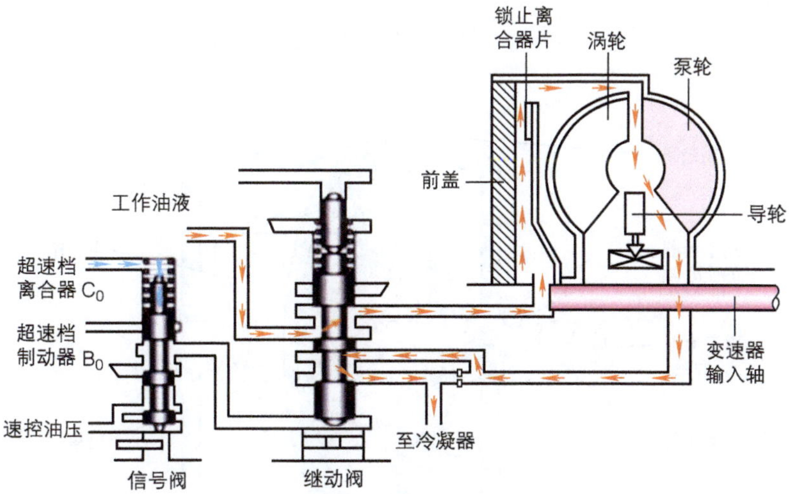

图 9-37　锁止离合器处于分离状态

当车辆在良好道路上以中速至高速（通常 >50km/h）行驶，且车速、节气门开度、变速器液压油温度等因素符合一定要求时，变速器、液压油流至锁止离合器的后端，这样，使锁止离合器压盘与变矩器壳体一起转动，如图 9-38 所示。这时输入变矩器的动力通过锁止离合器的机械连接，由压盘直接传至涡轮输出，传动效率为 100%。

（2）齿轮变速机构　齿轮变速机构可形成不同的传动比，组合成电控自动变速器不同的档位。目前绝大多数电控自动变速器采用行星齿轮机构进行变速，但也有个别车型采用普通齿轮机构进行变速（如本田某些车型）。

1）单排行星齿轮机构。单排行星齿轮机构主要由太阳轮、行星架、齿圈和行星轮组成，如图 9-39 所示。通常行星轮有 3 ~ 6 个，通过滚针轴承安装在行星齿轮轴上，行星齿轮轴均匀地安装在行星架上。行星齿轮机构工作时，行星齿轮除了绕自身轴线的自转外，同时还绕着太阳轮公转。

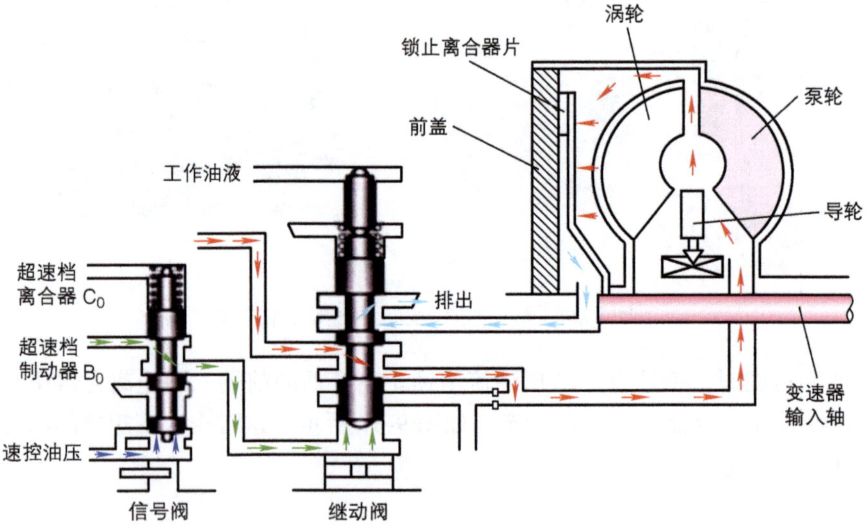

图 9-38　锁止离合器处于接合状态

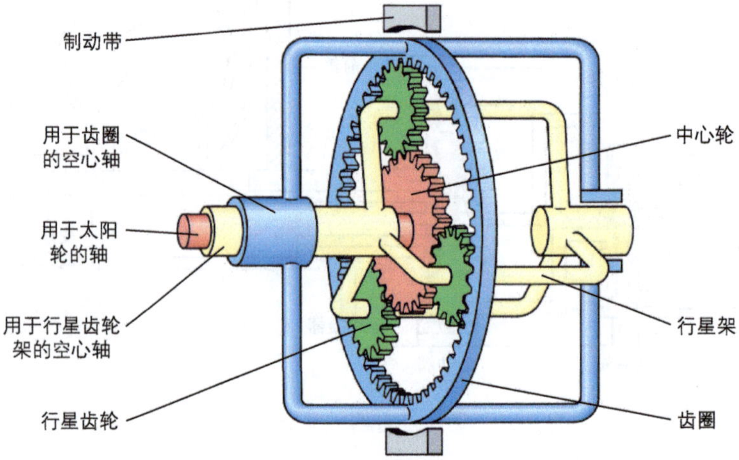

图 9-39　单排行星齿轮机构

行星齿轮机构

单排行星齿轮机构运动规律的特征方程式为

$$n_1 + an_2 - (1+a)n_3=0$$

式中　n_1——太阳轮转速；

n_2——齿圈转速；

n_3——行星架转速；

a——齿圈齿数 z_2 与太阳轮齿数 z_1 之比，即 $a = z_2/ z_1$，且 $a > 1$。

2）复合式行星齿轮机构。单排行星齿轮机构所提供的适用传动比数目是有限的，为了获取较多的档位数，可采用两排或多排行星齿轮机构。在现代汽车的自动变速器中，目前广泛采用两种类型的复合式行星齿轮机构：辛普森（Simpson）式和拉维纳（Ravigneaux）式。

辛普森式行星齿轮机构是由两排行星齿轮机构共用一个太阳轮组成的复合式行星齿轮机构，如图 9-40 所示。

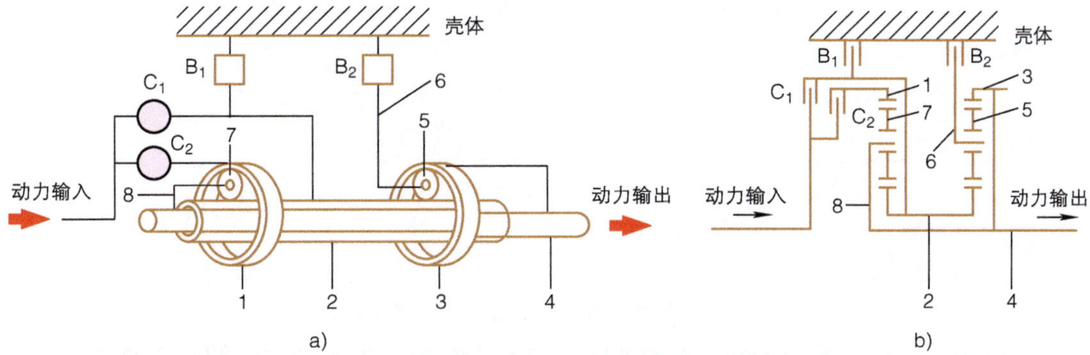

图 9-40　辛普森式行星齿轮机构

1—前行星排齿圈　2—前后行星排共用太阳轮　3—后行星排齿圈　4—输出轴　5—后行星排行星轮　6—后行星排行星架　7—前行星排行星轮　8—前行星排行星架　C_1、C_2—离合器　B_1、B_2—制动器

该机构中有 4 个换档执行元件，分别为离合器 C_1、C_2 和制动器 B_1、B_2。离合器 C_1 用于连接输入轴和前后行星排共用太阳轮 2；离合器 C_2 用于连接输入轴和前行星排齿圈 1；制动器 B_1 用于固定前后行星排共用太阳轮 2；制动器 B_2 用于固定后行星排行星架 6。

拉维纳式行星齿轮机构如图 9-41 和图 9-42 所示。它由一个前面单行星轮式行星排和后面一个双行星轮式行星排组合而成。大太阳轮、长行星轮、行星架和齿圈共同组成一个单行星轮式行星排；小太阳轮、短行星轮、长行星轮、行星架和齿圈共同组成一个双行星轮式行星排。

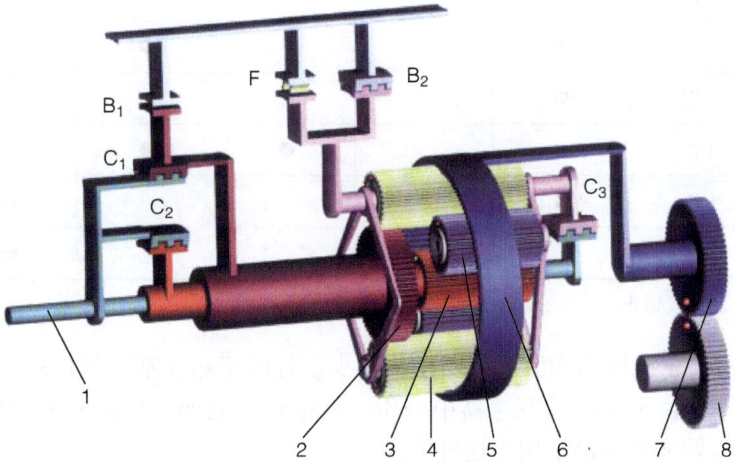

图 9-41　拉维纳式行星齿轮机构

1—输入轴　2—大太阳轮　3—小太阳轮　4—长行星轮　5—短行星轮　6—齿圈　7—主减速器主动齿轮　8—主减速器从动齿轮　C_1、C_2、C_3—离合器　B_1、B_2—制动器　F—单向离合器

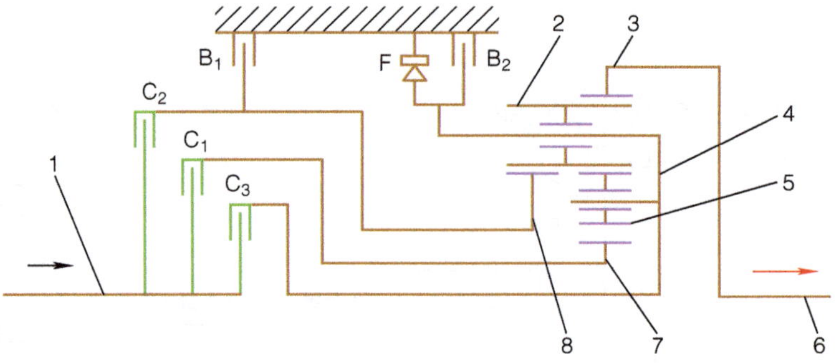

图 9-42　拉维纳式四档行星齿轮机构的结构示意

1—输入轴　2—长行星轮　3—齿圈　4—行星架　5—短行星轮　6—输出轴　7—小太阳轮　8—大太阳轮

C_1、C_2、C_3—离合器　B_1、B_2—制动器　F—单向离合器

拉维纳式四档行星齿轮机构的特点是两排齿轮机构用一个齿圈 3 和一个行星架 4。行星架上的长行星轮 2 与前排行星齿轮机构的大太阳轮啮合，同时还与后排行星齿轮机构的短行星轮 5 相啮合。短行星轮还与小太阳轮 7 啮合。该机构可以和 6 个换档执行元件（离合器 C_1、C_2、C_3，制动器 B_1、B_2，单向离合器 F）组成 4 个前进档和 1 个倒档的行星齿轮变速器。其换档执行元件工作规律见表 9-1。

表 9-1　拉维纳式四档行星齿轮变速器换档执行元件工作规律

操纵手柄位置	档位	执行元件工作规律					
		C_1	C_2	C_3	B_1	B_2	F
D 位	1 档	●					●
	2 档	●			●		
	3 档	●		●			
	4 档			●	●		
1 位	1 档	●				●	
R 位	倒档		●			●	

注：●表示接合、制动或锁止。

拉维纳式行星齿轮机构结构紧凑，所用构件少，且由于相互啮合的齿较多，故可传递较大的转矩。所以在许多轿车的自动变速器中采用这种结构。例如丰田威驰 U540E 型、大众捷达 O1M 型四档行星齿轮变速器都采用了这种形式。

（3）换档执行机构　电控自动变速器的换档执行机构由离合器、制动器、单向离合器三种执行元件组成，如图 9-43 所示。

（4）液压控制系统　电控自动变速器中的液压控制系统主要控制换档执行机构的工作，由液压泵及各种液压控制阀和液压管路等组成，如图 9-44 所示。

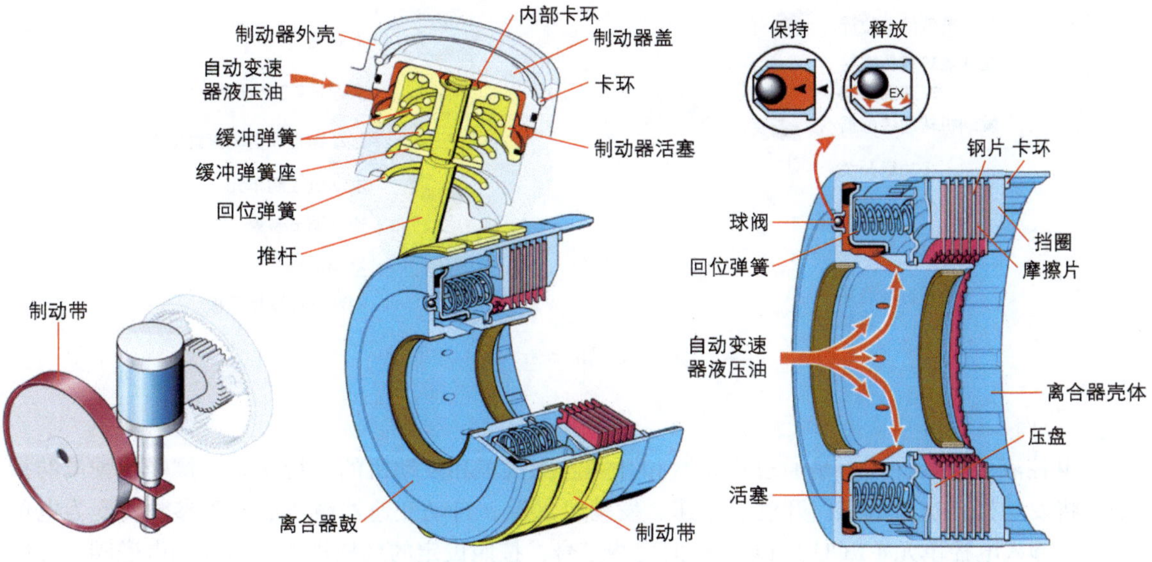

图 9-43　电控自动变速器的换档执行机构

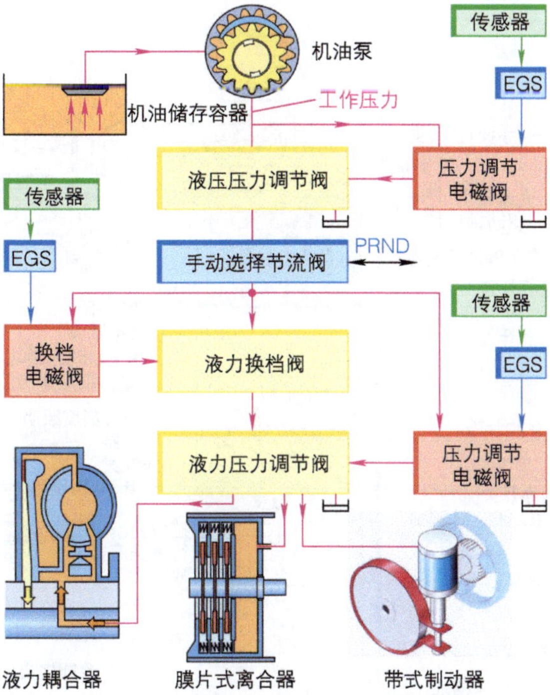

图 9-44　液压控制系统的组成

（5）电子控制系统　电控自动变速器中的电子控制系统与液压控制系统配合使用，通常把它们合称为电液控制系统。电子控制系统主要包括电子控制单元、各类传感器及执行器等。电子控制系统中的传感器及各种控制开关将发动机工况、车速等信号传递给电子控制单元，电子控制单元发出指令给执行器，执行器和液压系统按一定的规律控制换档执行机构工作，实现电控自动变速器自动换档，如图 9-45 所示。

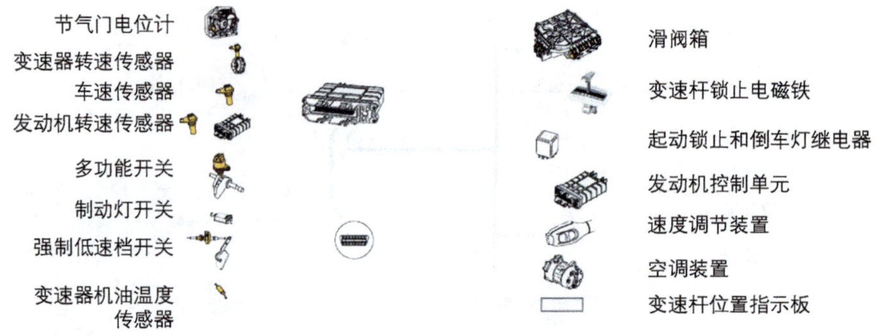

图 9-45　电子控制系统

2. 电控液力自动变速器的控制原理

电控液力自动变速器是通过传感器和开关监测汽车和发动机的运行状态，接受驾驶员的指令，将发动机转速、节气门开度、车速、发动机水温、自动变速器液压油温等参数转变为电信号，并输入电控单元（ECU）; ECU 根据这些信号，按照设定的换档规律，向换档电磁阀、油压电磁阀等发出电子控制信号；换档电磁阀和油压电磁阀再将 ECU 发出的控制信号转变为液压控制信号，阀板中的各个控制阀根据这些液压控制信号，控制换档执行机构的动作，从而实现自动换档，如图 9-46 所示。

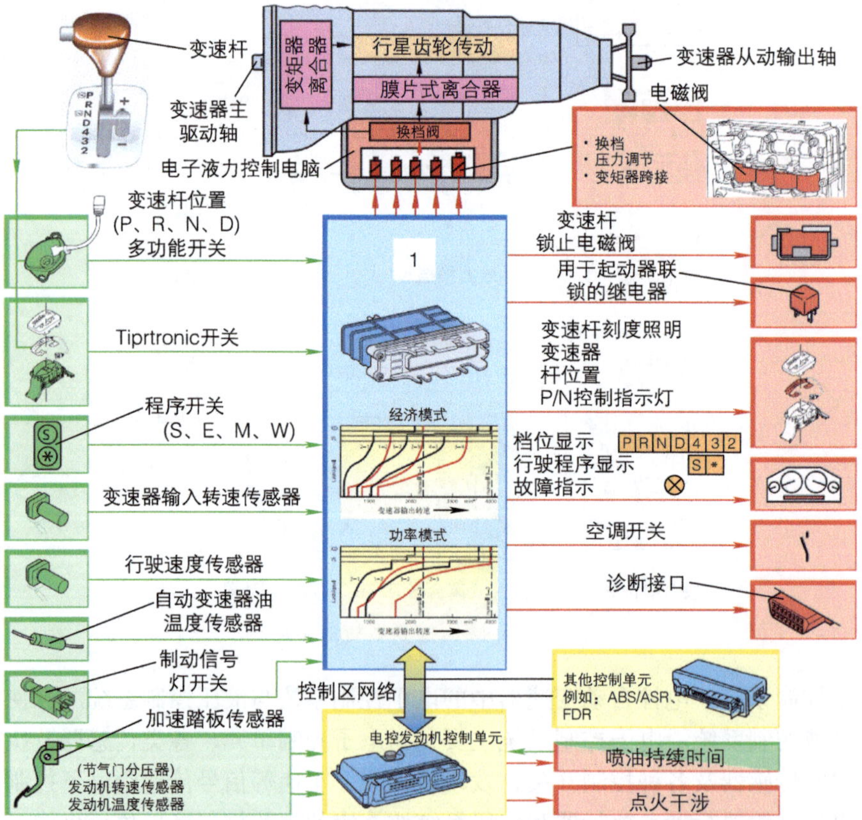

图 9-46　电控液力自动变速器控制原理

3. 电控液力自动变速器档位介绍

自动变速器换档元件有按钮式和拉杆式两种类型，驾驶员可以通过其进行档位选择。按钮式一般布置在仪表板上；拉杆式即变速杆，可布置在转向柱上或驾驶舱地板上，如图 9-47 所示。

a) 布置在转向柱上

b) 布置在驾驶舱地板上

图 9-47　变速杆在车上的布置

自动变速器的变速杆通常有 4 ~ 7 个位置，如本田车系有 7 个位置，分别为 P、R、N、D、3、2、1；丰田车系变速杆的位置为 P、R、N、D、2、L，日产车系变速杆的位置为 P、R、N、D、2、1，欧美部分车系变速杆的位置为 P、R、N、D、S、L 和 P、R、N、D、3、2、1 等。日产轿车系列常见变速杆位置如图 9-48 所示。

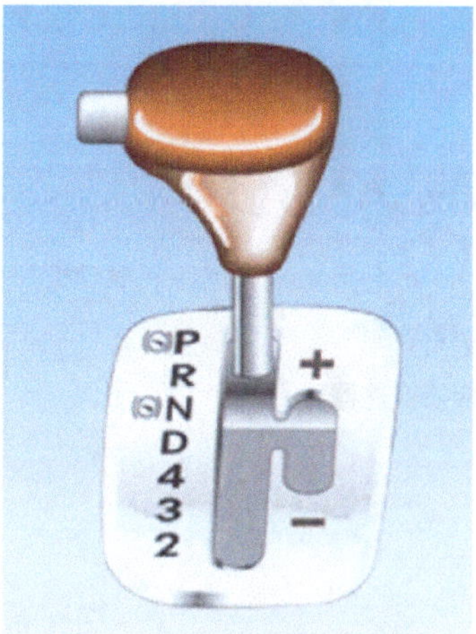

图 9-48　日产轿车系列常见变速杆位置

变速杆不同位置的功能如下。

P 档：停车档。当换档操纵手柄置于该位置时，停车锁止机构将变速器输出轴锁止。

R 档：倒档。操纵杆置于此位，液压系统倒档油路被接通，驱动轮反转，实现倒车行驶。

N 档：空档。此时行星齿轮系统空转，不能输出动力。发动机只有在变速杆位于 P 或 N 位时，汽车才能起动，此功能靠空档起动开关来实现。

D 档：前进档。当变速杆置于该位置时，液压系统控制装置根据节气门开度信号和车速信号自动接通相应的前进档油路，行星齿轮系统在执行机构的控制下得到相应的传动比，随着行驶条件的变化，在前进挡中自动升降档，实现自动变速功能。

3 档：高速发动机制动档。当变速杆位于该位时，液压控制系统只能接通前进档中的一、二、三档油路，自动变速器只能在这三个档位间自动换档，无法升入四档位，从而使汽车获得发动机制动效果。

2（S）档：中速发动机制动档。当变速杆位于该位时，液压控制系统只能接通前进档中的一、二档油路，自动变速器只能在这两个档位间自动换档，无法升入更高的档位，从而使汽车获得发动机制动效果。

L 档（也称 1 位）：低速发动机制动档。此时发动机被锁定在前进挡的一档，只能在该档位行驶而无法升入高档，发动机制动效果更强。此档位多用于山区行驶、上坡加速或下坡时有效地稳定车速等特殊行驶情况，可避免频繁换档，提高变速器使用寿命。

"2"和"L"档又称为闭锁档，另外有些车型的"3""2""1"或"S"档也为闭锁档。

三、双离合器自动变速器

双离合器式自动变速器（DCT 或 DSG）。双离合器式自动变速器是基于手动变速器发展而来的，其工作原理是通过将变速器档位按奇、偶数分开布置，分别与两个离合器连接，通过切换两个离合器的工作状态，就可以完成换档动作。

大众公司迈腾轿车 6 档 02E DSG 变速器工作原理如图 9-49 所示。主要组成有 K_1、K_2 两个湿式离合器，以及按奇、偶数档位分别与两个离合器布置连接的变速器齿轮组。

在图 9-49 中，1、3、5 档、R 档与离合器 K_1 连接在一起，2、4、6 档连接在离合器 K_2 上。当车辆以某一个档位运行时，下一个即将进入运行的档位可以始终处于啮合状态；当达到下一个档位的换档点时，只需将正处于接合状态的离合器分离，将处于分离状态的离合器接合，即切换两个离合器的工作状态，就可以完成换档动作。由于在两个离合器的切换过程中只会使发动机动力传递出现一个减弱的过程而不需要完全切断动力传递，因此，DCT 实现的是动力换档，其换档过程与 AT 的换档过程基本类似。

双离合器变速器

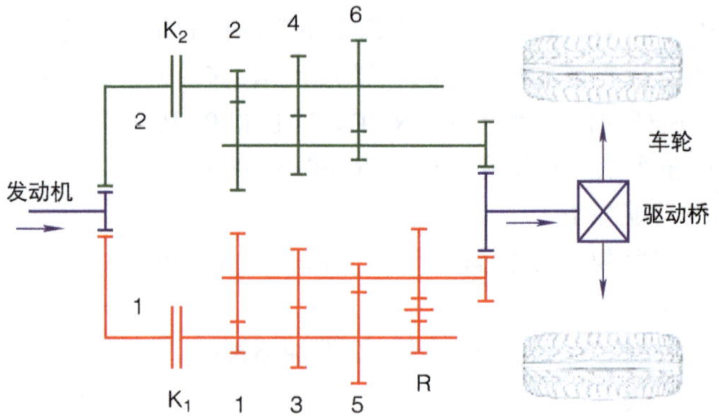

图 9-49 大众迈腾轿车 6 档 02E DSG 变速器工作原理图

四、电控机械无级自动变速器

电控机械无级变速器的传动结构如图 9-50 所示。发动机动力通过飞轮减振装置或双质量飞轮传递给变速器输入轴，输入轴动力通过行星齿轮机构、一对辅助变速齿轮传动组，传递到传动链轮机构，通过传动链轮无级变速后，动力经过主减速器和差速器，传递到驱动轮。行星齿轮传动机构通常采用一个双行星排，主要作用是实现前进档和倒档的转换，不改变传动比。

从理论上讲，电控机械无级变速器可使发动机始终在经济工况下运行。电控机械无级变速器的关键部件是由传动链构成的无级变速器。它可允许变速比在最小和最大变速比之间无级调节。无级变速器由两个带锥面的盘体的主链轮装置和副链轮装置以及工作于两个锥形链轮组之间 V 形槽内的专用传动链组成，传动链是动力传动装置，其结构如图 9-51 所示。主链轮装置是由发动机通过辅助减速齿轮驱动，发动机转矩通过传动链传递到副链轮装置，并由此传递给主减速器。每个链轮装置中的一个链轮可沿轴向移动，调整传动链的跨度尺寸和改变传动比。两组链轮装置必须同时进行调整，保证传动链轮始终处于张紧状态和有足够的盘接触传动压力。

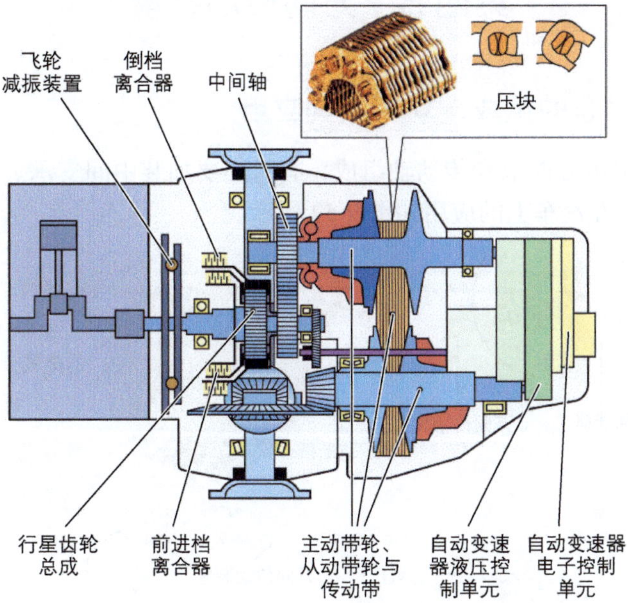

图 9-50 电控机械无级变速器传动结构

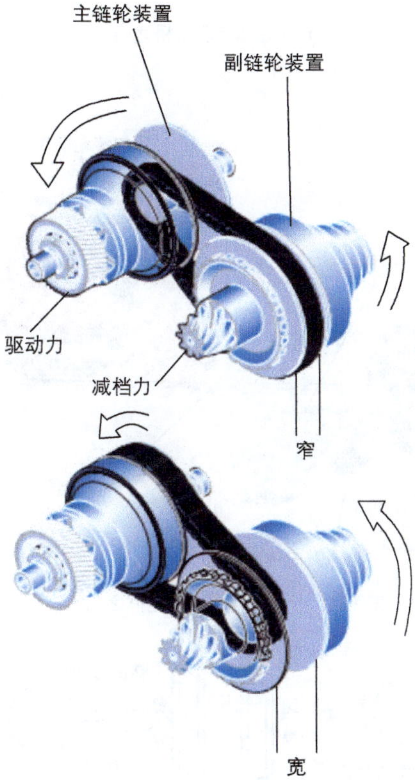

图 9-51 电控机械无级变速器的结构

CVT 无级变速器

第四节 万向传动装置

一、万向传动装置的组成、功用及其应用

万向传动装置一般由万向节和传动轴组成，有时还要加装中间支承。万向传动装置用来实现变角度的动力传递，在汽车上的应用如图 9-52 所示。

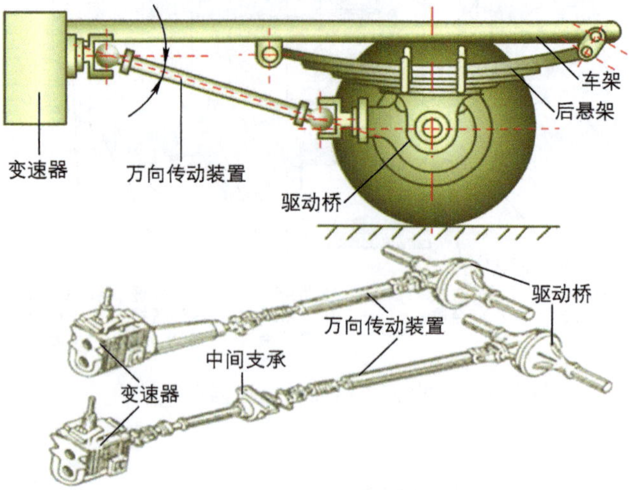

a) 变速器与驱动桥之间

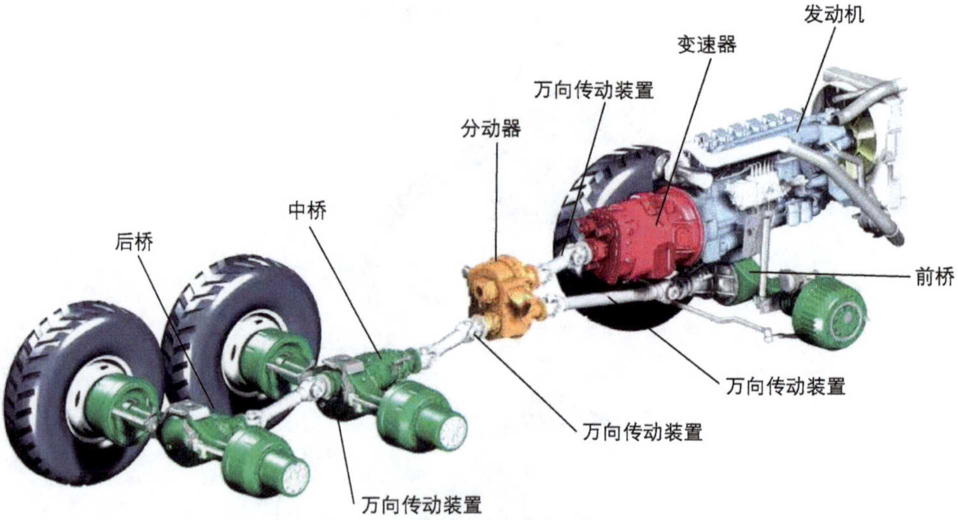

b) 变速器、分动器与驱动桥中间之间

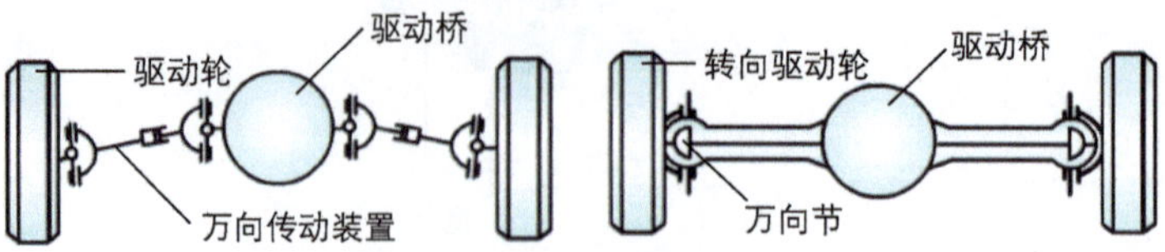

c) 驱动桥与驱动桥之间

图 9-52 万向传动装置在汽车上的应用

二、万向节

万向节是万向传动装置中实现变角度传动的主要部件，按其在扭转方向上是否有明显的弹性可以分为刚性万向节和挠性万向节。

刚性万向节是靠零件的铰链式连接传递动力的，可分为不等速万向节（十字轴式）、准等速万向节（双联式、三销轴式等）和等速万向节（球笼式、球叉式等）。

挠性万向节的特点是其传力组件采用夹布橡胶盘、橡胶块、橡胶环等弹性组件，从而保证在相交两轴间不发生机械干涉。由于弹性组件变形量有限，故挠性万向节一般用于夹角较小（3° ~ 5°）的两轴间和有微量轴向位移的传动场合。例如：安装在车架上的两个部件（发动机和变速器或者变速器与分动器）之间，可使装配方便不需轴线严格对正，并能消除工作中车架变形对传动的不利影响。

1. 十字轴式刚性万向节

十字轴式刚性万向节在汽车传动系中应用最为广泛，它允许相邻两轴的最大交角为 15° ~ 20°。它一般由一个十字轴、两个万向节叉和四个滚针轴承等机件组成。

十字轴式刚性万向节的结构如图 9-53 所示。万向节叉与前传动轴后端凸缘盘用四个螺栓相连接。两个万向节的两对孔通过四个滚针轴承分别与十字轴的两对轴颈相铰接。这样，当主动轴转动时，从动轴既可随之转动，又可绕十字轴中心在任意方向摆动。为了防止轴承在离心力的作用下被甩出，万向节叉上用螺栓固定有轴承盖，并用锁紧垫锁紧以可靠防松。为了润滑轴承，十字轴做成中空的，并开有润滑油道通向轴颈。在十字轴的轴颈上套着装在金属座圈内的毛毡油封，以防止润滑油流失或灰尘进入轴承。

十字轴外向节

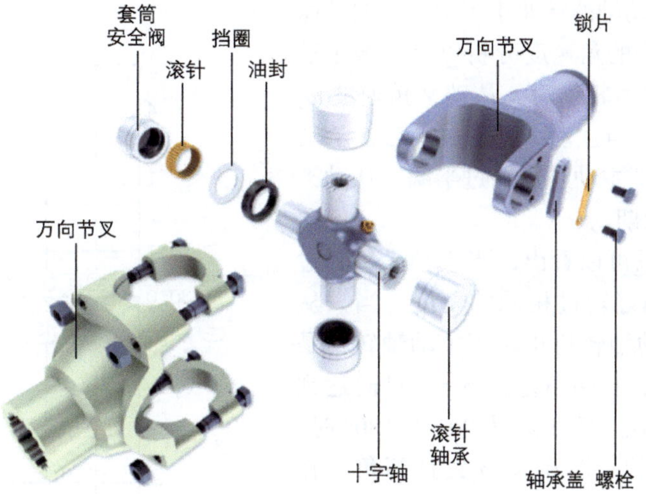

图 9-53 十字轴式刚性万向节的结构

由于刚性万向节结构简单，传动效率较高，因此应用较广泛，其不足之处是对于单个万向节在输入轴和输出轴之间有夹角的情况下，其两轴的角速度不相等，这就是单个万向节的不等速性。

下面分析一下单个十字轴式刚性万向节在有夹角时传动的不等速性。

1）当主动叉在垂直位置，十字轴平面与主动轴相垂直时，如图 9-54a 所示，十字轴上 A 点的瞬时圆周速度 v_A 可由主动叉的角速度 ω_1 与从动叉的角速度 ω_2 求出：

$$v_A = \omega_1 r = \omega_2 r\cos\alpha$$

所以
$$\omega_1 = \omega_2\cos\alpha$$
此时 $\omega_1 < \omega_2$，即从动轴的转速大于主动轴的转速。

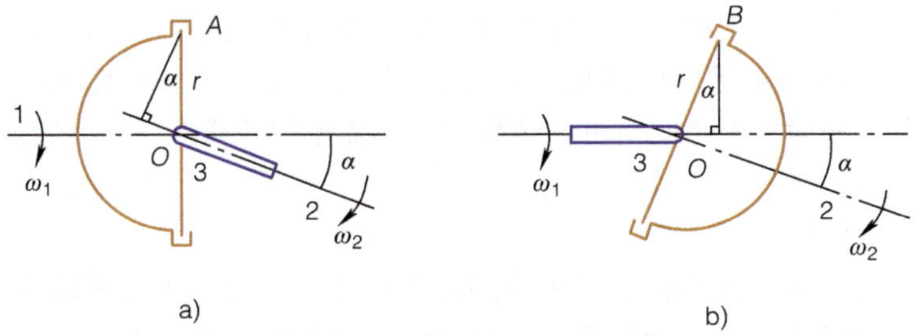

图 9-54　十字轴式刚性万向节角速度分析

1—主动叉　2—从动叉　3—十字轴　r—十字轴旋转半径（$r = OA = OB$）

2）当主动叉转到水平位置，十字轴平面与从动轴相垂直时，如图 9-54b 所示，十字轴上 B 点的瞬时圆周速度 v_B 为：

$$v_B = \omega_1 r\cos\alpha = \omega_2 r$$

所以
$$\omega_2 = \omega_1\cos\alpha$$
此时 $\omega_1 > \omega_2$，即从动轴的转速小于主动轴的转速。

由上面两个位置的角速度分析可见，若主动叉从 0° 开始以 ω_1 匀速转动时，从动叉角速度 ω_2 的变化则由快到慢，当主动叉转过 90° 后，从动叉 ω_2 又由慢变快，即主动叉每转过半圈，从动叉的角速度变化一个周期。

由前述转角关系可以看出，当主动叉每转过 90° 时，从动叉也刚好转过相同的角度。当只从 0° 转到 90° 时，从动轴转角相对于主动轴转角是超前的，即 $\varphi_2 > \varphi_1$，且两角差在 $\varphi_1 = 45°$ 时达到最大，随后开始减小。而当 φ_1 从 90° 到 180° 时，从动轴转角是滞后的，即 $\varphi_2 < \varphi_1$，且两角差在 $\varphi_1 = 135°$ 时达到最大值。后半圈与前半圈情况相同。这一周期性变化情况可以由（$\varphi_1 - \varphi_2$）随 φ_1 的变化曲线图看出，如图 9-55 所示。

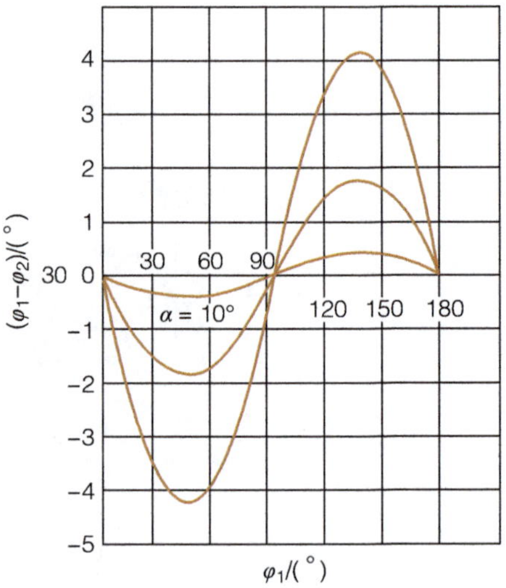

图 9-55　十字轴式刚性万向节不等速特性曲线

在汽车上，万向传动装置往往采用双十字轴万向节来实现等速传动，但必须满足如下两个条件：①第一万向节两轴间夹角 α_1 与第二万向节两轴间夹角 α_2 相等，即 $\alpha_1 = \alpha_2$。②传动轴两端的两个万向节叉（即第一万向节的从动叉与第二万向节的主动叉）在同一平面内。双十字轴万向节等速传动布置如图 9-56 所示。

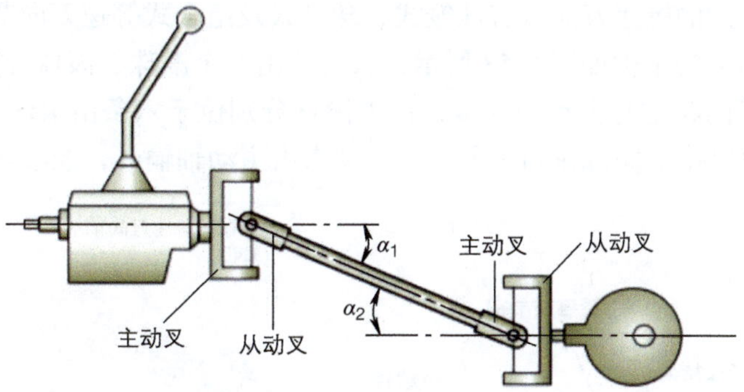

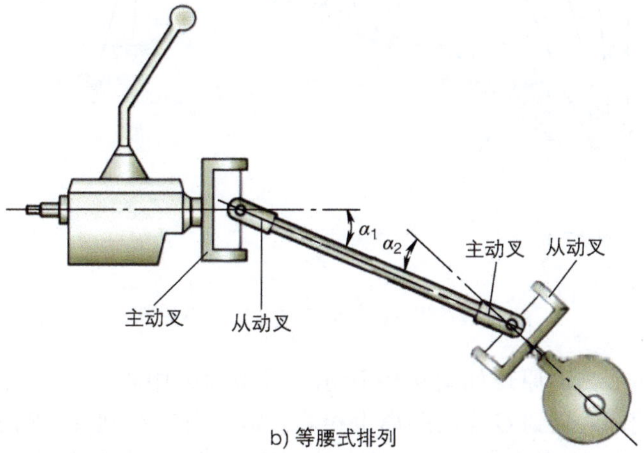

图 9-56 双十字轴万向节等速传动布置

2. 等速万向节

等速万向节的基本原理是从结构上保证万向节在工作中，其传力点始终位于两轴交角的平分面上。图 9-57 所示为一对大小相同的锥齿轮传动结构。两齿轮的接触点 P 位于两齿轮轴线交角 α 的平分面上，由 P 点到两轴的垂直距离都等于 r。在 P 点处两齿轮的圆周速度是相等的，即两齿轮旋转角速度也相同。若万向节在工作中，其传力点始终在两轴夹角的平分面上，那么这种万向节就是等速万向节。

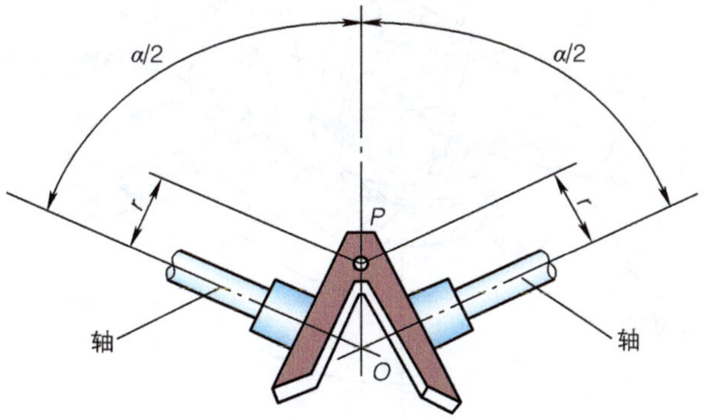

图 9-57 锥齿轮传动结构

汽车上应用较广泛的等速万向节有球笼式、球叉式及组合式等速万向节。

球笼式等速万向节的结构如图 9-58 所示，其主要由六个滚珠、滚珠套筒、球轴承保持架等组成。滚珠套筒以其内花键与主动轴连接，传力滚珠分别位于六条由滚珠套筒和滚珠轴承保持架形成的凹槽内，由保持架保持在同一平面内。动力由主动轴输入，经滚珠和球形壳输出。

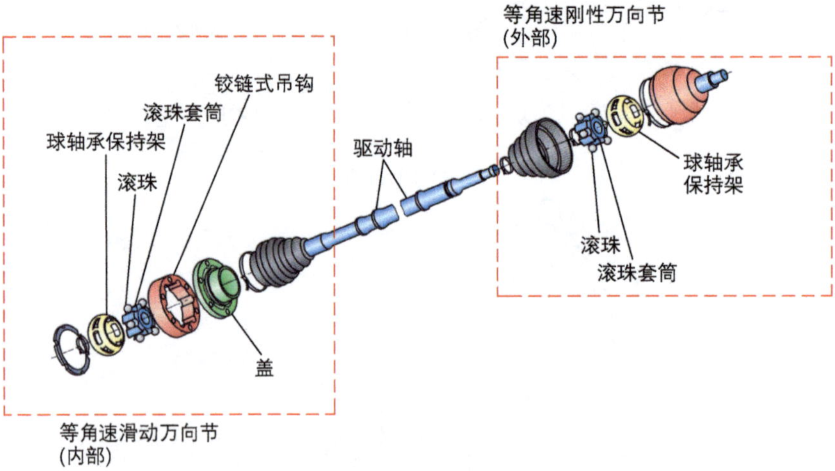

图 9-58　球笼式等速万向节的结构

球笼式等速万向节传动原理如图 9-59 所示。外滚道的中心 A 与内滚道的中心 B 分别位于万向节中心 O 的两侧，并且到 O 点的距离也相等。钢球中心 C 到 A、B 两点的距离也相等。保持架的内、外球面，内环的外球面和外环的内球面均以万向节中心为球心。当两轴交角变化时，保持架可沿内、外球面滑动，以保持六个钢球在同一平面内。由于 $OA=OB$，$CA=CB$，CO 是公共边，则三角形 COA 与三角形 COB 为全等三角形，故 $\angle COA=\angle COB$，即传力钢球 C 始终位于 α 角的角平分面上，确保了钢球中心到主动轴与从动轴的距离 a 和 b 始终相等，从而使主动轴和从动轴以相等的角速度旋转。

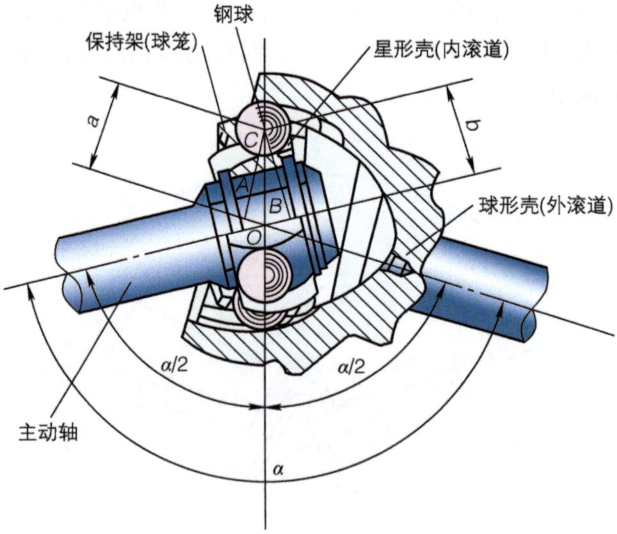

图 9-59　球笼式等速万向节传动原理

球笼式万向节中六个钢球都传力，它们受力均匀，承载能力强，可允许两轴最大夹角为42°，在各种轿车上多采用这种万向节。

三、传动轴

传动轴的作用是把变速器的转矩传递到驱动桥上。

发动机前置前驱动轿车传动轴总成的结构如图 9-60 所示。传动轴广泛采用管式结构，因为它用料少、重量轻。但在转向驱动桥、断开式驱动桥或微型汽车的万向传动装置中，常把传动轴制成实心轴。

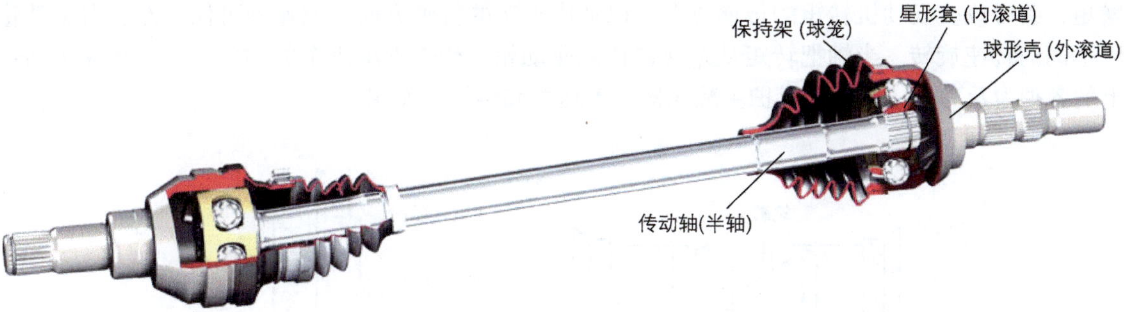

图 9-60　发动机前置前驱动轿车传动轴总成的结构

图 9-61 所示为发动机前置后轮驱动所采用的万向传动装置。传动轴在高速旋转时，由于离心力作用将产生剧烈振动，因此，当传动轴与万向节装配后，必须满足动平衡要求，若不平衡，应加装平衡片。平衡后，在万向节滑动叉与主动轴上刻有装配位置标记，以便拆卸后重新安装时保持二者的相对角位置不变。过长的传动轴由于自振频率较低，因此易产生共振。通常将传动轴分成两段并加中间支承，前段称中间传动轴，后段称主传动轴。

传动轴分段时须加中间支承。中间支承通常安装在车架横梁上。中间支承应能补偿传动轴轴向和角度方向的安装误差以及车辆行驶过程中由于发动机窜动或车架等变形所引起的位移。

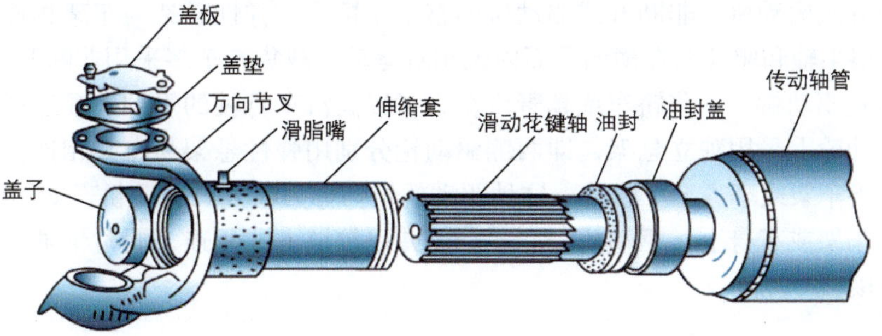

图 9-61　发动机前置后轮驱动的汽车传动轴

第五节 驱 动 桥

一、功用、组成与分类

1. 功用

驱动桥的功用是将万向传动装置传来的发动机动力经降速增矩改变传动方向后，分配给左、右驱动轮，并且允许左、右驱动轮以不同转速旋转。

2. 组成

驱动桥通常由主减速器、差速器、半轴和驱动桥壳组成，如图 9-62 所示。主减速器可降速增矩，并可改变发动机转矩的传递方向，以适应汽车的行驶方向。差速器可保证左、右驱动轮以不同的转速旋转。半轴把转矩从差速器传到驱动轮。桥壳支承汽车的部分质量，承受驱动轮上的各种力及力矩、并起到保护主减速器、差速器和半轴的作用。

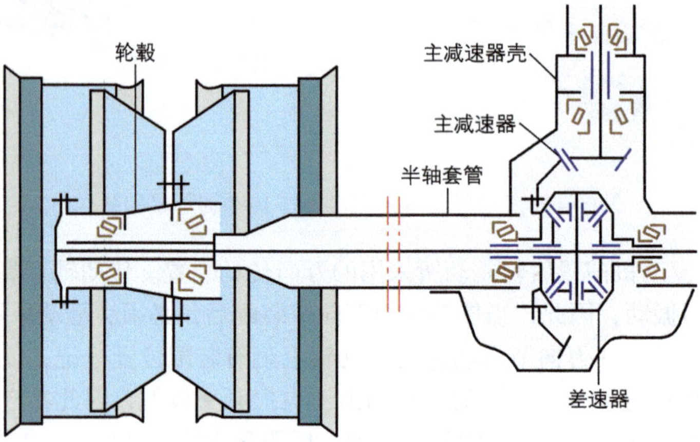

图 9-62 驱动桥的组成

3. 种类

按驱动轮与桥壳的连接关系，驱动桥分为非断开式驱动桥和断开式驱动桥两种。

（1）非断开式驱动桥 非断开式驱动桥的整个车桥通过弹性悬架与车架相连，桥壳是刚性整体结构，两根半轴和驱动轮在横向平面内无相对运动。载货汽车多采用非断开式驱动桥。

（2）断开式驱动桥 一些轿车或越野汽车为了提高汽车行驶的平顺性或通过性，在它们的全部或部分驱动轮上采用独立悬架，即两侧驱动轮分别用弹性悬架与车架相连，两驱动轮彼此可独立地相对于车架或车身上下跳动，这种驱动桥结构称为断开式驱动桥，如图 9-63 所示。主减速器固定在车架或车身上，驱动桥壳制成分段并以铰链方式相连，同时半轴也分段且各段之间用万向节连接。

二、主减速器

主减速器的功用是将发动机输出的转矩增大并相应降低转速，并可根据需要改变转矩的方向。

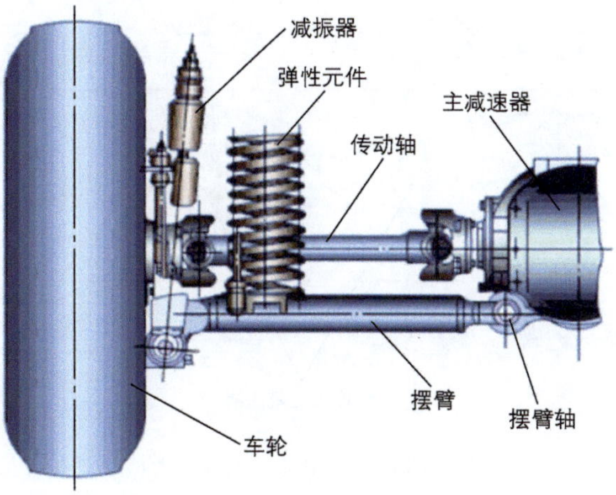

图 9-63　断开式驱动桥

主减速器的种类繁多，有单级式和双级式、单速式和双速式还有贯通式和轮边式等。

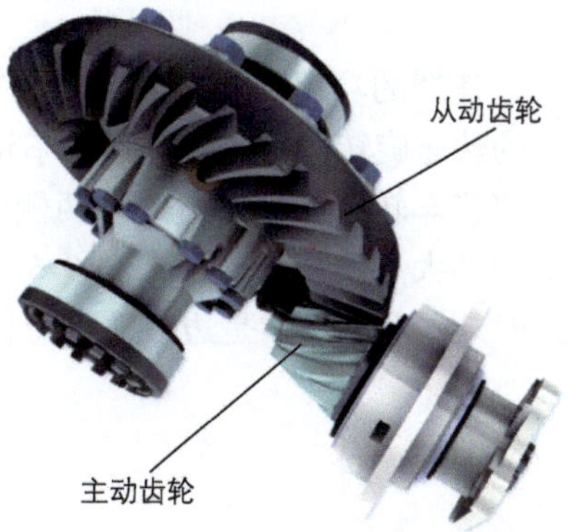

图 9-64　单级主减速器齿轮的结构

1. 单级主减速器

单级主减速器只有一对锥齿轮传动，它具有结构简单、重量轻、体积小、传动效率高等特点，其结构如图 9-64 所示。

2. 双级主减速器

当主减速器要求较大的传动比时，单级主减速器已不能保证足够的离地间隙，这时需要用由两对齿轮传动的双级主减速器，如图 9-65 所示。

3. 贯通式主减速器

有些多轴驱动的越野汽车，为了使结构简化，通往后桥与通往中桥的动力在中桥与分动器之间，共享一个万向传动装置传递，通至中桥的一部分动力再经中桥至后桥的万向传动装置传至后桥。这种中驱动桥的主减速器叫作贯通式主减速器。8 × 8 汽车的驱动桥示意图如图 9-66 所示，图中的两个中桥均为贯通式主减速器。

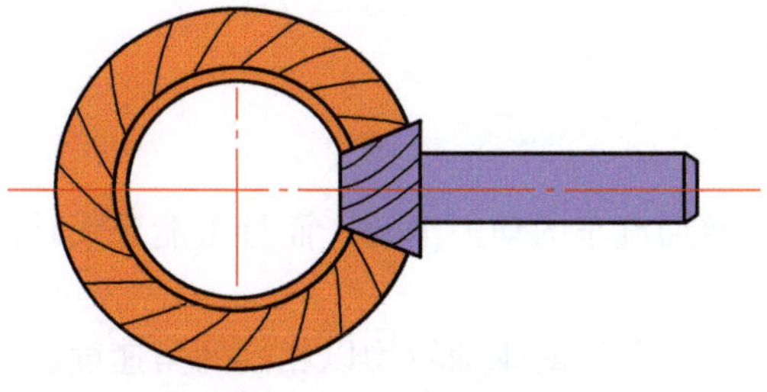

a) 螺旋锥齿轮传动，轴线相交

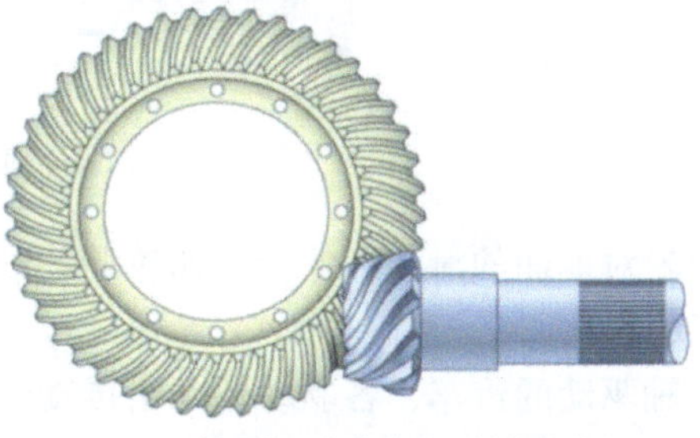

b) 准双曲面车轮传动，轴线偏移

图 9-65　双级主减速器齿轮

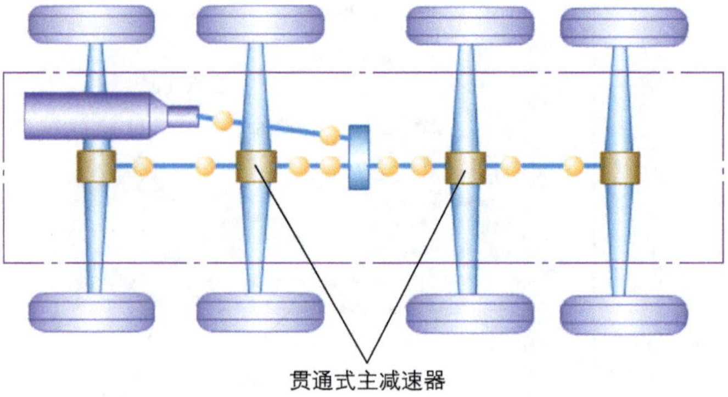

图 9-66 8×8 汽车的驱动桥

三、差速器

1. 差速器的功用与种类

差速器的功用是将主减速器传来的动力传给左、右两半轴，并在必要时允许左、右半轴以不同的转速旋转，使左、右驱动车轮相对于地面纯滚动而不是滑动。

当汽车转弯行驶时，内外两侧车轮中心在同一时间内移过的曲线距离不同，即外侧车轮移过的距离大于内侧车轮，如图 9-67 所示。若两侧车轮都固定在同一刚性轴上，两轮速度相等，则此时外侧车轮必然是边滚动边滑移，内侧车轮必然是边滚动边滑转。

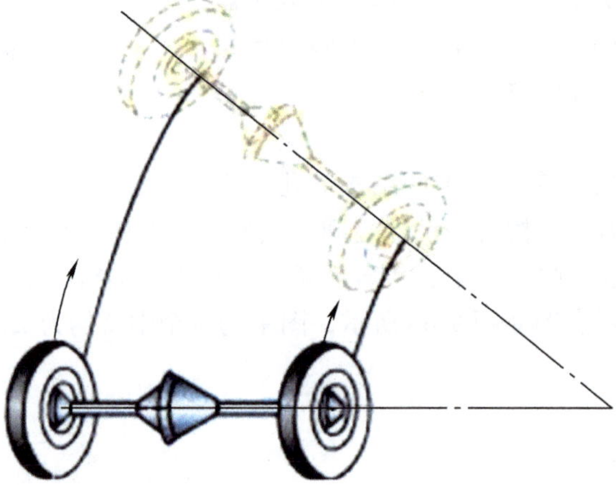

图 9-67 汽车转向时驱动车轮的运动示意图

车轮对地面的滑动不仅会加速轮胎的磨损、增加汽车的动力消耗，而且可能导致转向和制动性能的恶化。

多轴驱动的汽车，各驱动桥间由传动轴相连。若各桥的驱动轮均以相同的角速度旋转，同样也会发生与上述轮间无差速器时的类似现象。为使各驱动桥有可能具有不同的输入角速度，以消除各桥驱动轮的滑动现象，可以在驱动桥间设置轴间差速器。

差速器按其工作特性可分为普通齿轮式差速器和防滑差速器两大类。汽车上应用最广泛的是普通齿轮差速器。

2. 普通齿轮式差速器的结构

锥齿轮差速器是目前在汽车上应用最广泛的普通齿轮式差速器，其结构如图 9-68 所示。

差速器由差速器壳体、行星齿轮轴、2 个行星齿轮、2 个半轴齿轮、圆锥滚子轴承、球形垫圈等组成。行星齿轮轴装入差速器壳体后用止动销定位。行星齿轮和半轴齿轮的背面制成球面，与球形垫圈相配合，以减摩、耐磨。差速器通过一对圆锥滚子轴承支承在变速器壳体中。

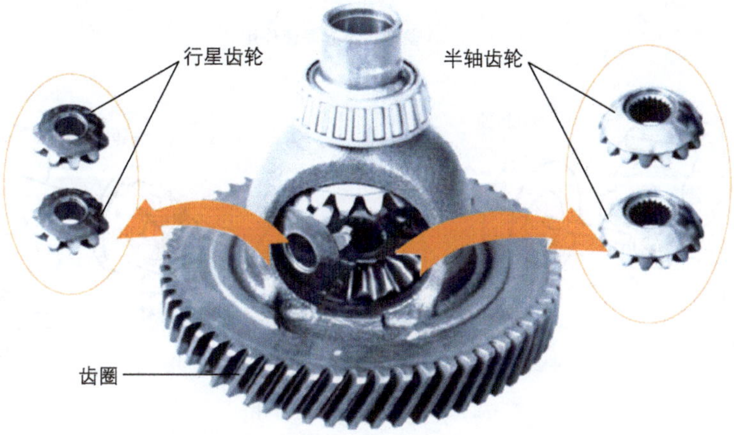

a)

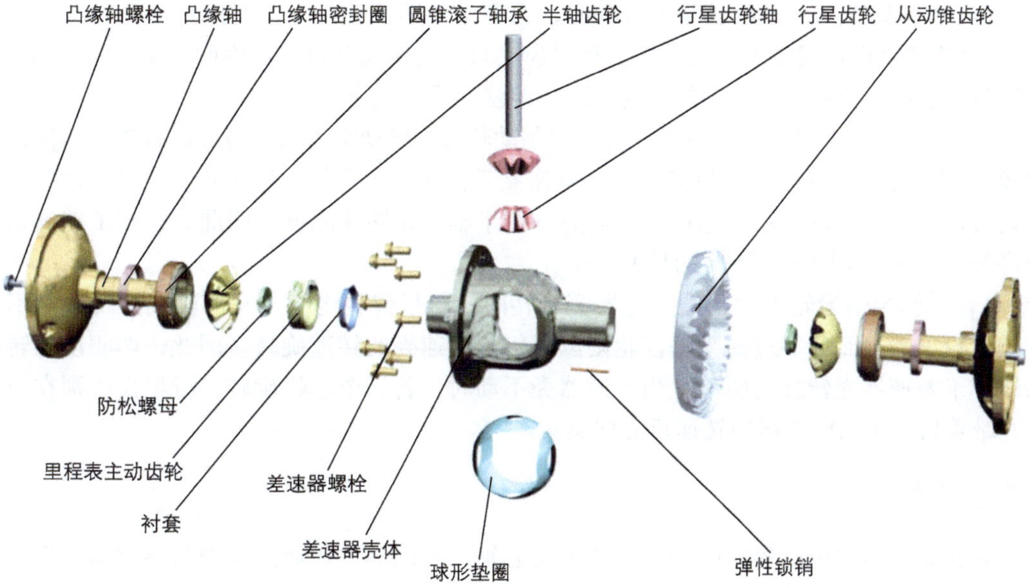

b)

图 9-68 锥齿轮差速器的结构

3. 工作原理

来自主减速器的动力传给差速器壳、行星齿轮轴、行星齿轮、半轴齿轮，再经左右两半轴传至驱动轮。根据左右两驱动轮遇到阻力的情况不同，差速器可使其等速转动或不等速转动。

差速器的工作情况如图 9-69 所示。

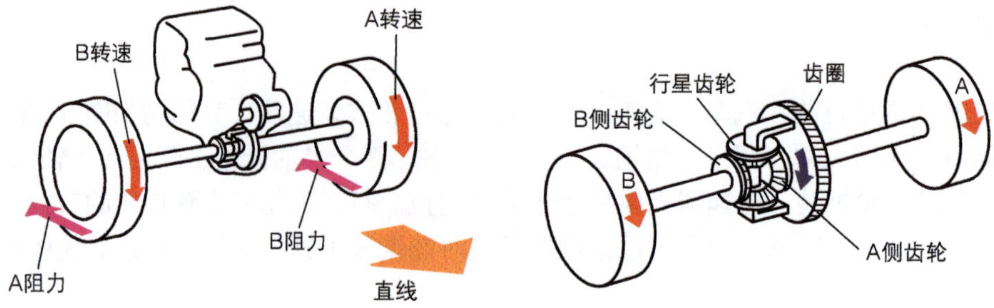

a) 差速器不起差速作用

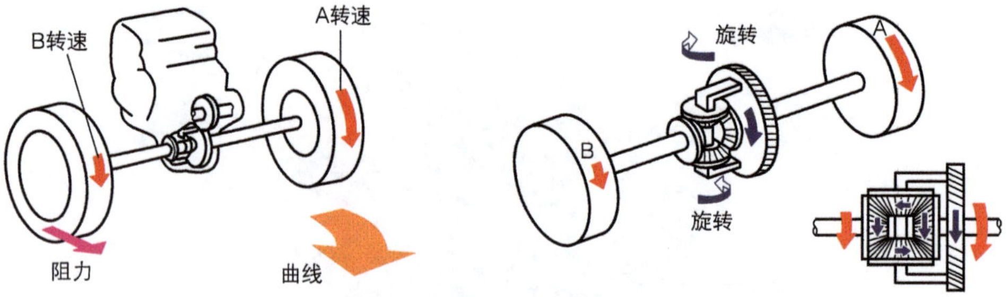

b) 差速器起差速作用

图 9-69　差速器的工作情况

1）当汽车直线或在平坦道路上行驶时，两驱动轮转速相等，这时两行星齿轮与差速器壳（与主减速器从动齿轮固定）一起旋转，行星齿轮只有公转没有自转。因此，左右两侧半轴齿轮的转速与差速器壳（从动齿轮）的转速相同，即差速器不起作用。

2）当汽车转弯（以右转弯为例）时，右驱动轮 B（滚动阻力大）行驶路程较短，因而其转速也较 A 驱动轮慢。此时，行星齿轮除随差速器壳公转外，还绕行星齿轮轴自转。由于行星齿轮的自转，使一侧半轴齿轮转速增加，而另一侧半轴齿轮转速降低，因此，达到了在汽车转弯时允许两驱动轮以不同速度旋转的目的。

3）若一侧半轴齿轮不动，当差速器壳旋转时，行星齿轮将绕本身的轴线旋转并沿不动一边半轴齿轮滚动，而另一边的半轴齿轮则以两倍于差速壳的转速旋转。因此，两驱动轮转速之和始终等于差速器壳转速的两倍。当差速器壳不动时，若一个车轮旋转，行星齿轮则在原位旋转，并带着另一车轮以相同的转速反方向旋转。

四、半轴

半轴是差速器与驱动轮之间传递转矩的实心轴，其内端一般通过花键与差速器的半轴齿轮连接，外端以凸缘与驱动轮的轮毂连接。根据其支承形式不同，半轴可分为全浮式半轴和半浮式半轴。

1. 全浮式半轴

全浮式半轴被广泛应用于载货汽车上，它只传递转矩，不承受任何外力与弯矩。

全浮式半轴支承的结构如图 9-70 所示。这种支承形式的半轴除承受转矩外，两端均不承受任何反力和弯矩，故称为全浮式半轴。所谓“浮”是指卸除半轴的弯曲载荷而言。

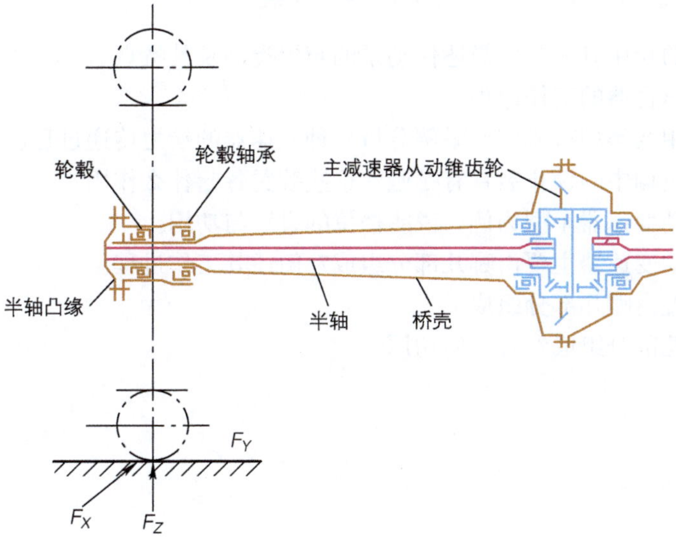

图 9-70　全浮式半轴支承的结构

全浮式半轴易于拆装，拆装时，只需拧下半轴凸缘上的螺栓即可抽出半轴，而此时车轮与桥壳仍然能支持住汽车，从而为汽车维护带来方便。

2. 半浮式半轴

半浮式半轴除要承受转矩外，外端还要承受车轮传来的全部反力及弯矩，其结构如图 9-71 所示。这种内端免受弯矩而外端却承受全部弯矩的半轴，称为半浮式半轴。

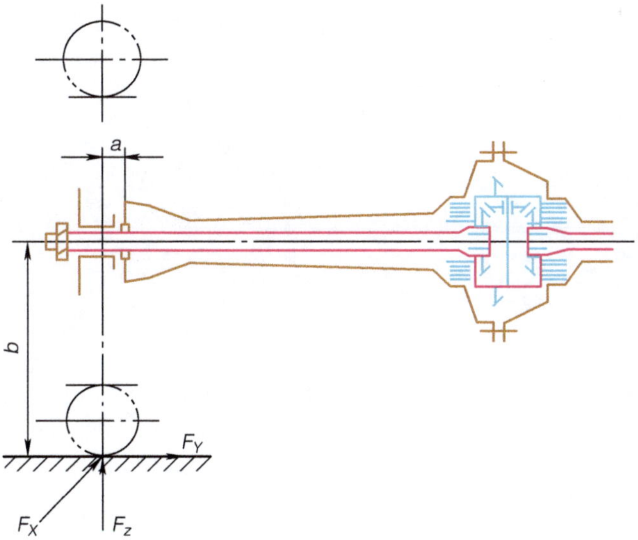

图 9-71　半浮式半轴支承的结构

半浮式半轴支承结构简单，成本低廉，被广泛用于反力弯矩较小的各类轿车上，但这种半轴拆装复杂，若在行驶中折断，将会发生危险。

思　考　题

1. 汽车传动系的功用有哪些？简述传动系的布置类型及其特点。
2. 简述摩擦式离合器的工作原理。
3. 变速器的功用及类型有哪些？举例分析一种变速器的动力传递过程。
4. 变速器操纵机构中的锁止装置有哪些？这些装置各起什么作用？
5. 以某一种自动变速器车型为例，说明档位的设置与功用。
6. 电控液力自动变速器主要由哪几部分组成？简述其工作过程。
7. 万向传动装置由哪几部分组成？
8. 驱动桥由哪几部分组成？各有何功用？

第十章
汽车行驶系

第一节　行驶系的组成与功用

一、行驶系的组成

汽车行驶系一般由车架、车桥、车轮和悬架等部分组成，其组成与受力情况如图 10-1 所示。车轮支承着车桥，车桥又通过弹性悬架与车架相连接。车架是整个汽车的基体，它将汽车的各相关总成连接成一个整体，构成汽车的装配基础。

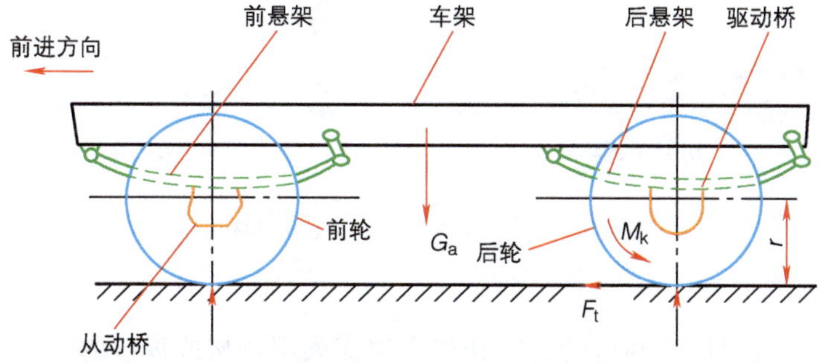

图 10-1　汽车行驶系的组成与受力情况

二、汽车行驶系的功用

汽车行驶系的主要功用是：①接受由发动机经传动系传来的转矩，并通过驱动轮与地面之间的附着作用，产生驱动力，以保证整车正常行驶；②支承汽车的总质量；③传递并支承路面作用于车轮上的各种反力及其所形成的力矩；④尽可能地缓和不平路面对车身造成的冲击和振动，保证汽车平顺行驶。

第二节　车　　架

汽车车架俗称“大梁”。通过悬架装置坐落在车桥上。其上装有发动机、变速器、传动轴、前后悬架、车身等总成及部件。

一、车架的功用

车架的功用是支承、连接汽车的各总成，使各总成在汽车复杂多变的行驶过程中有正确的相对位置，并承受来自车内外的各种载荷。因此，要求车架具有足够的强度和适当的刚度，同时，降低车架高度，以使汽车重心位置降低，保证汽车的行驶稳定性。此外，车架要尽可能轻，以减少整车质量，提高汽车动力性。

二、车架的种类

汽车车架的结构形式主要有梯形车架、X 形车架、边梁式车架和中梁式车架等，如图 10-2 所示。其中边梁式车架在载货车上应用最广，轿车普遍采用的是无梁式车架的承载式车身。

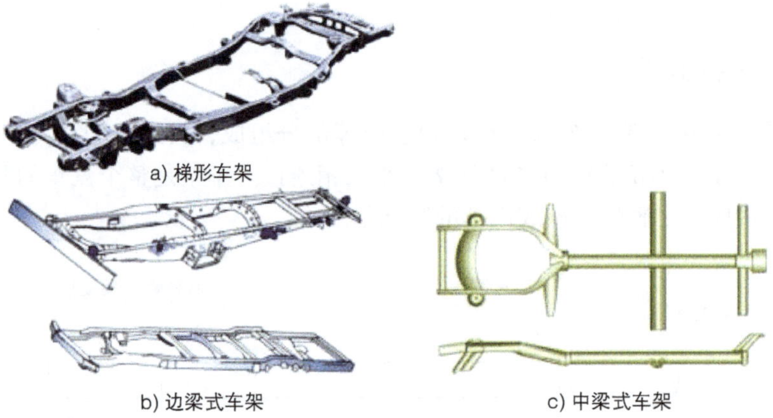

图 10-2　车架的主要结构形式

1. 边梁式车架

边梁式车架是由两根位于两边的纵梁和若干根横梁用铆接或焊接的方法连接而成的坚固的刚性构架。纵梁通常用低合金钢板冲压而成，断面形状一般为槽形，也有的做成 Z 字形或箱形断面。根据汽车形式不同和结构布置的要求，纵梁可以在水平面内或纵向平面内做成弯曲的，以及等断面或非等断面结构。

X 形车架是边梁式车架的一种特殊形式。由于轿车的车架通常短而宽，所以为了降低重心和提高车架的扭转刚度，通常制成前窄后宽且后部向上弯曲的 X 形车架，其结构如图 10-3 所示。

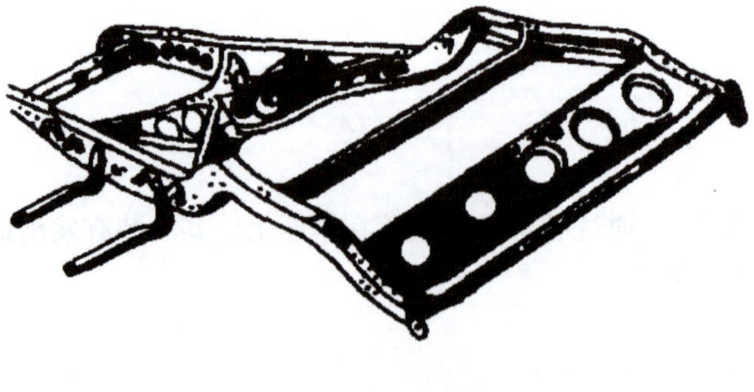

图 10-3　轿车的（X 形）车架

梯形车架也是边梁式车架的一种特殊形式。为了保证轿车高速行驶的稳定性，汽车的重心应尽量低，为了改善乘员的舒适性，车身的底板也应尽量低。但底板的降低不应妨碍转向轮的偏转和悬架变形时车桥的跳动。因此轿车车架通常前部做得较窄，前后桥处向上弯曲，中间对应车身地板处比较平低的形状，如图 10-4 所示。

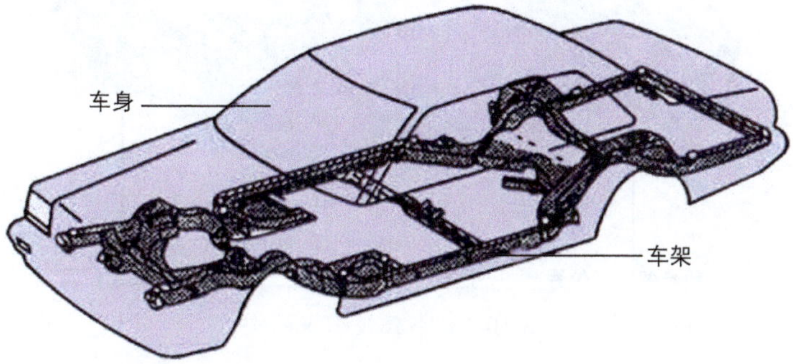

图 10-4 梯形车架和车身

车架纵梁一般是用槽钢制成的，大型货车的两根梁纵一般平行布置。中轻型货车、客车和大客车纵梁的典型形状如图 10-5 所示。轿车和大型客车的车架，在前后车桥上面有较大弯曲度，保证了汽车重心和底板都较低，既提高了行驶稳定性，又方便了乘客的上下车。

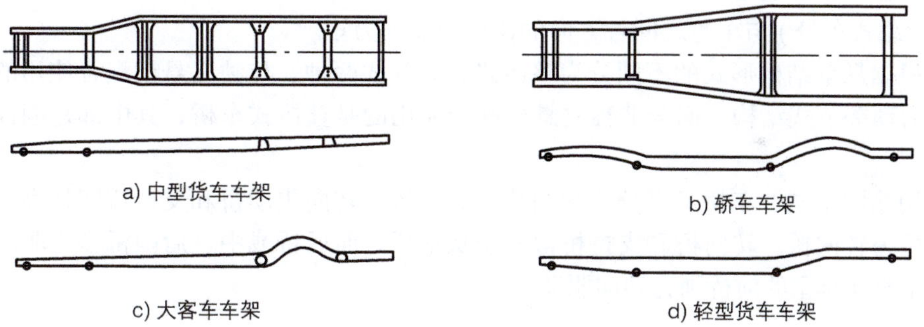

图 10-5 车架纵梁的结构类型

2. 中梁式车架

中梁式车架只有一根位于中央贯穿前后的纵梁，因此亦称为脊骨式车架。中梁的断面可以做成管形或箱形。这种结构的车架有较大的扭转刚度，使车轮有较大的转向角，从而可提高汽车的越野性。与同吨位货车相比，其车架较轻，减少了整车质量，同时由于重心较低，因此行驶稳定性好、车架的强度和刚度较大，脊梁还能起封闭传动轴的防尘套作用。因此中梁式车架被用在某些轿车和货车上。

3. 承载式车身

大部分轿车和大型客车采用承载式车身。承载式车身的结构如图 10-6 所示，由于无车架，因此可以减轻整车质量，使地板高度降低，方便乘客上、下车。但是传动系和悬架的振动和噪声会直接传入车内，为此，应采取隔声和防振措施。

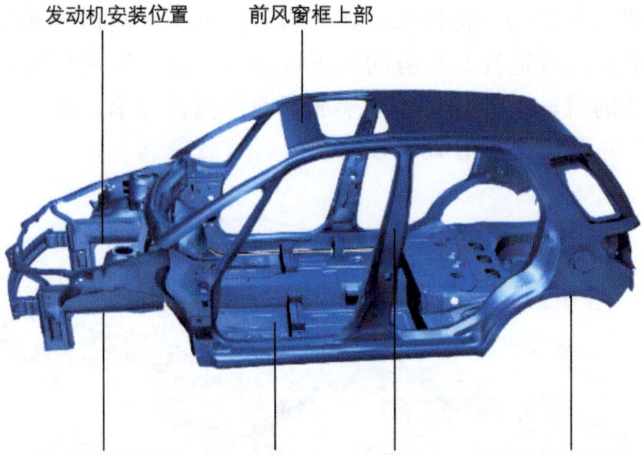

图 10-6　承载式车身结构

第三节　车　　桥

一、车桥的功用与种类

车桥俗称车轴，它通过悬架和车架（或承载式车身）相连，两端安装车轮，其功用是传递车架（或承载式车身）与车轮之间各方向的作用力及其力矩。

车桥根据悬架结构形式的不同分为整体式和断开式两种。与独立悬架配合使用的是断开式车桥，为活动关节式结构。而与非独立悬架配合使用的是整体式车桥，其中部是刚性的实心或空心梁。

按照用途的不同，车桥又可分为转向桥、驱动桥、转向驱动桥和支持桥四种类型。一般汽车多以前桥为转向桥，转向桥和支持桥都属于从动桥。而后桥或中、后两桥多为驱动桥。越野汽车和前轮驱动车型的前桥则为转向驱动桥。

二、转向桥

转向桥通常位于汽车前部，能使装在其两端的车轮偏转一定的角度，以实现汽车转向。同时还要承受车架与车轮之间的作用力及其产生的弯矩和转矩。转向桥同样也分为整体式和断开式两种。

1. 整体式转向桥

载货汽车普遍采用整体式转向桥，其结构基本相同，主要由前轴、转向节、主销等组成，其结构如图 10-7 所示。

（1）前轴　前轴是转向桥的主体，一般由中碳钢经模锻而成。其端面采用工字形断面以提高抗弯强度；接近两端逐渐过渡为方形，以提高抗扭刚度。中部加工出两处用以支承钢板弹簧的弹簧座，其上钻有四个安装 U 形螺栓（俗称骑马螺栓）的通孔和一个位于中心的钢板弹簧定位凹坑。中部向下弯曲，使发动机位置得以降低，从而降低汽车质心，扩展驾驶员视野，并减小传动轴与变速器输出轴之间的夹角。

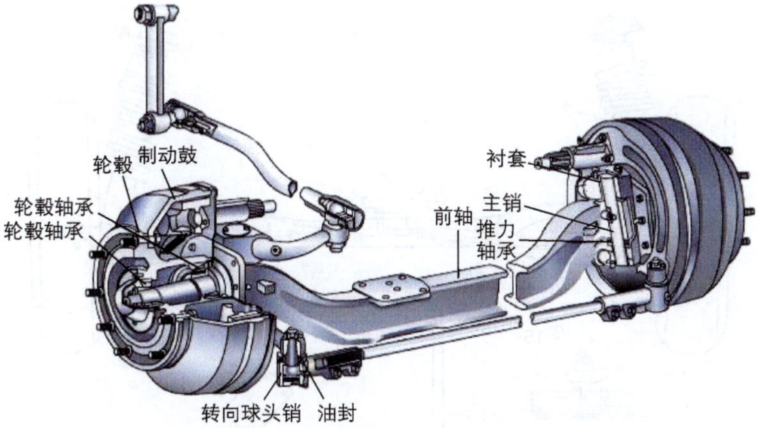

图 10-7 整体式转向桥的结构

（2）转向节 转向节是一个叉形部件。上下两叉制有同轴销孔，通过主销与前轴相连，使前轮可以绕主销偏转一定角度而使汽车转向。为了减小磨损，转向节销孔内压入青铜衬套，衬套上的润滑油槽在上面端部是切通的，用装在转向节上的油嘴注入润滑脂润滑。为使转向灵活轻便，在转向节下耳与前轴拳部之间装有推力滚子轴承。

（3）主销 主销的作用是铰接前轴及转向节，使转向节绕着主销摆动以实现车轮的转向。主销的中部切有凹槽，安装时用主销固定螺栓与它上面的凹槽配合，将主销固定在前轴的拳形孔中。主销与转向节上的销孔是间隙配合，以便实现转向。

2. 断开式转向桥

在轿车和微型客车上通常采用断开式转向桥，它与独立悬架搭配组成了性能优良的转向桥。由于它有效地减少了非簧载质量，降低了发动机的高度，从而提高了汽车的行驶平顺性和操纵稳定性。

图 10-8 所示为一种微型客车的断开式转向桥的结构。该断开式转向桥（前桥）主要由车轮 1、减振器 2、上支点总成 3、缓冲弹簧 4、转向节 5、大球头销总成 6、横向稳定杆总成 7、左右梯形臂 8 和 13、主转向臂 11、中臂 15、左右横拉杆 10 和 12、悬臂总成 14 等组成。其中有些臂、悬臂为薄钢板焊接结构，主转向臂与中臂是通过螺栓与橡胶衬套连接的，左右转向梯形臂用大球头销总成 6 与悬臂总成 14 连接。该断开式转向桥和前述转向桥一样，在具有承载传力功能的同时，还具有实现转向的功能，它与转向器配合，主转向臂 11、中臂 15、纵拉杆 16、左右横拉杆 10、12 和左右梯形臂 8、13 共同作用使车轮偏转以实现汽车转向。

三、转向驱动桥

前轮驱动汽车和全轮驱动（AWD）汽车的前桥，既起转向桥的作用，又兼起驱动桥的作用，故称为转向驱动桥。

1. 整体式转向驱动桥

整体式转向驱动桥结构如图 10-9 所示。它同一般驱动桥一样，由主减速器、差速器、半轴和桥壳组成。但由于转向时转向车轮需要绕主销偏转一个角度，故与转向轮相连的半轴必须分成内外两段（内半轴和外半轴），其间用万向节（一般多用等角速万向节）连接，同时主销也因此而分制成两段（或用球头销代替）。转向节轴颈部分做成中空的，以便外半轴穿过其中。

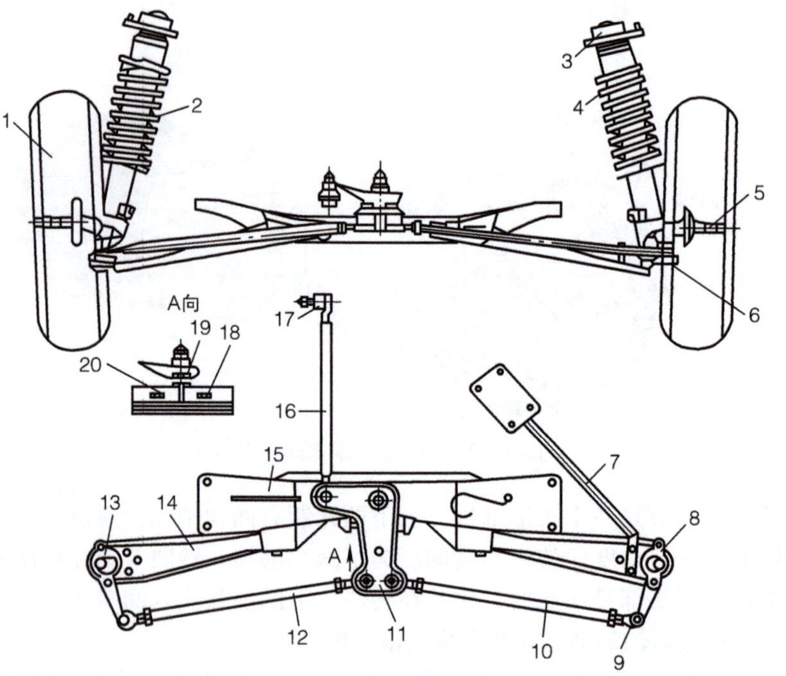

图 10-8　断开式转向桥结构

1—车轮　2—减振器　3—上支点总成　4—缓冲弹簧　5—转向节　6—大球头销总成　7—横向稳定杆总成　8—左梯形臂　9—小球销头总成　10—左横拉杆　11—主转向臂　12—右横拉杆　13—右梯形臂　14—悬臂总成　15—中臂　16—纵拉杆　17—纵拉杆球头　18—转向限位螺钉座　19—转向限位杆　20—转向限位螺钉

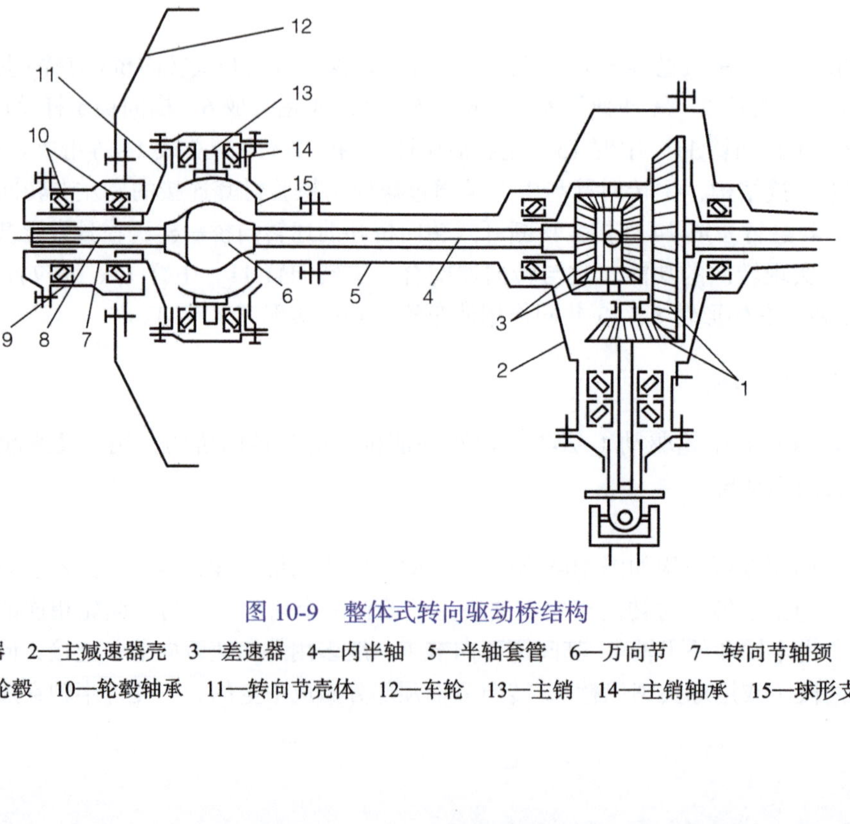

图 10-9　整体式转向驱动桥结构

1—主减速器　2—主减速器壳　3—差速器　4—内半轴　5—半轴套管　6—万向节　7—转向节轴颈　8—外半轴　9—轮毂　10—轮毂轴承　11—转向节壳体　12—车轮　13—主销　14—主销轴承　15—球形支座

2. 断开式转向驱动桥

轿车普遍采用的是断开式、独立悬架转向驱动桥，其结构如图 10-10 所示。

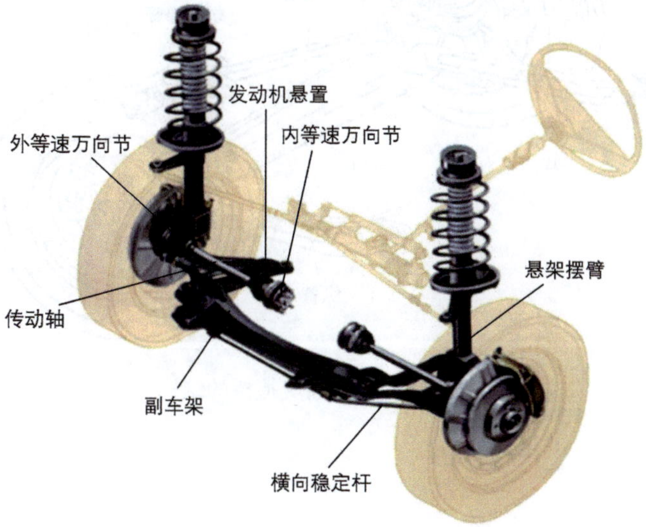

图 10-10　轿车的转向驱动桥的结构

车桥上端通过左、右悬架与承载式车身相连接，下端通过左、右下摆臂与固定在车身上的副车架相连接。悬架车轮轴承壳与下摆臂之间通过可移动球形接头连接，从而使前轮固定，并通过下摆臂上的长孔可调整车轮外倾角，为了减小车辆转向时的车身倾斜，在副车架与下摆臂之间还装有横向稳定杆。

汽车的动力由主减速器、差速器经传动半轴驱动车轮旋转。传动半轴总成的结构如图 10-11 所示。

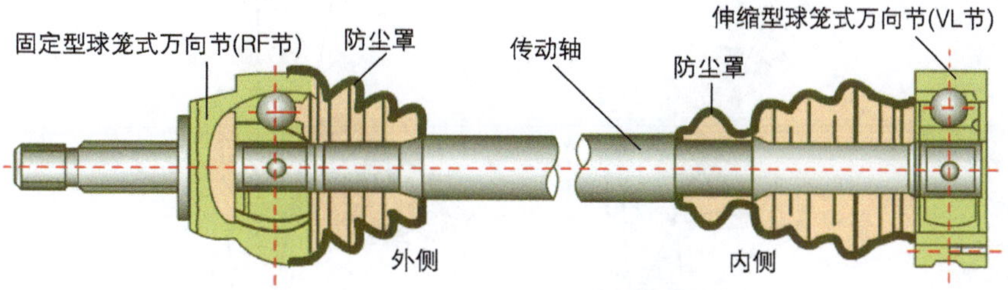

图 10-11　传动半轴总成的结构

四、支持桥

支持桥属于从动桥。对单桥驱动的三轴汽车而言，中桥或后桥是支持桥，挂车上的车桥也是支持桥。图 10-12 所示的轿车后支持桥采用的是四连杆式非独立悬架，它主要由后轴、纵臂、横向推力杆、支承臂以及下端安装于后轴头上的减振器和套装在减振器上的螺旋弹簧等部件所组成。后轴两端连接着轮毂轴，其上装有制动器总成。

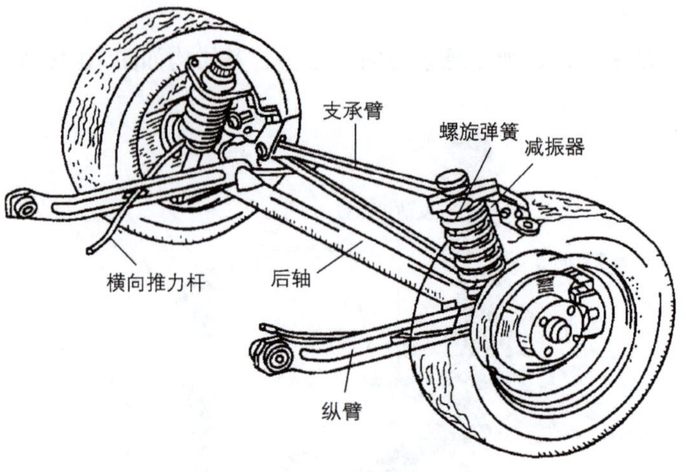

图 10-12 轿车后支持桥的结构

五、转向轮定位

为了保证汽车直线行驶的稳定性和操纵的轻便性，减少轮胎和其他机件的磨损，转向轮、转向节和前轴三者与车架的安装应保持一定的相对位置关系，这种安装位置关系称为转向车轮定位，也称前轮定位。

转向轮定位包括前轮外倾、主销后倾、主销内倾及前束四个参数。对于装有主销的转向桥，当汽车转向时，转向车轮会围绕主销轴线偏转，如图 10-13a 所示。但在大多数断开式转向桥中没有主销，而是采用上、下球头销代替主销，上、下球头销球头中心的连心线相当于主销轴线，如图 10-13b 所示。

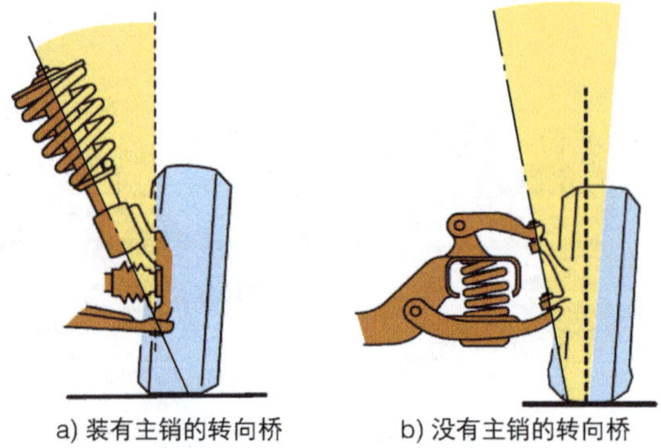

图 10-13 主销的不同形式

1. 主销后倾

主销安装在前轴上，其上端略向后倾斜，这种现象称为主销后倾。在垂直于汽车支承平面的纵向平面内，主销轴线与汽车支承平面垂线之间的夹角，叫主销后倾角，如图 10-14 所示。

主销后倾的作用是形成回正力矩，保证汽车直线行驶的稳定性，并使汽车转向后回正操纵轻便。

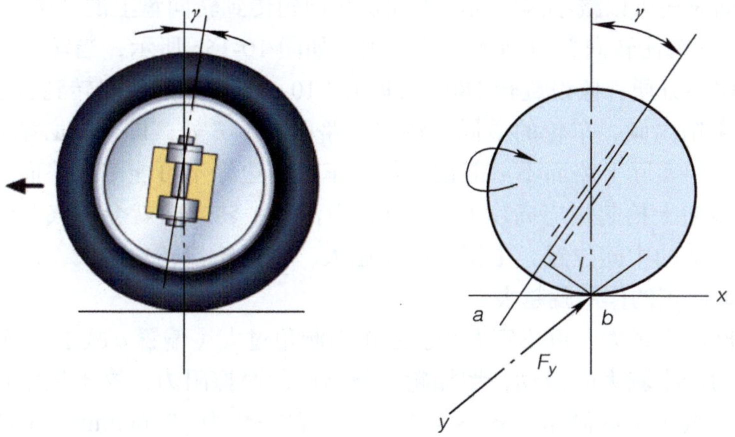

图 10-14　主销后倾

主销后倾使主销轴线的延长线与地面的交点 a 位于车轮与路面的接触点 b 之前，a、b 两点之间的距离称为主销后倾移距。设 b 点到主销轴线延长线之间的距离为 l，汽车直线行驶时，若转向轮偶然受到外力作用而偏转（图 10-14 中所示为向右偏转），汽车将偏离行驶方向而右转弯。由于汽车本身离心力的作用，在轮胎与路面接触点 b 处将产生一个路面对车轮的侧向反作用力，由于反作用力 F_y 没有通过主销轴线，因而形成了一个使车轮绕主销轴线旋转的力矩 F_yl，其方向正好与车轮偏转方向相反，在力矩作用下，使车轮具有回复到原来中间位置的作用，从而保证了汽车直线行驶的稳定性。同理，在汽车转向后的回正过程中，此力矩具有帮助驾驶员使转向车轮回正的作用，使汽车转向后回正操纵轻便。

主销后倾角越大、车速越高，回正力矩越大，转向轮偏转后自动回正的能力也越强。但主销后倾角也不宜过大，一般不超过 2°~3°，否则在转向时为了克服此力矩，驾驶员需在转向盘上施加较大的力，使转向沉重。

主销内倾角

此外，有些汽车由于采用超低压轮胎，弹性增加，转向时因轮胎弹性变形而使轮胎与路面的接触点后移，使回正力矩增加，故主销后倾角可以减小，甚至为负值（即主销前倾）。

2. 主销内倾

主销安装在前轴上，其上端略向内侧倾斜，这种现象称为主销内倾。在垂直于汽车支承平面的横向平面内，主销轴线与汽车支承平面垂线之间的夹角 β 称为主销内倾角，如图 10-15 所示。主销内倾具有下述两个主要作用。

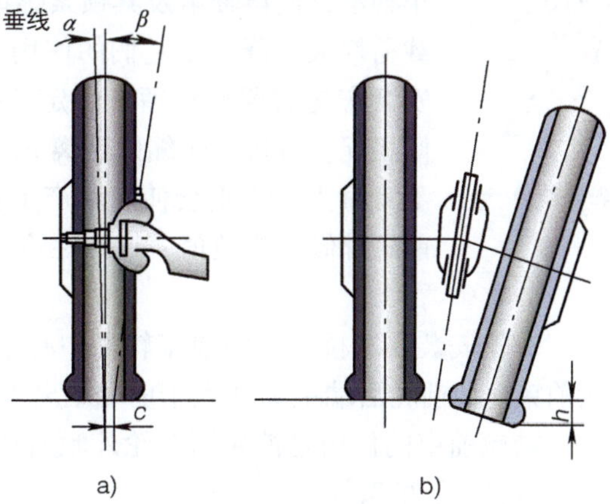

图 10-15　主销内倾

1）主销内倾具有使转向轮转向操纵轻便的作用。如图 10-15a 所示。由于主销内倾，使主销轴线的延长线与地面的交点至车轮中心平面与地面交点之间的距离 C 缩短，转向时，路面作用在转向轮上的阻力对主销轴线产生的力矩减小，从而可减少转向时驾驶员施加在转向盘上的力，使转向操纵轻便，同时还可以减小因路面不平而从转向轮传到转向盘上的冲击力。

2）主销内倾具有使转向轮自动回正的作用。如图 10-15b 所示，当转向轮在外力作用下绕主销旋转（为了解释方便，假设旋转 180°，即由图 10-15b 中左边位置转到右边位置）而偏离中间位置时，由于主销内倾，车轮的最低点将陷入路面以下 h 处，即车轮必须将路面压低距离 h 后才能旋转过来，但实际上路面不可能被压低，车轮下边缘不可能陷入路面之下，而是车轮连同整个汽车前部被向上抬起相应高度 h。一旦外力消失，转向轮就会在汽车前部重力作用下力图自动回正到旋转前的中间位置。主销内倾角越大，转向轮偏转角越大，汽车前部就被抬起得越高，转向轮自动回正的作用就越大。

主销内倾角既不宜过大，也不宜太小。主销内倾角过大（偏置 c 减小），转向时，车轮在滚动的同时将与路面产生较大的滑动，增加轮胎与路面的摩擦阻力，这不仅使转向沉重，而且加速了轮胎的磨损，故主销内倾角一般不大于 8°，偏置一般为 40~60mm；主销内倾角过小（偏置增大），汽车行驶的稳定性和制动稳定性将变差。在一些发动机前置前轮驱动的轿车上，为了使汽车具有良好的行驶稳定性，特别是制动稳定性，其主销内倾角均较大。

整体式转向桥的主销内倾角是在制造前轴时将销孔轴线上端向内倾斜而获得的。

主销后倾和主销内倾都具有使车轮自动回正及保证汽车直线行驶稳定性的作用，但其区别在于主销后倾角的回正力随着车速的增高而增大，而主销内倾的回正力几乎与车速无关。

3. 车轮外倾

转向轮安装在转向节上时，其旋转平面上端向外倾斜，这种现象称为转向车轮外倾。车轮旋转平面与垂直于车辆支承面的纵向平面之间的夹角 α 称为车轮外倾角，如图 10-16 所示。

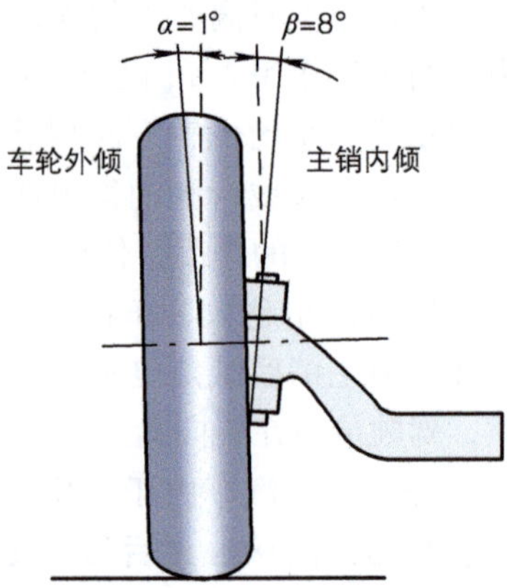

图 10-16　车轮外倾

车轮外倾角的作用是提高车轮工作的安全性和转向操纵的轻便性。由于主销与衬套之间、轮毂与轴承等处都存在着装配间隙，若空车时车轮的安装正好垂直于路面，则满载时上述间隙将发生变化，车桥也因承载而变形，从而引起车轮向内倾斜。车轮内倾将使路面对车轮的垂直反作用力的轴向分力压向轮毂外端的小轴承，使该轴承及其锁紧螺母等件承受的载荷增大，降低了它们的使用寿命，严重时会损坏锁紧螺母而使车轮脱落。为此，安装车轮时要预先留有一定的外倾角，以防止上述不良影响。车轮外倾与主销内倾相配合可进一步缩短距离 c，如图 10-15a 所示，使汽车转向轻便。但车轮外倾角不宜过大，否则会使轮胎产生偏磨损。一般前轮外倾角为 1° 左右。也有的汽车其前轮外倾角为负值，这样在汽车转向时可避免车身过分倾斜。

车轮外倾角

4. 前轮前束

车轮安装在车桥上，两前车轮的中心平面不平行，其前端略向内侧收束，这种现象称为前轮前束。两前轮后端距离 A 大于前端距离 B，其差值称为前轮前束值，如图 10-17 所示。

前轮前束的作用是消除因车轮外倾所造成的不良后果，保证车轮不向外滚动，防止车轮侧滑和减轻轮胎的磨损。

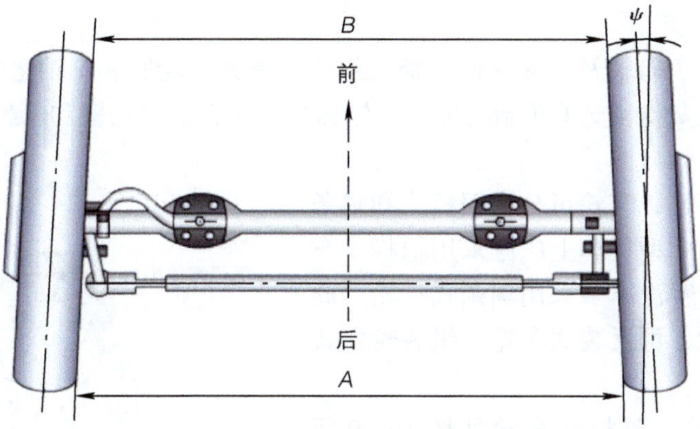

图 10-17 前轮前束

由于车轮外倾，汽车行驶时，两个车轮的滚动类似于两个锥体的滚动，其轨迹不再是直线，而是逐渐向各自的外侧滚开，如图 10-18 所示。但因受车桥和转向横拉杆的约束，两侧车轮不可能向外滚开，这样，车轮在路面上滚动行驶的同时又被强制地拉向内侧，产生向内的侧滑，从而加剧了轮胎的磨损。有了前束，车轮滚动的轨迹是向内侧偏斜，只要前束值与车轮外倾角配合适当，车轮向内外、侧滚动的偏斜量就会相互抵消，使车轮每一瞬间的滚动方向都朝着正前方，从而消除了侧滑，减轻了轮胎的磨损。

前轮前束值可以通过改变转向横拉杆的长度来调整，一般前束值为 0～12mm。

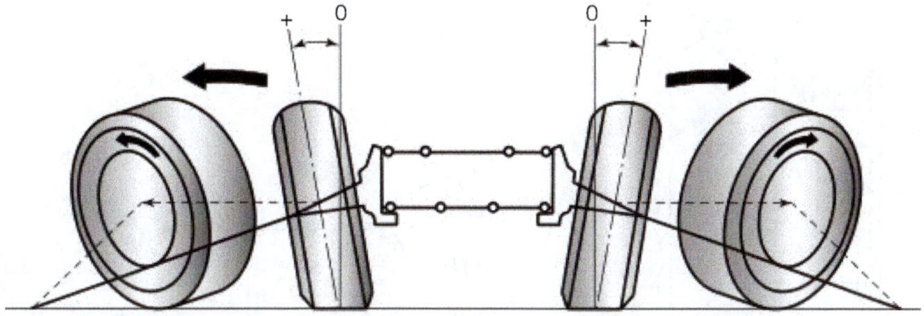

图 10-18 车轮外倾产生的车轮运动

第四节 车轮与轮胎

一、车轮与轮胎的功用

车轮与轮胎是汽车行驶系统中的重要部件，其功用包括：①支承整车；②缓和由路面传来的冲击力；③通过轮胎同路面间的附着作用来产生驱动力和制动力；④汽车转弯行驶时产生平衡离心力的侧抗力，在保证汽车正常转向行驶的同时，通过车轮产生的自动回正力矩，使汽车保持直线行驶方向；⑤承担提高通过性等作用。

二、车轮

车轮一般由轮毂、轮辋及连接它们的辐板组成，是介于轮胎和车轴之间承受负荷的旋转组件。轮辋是在车轮上安装和支承轮胎的部件，轮辐是在车轮上将轮辋和轮毂连接起来。

1. 车轮的类型

按轮辐的构造不同，车轮可分为辐板式和辐条式。普通轿车和轻、中型货车上广泛采用辐板式车轮，而高级轿车、竞赛汽车多采用辐条式车轮。此外，还有对开式车轮、可反装式车轮、组装轮辋式车轮和可调式车轮等。

（1）辐板式车轮　辐板式车轮如图10-19所示，其由挡圈、辐板、轮辋和气门嘴伸出孔等组成。用以连接轮毂和轮辋的钢质圆盘称为辐板。辐板大多是冲压制成的，少数是和轮辋铸成一体的，后者主要用于重型汽车。轿车的车轮辐板所用板料较薄，常冲压成起伏多变的形状以提高刚度。

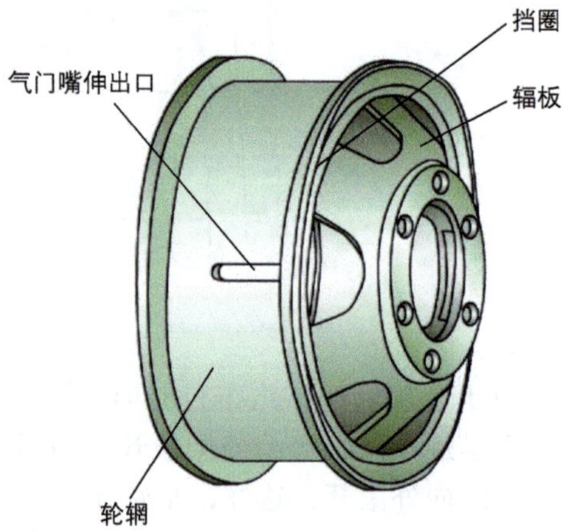

图10-19　辐板式车轮

（2）辐条式车轮　装载质量较大的重型汽车多采用铸造辐条式车轮，如图10-20所示。轮辋是用螺栓和特殊形状的衬块固定在辐条上，为了使轮辋与辐条很好地对中，在轮辋和辐条上都加工出配合锥面。

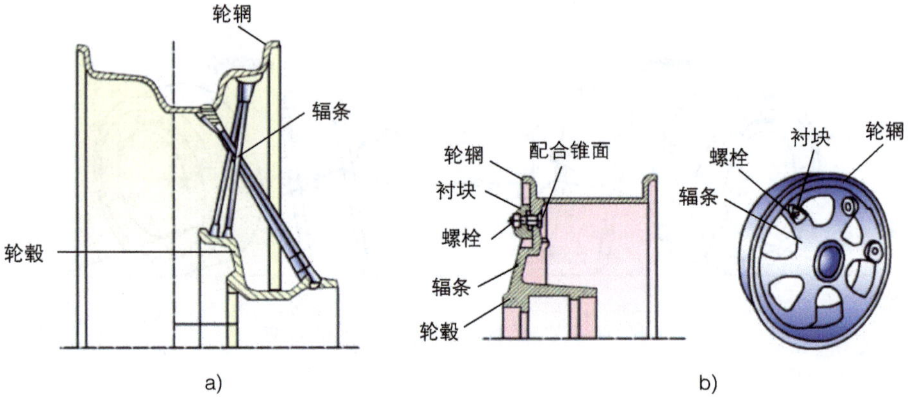

图10-20　辐条式车轮

也有采用像自行车用的钢丝作为辐条的车轮，由于这种车轮质量小，价格昂贵，维修安装不便，故仅用于赛车和某些高级轿车上。图10-21所示为典型轿车的车轮，轮胎装在铝合金轮辋上，轮辋和辐条连接在一起，用连接螺栓将其安装在轮毂或制动鼓上，再一起通过轴承装在车轴上，然后在外面装上车轮饰板。

2. 轮辋的类型

轮辋的常见形式主要有两种：深槽轮辋和平底轮辋，如图10-22所示。此外还有对开式轮辋、平底宽轮辋、半深槽轮辋、深槽宽轮辋、全斜底轮辋等。

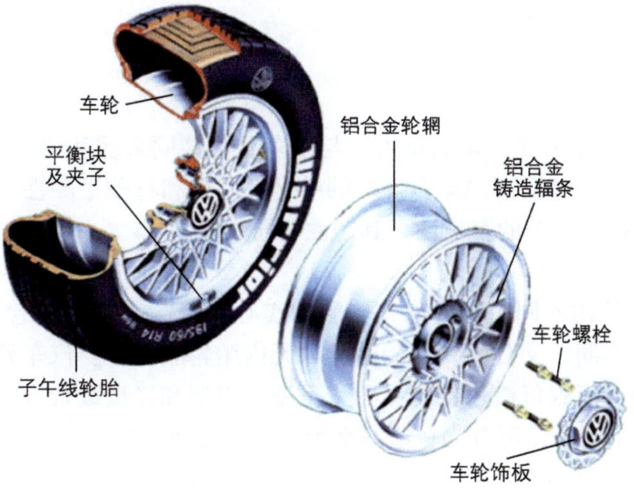

图 10-21　轿车车轮总成

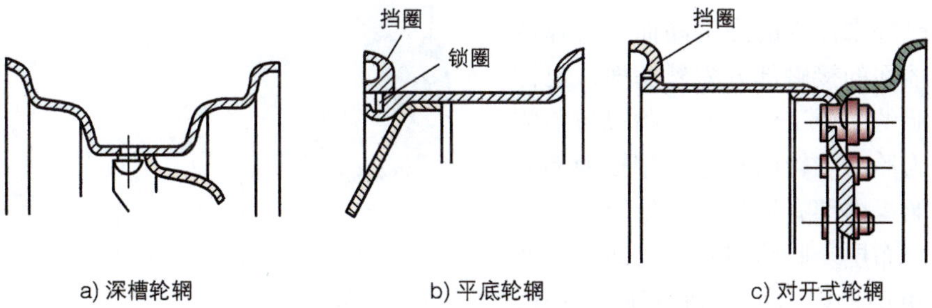

图 10-22　轮辋断面形式

（1）深槽轮辋　深槽轮辋如图 10-22a 所示。它是整体的，主要用于轿车及轻型越野汽车。它有带肩的凸缘，用以安放外胎的胎圈，为便于外胎的拆装，将轮辋的断面中部制成深凹槽。深槽轮辋的结构简单、刚度大、质量较小，对于小尺寸弹性较大的轮胎最适宜，但是尺寸较大，较硬的轮胎则很难装进这样的整体轮辋内。

（2）平底轮辋　平底轮辋如图 10-22b 所示。它是我国货车常用的一种轮辋形式。其中部是平直的，一侧有凸缘，另一侧以可拆的挡圈作凸缘，而且用一个开口锁圈来防止挡圈脱出。在安装轮胎时，先将轮胎套在轮辋上，而后套上挡圈，并将它向内推，直至越过轮辋上的环形槽，再将开口的弹性锁圈嵌入环形槽中。

（3）对开式轮辋　对开式轮辋如图 10-22c 所示。这种轮辋由内、外两部分组成，用螺栓连成一体，其内、外轮辋的宽度可以相等，也可以不相等，拆装轮胎时，拆卸螺母即可，挡圈是可拆的。有的无挡圈，而由与内轮辋制成一体的轮缘代替挡圈的作用，内轮辋与辐板焊接在一起。

轮辋是轮胎的装配基础。当轮胎装入不同轮辋时，其变形位置与大小也发生变化。因此，每一种规格的轮胎，最好配用规定的标准轮辋，必要时也可配用规格与标准轮胎相近的轮辋

（容许轮辋）。如果轮辋使用不当，就会造成轮胎早期损坏，特别是使用在过窄的轮辋上时。

三、轮胎

1. 轮胎的作用

轮胎的作用包括：①承受汽车的重力，与汽车悬架共同来缓和汽车行驶时所受到的冲击，并衰减由此产生的振动，以保证汽车有良好的乘坐舒适性和行驶平顺性；②保证车轮和路面间有良好的附着性，以提高汽车的牵引性、制动性和通过性。

2. 轮胎的类型

汽车轮胎按胎体结构不同可分为充气轮胎和实心轮胎。现代汽车绝大多数采用充气轮胎。充气轮胎按组成结构不同，又分为有内胎轮胎和无内胎轮胎两种。汽车轮胎按用途可分为载货汽车轮胎和轿车轮胎。而载货汽车轮胎又分为重型、中型和轻型载货汽车轮胎。充气轮胎按胎体中帘线排列的方向不同，还可分为普通斜交胎和子午线胎。

3. 充气轮胎的构造

（1）有内胎的充气轮胎的构造　有内胎的充气轮胎如图 10-23 所示。这种轮胎一般由外胎、内胎和内衬垫组成。外胎是用以保护内胎不受外来损害的强度高而富有弹性的外壳，与地面的接触部分为外胎面，也称胎冠，是轮胎的主要工作部分。胎冠与胎侧的过渡部分为胎肩。轮胎与轮辋相接触部分称为胎缘。胎缘内部有钢丝圈。外胎内侧为胎体，也称帘布层。胎体与胎冠之间为缓冲层，也称带束层；内胎中充满着压缩空气，按胎内的空气压力大小，充气轮胎可分为高压胎、低压胎和超低压胎三种。一般气压在 0.5 ~ 0.7MPa 者为高压胎，0.15 ~ 0.45MPa 为低压胎，0.15MPa 以下者为超低压胎。内衬垫放在内胎与轮辋之间，防止内胎被轮辋及外胎的胎圈擦伤和磨损。

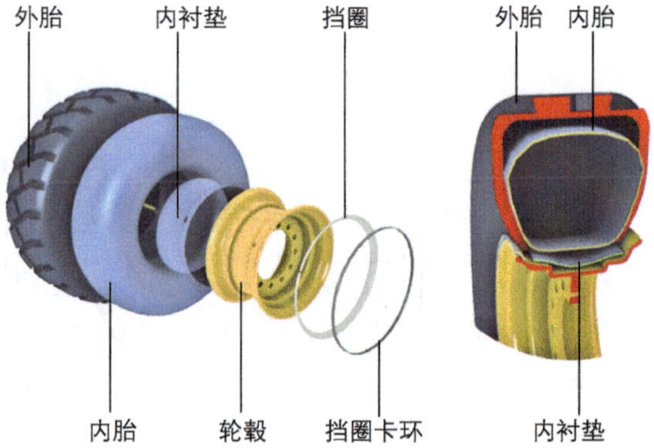

图 10-23　充气轮胎的组成及各部位名称

现代汽车几乎全都采用低压胎。因为低压胎弹性好，断面宽，与道路接触面积大，壁薄而散热性良好。这些特点提高了汽车行驶平顺性、转向操纵的稳定性。

（2）无内胎的充气轮胎　无内胎的充气轮胎在结构和外观上与有内胎轮胎相似，所不同的是它没有内胎，空气被直接压入外胎中，因此要求外胎和轮辋之间有很好的密封性。无内胎轮胎的外胎内壁上附加了一层厚约 2 ~ 3mm 的专门用来封气的橡胶气密层，如图 10-24 所示，它是用硫化的方法黏附上去的。在气密层正对着胎面下面贴着一层用未硫化橡胶的特殊混合物制成的自黏层。自黏层能自行将刺穿的孔黏合，故称为有自黏层的无内胎轮胎。

气门嘴直接固定在轮辋上，其间垫以密封用的橡胶密封衬垫。无内胎轮胎的优点是：①无内胎轮胎只有在轮胎爆破时才会失效，而在穿孔时，压力不会急剧下降，能安全地继续行驶；②无内胎轮胎中不存在因内外胎之间摩擦和卡住而引起的损坏；③气密性较好，可以直接通过轮辋散热，所以工作温度低，使用寿命长；④结构简单，质量较小。

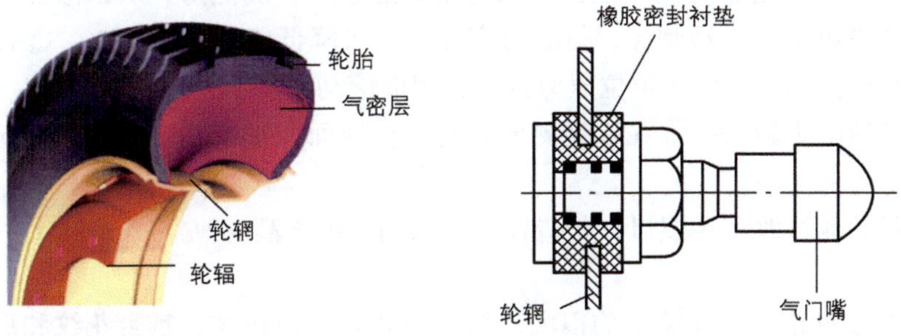

图 10-24　无内胎轮胎

（3）子午线轮胎的构造　子午线轮胎在汽车上应用最广泛。子午线轮胎的构造如图 10-25 所示。它由胎圈、帘布层、带束层、胎冠和胎肩等组成，并以带束层箍紧胎体。其特点是：①帘线排列的方向与轮胎的子午断面一致，使帘线的强度能得到充分利用，子午线轮胎的帘布层数一般比普通斜交胎少一半，胎体较柔软，弹性好。②帘布层帘线与胎面中心线呈90°角，帘线在圆周方向上只靠橡胶来联系，为了承受行驶时产生的较大切向力，子午线胎具有若干层帘线与子午断面呈大角度（交角为 70° ~ 75°）、高强度、不易拉伸的周向环形的类似缓冲层的带束层。带束层通常采用强度较高、拉伸变形小的织物帘布（如玻璃纤维、聚酰胺纤维等材料）或钢丝帘布制造。

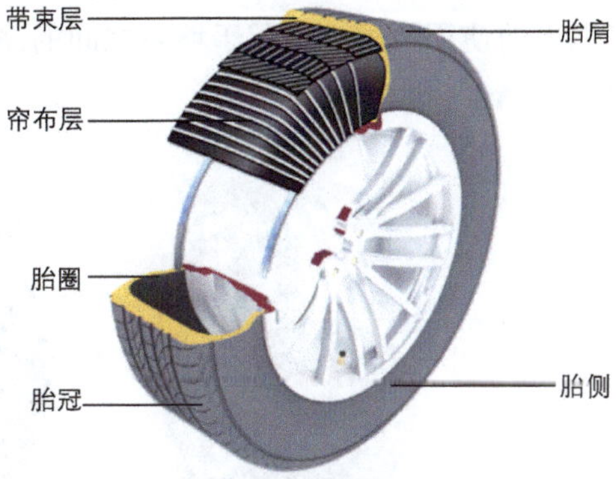

图 10-25　子午线轮胎

子午线轮胎和普通斜交轮胎的结构比较如图 10-26 所示。子午线轮胎基本骨架的胎体帘线排列成辐射状，所以胎侧部分柔软。但是，由于胎面内侧有带束层，因此提高了外胎面（胎冠）的刚度。而普通斜交胎是由胎体构成轮胎的骨架，因而从外胎面（胎冠）到胎侧的柔软度是均匀的。

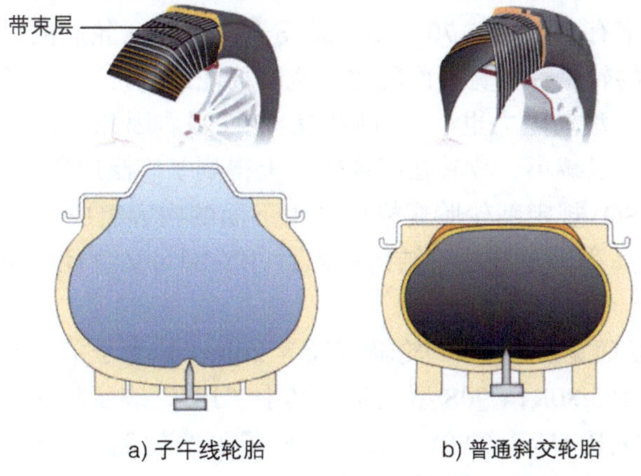

图 10-26　子午线轮胎和普通斜交轮胎结构的比较

综上可知，子午线轮胎的优点是：①因为帘布层数少，胎侧薄，所以散热性能好。②胎冠较厚且有坚硬的带束层，不易刺穿，行驶时变形小，可降低能耗3%~8%。③接地面积大，附着性能好，胎面滑移小，对地面单位压力也小，因而滚动阻力小、使用寿命长。④径向弹性大，缓冲性能好，负荷能力较大。⑤在承受侧向力时，接地面积基本不变，故在转向行驶和高速行驶时稳定性好。

它的缺点是胎侧过渡区易裂口，制造技术要求高、成本高。

4. 轮胎胎面花纹

轮胎胎面花纹对轮胎的性能影响很大，目前主要有普通花纹、越野花纹和混合花纹等，如图10-27所示。普通花纹的特点是花纹细而浅，花纹块接地面积大，因而轮胎耐磨性和附着性较好，适用于较好的硬路面。越野花纹特点是凹部深而宽，在软路面上与地面附着性好，越野能力强，适用于经常在松软路面上使用的越野汽车。混合花纹的特点介于上述两者之间，兼顾了两者的使用要求，适用于城乡之间的路面上行驶的汽车，现代货车驱动轮胎也多采用这种花纹。

a) 普通花纹　　b) 越野花纹　　c) 混合花纹

图10-27　轮胎胎面花纹

5. 轮胎规格标记方法

充气轮胎尺寸的标记方法如图10-28所示。D为轮胎名义外径、d为轮辋名义直径、H为轮胎断面高度、B为轮胎断面宽度。H与B之比称为轮胎的高宽比（以百分比表示），即$H/B\times100\%$，又称为轮胎的扁平率。扁平率经圆整后用其值$\times100$来表示，一般是5的倍数，如轿车子午线轮胎的扁平率有60、65、70、75、80等几个系列。轮胎的扁平率越小，说明轮胎的断面越宽，故扁平率小的轮胎称为宽断面轮胎。宽断面轮胎的优点是，因断面宽，接地面积大，接地比压小，磨损减小，滚动阻力也小，抗侧向稳定性强。因此，在相同承载能力下，宽断面轮胎较普通轮胎的直径可以减小，故其在高速轿车上得到了广泛应用。

国际标准化组织(ISO)规定新轮胎规格标志由下面的内容组成：①轮胎名义断面宽度，单位为mm；②轮胎名义高宽比；③轮胎结构标志；④轮辋名义直径，单位为in；⑤负荷指数；⑥速度级别。

例如9.00-20表示断面宽度为9in，轮辋直径为20in。如为子午线轮胎，则以9.00R20作标记。国产红旗轿车装用185/80R14 90S型轮胎。其中“185”表示轮胎名义断面宽度为185mm，“80”表示轮胎名义高宽比(H/B=0.80)，“R”表示子午线轮胎，“14”轮辋名义直径为14in，“90”表示负荷指数，“H”表示速度级别(最高行驶速度180km/h)。

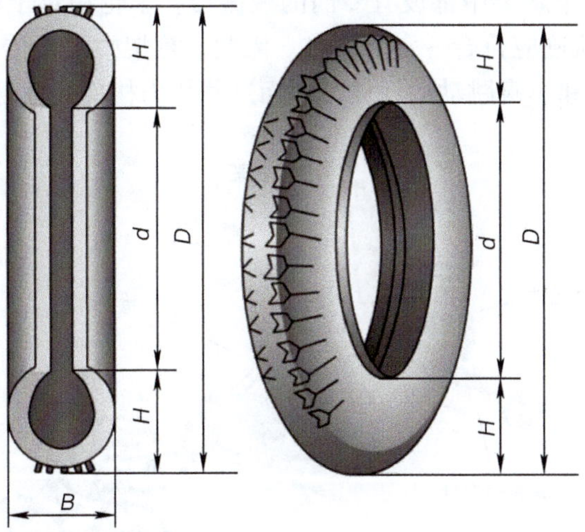

图 10-28　轮胎尺寸标记

D—轮胎外径　*d*—轮胎内径　*H*—轮胎断面高度　*B*—轮胎断面宽度

不同结构及不同名义直径轮胎的最高行驶速度见表 10-1。

表 10-1　不同结构及不同名义直径轮胎的最高行驶速度

轮胎结构	速度级别	不同名义直径轮胎的最高行驶速度 / (km/h)		
		10	12	≥ 13
普通斜交轮胎	P	120	135	150
子午线轮胎	Q	135	145	160
子午线轮胎	S	150	165	180
子午线轮胎	H	—	195	210

第五节　悬　　架

一、悬架的功用、组成与分类

1. 悬架的功用

悬架的作用是把路面作用于车轮上的法向反力（支持力）、切向反力（牵引力和制动力）和侧向反力以及这些反力所造成的力矩都要传递到车架（或承载式车身）上，缓和并衰减汽车在行驶中产生的冲击及振动，以保证汽车的正常行驶。

2. 悬架的组成

汽车的悬架组成如图 10-29 所示。一般是由弹性元件、减振器和导向机构（横向推力杆和纵向推力杆）三部分组成。在汽车行驶系统中，为了缓和冲击，除了采用弹性的充气轮胎之外，在悬架中还必须装有弹性元件，使车架（或车身）与车桥（或车轮）之间作弹性连接。但弹性系统在受到冲击后，将产生振动。持续的振动也会使乘员感到不舒适和疲劳，故悬架还应具有减振的功能。为此，汽车悬架中都设有专门的减振器。车轮相对于车架和车身跳动时，车轮（特别是转向轮）的运动轨迹应符合一定的要求。因此，悬架中某些传力构件同时还承担着使车轮按一定轨迹相对于车架和车身跳动的任务，因而这些传力构件还起导向作用，故称导向机构。

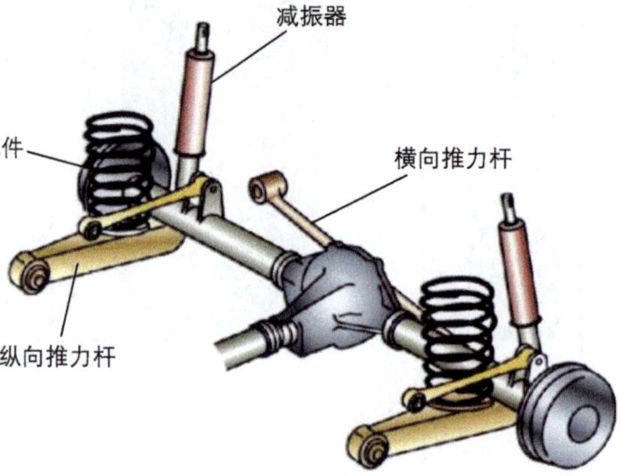

图 10-29 汽车悬架组成示意

3. 悬架的分类

汽车悬架可分为非独立悬架和独立悬架两大类，如图 10-30 所示。非独立悬架的结构特点是两侧的车轮由一根整体式车桥相连。当一侧车轮因道路不平而发生跳动时，必然引起另一侧车轮在汽车横向平面内摆动，故称为非独立悬架。而独立悬架的结构特点是采用了断开式车桥，两侧车轮可以单独地通过弹性悬架与车架（或车身）连接，单独跳动，互不影响，故称为独立悬架。

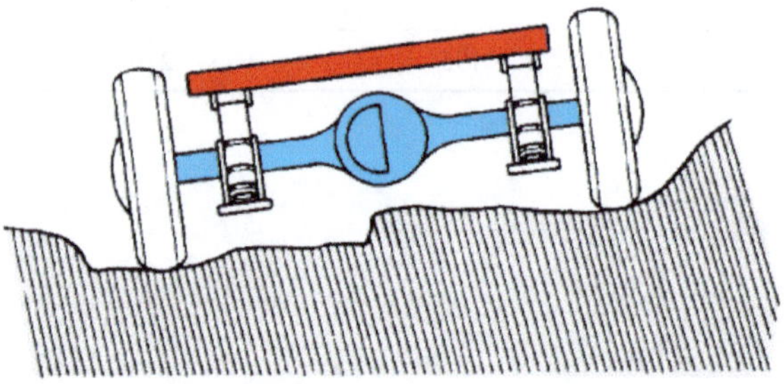

a) 非独立悬架

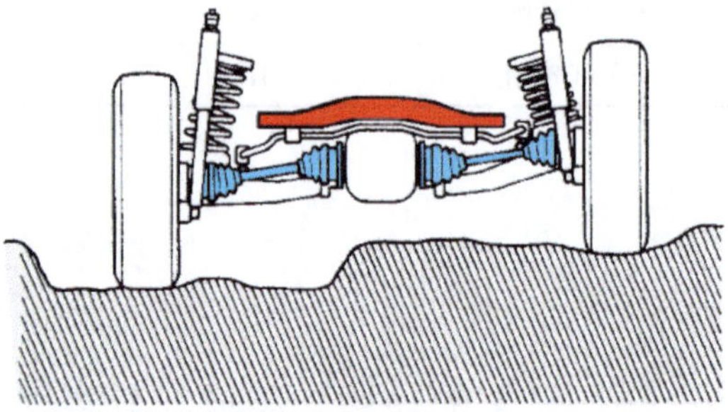

b) 独立悬架

图 10-30 非独立悬架与独立悬架

二、悬架的主要部件

1. 弹性元件

悬架采用的弹性元件有钢板弹簧、螺旋弹簧、扭杆弹簧、空气弹簧、油气弹簧、橡胶弹簧等。

（1）钢板弹簧　钢板弹簧又叫叶片弹簧，它是由若干不等长的合金弹簧片叠加在一起组合成一根近似等强度的梁，其结构如图 10-31 所示。钢板弹簧的第一片（最长的一片）称为主片，其两端弯成卷耳，内装衬套，用弹簧销与固定在车架上的支架或吊耳作铰链连接。钢板弹簧的中间用U形螺栓与车桥固定。

中心螺栓用以连接各弹簧片，并保证装配时各片的相对位置。中心螺栓距两端卷耳中心的距离可以相等（称为对称式钢板弹簧），也可以不相等（称为非对称式钢板弹簧）。

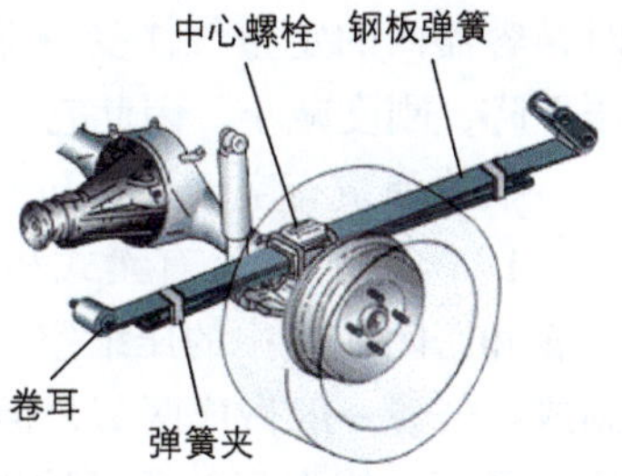

图 10-31 钢板弹簧的结构

钢板弹簧在载荷作用下变形，各片之间因相对滑动而产生摩擦，可促使车架的振动衰减。由于各片间为干摩擦，且车轮将所受冲击力传递给车架，增大了各片间的磨损。所以在装合时，各片间应涂上较稠的润滑剂（石墨润滑脂），并定期保养。

钢板弹簧既起缓冲作用，又起导向作用。而且，一般钢板弹簧是由多片叠成的，它本身即具有一定的减振能力。所以，在一些采用钢板弹簧作为弹性元件的货车悬架中，可以不装减振器。

（2）螺旋弹簧 螺旋弹簧的结构及安装位置如图 10-32 所示，它广泛被应用于独立悬架，特别是前轮独立悬架中。其优点是：①无须润滑，不忌泥污；②安置所需的纵向空间不大；③弹簧本身质量小。

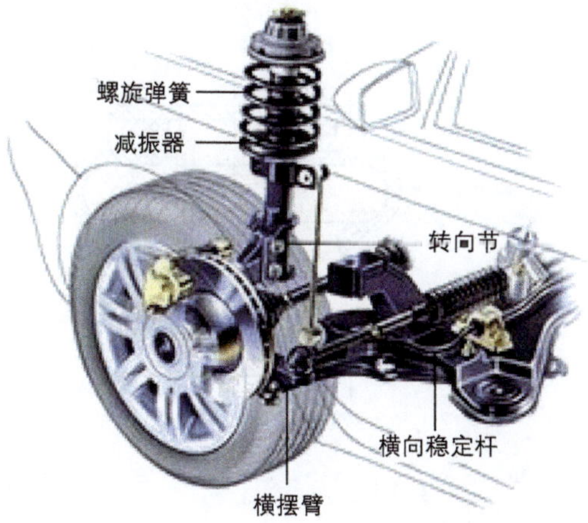

图 10-32 螺旋弹簧结构及安装位置

螺旋弹簧的振动衰减较慢，因此在螺旋弹簧悬架中必须另装减振器。此外，螺旋弹簧只能承受垂直载荷，故必须装设导向机构以传递垂直力以外的各种力和力矩。

螺旋弹簧用弹簧钢棒料卷制而成，可做成刚度不变的圆柱形螺旋弹簧和刚度可变的圆锥形螺旋弹簧。

（3）扭杆弹簧 扭杆弹簧本身是一根由弹簧钢制成的杆，其安装位置如图 10-33 所示。扭杆断面通常为圆形，少数为矩形或管形。其两端形状可以做成花键、方形、六角形或带平面的圆柱形等，以便一端固定在车架上，另一端固定在悬架的摆臂上。摆臂则与车轮相连。当车轮跳动时，摆臂便绕着扭杆轴线而摆动，使扭杆产生扭转弹性变形，借以保证车轮与车架的弹性联系。

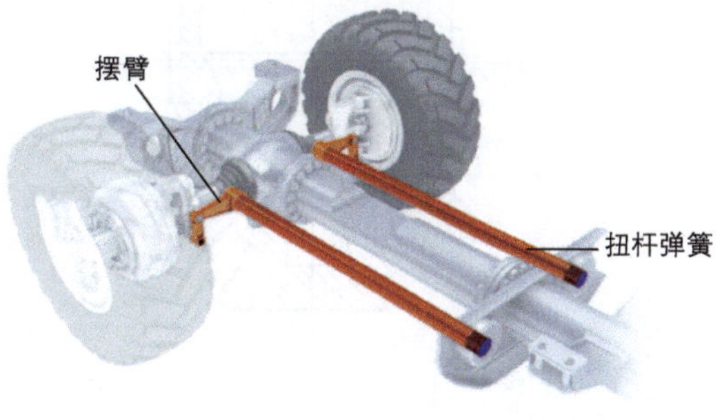

图 10-33 扭杆弹簧的安装位置

扭杆弹簧单位质量的储能量是钢板弹簧的 3 倍，比螺旋弹簧高。因此，采用扭杆弹簧的悬架质量较小，结构比较简单，也不需润滑，并且通过调整扭杆弹簧固定端的安装角度，易实现车身高度的自动调节。左、右扭杆弹簧不能互换，为此，左、右扭杆刻有不同的标记。

（4）气体弹簧　气体弹簧是在一个密封的容器中充入压缩气体（压力为 0.5 ~ 1.0MPa），利用气体的可压缩性实现弹簧的功能。这种弹簧的刚度是可变的，因为作用在弹簧上的载荷增加时，容器内的定量气体受压缩，气压升高，弹簧的刚度增大；反之，载荷减小时，弹簧内的气压下降，刚度减小。因此它具有较理想的弹性特性。

气体弹簧有空气弹簧和油气弹簧两种。

1）空气弹簧又有囊式和膜式之分。图 10-34a 所示为囊式空气弹簧，它由夹有帘线的橡胶气囊和密闭在其中的压缩空气所组成。气囊的内层用气密性的橡胶制成，而外层则用耐油橡胶制成。气囊一般做成两节，但也有单节或 3、4 节的。节数越多，弹性越好。节与节之间围有钢质的腰环，使中间部分不致出现径向扩张，并防止两节之间相互摩擦。气囊的上、下盖板将气囊密闭。

膜式空气弹簧的密闭气囊由橡胶膜片和金属压制件组成。与囊式的相比，其弹性特性曲线比较理想，因其刚度较囊式小，车身自然振动频率较低，且尺寸较小，在车上便于布置，故多用在轿车上。

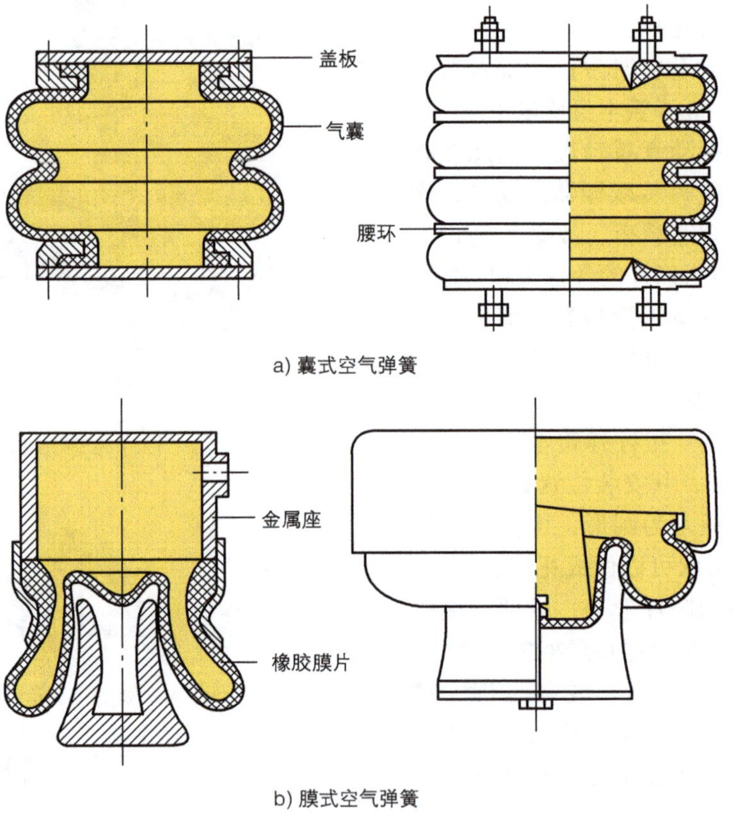

图 10-34　空气弹簧

2）油气弹簧。一般由气体弹簧和相当于液力减振器的液压缸组成。气体作为弹性介质，油液作为传力介质。油气弹簧的形式有单气室、双气室（带反压气室）以及两级压力式等。

单气室油气弹簧又分为油气分隔式和油气不分隔式两种。前者可防止油液乳化，且便于充气。

图 10-35 所示为一种轿车和轻型汽车上用的单气室油气分隔式油气弹簧。上、下半球室构成的球形气室固装在工作缸上，球形气室的内腔用橡胶油气隔膜隔开，上半球室充入高压氮气，下半球室通过减振器阻尼阀与工作缸的内腔相通，并充满了工作油液（减振器油）。油气隔膜的作用在于把作为弹性介质的高压氮气和工作油液分开，以避免工作油液乳化，同时也便于充气和保养。工作缸固定在车身（车架）上，其活塞与导向缸连成一体，悬架活塞杆的下端与悬架的摆臂（或车桥）相连。当悬架摆臂（或车桥）与车身（或车架）相对运动时，活塞和活塞导向缸便在工作缸内上下滑动，而工作油液通过减振器阻尼阀来回运动，起到减振作用。

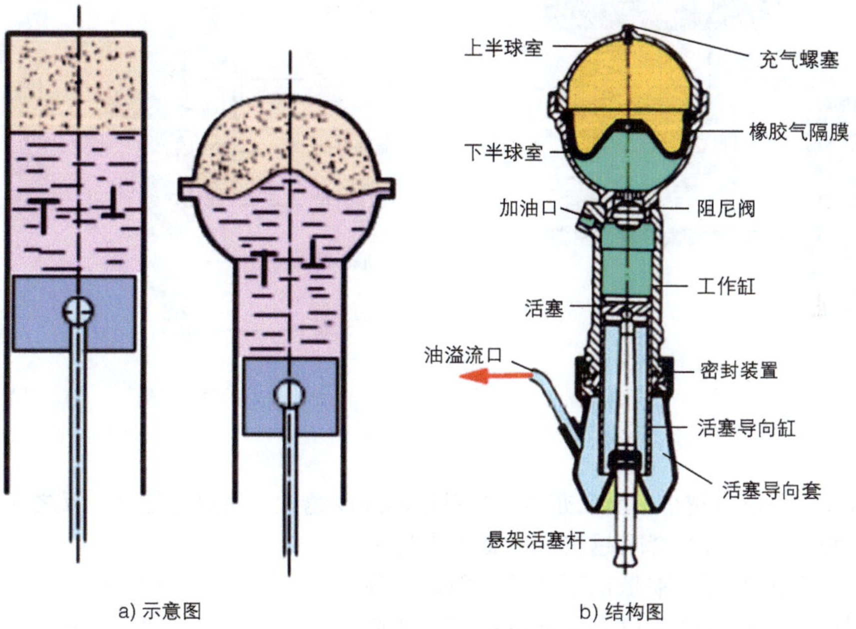

图 10-35 单气室油气分隔式油气弹簧

当载荷增加、悬架摆臂（车桥）与车身（车架）之间的距离缩短时，活塞及导向缸上移，使充满工作液的内腔容积减小，迫使工作液经压缩阀进入球形气室，从而推动油气隔膜向具有一定压力的氮气室移动，使气体容积减小，氮气压力升高。当活塞向上的推力（外界载荷）与氮气压力向下的反作用力相等时，活塞便停止移动。于是，车身（车架）与悬架摆臂（车桥）间的相对位置不再变化。当载荷减小，即推动活塞上移的作用力减小时，油气隔膜在高压氮气的作用下向下移动，迫使工作液经伸张阀流回工作缸内腔，推动活塞向下移动，车身（车架）与悬架摆臂（车桥）之间的距离变长，直到氮气室内的压力通过工作液的传递转化为作用在活塞上的力与外界减小的载荷相等时，活塞才停止移动。汽车在行驶过程中，油气弹簧所受的载荷是变化的，因此活塞便相应地在工作缸中处于不同的位置。由于氮气充满在密闭的球形气室内，作用在油气隔膜上的载荷小时，气体弹簧的刚度较小，随着载荷的增加，气体弹簧的刚度变大，故它具有变刚度的特性。

2. 减振器

在大多数汽车的悬架系统内部都装有减振器，它和弹性元件是并联安装的，如图 10-36 所示。减振器作用是加速车架和车身振动的衰减，以改善汽车的行驶平顺性。

汽车中广泛使用液压减振器，其基本原理如图 10-37 所示，当车架与车桥作往复相对运动时，减振器中的油液反复经过活塞上的阀孔，由于阀孔的节流作用及油液分子间的内摩擦力便形成了衰减振动的阻尼力，使振动的能量转变为热能，并由油液和减振器壳体吸收，然后散到大气中。

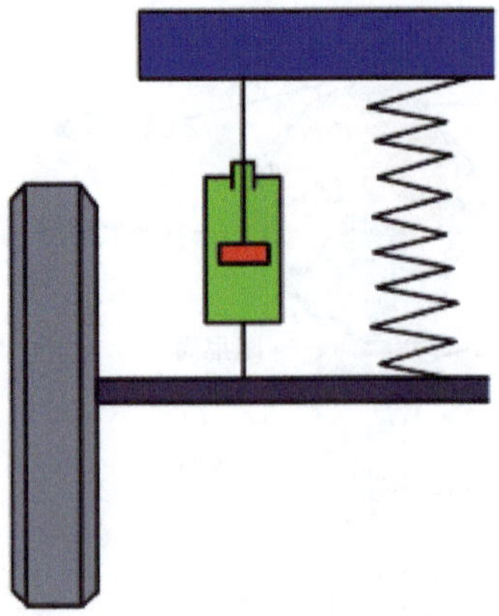

图 10-36 减振器和弹性元件的安装示意

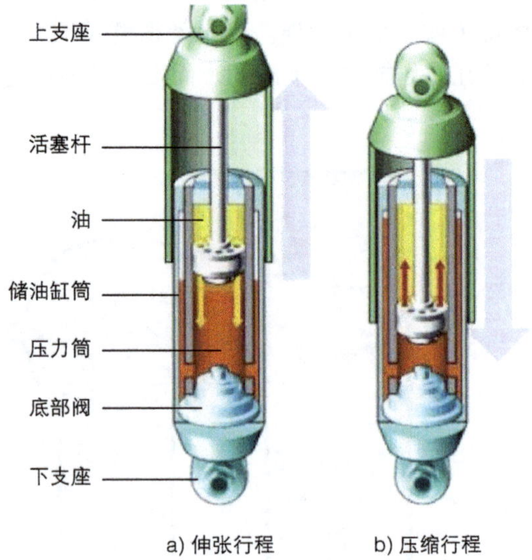

图 10-37 液压减振器的结构和基本原理

阀门越大，阻尼力越小，反之亦然。相对运动速度越大，阻尼力越大，反之亦然。

阻尼力越大，振动的衰减越快，但悬架弹性元件的缓冲效果不能发挥，乘坐也不舒适，因此，弹性元件的刚度与减振器的阻尼力要合理搭配，才能保证车辆乘坐舒适性和操纵稳定性的要求。

汽车上应用最广泛的是双向作用筒式减振器。

（1）双向作用筒式减振器结构 双向作用筒式减振器的基本结构如图 10-38 所示，部件组成如图 10-39 所示。它有三个同心钢筒，外面的钢筒是防尘罩，其上部的支座与车架相连。中间是储油缸筒，内装有一定量的油液，其下端的吊耳与车桥相连。里面是工作缸筒，其内装满油液。它还有四个阀，即压缩阀、伸张阀、流通阀和补偿阀。流通阀和补偿阀是一般的单向阀，其弹簧弹力很弱，当阀上的油压作用力与弹簧弹力同向时，阀处于关闭状态，完全不通油液；而当油压作用力与弹簧弹力反向时，只要很小的油压，阀便能开启。压缩阀和伸张阀是卸载阀，其弹簧弹力较强，预紧力较大，只有当油压增高到一定程度时，阀才能开启；而当油压降低到一定程度时，阀即自行关闭。

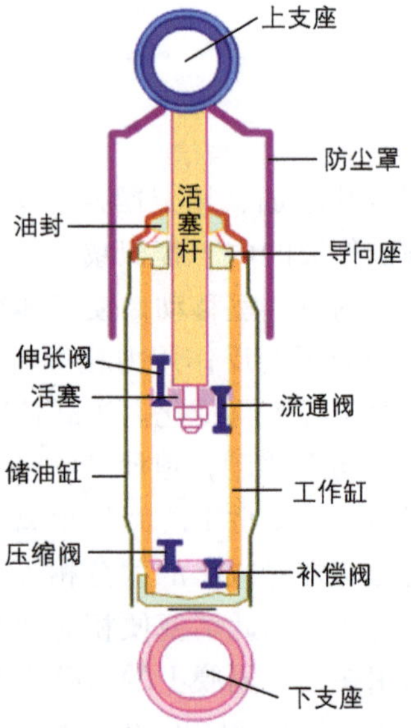

图 10-38 双向作用筒式减振器的基本结构

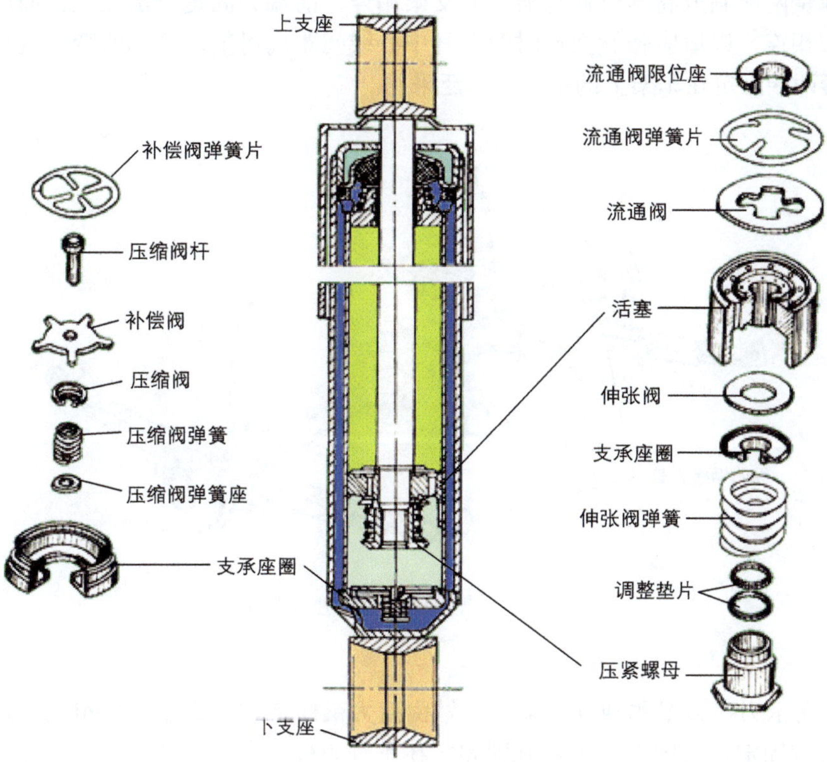

图 10-39　双向作用筒式减振器的部件组成

（2）双向作用筒式减振器工作原理　双向作用筒式减振器的工作原理可用压缩和伸张两个行程加以说明。

1）压缩行程：当车桥移近车架（或车身）时，减振器受压缩，活塞下移，使其下方腔室容积减小，油压升高。具有一定压力的油液顶开流通阀进入活塞上方腔室。由于活塞杆占去上腔室的部分容积，使上腔室增加的容积小于下腔室减小的容积，因此，还有一部分油液不能进入上腔室而只能压开压缩阀，流回储油缸筒。油液流经上述阀孔时，受到一定的节流阻力，为克服这种阻力而消耗了振动能量，因而使振动衰减。

2）伸张行程：当车桥相对远离车架（或车身）时，减振器受拉伸，活塞上移，使其上腔室油压升高，上腔室的油液便推开伸张阀流入下腔室。同样由于活塞杆的存在，上腔室减小的容积小于下腔室增加的容积，因而从上腔室流出来的油液不足以充满下腔室所增加的容积，使下腔室产生一定的真空度，这时储油缸筒中的油液在真空度作用下推开补偿阀流进下腔室进行补充。

从上面的原理可以得知，这种减振器在压缩、伸张两个行程都能起减振作用，因此称为双向作用减振器。

三、非独立悬架

1. 纵置板簧式非独立悬架

如图 10-40 所示，钢板弹簧中部用两个 U 形螺栓固定在前桥上，这种被称为纵置板簧式非独立悬架。弹簧两端制成卷耳分便与前、后支架相连，前端为固定铰链支点，而后端通过摆动的吊耳与支架相连，以适应弹簧变形时两卷耳中心线间距离可能出现的改变。这种用铰链和吊耳将钢板弹簧两端固定在车架上的结构被广泛采用。

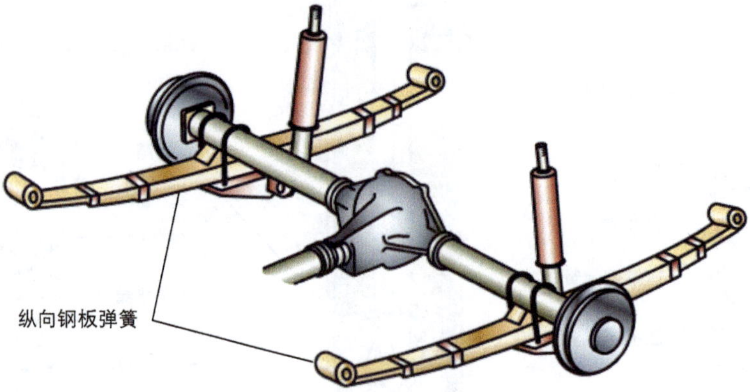

图 10-40 纵置板簧式非独立悬架

2. 扭力梁非独立悬架

图 10-41 所示为扭力梁非独立悬架。后轴由扭力梁横臂和扭力梁纵臂组成。螺旋弹簧和减振器的下端分别固定在后轴上，上端分别固定在车身底板上。弹簧和弹簧上座之间装有弹簧软垫，防止车轮的高频振动传给车身。在弹簧上座和车身之间还装有橡胶隔振块，它起隔振作用。左右车轮通过后轴相连，扭力梁纵臂后端与轮毂连接在一起，其前端头部有孔，孔中装有橡胶衬套，连接螺栓穿过橡胶衬套与车身相连，并形成橡胶铰链点。车轮跳动时，整个后轴在汽车纵向平面内绕左右橡胶铰链中心连线摆动。扭力梁非独立悬架一般用做轿车的后悬架。扭力梁纵臂、扭力梁横臂是悬架的导向机构，用来承受和传递车轮和车身之间的纵向和横向作用力及其力矩。

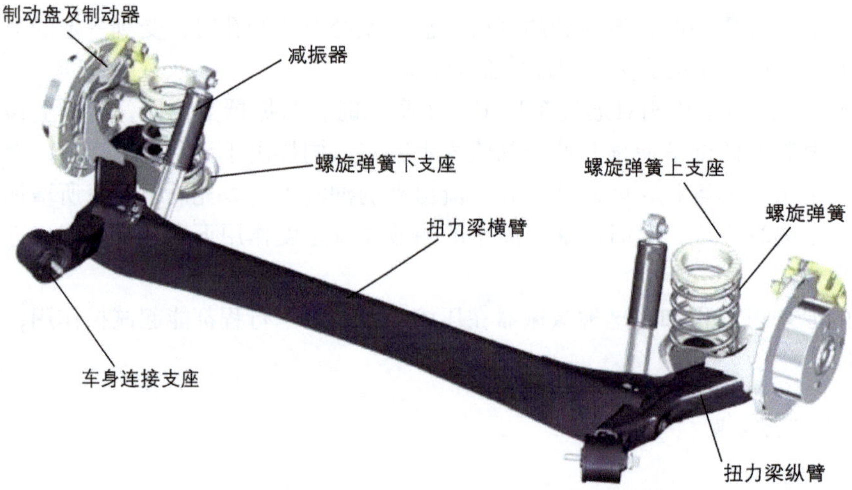

图 10-41 扭力梁非独立悬架

3. 空气弹簧非独立悬架

图 10-42 所示为空气弹簧非独立悬架，囊式空气弹簧的上下端分别固定在车架和车桥上。从压气机产生的压缩空气经油水分离器和压力调节器进入贮气筒。压力调节器可使贮气筒中的压缩空气保持一定的压力。储气罐通过管路与空气弹簧相通。储气罐和空气弹簧中的空气压力由车身高度控制阀控制。空气弹簧和螺旋弹簧一样只能传递垂直力，其纵向力和横向力及其力矩也是由纵向推力杆和横向推力杆来传递。在这种悬架中也需要安装减振器。

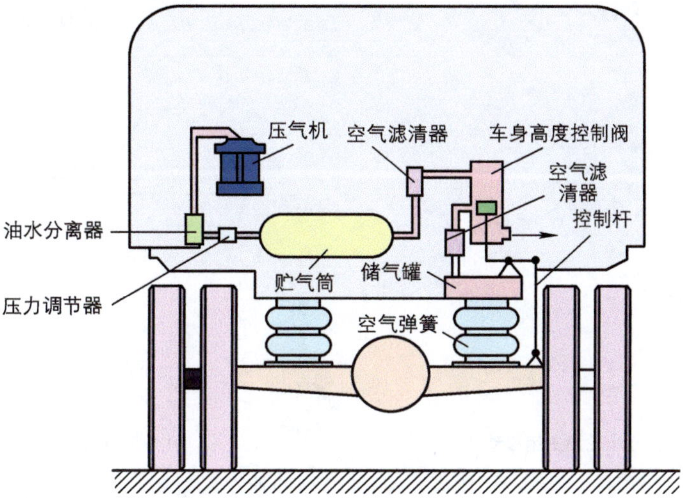

图 10-42 空气弹簧非独立悬架示意图

四、独立悬架

1. 独立悬架的结构特点

独立悬架的结构特点是两侧的车轮各自独立地与车架或车身弹性连接，因而具有以下优点。

1）在悬架弹性元件一定的变形范围内，两侧车轮可以单独运动，互不影响，这样在不平道路上行驶时可减少车架和车身的振动，而且有助于消除转向轮不断偏摆的不良现象。

2）减少了汽车的非簧载质量（即不由弹簧支承的质量），因此悬架所受到的冲击载荷也减小，可以提高汽车的行驶速度。

3）采用断开式车桥，发动机总成的位置可以降低和前移，使汽车重心下降，提高了汽车行驶稳定性。

独立悬架的缺点是结构复杂、制造成本高、维修不便、轮胎磨损较严重。独立悬架被广泛应用于轿车转向桥和越野汽车上。

2. 独立悬架种类

独立悬架多采用螺旋弹簧和扭杆弹簧作为弹性元件。独立悬架的结构类型很多，如图 10-43 所示，主要有车轮在汽车横向平面内摆动的悬架（横臂式独立悬架）、车轮在汽车纵向平面内摆动的悬架（纵臂式独立悬架）、车轮沿主销移动的悬架（烛式悬架与麦弗逊式悬架）等。另外，现代轿车上还采用了多连杆独立悬架。

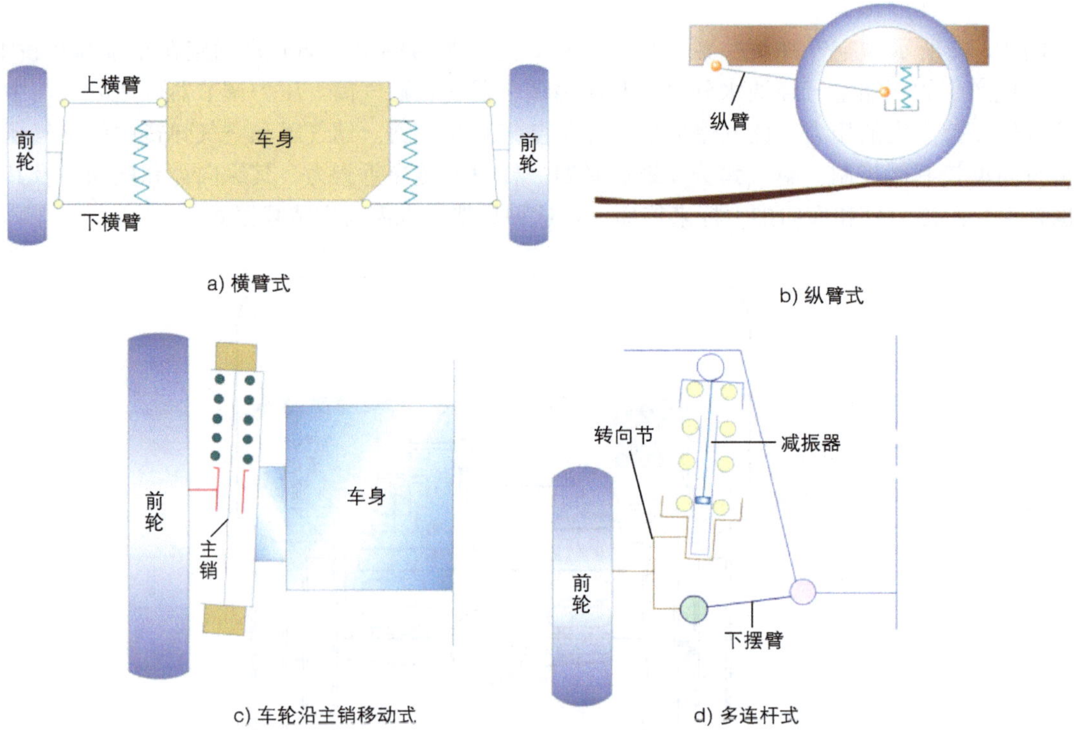

图 10-43　四种类型的独立悬架

（1）横臂式独立悬架　横臂式独立悬架分为单横臂式和双横臂式两种。单横臂式独立悬架目前在前悬架中很少采用。双横臂式独立悬架可分为等臂和不等臂两种，如图 10-44 所示。

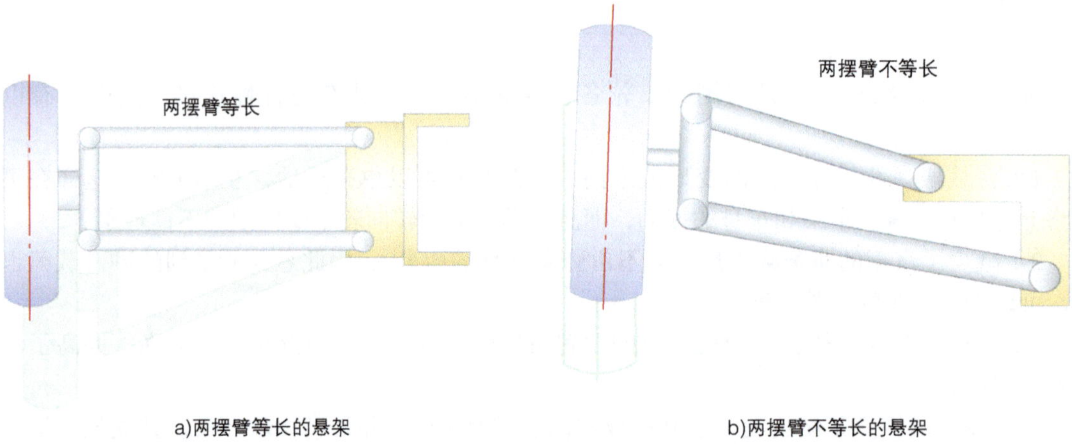

图 10-44　双横臂式独立悬架

（2）纵臂式独立悬架　图 10-45 所示为前轮的双纵臂式扭杆弹簧独立悬架。两个等长的纵臂与转向节铰接。在车架的两根管式横梁内都装有由若干层矩形断面的薄弹簧钢片叠成的扭杆弹簧。两根扭杆弹簧的内端用螺钉固定在横梁的中部，而外端则插入纵臂轴的矩形孔内。纵臂轴用衬套支承在管式横梁内。轴和纵臂刚性地相连。另一侧车轮的悬架与之完全相同而且对称。

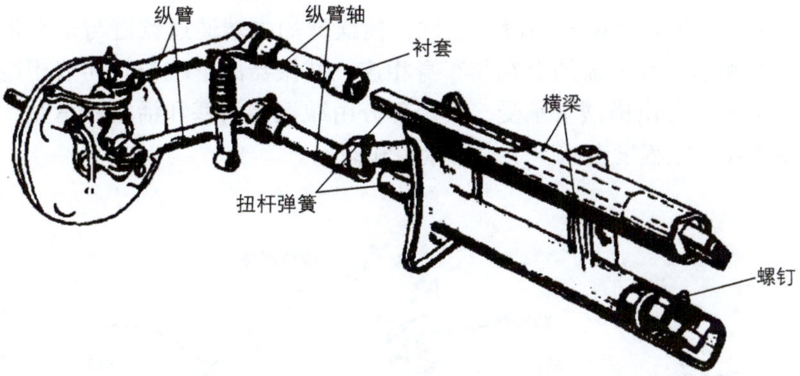

图 10-45　双纵臂式扭杆弹簧独立悬架

（3）车轮沿主销移动的悬架　车轮沿主销移动的悬架目前大致可分为两种形式：一种是车轮沿固定不动的主销轴线移动的烛式独立悬架；另一种是车轮沿摆动的主销轴线移动的麦弗逊式独立悬架。

1）烛式独立悬架：图 10-46 所示为烛式独立悬架。主销刚性固定在车架上，转向轮、转向节则装在套筒上，这种悬架的主销定位角不会变化。这有利于汽车的转向操纵和行驶稳定性，但侧向力全部由套在主销上的套筒和主销承受，套筒与主销之间的摩擦阻力大，磨损严重。

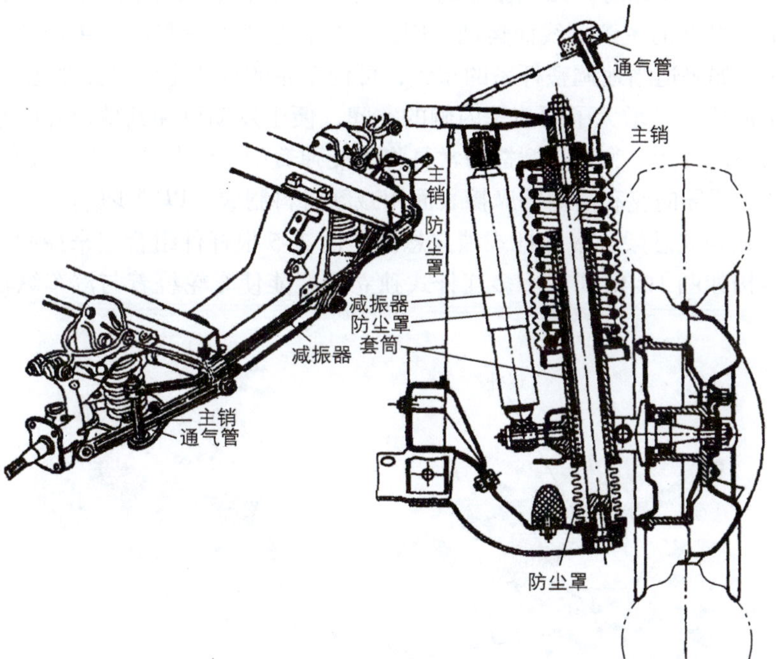

图 10-46　烛式独立悬架

2）麦弗逊式悬架：麦弗逊式悬架目前在前置前驱动轿车和某些轻型客车上应用广泛，其结构如图 10-47 所示。筒式减振器为滑动立柱，横摆臂的内端通过铰链与车身相连，其外端通过球铰链与转向节相连。减振器的上端与车身相连，减振器的下端与转向节相连。车轮所受的侧向力通过转向节大部分由横摆臂承受，其余部分由减振器活塞和活塞杆承受。因此，这种结构形式较烛式悬架在一定程度上减少了滑动摩擦和磨损。

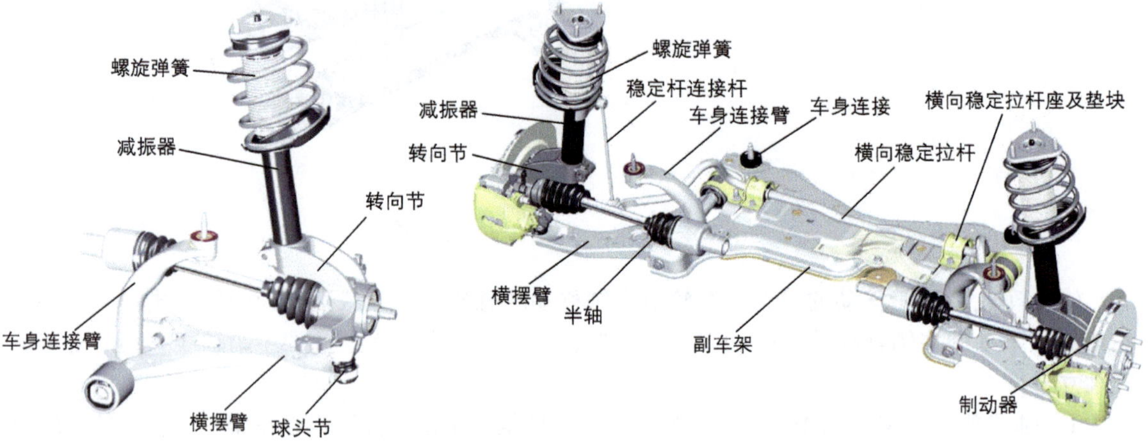

图 10-47　麦弗逊式悬架的结构

筒式减振器上铰链的中心与横摆臂外端的球铰链中心的连线为主销轴线，此结构也称为无主销结构。当车轮上下跳动时，因减振器的下支点随横摆臂摆动，故主销轴线的角度是变化的。这说明车轮是沿着摆动的主销轴线而运动。因此，这种悬架在变形时，主销的定位角和轮距都有些变化。然而，如果适当地调整杆系的布置，可使车轮的这些定位参数变化极小。

该悬架突出的优点是增大了两前轮内侧的空间，便于发动机和其他部件的布置；其缺点是滑动立柱摩擦和磨损较大。为减少摩擦通常是将螺旋弹簧中心线与滑柱中心线布置得不相重合。另外，还可将减振器导向座和活塞的摩擦表面用减摩材料制成，以减少磨损。

（4）多连杆式独立悬架　多连杆式独立悬架是由 3~5 根杆件组合起来控制车轮位置变化的悬架系统，其结构如图 10-48 所示。多连杆式独立悬架能使车轮绕着与汽车纵轴线成一定角度

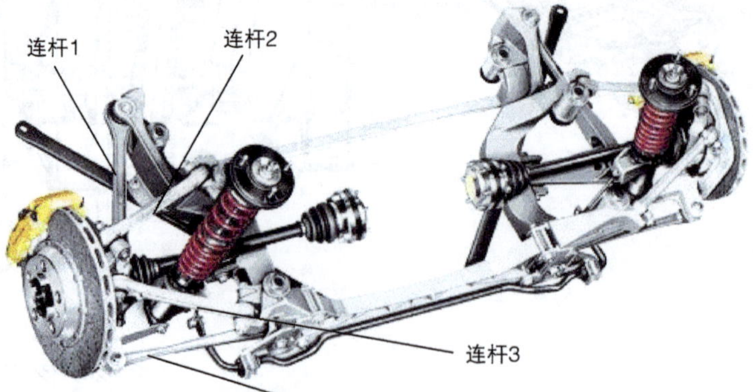

图 10-48　多连杆式独立悬架结构

的轴线内摆动，是横臂式和纵臂式的折中方案，适当地选择摆臂轴线与汽车纵轴线所成的夹角，可不同程度地获得横臂式与纵臂式悬架系统的优点，满足不同的使用性能要求。多连杆式独立悬架的主要优点是车轮跳动时轮距和前束的变化很小，不管汽车在加速还是制动状态都可以按驾驶员的意图进行平稳的转向。

五、电控悬架

传统悬架的刚度和阻尼是按经验或优化设计的方法确定的，根据这些参数设计的悬架结构，在汽车行驶过程中是无法进行调节的，使汽车行驶平顺性和乘坐舒适性受到一定影响，故称传统悬架为被动悬架。而现代汽车采用的电控悬架的刚度和阻尼特性能根据汽车的行驶条件进行动态自适应调节，使悬架系统始终处于最佳减振状态。

按控制理论不同，电控悬架系统分为主动、半主动两大类。主动悬架能自动调整悬架刚度和阻尼（包括整体调整和单轮调整），从而能同时满足汽车行驶平顺性和操纵稳定性等各方面的要求。半主动悬架是指悬架元件中的弹簧刚度和减振器阻尼系数两者之一可以根据需要进行调节。通常采用调节减振器的阻尼，不对刚度进行有效的控制。

1. 主动悬架

主动悬架可根据汽车载质量、路面状况（振动情况）、行驶速度、运行工况（起动、制动、转向等）变化时，自动调整悬架的刚度和阻尼，能同时满足汽车行驶平顺性和操纵稳定性等各方面的要求。图 10-49 所示为电控主动悬架系统，它为有源控制，包括提供能量的设备和可控

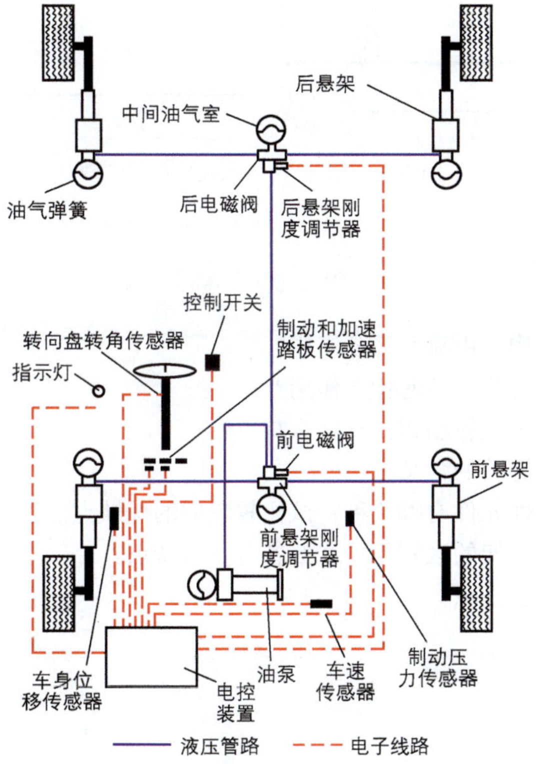

图 10-49　电控主动悬架系统组成

主动悬架概述

制作用力的附加装置。主动悬架是在被动悬架系统（弹性元件、减振器、导向装置）中附加一个可控制作用力的装置，通常由执行机构、测量系统、控制系统和能源系统四部分组成。执行机构的作用是执行控制系统的指令，一般为力发生器或转矩发生器（液压缸、油气室、伺服电动机、电磁铁等）。测量系统的作用是测量系统各种状态，为控制系统提供依据，包括各种传感器。控制系统的作用是处理数据和发出各种控制指令，其核心部件是电子控制单元（ECU）。能源系统的作用是为以上各部分提供能量。

2. 半主动悬架

电控半主动悬架的基本原理如图 10-50 所示。半主动悬架一般由传感器、弹簧、可调阻尼减振器和控制器等组成，在汽车转向、起步及制动等工况时，不能对悬架的刚度和阻尼进行主动控制。半主动悬架可根据汽车运行时的振动及工况变化情况，对悬架阻尼参数进行自动调整。为减少执行元件所需的功率，通常采用调节减振器的阻尼，使阻尼系数在几毫秒内由最小变至最大，使汽车振动频率被控制在理想的范围内。

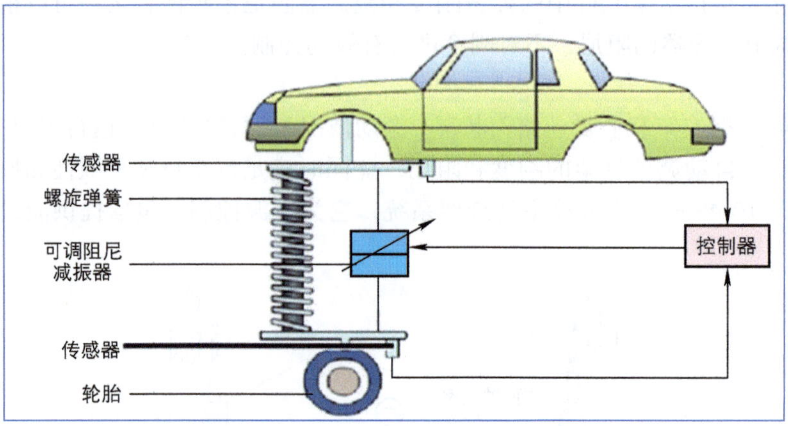

图 10-50 电控半主动悬架基本原理

思 考 题

1. 汽车行驶系有何功用？由哪几部分组成？
2. 转向轮定位参数有哪些？各起什么作用？
3. 子午线轮胎和普通斜交轮胎相比有什么特点？
4. 说明 215/55R16 型轮胎的含义。
5. 汽车悬架常用的弹性元件有哪几种？试比较它们的优缺点。
6. 独立悬架与非独立悬架的区别是什么？各有什么特点？
7. 电控悬架系统有哪些优点？

第十一章 汽车转向系

第一节 概　　述

一、转向系的功用

转向系的功用是保证汽车按照驾驶员的需要改变行驶方向，而且还可以克服路面侧向干扰力使车轮自行产生的转向，恢复汽车原来的行驶方向。

二、转向系的分类

转向系可按转向能源的不同分为机械转向系和动力转向系两大类。

1. 机械转向系

机械转向系以驾驶员的体力作为转向能源，又称为人力转向系。机械转向系的结构如图 11-1 和图 11-2 所示。

2. 动力转向系

动力转向系是兼用驾驶员体力和发动机动力为转向能源的转向系。在正常情况下，汽车转向所需能量只有一小部分由驾驶员提供，而大部分是由发动机通过转向加力装置提供的。但在转向加力装置失效时，一般还应当能由驾驶员独力承担汽车转向任务。因此，动力转向系是在机械转向系的基础上加设一套转向加力装置而形成的，其结构如图 11-3 所示。

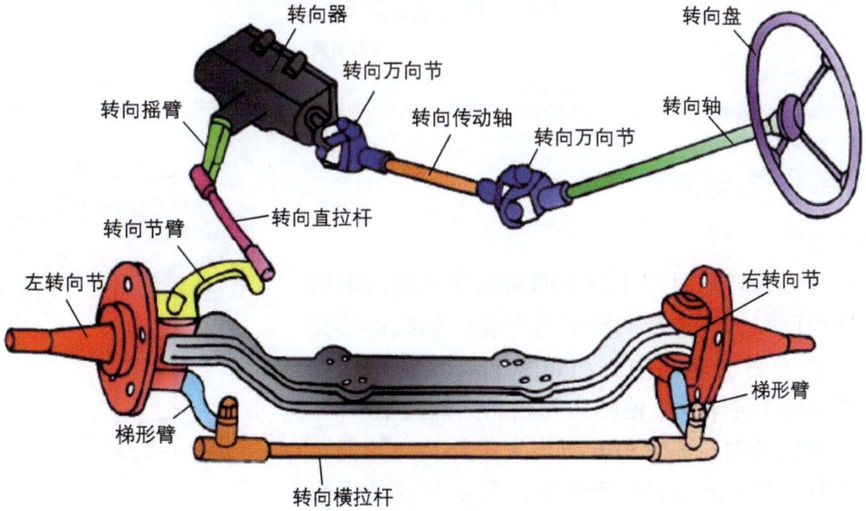

图 11-1　货车机械转向系的结构

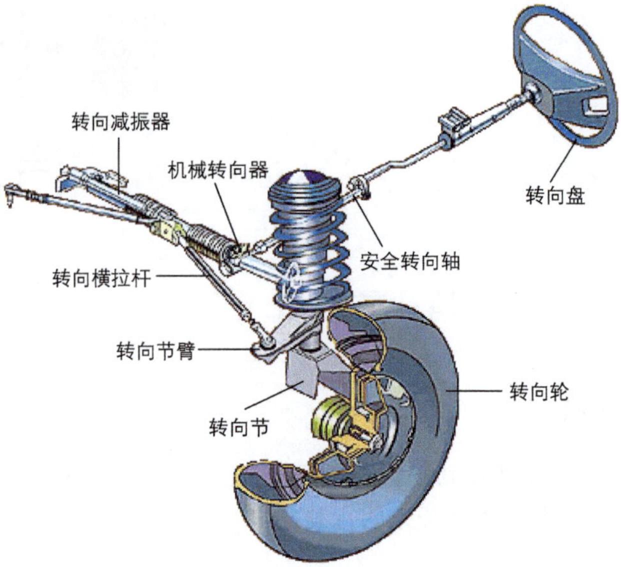

图 11-2 轿车机械转向系的结构

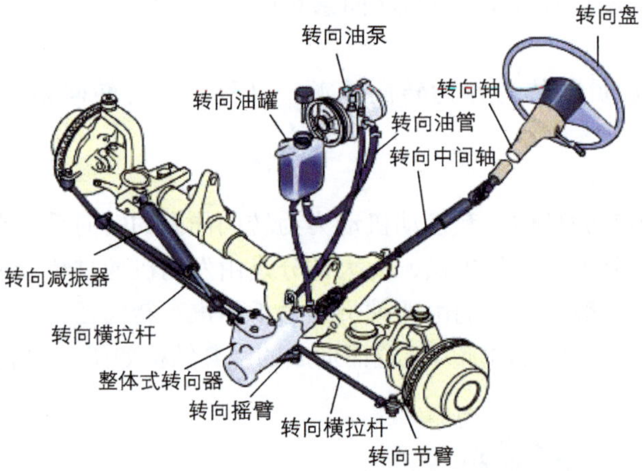

图 11-3 动力转向系的结构

三、转向系有关术语

1. 转向中心

为了避免在汽车转向时产生的路面对汽车行驶的附加阻力和轮胎过快磨损，要求转向时所有车轮的轴线都相交于一点，此交点 O 称为转向中心，如图 11-4 所示，即在该点，所有车轮均作纯滚动，使阻力和轮胎磨损最小。

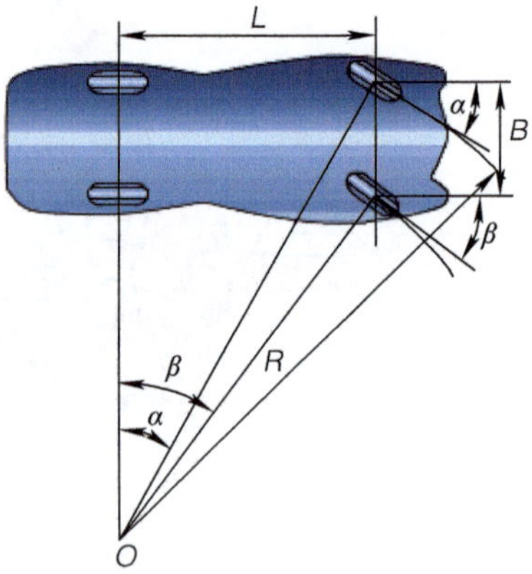

图 11-4 汽车转向示意图

汽车转向时内转向轮偏转角 β 应当大于外转向轮偏转角 α。在车轮为绝对刚体的假设条件下，角 α 与 β 的理想关系式应为

$$\cot\alpha = \cot\beta + B/L$$

式中　B——两侧主销轴线与地面交点之间的距离，称为轮距；

L——汽车轴距。

2. 转弯半径

由转向中心 O 到外转向轮与地面接触点的距离 R 称为汽车转弯半径。转弯半径越小，则汽车转向所需场地就越小，机动性能越好。由图 11-4 可知，当外转向轮偏转角达到最大值 α_{max} 时，转弯半径最小。最小转弯半径 R_{min} 与 α_{max} 的关系为

$$R_{min} = L/\sin\alpha_{max}$$

3. 转向盘自由行程

转向盘在空转阶段中的角行程称为转向盘自由行程。转向盘自由行程对于缓和路面冲击及避免驾驶员过度紧张是有利的，但不宜过大，以免过分影响转向灵敏性。一般说来，转向盘从相应于汽车直线行驶的中间位置向任一方向的自由行程最好不超过 10° ~ 15°，当零件磨损严重到使转向盘自由行程超过 25° ~ 30° 时，则必须进行调整。

第二节　机械转向系

机械转向系由转向操纵机构、转向器和转向传动机构三大部分组成。

一、转向操纵机构

汽车转向操纵机构主要由转向盘、转向管柱、上下溃缩柱、转向盘调节装置等组成，如图 11-5 所示。由于总布置的要求，转向盘和转向器的轴线相交成一定的角度，所以在结构中采用了万向节。

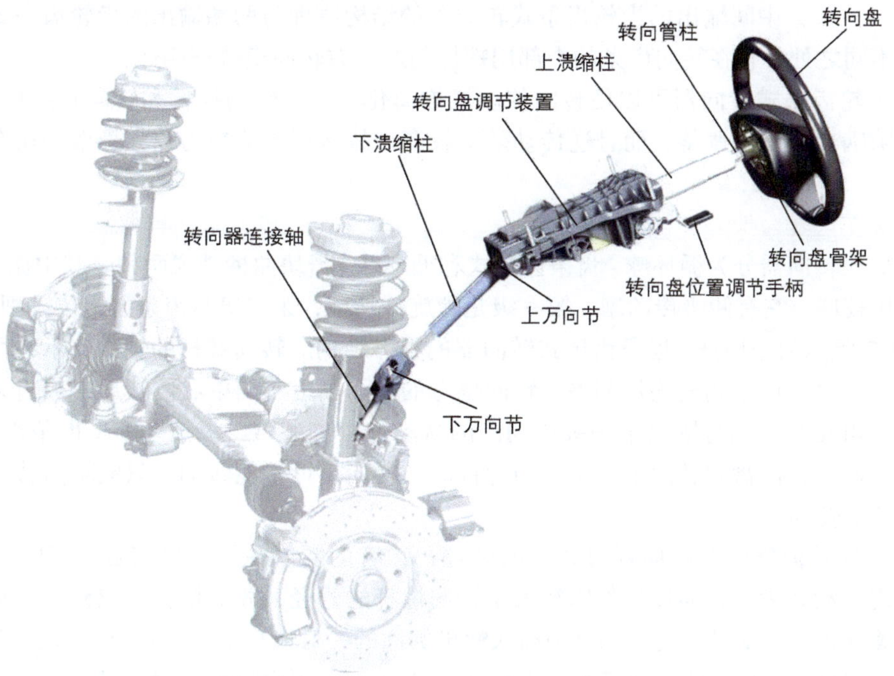

图 11-5　转向操纵机构

二、转向器

转向器是转向系中的减速传动装置，其功用是将驾驶员加在转向盘上的力矩放大，并降低转速，传给转向传动机构。常见的转向器有齿轮齿条式和循环球式。

1. 齿轮齿条式转向器

齿轮齿条式转向器分两端输出式和中间（或单端）输出式两种。图 11-6 所示为两端输出的齿轮齿条式转向器。

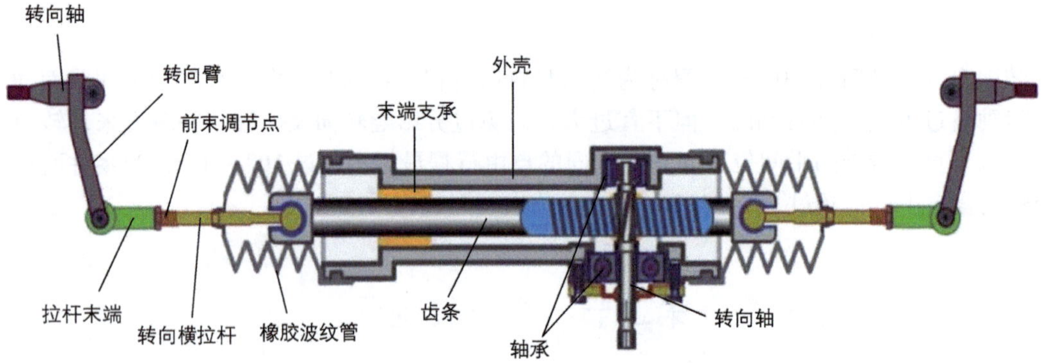

图 11-6　齿轮齿条式转向器

传动副的主动件转向齿轮与转向轴相连，通过轴承安装在转向器壳体中，与转向齿轮啮合的转向齿条水平布置，两端通过球头座与转向横拉杆相连；当转动转向盘时，转向轴带动转向齿轮转动，使与之啮合的转向齿条沿轴向移动，从而使左右横拉杆带动转向节左右转动，使转向车轮偏转，实现汽车转向。

中间输出的齿轮齿条式转向器的结构原理与两端输出的齿轮齿条式转向器基本相同，不同之处是它在转向齿条的中部用螺栓与左、右转向横拉杆相连。

采用齿轮齿条式转向器可以使转向传动机构简化（不需转向摇臂和转向直拉杆等），齿轮齿条无间隙啮合，无须调整，而且逆传动效率较高，故多用于前轮为独立悬架的轿车和微型及轻型货车上。

2. 循环球式转向器

循环球式转向器分为循环球 - 齿条齿扇式和循环球 - 滑块曲柄销式两种。其中循环球 - 齿条齿扇式应用较广。它有两级传动副，第一级是螺旋传动副，第二级是齿条齿扇传动副。

图 11-7 所示为循环球 - 齿条齿扇式转向器的整体结构。转向螺杆的轴颈支承在两个推力球轴承上。轴承紧度可用调整垫片调整。转向螺母的下平面上（图中右侧）加工成齿条，与齿扇部分啮合。可见转向螺母既是第一级传动副的从动件，也是第二级传动副（齿条齿扇传动副）的主动件。通过转向盘和转向轴转动转向螺杆时，转向螺母不能转动，只能轴向移动，并驱使齿扇及摇臂轴转动。

为了减少转向螺杆和转向螺母之间的摩擦，二者的螺纹并不直接接触，其间装有许多钢球，以实现滚动摩擦。转向螺母的内径大于转向螺杆的外径，故能松套在螺杆上。转向螺母外有两根钢球导管，每根导管的两端分别插入螺母侧面的一对通孔中，导管内装满了钢球。这样，两根导管和螺母内的螺旋管状通道组合成两条各自独立且封闭的钢球“流道”。

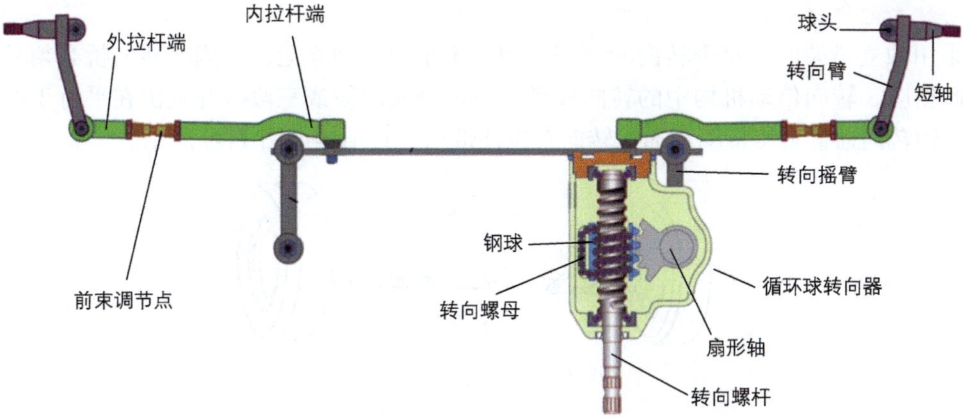

图 11-7　循环球 - 齿条齿扇式转向器的整体结构

转向螺杆转动时，通过钢球将力传给转向螺母，螺母即沿轴向移动。同时，在螺杆与螺母二者和钢球间的摩擦力偶作用下，所有钢球便在螺旋管状通道内滚动，形成“球流”。循环球式转向器的正传动效率很高（最高可达 90% ~ 95%），故操纵轻便，使用寿命长。但其逆效率也很高，容易将路面冲击力传到转向盘。不过，对于较轻型的、前轴轴载质量不大而又经常在良好路面上行驶的汽车而言，这一缺点影响不大。因此，循环球式转向器被广泛应用于各类各级汽车。

三、转向传动机构

转向传动机构的功用是将转向器输出的力和运动传到转向桥两侧的转向节，使两侧转向轮偏转，且使两个转向轮偏转角按一定关系变化，以保证汽车转向时车轮与地面的相对滑动尽可能小。

转向传动机构的组成和布置因转向器位置和转向轮悬架类型而异。

1. 与非独立悬架配用的转向传动机构

与非独立悬架配用的转向传动机构主要包括转向摇臂、转向直拉杆、转向节臂和转向梯形，如图 11-8 所示。在前桥仅为转向桥的情况下，由转向横拉杆和左、右梯形臂组成的转向梯形一般布置在前桥之后（图 11-8a）；在发动机位置较低或转向桥兼作驱动桥的情况下，为避免运动干涉，往往将转向梯形布置在前桥之前（图 11-8b）。若转向摇臂不是在汽车纵向平面内前后摆动，而是在与道路平行的平面向左右摆动，则可将转向直拉杆横置，并借球头销直接带动转向横拉杆，从而推使两侧梯形臂转动（图 11-8c）。

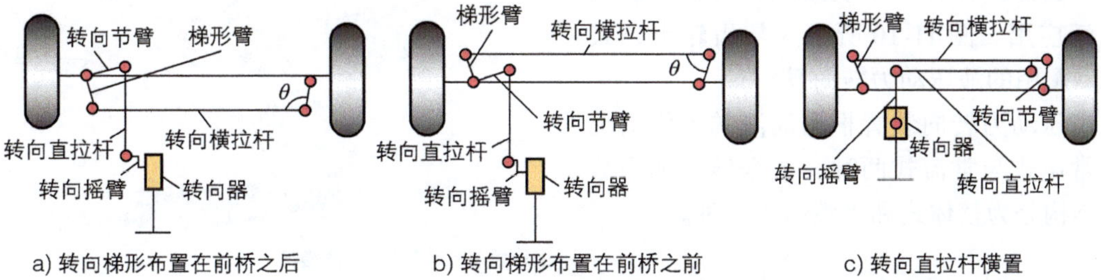

图 11-8　与非独立悬架配用的转向传动机构

2. 与独立悬架配用的转向传动机构

当采用独立悬架时，每个转向轮都需要相对于车架作独立运动，因而转向桥必须是断开式的。与此相应，转向传动机构中的转向梯形也必须分成两段或三段。并且由在平行于路面的平面中摆动的转向摇臂直接带动或通过转向直拉杆带动，其结构如图 11-9 所示。

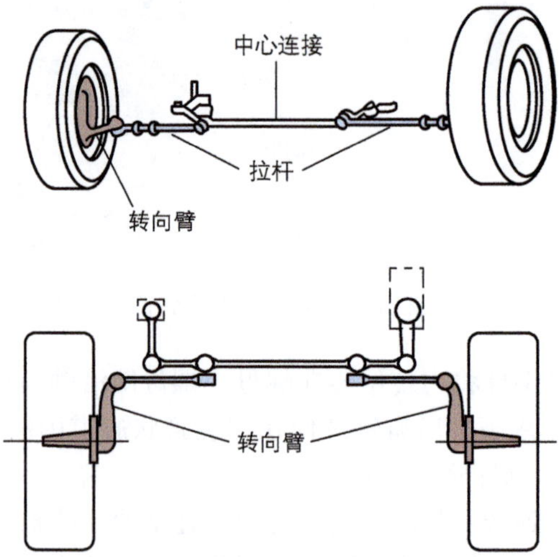

图 11-9　与独立悬架配用的转向传动机构结构

第三节　动力转向系

为了减轻驾驶员的劳动强度，提高驾驶舒适性，保证行车安全，在一些车型中加装了转向加力装置。转向加力装置以发动机输出的动力或电力为能源，在转向时，只有一小部分是驾驶员的体能，大部分是发动机提供的液压能、气压能或电机提供的电能。

一、动力转向系的类型

常见的动力转向系统有液压动力转向系统和电动转向系统。由于液压系统工作压力高，故其部件尺寸小，并且工作时无噪声，工作滞后时间短，还能吸收来自不平路面的冲击。因此，在各类车上液压动力转向装置被广泛应用。图 11-10 所示为与齿轮齿条式转向器配用的液压动力转向系。

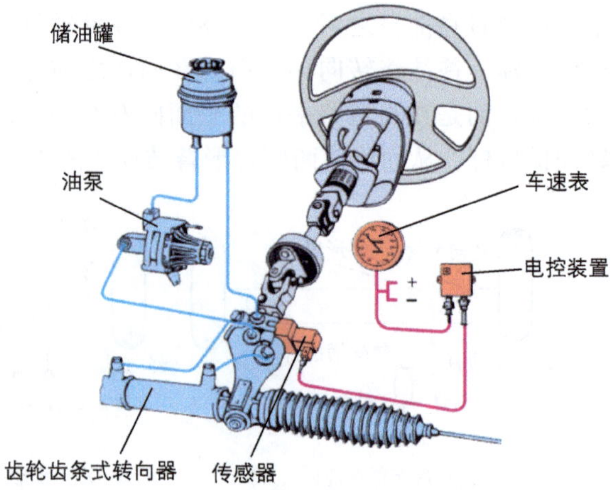

图 11-10　与齿轮齿条式转向器配用的液压动力转向系

液压动力转向装置根据油液的工作情况分为常压式与常流式两种；根据转向加力装置的结构分为整体式和半整体式两种。

二、常压式液压动力转向系

常压式液压动力转向系的优点包括：系

统中有蓄能器积蓄液压能，可以使用流量较小的转向油泵，而且在转向油泵不运转的情况下保持一定的动力转向的能力。但系统工作压力高，液压油易发生泄漏，发动机功率消耗较大。因此，目前只有少数重型汽车采用此种动力转向系统。常压式液压动力转向系结构如图 11-11 所示，图示位置转向控制阀处于关闭位置，汽车直线行驶。转向液压泵输出的压力油充入蓄能器，蓄能器压力达到规定值，液压泵自动卸荷空转。当汽车转向时，机械转向器带动转向控制阀转入开启位置，蓄能器中的压力油流入转向动力缸，从而产生推力以助转向。

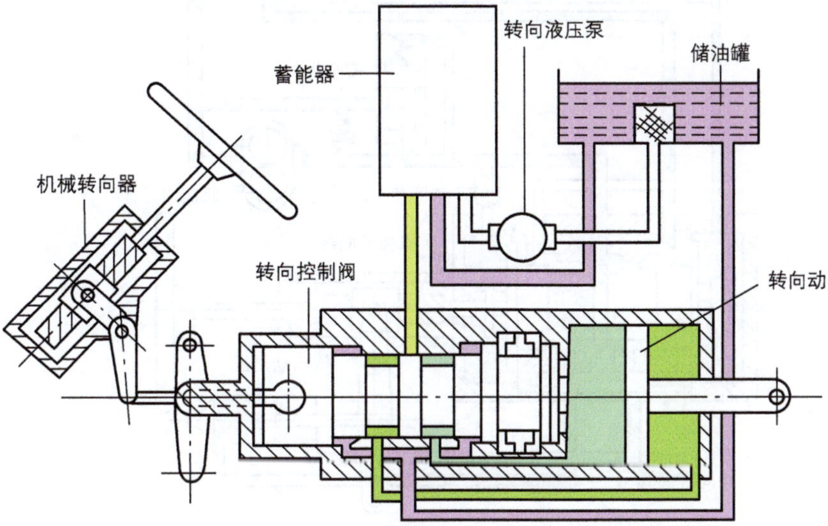

图 11-11 常压式液压动力转向系结构

三、常流式液压动力转向系

常流式液压动力转向系结构简单，油泵寿命长，液压油泄漏较少，消耗功率也较少。因此，它被广泛应用于各种汽车。

常流式液压动力转向系结构如图 11-12 所示，当汽车直线行驶时，转向控制阀处于图示位置，使得转向动力缸活塞两侧都和低压油路及储油罐相通，压力相等，转向动力缸不动，液压泵空转，油液处于低压流动状态。当驾驶员转动转向盘，通过机械转向器使转向控制阀处于某一工作位置，此时，转向动力缸活塞一侧与回油管隔绝，与液压泵相通，压力升高（由于地面转向阻力通过转向传动机构传到动力缸的推杆和活塞上形成较大的油泵输出阻力）；另一侧仍然与回油管路相通，压力较低，转向动力缸活塞移动，产生推力。转向盘停止转动后，转向控制阀回到图示中立位置，动力缸停止工作。由于无论汽车是否处于转向状态，液压系统管路中的油液总是在流动，压力较低，只有在转向时才产生瞬时高压，因此将其称为常流式。

常流式液压动力转向系统按机械转向器、转向控制阀、转向动力缸三者的组合及相对位置，分为整体式、半整体式、转向加力器三种。

整体式动力转向系是目前大多数车型都采用的动力转向系统。它是将动力缸、控制阀和机械转向器三者组装在一个壳体内，这种三合一的部件称为整体式动力转向器。图 11-13 所示为轿车常用的齿轮齿条式整体动力转向器，工作原理如图 11-14 所示。活塞安装在转向齿条上，转向齿条的壳体相当于动力缸，动力缸活塞是齿条的一部分，齿条活塞两边的齿条套管被密封形成两个油液腔，连接左、右转向回路。控制阀安装在转向齿轮壳体内。转动转向盘时，旋转阀改变油液流量，在转向齿条两端形成压力差，使得齿条向压力低的方向移动，齿条相当于动力缸的推杆，从而减轻驾驶员加在转向盘上的力。

液压助力转向系统

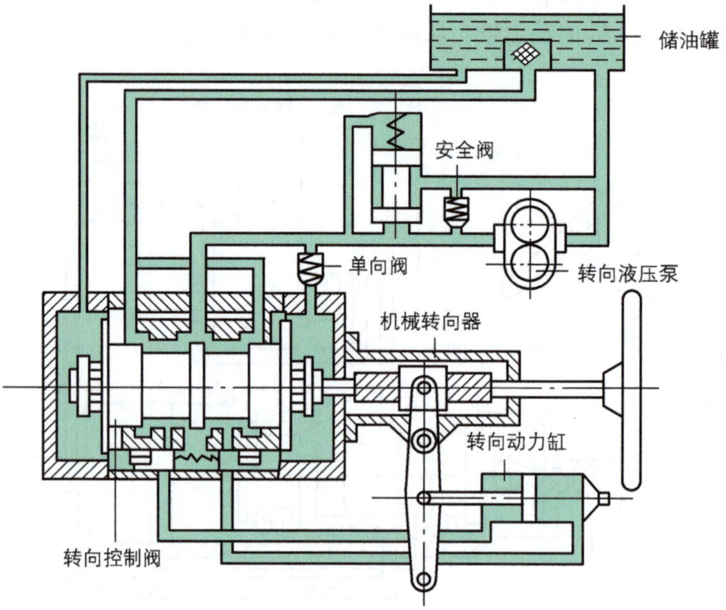

图 11-12　常流式液压动力转向系的结构

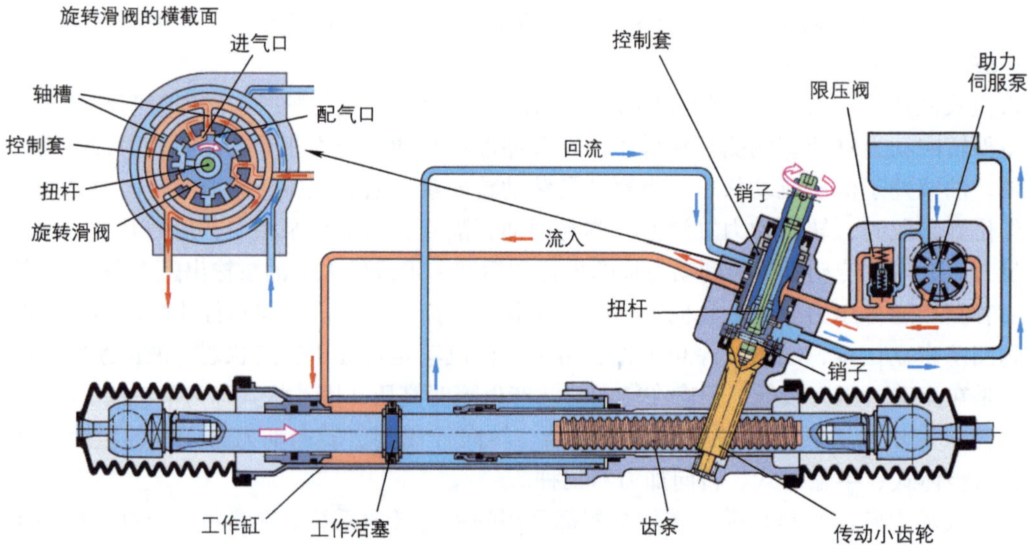

图 11-13　齿轮齿条式整体动力转向系

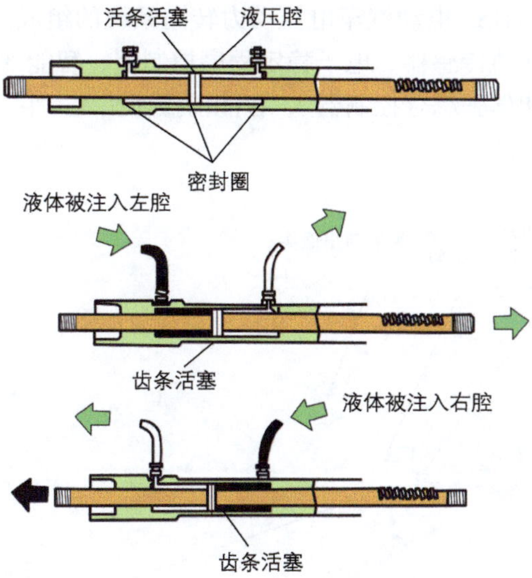

图 11-14　整体式动力转向系工作原理

四、电子控制动力转向系

电子控制式动力转向系统是一种直接依靠电动机提供辅助转矩的电动助力式转向系统。由于此系统是利用电子系统控制电动机电流的方向和幅值，不需要复杂的控制机构，因此降低了成本和重量。电动机、减速机构、转向柱和转向齿轮制成一个整体，系统小型轻量化、易于布置、零件数量少、无泄漏、故障率低。电动机只有在转向时才工作，所以节约能量。

图 11-15 所示为电子控制式动力转向系统的组成。系统通过安装在齿轮齿条式转向器输入轴上的传感器来检测转向盘的转动。当电控单元接收到传感器转动方向和载荷大小时，通过控制供给电动机的电流方向和电流大小来完成助力作用。该系统提供给电动机的电流可达 75A。电流越大，施加于齿条上的力也越大。通过改变供电极性可以控制电动机的旋转方向。

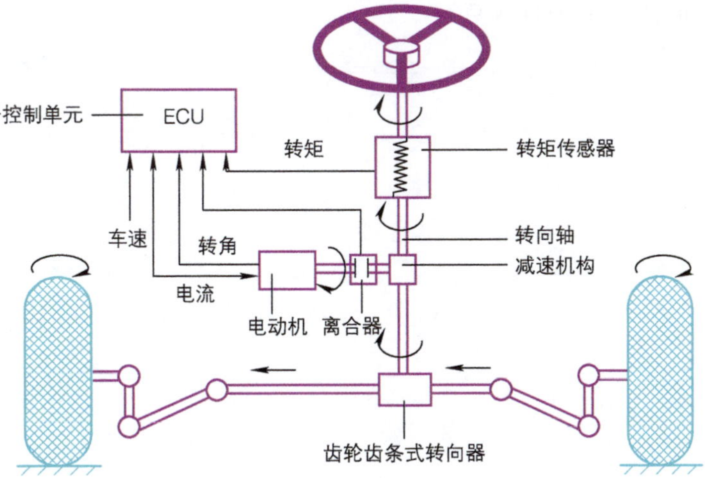

图 11-15　电子控制式动力转向系统的组成

电动转向系统

图 11-16 所示为红旗 E-HS3 电动汽车电控动力转向系统的组成。电控动力转向系统包括电动助力转向控制单元、转向角传感器、电子稳定程序控制器、智能驾驶控制器、整车控制单元、网关控制器、T-BOX（智能驾驶综合控制器）、智能前摄像头等。它不仅具有转向助力功能，还具有汽车行驶主动安全功能。

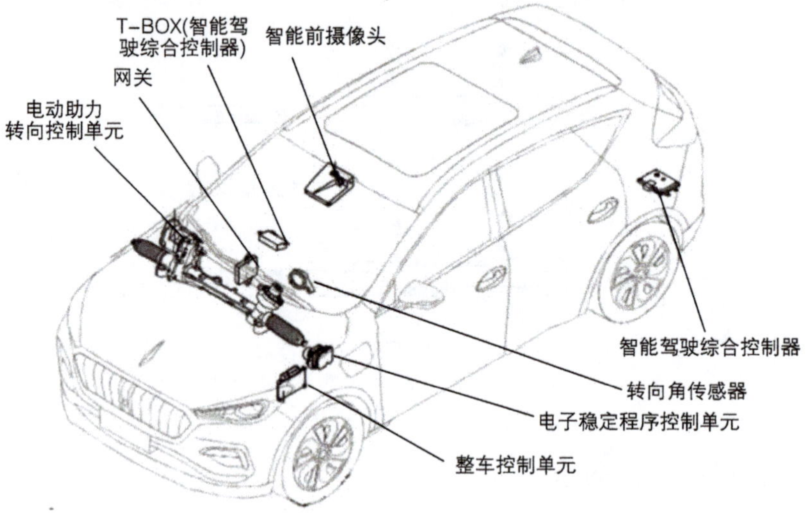

图 11-16 红旗 E-HS3 电动转向系统的组成

思 考 题

1. 简述机械转向系的组成与工作过程。

2. 什么是转向盘自由行程？一般范围多大？自由行程过大或过小对汽车操纵性有什么影响？

3. 简述动力转向系的工作过程。

4. 电子控制动力转向系有何优点？

第十二章

汽车制动系

第一节 概　述

一、制动系的功用

制动系的功用是根据需要使行驶中的汽车减速甚至停车，使下坡行驶的汽车的速度保持稳定，以及使已停驶的汽车保持不动。

一般汽车应包括两套独立的制动系：行车制动系和驻车制动系。行车制动系是由驾驶员用脚来操纵的，故又称脚制动系。它的功用是使正在行驶中的汽车减速或在最短的距离内停车。驻车制动系通常是由驾驶员用手来操纵的，故又称手制动系。它的功用是使已经停在各种路面上的汽车驻留原地不动。但是在紧急情况下，两套制动系统可同时使用，以增加汽车的制动效果。

二、制动系的种类

按照制动能源不同，制动系还可分为人力制动系、动力制动系和伺服制动系三种。以驾驶员的力量作为唯一制动能源的制动系称为人力制动系；完全靠以发动机的动力转化而成的气压或液压作为制动能源的制动系则是动力制动系；兼用人力和发动机动力作为制动能源的制动系称为伺服制动系。

按照制动回路形式不同，可分为单路、双回路和多回路制动系。目前在汽车上普遍采用的是双回路液压制动系和双回路气压制动系。即所有行车制动系的气压或液压管路分属于两个或多个彼此独立的回路。这样，即使其中一个回路失效，还能利用其他回路获得部分制动力。

三、对制动系的要求

为保证汽车能在安全的条件下发挥出高速行驶的能力，制动系必须满足下列要求。

1）应具有足够的制动力，工作可靠。通常，在水平干燥的混凝土路面上以 30km/h 的初速度从完全制动到停车时，制动距离应保证：轻型货车及轿车不大于 7m；中型货车不大于 8m；重型货车不大于 12m。驻车制动的坡度：轻型汽车不小于 25%；中型汽车不小于 20%。

2）操纵轻便。一般要求施于踏板上的力不大于 300N，紧急制动时，不超过 700N；施于手制动杆上的力不大于 350N。

3）前后桥上的制动力分配应合理，左右车轮上的制动力应相等。

4）制动应平稳。制动时，制动力应逐渐迅速增加；解除制动时，制动作用应迅速消失。

5）避免自行制动。在车轮跳动或汽车转向时，不应引起自行制动。

6）散热性好。摩擦片的抗热衰退能力要好，磨损后的间隙应能调整，并且能防水、防油、防尘。

7）对挂车的制动系，要求挂车的制动作用略早于主车，挂车自行脱挂时能自动进行应急制动。

四、制动系的组成

汽车制动系主要由四部分组成：①制动器，用于产生制动力矩，阻止车轮转动的装置。②制动操纵机构，是控制制动器工作的机构，如操纵手柄和制动踏板等。③制动传动机构，用于将操纵力传到制动器。④制动力的调节机构，用来调节前后车轮制动力的分配。

此外，经常在山区行驶的汽车以及某些特殊用途的汽车，为了提高行车的安全性和减轻行车制动系性能的衰退及制动器的磨损，还应装备辅助制动系，用以在下坡时稳定车速。

五、制动系的工作原理

图12-1所示是一种简单的液压制动系的工作原理。它由制动器、操纵机构和液压传动机构组成。

车轮制动器主要由旋转部分、固定部分和张开机构组成。旋转部分是制动鼓，它固定在车轮轮毂上，随车轮一起旋转，它的工作面是内圆柱面。固定部分包括制动蹄和制动底板等。制动底板用螺栓与转向节凸缘（前轮）或桥壳凸缘（后轮）固定在一起。在固定不动的制动底板上，有两个支承销，支承着两个弧形制动蹄的下端。制动蹄的外圆面上装有摩擦片，上端用制动蹄回位弹簧拉紧压靠在轮缸活塞上。制动蹄可用液压轮缸（或凸轮）等张开机构使其张开。液压轮缸也安装在制动底板上。

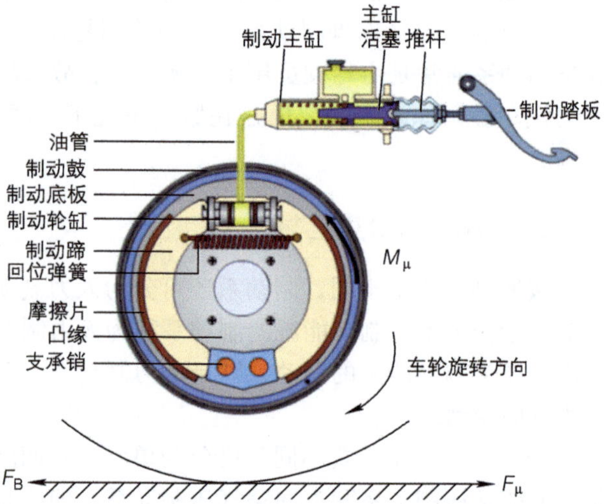

图12-1　液压制动系工作原理

操纵机构主要是制动踏板。

传动机构主要由推杆、制动主缸、制动轮缸和油管等组成。装在车架上的制动主缸用油管与制动轮缸相连通。主缸活塞可由驾驶员通过制动踏板来操纵。

制动系不工作时，制动鼓的内圆面与制动蹄摩擦片的外圆面之间保留有一定的间隙，使制动鼓可以随车轮自由旋转。

制动时，踩下制动踏板，推杆便推动主缸活塞，使主缸中的油液以一定压力流入制动轮缸，通过轮缸活塞使两制动蹄的上端向外张开，从而使摩擦片压紧在制动鼓的内圆面上。这样，不旋转的制动蹄就对旋转着的制动鼓产生一个摩擦力矩 M_μ，其作用方向与车轮旋转方向相反，摩擦力矩大小取决于轮缸的张力、摩擦因数和制动鼓及制动蹄的尺寸等。制动鼓将该力矩 M_μ 传到车轮后，由于车轮与路面间的附着作用，车轮即对路面作用一个向前的周缘力 F_μ，与此同时，路面给车轮作用一个向后的反作用力 F_B，即制动力。制动力 F_B 由车轮经车桥和悬架传递给车架和车身，迫使整个汽车产生一定的减速度。制动力越大，减速度也越大。当松开制动踏板时，制动蹄回位弹簧即将制动蹄拉回原位，摩擦力矩 M_μ 和制动力 F_B 消失，制动作用即行解除。

制动时车轮上的制动力 F_B 不仅取决于制动力矩 M_μ，还取决于轮胎与路面间的附着条件。如果完全丧失附着，就不会产生制动效果，即使车轮停止了转动，汽车仍然向前滑移。不过，在讨论制动系的结构问题时，一般都假设具备良好的附着条件。

第二节　液压制动系

液压制动系在轿车、轻型货车的行车制动系上得到了广泛的应用。液压制动系的传力介质是制动油液，利用制动油液将驾驶员作用于制动踏板上的力转换为油液压力，通过管路传至车轮制动器，再将油液压力转换为使制动蹄张开的机械推力。

一、液压制动回路

图 12-2 所示为典型轿车制动系统结构。该系统采用真空助力、双回路交叉布置。前轮为盘式制动器，后轮为鼓式制动器。后轮鼓式制动器同时也作为驻车制动系的制动器。制动主缸的后腔与右前轮、左后轮的制动回路相通；制动主缸的前腔与左前轮、右后轮的制动回路相通。

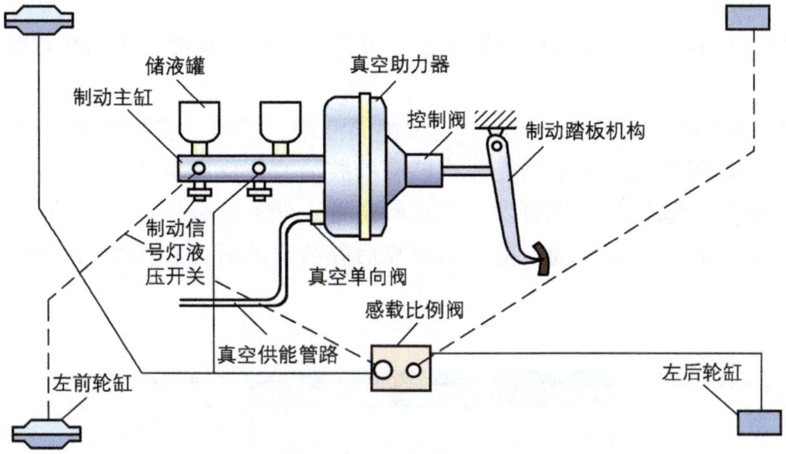

图 12-2　典型轿车制动系统结构

制动时，驾驶员踩下制动踏板，踏板力经真空助力器放大后，作用在制动主缸上，制动主缸将制动液加压后，分别输送到两个制动回路，使制动器产生制动作用。

这种液压传动对角线双回路制动系统能保证在任一个回路出现故障时，仍能得到总制动效能的 50% 左右。此外，这种制动系结构简单，并且在直行时紧急制动的稳定性好。

要施行驻车制动时，用手向后拉手制动操纵杆或向上拉起手制动按钮，即可使两个后轮制动器中的两个制动蹄向外张开，使制动鼓产生制动作用。

制动踏板机构和手制动操纵杆或按钮在施行制动时和电气开关相接触，指示灯亮，进行制动显示。

在双回路液压制动系统中，制动主缸的液压分别经两个相互独立的系统传递给车轮，通常用前后独立方式或交叉方式设置管路，如图 12-3 所示。前后独立方式的双回路液压制动传动装置主要应用于对后轮制动依赖性较大的发动机后置后轮驱动汽车，交叉式的双回路液压制动传动装置主要应用于对前轮制动依赖性较大的发动机前置前轮驱动汽车。

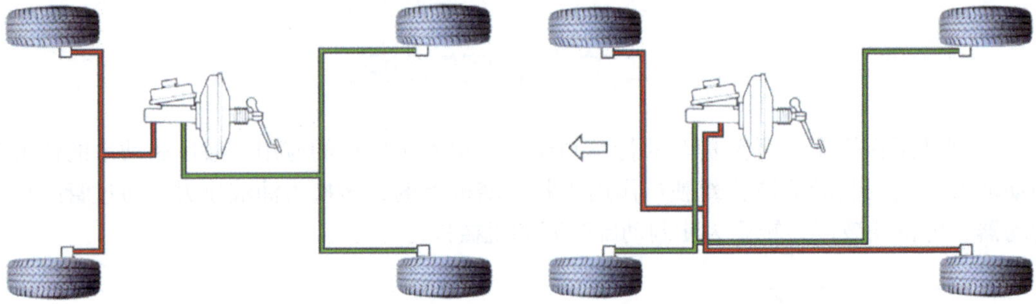

a) 前后独立式　　b) 交叉式

图 12-3　双回路液压制动回路布置示意图

二、制动主缸

制动主缸的作用是将踏板力转变成液压力。

现代汽车的行车制动系采用双回路制动系，因此液压制动系都采用串联双腔式制动主缸。

1. 结构

串联式双腔制动主缸如图 12-4 所示，主要由储液罐、壳体、前腔活塞、后腔活塞及前后活塞弹簧、推杆、皮碗等组成。主缸的壳体内装有前腔活塞、后腔活塞及回位弹簧，前后活塞分别用皮碗密封，前腔活塞用限位螺钉保证其正确位置。储油罐分别与主缸的前、后腔相通，前出油口、后出油口分别与轮缸相通，前腔活塞靠后腔活塞的液力和弹簧力推动，而后腔活塞直接由推杆推动。

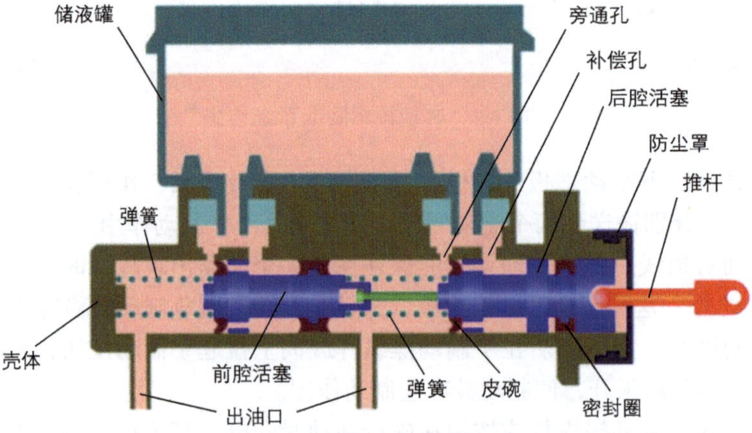

图 12-4　串联式双腔制动主缸结构示意图

2. 工作过程

串联双腔式制动主缸的工作过程如图 12-5 所示。

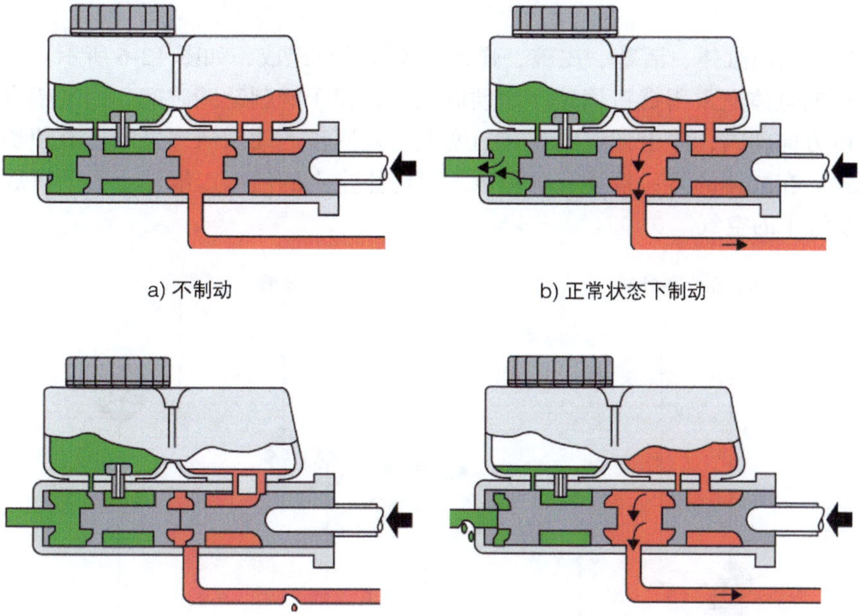

a) 不制动　b) 正常状态下制动

c) 与后腔连接的制动管路漏油　d) 与前腔连接的制动管路漏油

图 12-5　串联双腔式制动主缸的工作过程

（1）不制动时　两活塞前部皮碗均遮盖不住其旁通孔，制动液由储油罐进入主缸，如图 12-5a 所示。

（2）正常状态下制动时　操纵制动踏板，经推杆推动推杆活塞右移，在其皮碗遮盖住旁通孔之后，后工作腔油液压力升高，油液一方面经出油阀流入制动管路，一方面推动中间活塞右移。在后腔液压和弹簧弹力的作用下，中间活塞向右移动，前腔油液压力也随之升高，油液推开出油阀流入管路，于是两制动管路在等压下对汽车制动，如图 12-5b 所示。

解除制动时，抬起制动踏板，活塞在弹簧作用下复位，高压油液自制动管路流回制动主缸。如活塞复位过快，工作腔容积迅速增大，而制动管路中的油液由于管路阻力的影响，来不及充分流回工作腔，使工作腔内油压快速下降，便形成一定的真空度，于是储油罐中的油液便经平衡孔（补偿孔）和活塞上的轴向小孔推开垫片及皮碗进入工作腔。当活塞完全复位时，旁通孔开放，制动管路中流回工作腔的多余油液经补偿孔流回储油罐。

（3）与后腔连接的制动管路损坏漏油时　若与后腔连接的制动管路损坏漏油，则在踩下制动踏板时，起初只是推杆活塞前移，而不能推动中间活塞，因而后腔工作油液不能建立。但在推杆活塞直接顶触中间活塞时，中间活塞便前移，使前腔建立必要的工作油压而制动，如图 12-5c 所示。

（4）与前腔连接的制动管路损坏漏油时　若与前腔连接的制动管路损坏漏油，则在踩下制动踏板时只有后腔中能建立液压，前腔中无压力。此时，在压力差的作用下，前活塞迅速移到其前端顶到主缸缸体上。此后，后工作腔中液压方能升高到制动所需的值，如图 12-5d 所示。

三、制动轮缸

制动轮缸的作用是将制动主缸传来的液压力转变为使制动蹄张开的机械推力。

1. 制动轮缸的结构

制动轮缸主要由缸体、活塞、皮碗、弹簧和放气螺钉组成，如图 12-6 所示。

制动轮缸的缸体通常用螺钉固装在制动底板上，位于两制动蹄之间，内装铝合金活塞，密封皮碗的刃口方向朝内，并由弹簧压靠在活塞上与其同步运动。活塞外端压有顶块并与制动蹄的上端相抵紧。在缸体的另一端装有防护罩，可防止尘土的侵入。缸体上方装有放气螺塞，以便放出液压系统中的空气。

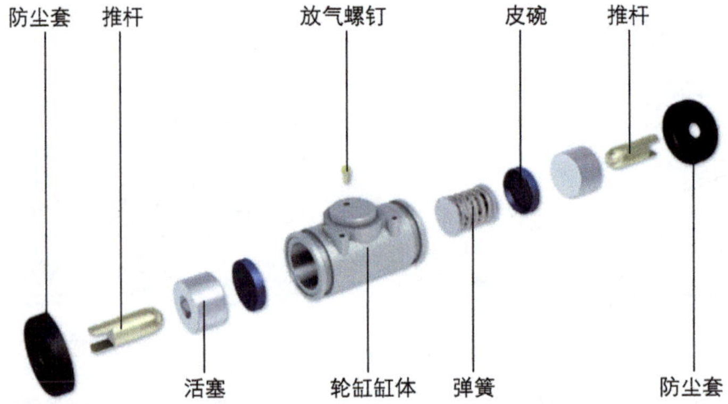

图 12-6　制动轮缸的组成

2. 制动轮缸的类型

常见的轮缸类型有双活塞式、单活塞式、阶梯式等，其中双活塞式应用最为广泛，其结构如图 12-7 所示。

3. 制动轮缸的工作情况

制动轮缸受到液压作用后，顶出活塞，使制动蹄扩张。松开制动踏板，液压力消失，靠制动蹄回位弹簧的力，使活塞回位，如图 12-8 所示。

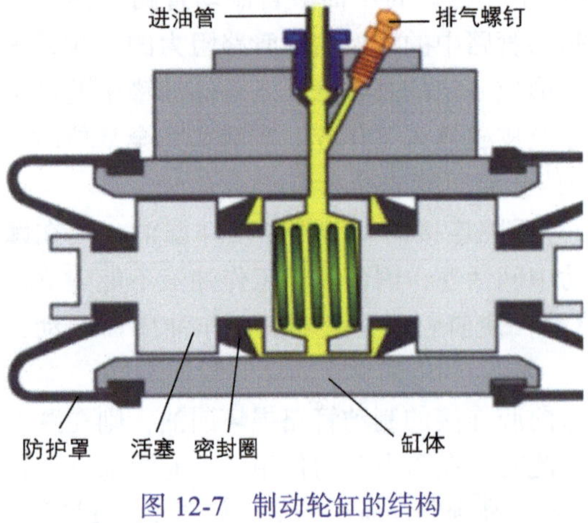

图 12-7　制动轮缸的结构

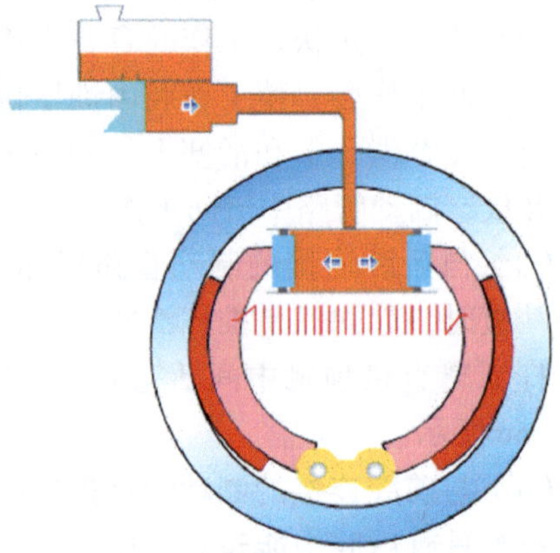

图 12-8　制动轮缸的工作情况

四、车轮制动器

制动器是制动系中用以产生阻止车辆运动或运动趋势的力的部件。一般汽车所使用的制动器的制动力矩都是来源于固定零件和旋转零件工作表面之间的摩擦，即摩擦式制动器。

摩擦制动器按照摩擦工作表面的不同分为鼓式制动器和盘式制动器。

（一）鼓式制动器

鼓式制动器的摩擦副中的旋转零件是制动鼓，其工作表面是内圆柱面；固定零件是制动蹄，制动蹄的张开是由液压机构控制的制动轮缸驱动的。轮缸式鼓式制动器按照其结构与工作特点不同，又分为领从蹄式制动器、双领蹄式与双从蹄式制动器、双向双领蹄式制动器和自增力式制动器。

1. 领从蹄式制动器

领从蹄式制动器的受力分析如图 12-9 所示。图中箭头所示为汽车前进时制动鼓的旋转方向，即制动鼓的正向旋转方向。制动轮缸所施加给制动蹄的促动力 F_S 使得该制动蹄绕支承点张开时的旋转方向与制动鼓的旋转方向相同。具有这种属性的制动蹄称为领蹄。与此相反，制动轮缸所施加给制动蹄的促动力 F_S 使得该制动蹄绕支承点张开时的旋转方向与制动鼓的旋转方向相反。具有这种属性的制动蹄称为从蹄。当汽车倒驶，即制动鼓反向旋转时，制动蹄的领蹄和从蹄发生了转换。这种在制动鼓正向旋转和反向旋转时，都有一个领蹄和一个从蹄的制动器即称为领从蹄式制动器。

轿车的鼓式领从蹄式制动器的结构如图 12-10 所示。制动鼓则是安装在轮毂上，是随车轮一起旋转的部件。每个制动器内一般只有一个轮缸，在制动时轮缸受到来自制动总泵的液压后，轮缸两端活塞同时顶向左右制动蹄的蹄端，将带有摩擦衬片的制动蹄压紧在制动鼓上，制动鼓受到摩擦而减速，迫使车轮停止转动。

鼓式制动器

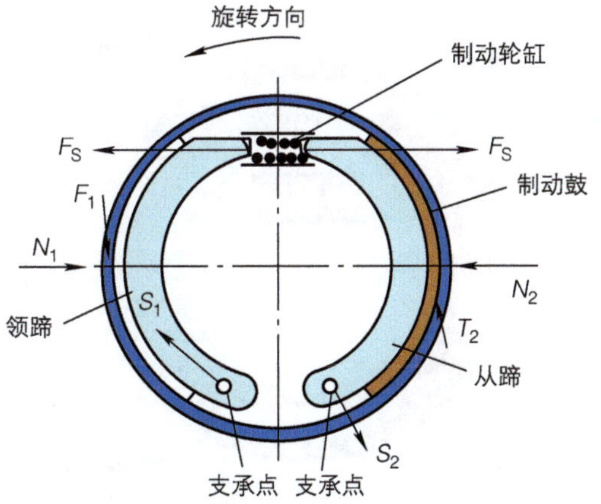

图 12-9　领从蹄式制动器受力分析

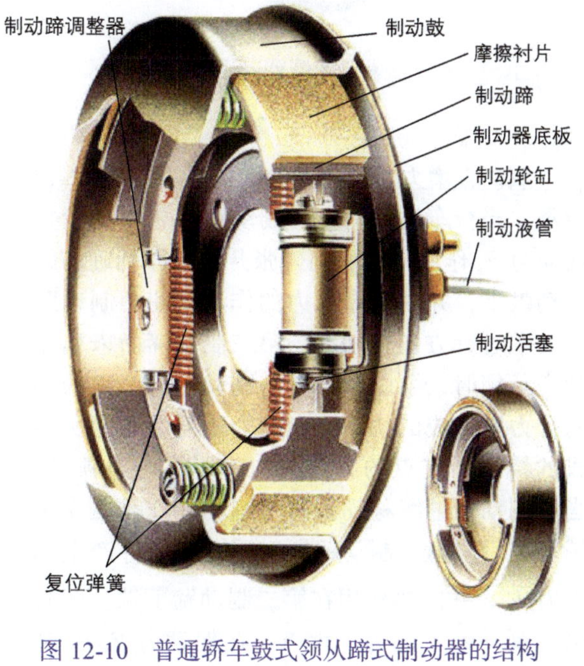

图 12-10　普通轿车鼓式领从蹄式制动器的结构

2. 双领蹄式与双从蹄式制动器

在汽车前进时，两制动蹄均为领蹄的制动器称为双领蹄式制动器。

双领蹄式鼓式制动器总体构造与领从蹄式制动器相差不多。只是采用了两个单活塞式制动轮缸，且上下反向布置。制动蹄一端卡在制动轮缸活塞上，另一端固定支承。该制动器的受力情况可以简化，如图 12-11 所示，在汽车前进时，该制动器的前、后蹄均为领蹄，故称为双领蹄式制动器。

这种制动器前进制动时效能高，但在倒车制动时，两制动蹄都变成从蹄，制动效能下降很多。

3. 双向双领蹄式制动器

双向双领蹄式制动器的结构如图 12-12 所示，其结构特点是：制动蹄、制动轮缸、回位弹簧均为成对地对称布置，两制动蹄的两端采用浮式支承，且支点在径向位置浮动，用回位弹簧拉紧。其性能特点是：在汽车前进或倒车中制动时，两个制动蹄均为“领蹄”，均有较强的增力，制动效果好，蹄片磨损均匀。

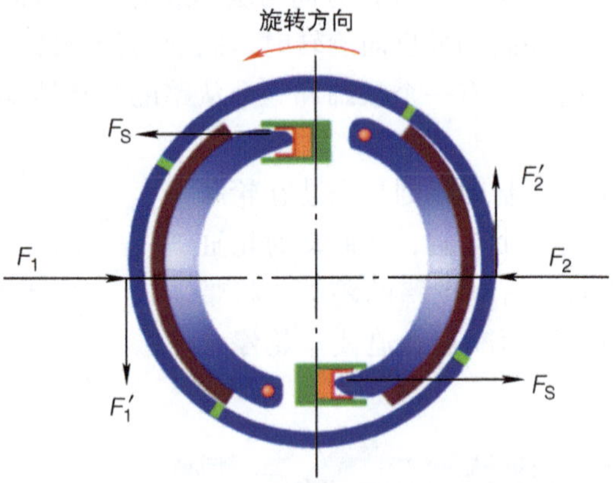

图 12-11　双领蹄式制动蹄受力分析

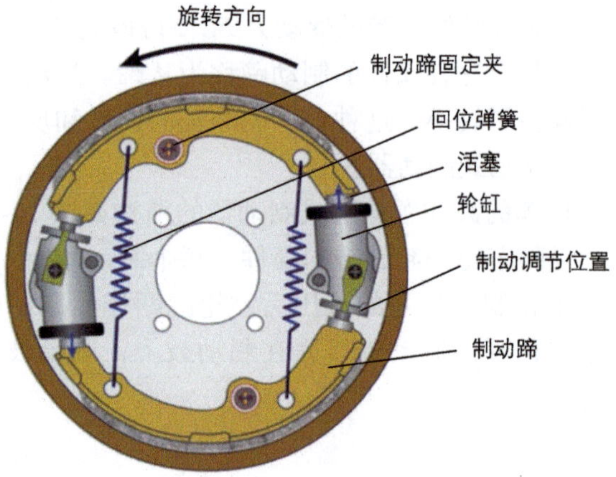

图 12-12　双向双领蹄式制动器的结构

4. 自增力式制动器

双向自增力式制动器的结构原理如图 12-13 所示。当行车制动时，两制动蹄在相同的轮缸促动力 F_S 作用下同时向外张开，压靠到旋转的制动鼓上，并由于摩擦力的作用，使两制动蹄均沿顺时针方向移动。当第二制动蹄尚未顶靠到支承销时，第一制动蹄与制动鼓所产生的切向合力所造成的绕下支点的力矩与促动力所造成的绕同一支点的力矩同向，故前蹄为领蹄；当两制动蹄继续移动到第二制动蹄顶靠在支承销上以后，第一制动蹄即对浮动的顶杆产生作用力 F_S'，并间接作用在第二制动蹄下端。此时第二制动蹄上端为支承点，在促动力 F_S 和 F_S'

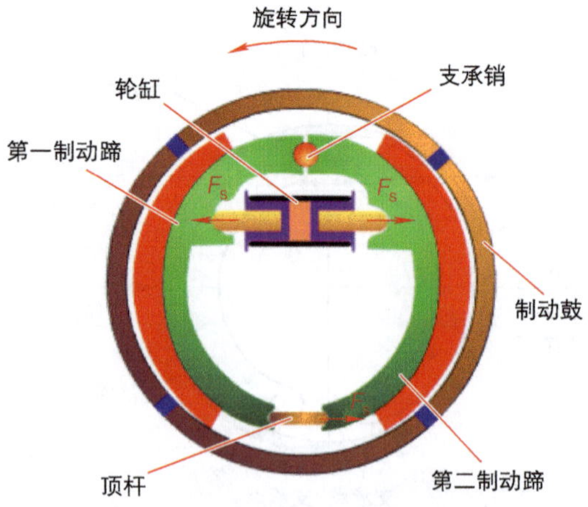

图 12-13　双向自增力式制动器结构原理

共同作用下向外旋转张开，使该制动蹄也变成了领蹄。且此时后制动蹄对制动鼓的压力比前制动蹄还大，产生了自动增力作用。

倒车制动时，两制动蹄的工作情况正好相反，此时前制动蹄具有自动增力效果。由于在行车制动和倒车制动时，制动器都具有自动增力作用，因此这种制动器称为双向自增力式制动器。

（二）盘式制动器

盘式制动器摩擦副中的旋转零件是以端面工作的金属圆盘，称为制动盘。其固定零件有着多种结构形式。根据固定元件的结构形式不同，盘式制动器大体上可以分为两类，即钳盘式制动器和全盘式制动器。

1. 钳盘式制动器

钳盘式制动器中的固定零件是工作面积不大的摩擦块与其金属背板组成的制动块，每个制动器中有 2 ~ 4 块。这些制动块及其促动装置都装在横跨制动盘两侧的钳形支架中，总称为制动钳。根据制动钳的结构形式不同，钳盘式制动器又分为定钳盘式制动器和浮钳盘式制动器两种。

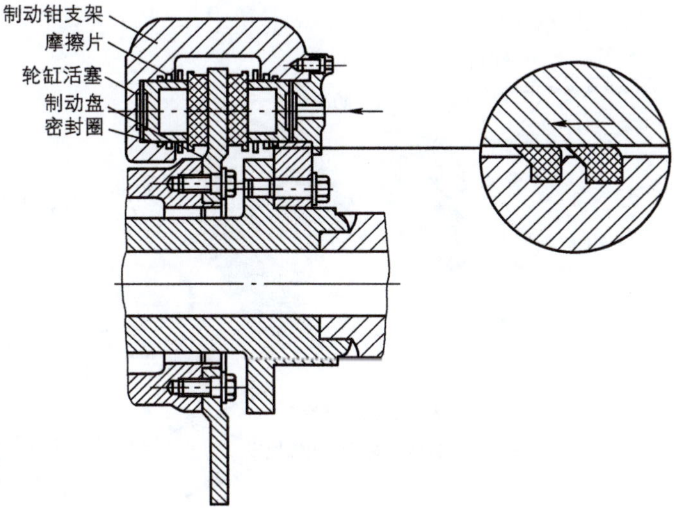

图 12-14　定钳盘式制动器的基本结构

（1）定钳盘式制动器　定钳盘式制动器的基本结构如图 12-14 所示。制动盘与车轮相连接，随车轮一起转动。轮缸活塞布置在制动盘两侧的制动钳支架中，活塞的端部粘有摩擦片。制动钳用螺栓固定在桥壳或转向节上，既不能旋转，也不能轴向移动。制动时，高压制动液被压入两制动轮缸中，推动轮缸活塞，使两个制动摩擦片同时压向制动盘，产生制动作用。此时活塞上矩形橡胶密封圈的刃边在活塞摩擦力的作用下，产生弹性变形（图 12-14 中右图）。其极限变形量应等于（制动器间隙为设定值时的）完全制动所需的活塞行程。解除制动时，活塞在密封圈的弹力作用下回位，直至密封圈变形完全消失为止。此时摩擦片与制动盘之间的间隙即为设定间隙。

若制动器存在过量间隙，则制动时活塞密封圈变形达到极限值后，轮缸活塞在液压作用下克服密封圈的摩擦力而继续移动，直到完全制动为止。但解除制动后，活塞密封圈将活塞拉回的距离为制动器间隙的设定值。

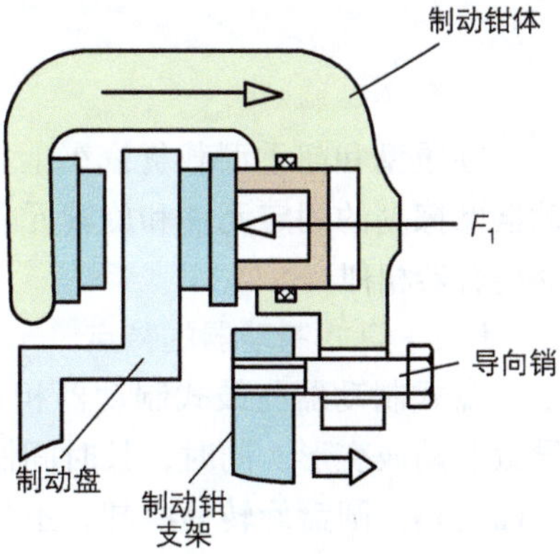

图 12-15　浮钳盘式制动器的结构

（2）浮钳盘式制动器　顾名思义，浮钳盘式制动器的制动钳是浮动的，可以相对于制动盘做轴向移动。其中只在制动盘的内侧设置油缸，用以驱动内侧制动块，而外侧的制动块则附着在钳体上，制动时随制动钳做轴向移动。图 12-15 所示为浮钳盘式制动器的结构。制动时，右侧活塞及摩擦块在液压作用力 F_1 作用下，向左移动压向制动盘。同时，液压的反作用力推动制动钳体向右移动，使左侧摩擦块也压靠到制动盘上。导向销上的橡胶衬套不仅能够稍微变形以消除制动器间隙，而且可使导向销免受泥污。解除制动时，橡胶衬套所释放出来的弹性能有助于右侧制动块离开制动盘。活塞密封圈使活塞回位。若制动器产生了过量的间隙，活塞则相对于密封圈滑移，借此实现间隙自动调整。

与定钳盘式制动器相比，浮钳盘式制动器的单侧油缸结构简单，使制动器的轴向与径向尺寸较小，有可能布置得更接近车轮轮毂。由于浮钳盘式制动器优点较多，近年来在轿车及轻型载货汽车上得到了广泛应用。

图 12-16 所示为典型轿车前轮制动器的结构。

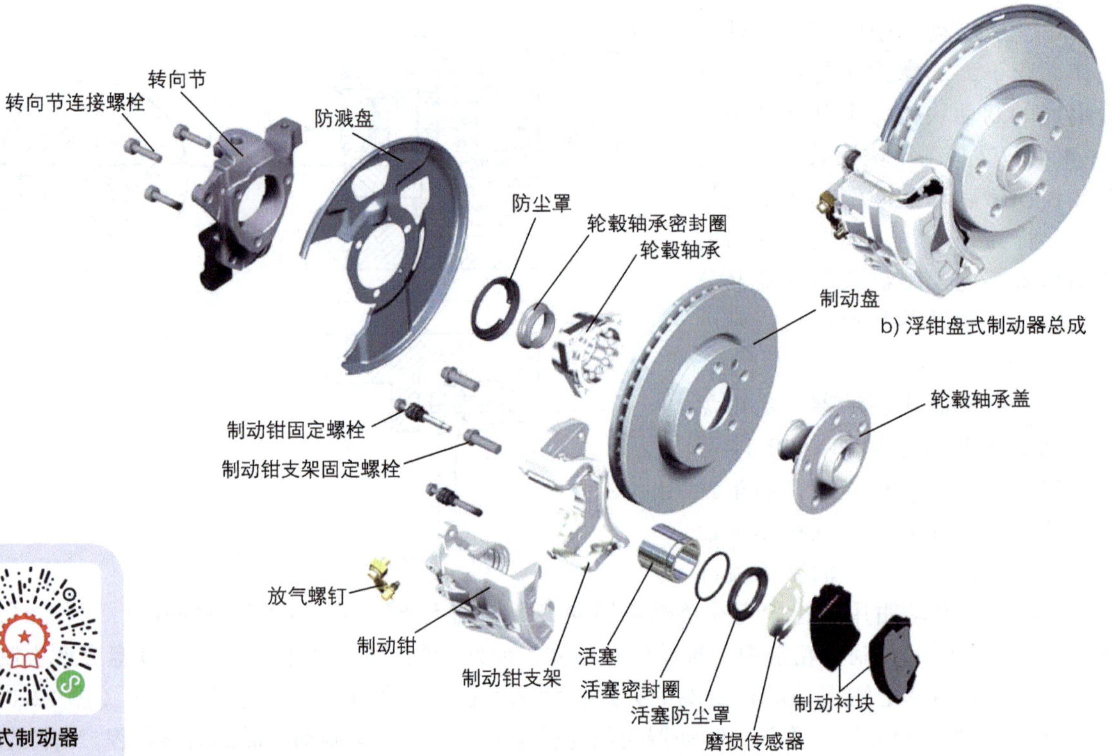

a) 浮钳盘式制动器分解图

图 12-16　典型轿车前轮制动器

盘式制动器
工作原理

2. 全盘式制动器

在重型和超重型载货汽车上，要求有更大的制动力，为此采用了全盘式制动器。全盘式制动器摩擦副的固定元件和旋转元件都是圆盘形的，分别称为固定盘和旋转盘。其结构原理与摩擦离合器相似。

（三）盘式制动器的特点

盘式制动器与鼓式制动器相比，其优点是：①鼓式制动器单面传热，内外两面温差较大，导致制动鼓变形。同时，长时间制动后，制动鼓因高温而膨胀，减弱制动效能，而盘式制动器两面传热，圆盘旋转易冷却，不易变形，制动效果好。②长时间使用后，制动盘因高温膨胀结果使制动作用增强。③结构简单，维修方便，易实现间隙自动调整。

盘式制动器的不足之处在于摩擦片直接压在圆盘上，无自动摩擦增力作用，所以在此系统中须另行装设动力辅助装置；兼用驻车制动时，加装的驻车制动传动装置较鼓式制动器复杂，因而用在后轮上受到限制。

第三节　气压制动系

气压式制动传动装置是发展最早的一种动力制动传动装置，其制动能源是空气压缩机产生的压缩空气。气压式制动传动装置的制动力大，制动灵活，因而被广泛应用于中型和重型载货汽车上。

一、气压式制动回路

图 12-17 所示为典型货车的双回路气压制动系统结构。由发动机驱动的空气压缩机将压缩空气经单向阀首先输入湿储气筒。湿储气筒上装有安全阀、取气阀和油水放出阀，压缩空气在湿储气筒内冷却并进行油水分离后，分别经两个单向阀进入储气筒的前、后腔。储气筒的前腔与串联双腔式制动阀的上腔相连，以控制后轮制动；储气筒的后腔与制动阀的下腔相连，以控制前轮制动。储气筒两腔的气压还经三通管分别通向双指针空气压力表中的两个传感器。空气压力表上指针指示储气管前腔的气压，下指针指示后腔的气压。前制动管路同时还接通挂车制动控制阀，将由湿储气筒通向挂车的通路切断。由于挂车采用放气制动，因此当湿储气筒通往挂车通路切断时，挂车也同时制动。

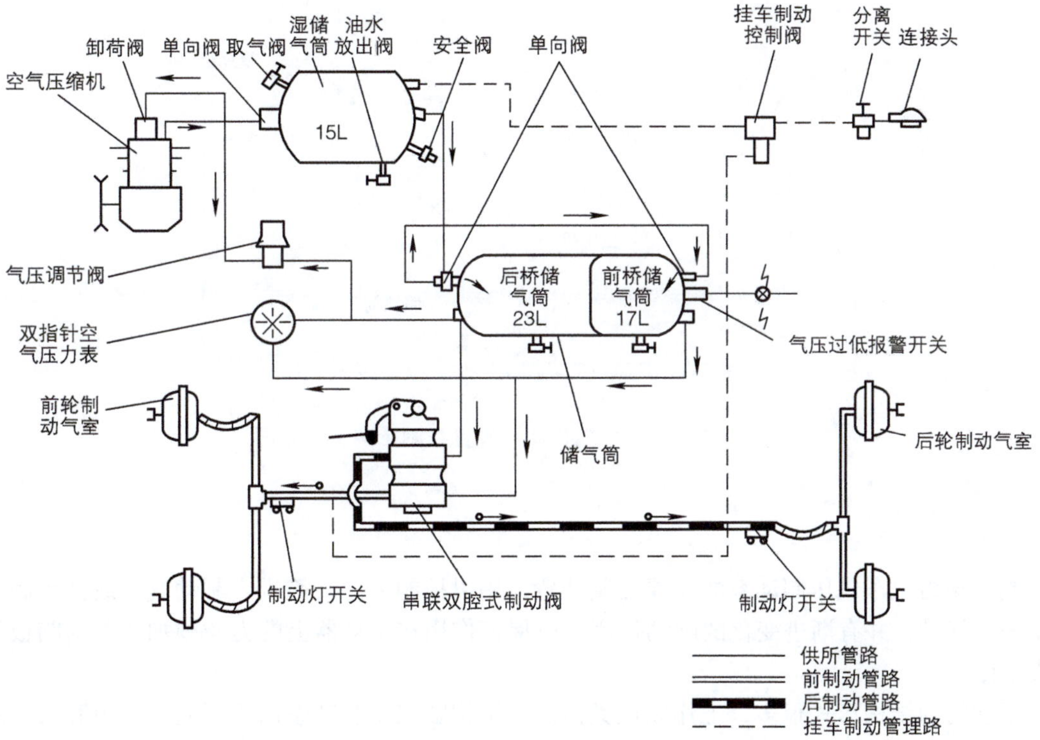

图 12-17　典型货车双回路气压制动系统结构

储气筒中的气压在正常情况下不应超过 0.8MPa。超过 0.8MPa 时，气压调节阀起作用，使空气压缩机卸荷空转。当调节阀或空气压缩机卸荷装置失效时，装在湿储气筒上的安全阀可将储气筒内气压控制在 0.85MPa 以内。若储气筒内的气压低于 0.45MPa，则气压过低报警开关触点闭合，接通电路，报警灯亮，同时蜂鸣器发出音响，此时应立即停车，排除故障。

驾驶员通过踏板机构操纵串联双腔式制动阀，踩下制动踏板时，拉动制动阀的拉臂，使储气筒前、后腔的压缩空气穿过制动阀分别进入后制动气室和前制动气室，促动制动器产生制动作用。同时，前制动管路的压缩空气还进入挂车制动控制阀，使挂车制动。当松开制动踏板时，串联双腔式制动阀使制动气室通大气以解除制动。

二、空气压缩机及调压阀

空气压缩机用以产生制动所用的压缩空气，输送到储气筒中。其结构有单缸式和双缸式两种。空气压缩机通常固定在气缸体或气缸盖的一侧，由发动机通过风扇带轮和 V 带驱动，或者由发动机曲轴的正时齿轮通过齿轮机构驱动。

调压阀用来调节供气管路中压缩空气的压力，使之保持在规定的压力范围内。同时使空气压缩机能卸荷空转，减少发动机的功率损失。空气压缩机卸荷装置与调压阀工作原理如图 12-18 所示。

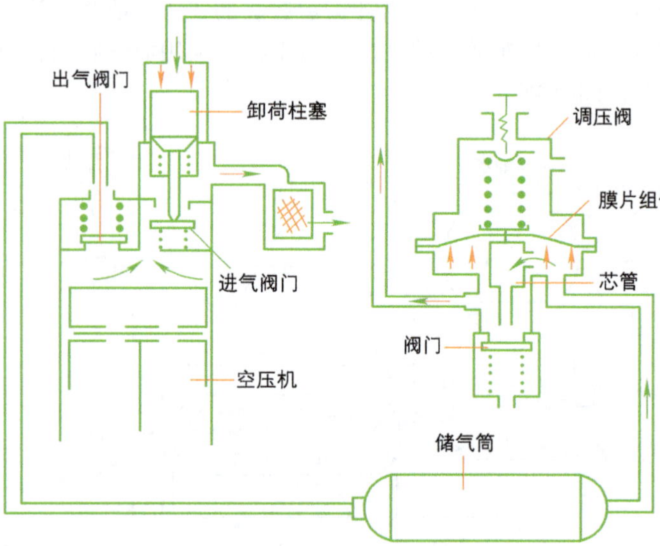

图 12-18　空气压缩机卸荷装置与调压阀工作原理

三、制动阀

制动阀为汽车气压制动系的主要控制装置，用以控制由储气筒进入制动气室或挂车制动阀的压缩空气量，并有渐进变化的随动作用，以保证作用在制动器上的力与施加于制动踏板上的力成正比。

制动阀的结构形式很多，工作原理类似。其结构随汽车制动系回路不同，分单腔式、双腔式和三腔式，双腔式又可分为串联式和并联式，而三腔式多为并联式。

串联双腔活塞式制动阀的结构如图 12-19 所示。它由上盖、上阀体、中阀体和下阀体等用螺栓相连而成，各连接件之间装有密封垫。下阀体上的进气口和出气口分别接前桥储气筒和前桥制动气室，中阀体上的进气口和出气口分别接后桥储气筒和后桥制动气室。上下活塞与壳体间装有密封圈。下活塞由大小两个活塞套装在一起，其中下腔小活塞总成相对于下腔大活塞能进行向下单独运动。下腔阀门滑套在装有密封圈的下阀体的中心孔中，上腔阀门滑套在下腔小活塞上端的中空芯管上，其外圆装有密封隔套。

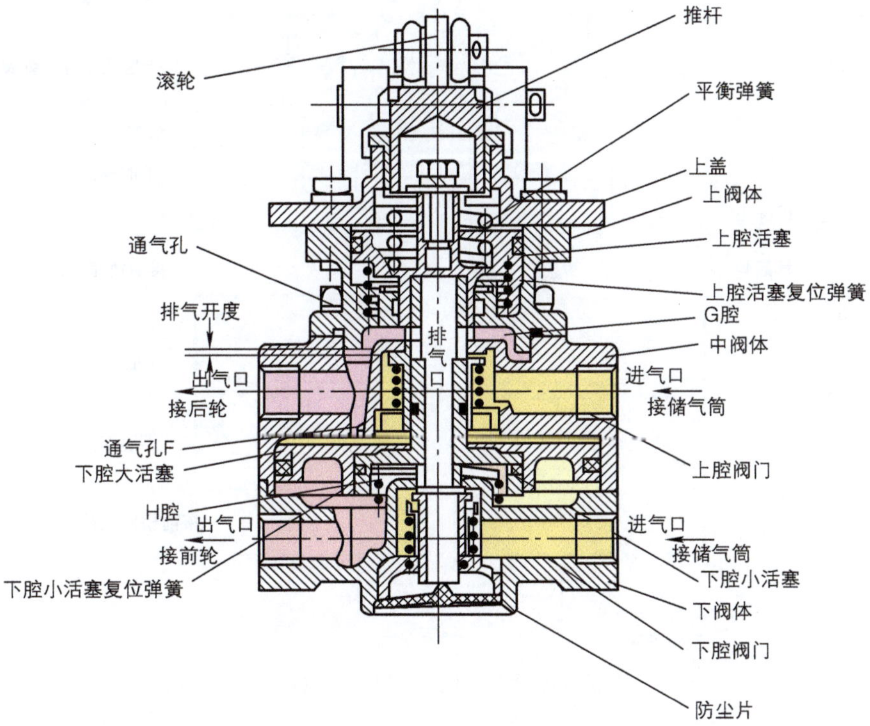

a) 结构

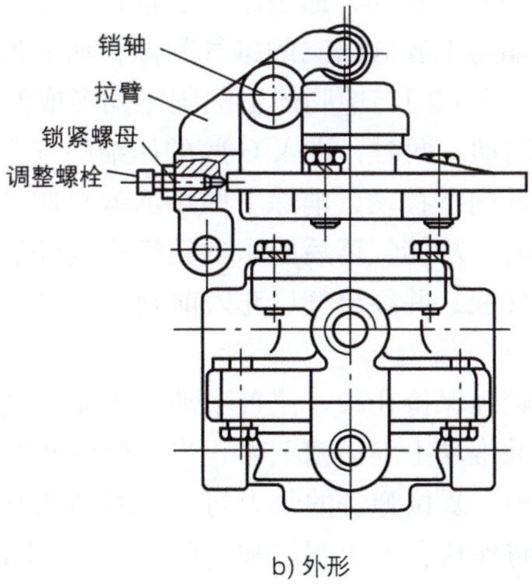

b) 外形

图 12-19　串联双腔活塞式制动阀的结构

串联双腔活塞式制动阀的工作过程如图 12-20 所示。

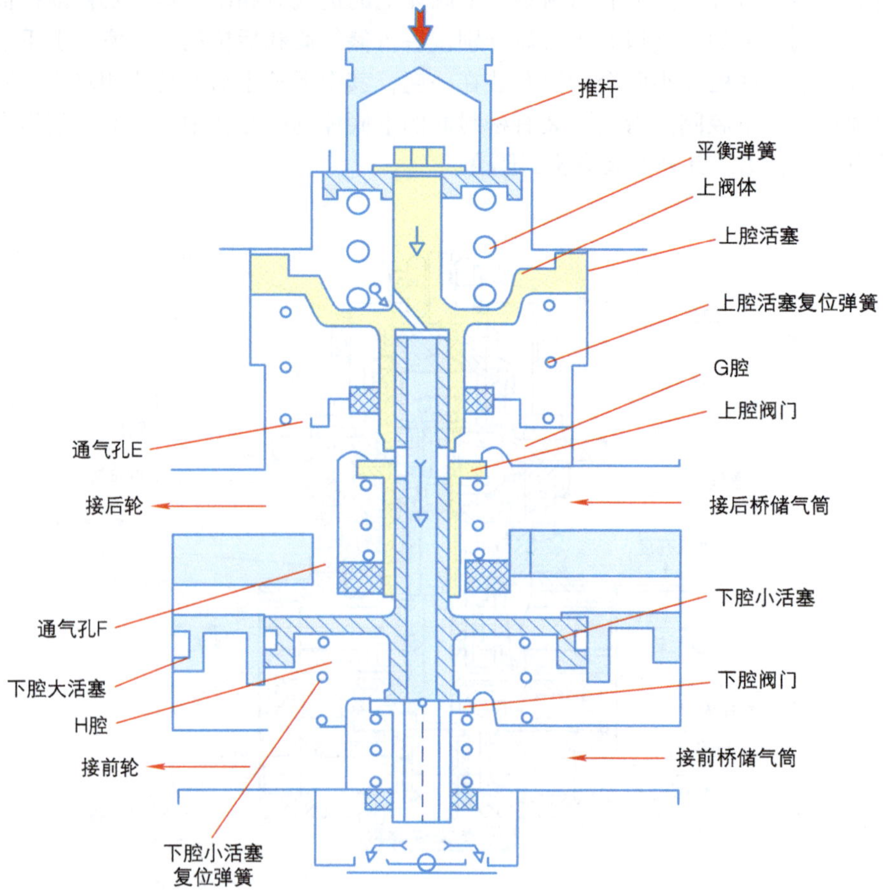

图 12-20　串联双腔活塞式制动阀的工作过程（制动状态）

1. 开始制动

踩下制动踏板，拉臂绕销轴顺时针转动，通过滚轮、推杆压缩平衡弹簧，并推动上腔活塞向下移动，首先消除上腔活塞下端与上腔阀门间的排气间隙，而后推开上腔阀门。此时，从储气筒前腔来的压缩空气经进气口、上阀门与中阀体上的阀座间形成的进气间隙进入 G 腔，并经出气口进入后制动气室，使后轮制动。同时，进入 G 腔的压缩空气经通气孔 F 进入下腔大活塞及下腔小活塞总成的上方，并使其向下移动，消除下腔小活塞总成芯管下端与上腔阀门间的排气间隙，而后推开下腔阀门。此时，从储气筒后腔来的压缩空气经进气口、下腔阀门与下阀体上的阀座间形成的进气间隙进入 H 腔，并经出气口充入前制动气室，使前轮制动。

2. 维持制动

当要维持制动状态时，制动踏板保持在某一位置不动，压缩空气除了进入 G 腔，同时还经通气孔 E 进入上腔活塞的下方，并推动上腔活塞上移。当复位弹簧的张力与 G 腔中的气压作用力之和与平衡弹簧的压紧力相平衡，复位弹簧的张力与 H 腔中的气压作用力之和与下腔活塞上方的压作用力相平衡时，制动阀将保持在上腔阀门和下腔阀门均关闭，G 和 H 腔中的气压保持稳定状态，即所谓制动阀的平衡位置。

若需加强制动，驾驶员继续踩下踏板一定行程之后，此时上腔阀门和下腔阀门又重新开启，使中阀体的 G 腔和下阀体的 H 腔以及制动气室进一步充气，直到上面提及的平衡状态重新出现。在新的平衡状态下，制动气室所保持的稳定压力比以前更高，平衡弹簧的压缩量和踏板力也比以前更大，制动阀将处于一个新的制动强度增加的平衡状态。

3. 解除制动

松开制动踏板时，拉臂复位，平衡弹簧恢复到原来装配长度，上腔活塞受上腔活塞回位弹簧的作用而上移，上阀门在其回位弹簧的作用下随之上移，直到与中阀体上的阀座接触，关闭储气筒与后制动气室的通路，上腔活塞继续上移，其下端与上阀门之间形成排气间隙。后制动气室的压缩空气经 G 腔及其排气间隙、下腔小活塞总成上端芯管上的径向孔、芯管内孔至制动阀最下端排气口排入大气。同时，下腔大活塞及下腔小活塞总成在下腔小活塞回位弹簧的作用下上移，下腔阀门在其回位弹簧的作用下也随之上移，直到与下阀体上的阀座接触，关闭储气筒与前制动气室的通路，下腔小活塞总成继续上移，其下端与下阀门之间形成排气间隙，前制动气室的压缩空气经 H 腔及其排气间隙、下腔小活塞总成至制动阀最下端排气口排入大气，制动作用即被解除。

4. 制动管路损坏漏气时

当前制动管路损坏漏气时，制动阀上腔仍能按上述方式工作，因此后制动器仍能起到制动作用。当后制动管路损坏漏气时，由于下腔活塞上方建立不起控制气压而无法动作，上腔平衡弹簧将通过上腔活塞直接推动下腔小活塞总成相对于下腔大活塞下移，推开下阀门使前制动器起作用。为了消除上腔活塞与上腔阀门间的排气间隙（1.2 ± 0.2）mm 所踩下的制动踏板行程，称为制动踏板自由行程。行程调整螺栓是用来调整排气间隙的，出厂时已调整好，使用中不要随意拧动。

四、制动气室

制动气室的作用是将输入的气压转换成机械能再输出，使制动器产生制动作用。制动气室分单制动气室和复合制动气室，又有膜片式和活塞式之分。下面仅以单制动气室为例介绍其结构与工作原理。

图 12-21 所示为膜片式单制动气室结构。在外壳和盖之间，通过卡箍夹装有橡胶膜片，推杆与膜片支承盘焊接，弹簧将推杆、支承盘连同膜片推到图示左极限位置。推杆的左端借连接叉与制动调整臂相连。膜片将制动气室分成两腔。右腔有通气孔与制动阀输出管路相通，左腔经通气孔与大气相通。

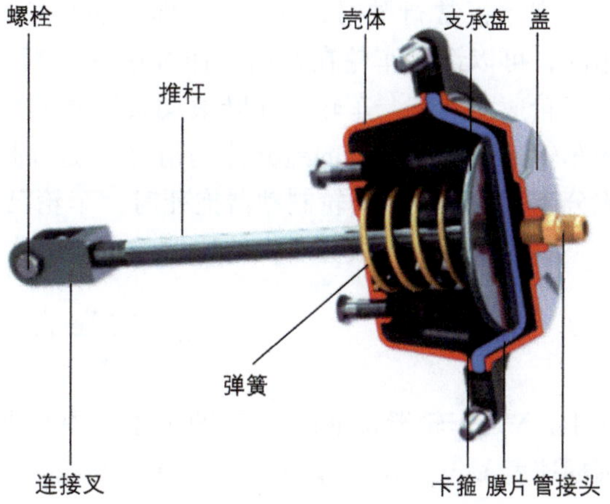

图 12-21　膜片式单制动气室

踩下制动踏板时，制动阀输出的压缩空气自通气孔进入制动气室右腔，气压克服弹簧的作用力，推动膜片向左拱曲并使推杆左移，使制动调整臂及制动凸轮转动而实现制动。松开制动踏板时，右腔的压缩空气经制动阀的排气口排入大气，推杆和膜片在弹簧的作用下恢复原位，制动作用解除。

五、凸轮式制动器

在气压制动系中，普遍采用凸轮促动的车轮制动器，而且多为领从蹄式，如图 12-22 所示。这种制动器除了用制动凸轮作为张开装置外，其余部分结构与液压制动系的领从蹄式制动器大体相同。凸轮轴通过调整臂与制动气室的推杆的连接叉相连。在制动蹄的外圆弧面上铆有石棉摩擦片。

不制动时，摩擦片和制动鼓之间留有适当的间隙，使制动鼓能随车轮自由转动。制动时，制动调整臂在制动气室的推杆作用下，带动凸轮转动，使得两制动蹄压靠到制动鼓上而制动。制动器的间隙可以根据需要进行局部或全面调整。局部调整时，可以通过调整制动调整臂来改变制动凸轮的原始角位置，从而改变制动器的间隙。

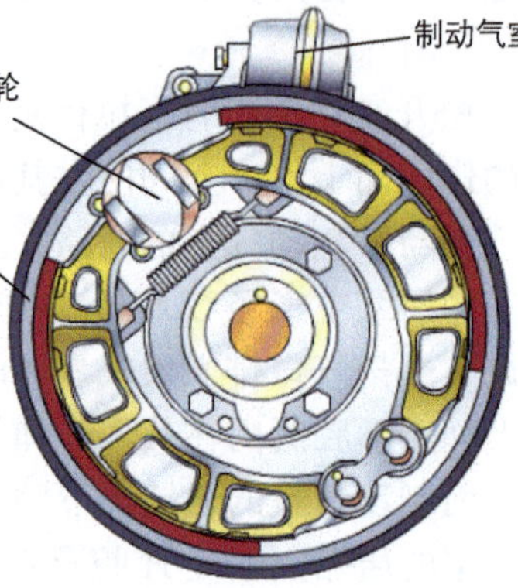

图 12-22　凸轮式制动器

第四节　制动防抱死系统

汽车制动防抱死系统（Antilock Braking System，ABS）的功用是在制动过程中防止车轮出现抱死，避免车轮在路面上进行纯粹地滑移，提高汽车在制动过程中的方向稳定性和转向操纵能力，缩短制动距离。

一、ABS 基本理论

1. 车轮滑移率

汽车正常行驶时，车速 v（即车轮中心的纵向速度）与车轮速度 v_w（即车轮圆周速度）相同，可以认为车轮在路面上作纯滚动。当驾驶员踏下制动踏板时，由于地面制动力的作用，使车轮速度减小，车轮处在既滚动又滑动的状态，实际车速与车轮速度不再相等，人们将车速和车轮速度之间出现的差异称为滑移。随着制动系压力的增加，车轮滚动成分越来越小，滑移成分越来越大。当车轮制动器抱死时，车轮已不再转动，而是在地面上作完全滑动。

为了表征滑移成分所占的比例的多少，常用滑移率 S 表示。

$$S=\frac{v-v_w}{v}\times100\%=\frac{v-r\omega}{v}\times100\%$$

式中，S 是车轮滑移率；v 是车速（车轮中心纵向速度），单位为 m/s；v_w 是车轮速度（车轮瞬时圆周速度），$v_w=r\omega$，单位为 m/s；r 是车轮半径，单位为 m；ω 是车轮转动角速度，单位为 rad/s。

车轮在路面上纯滚动时，$v=v_w$，车轮滑移率 $S=0$；车轮抱死在地面上纯滑动时，$v_w=0$，车轮滑移率 $S=100\%$；车轮在路面上边滚动边滑动时，$v>v_w$，车轮滑移率 $0<S<100\%$。车轮滑移率越大，说明车轮在运动中滑动的成分所占的比例越大。

2. 附着系数与滑移率的关系

车轮滑移率的大小对车轮与地面间附着系数有很大影响。图 12-23 给出了干燥硬实路面上附着系数与滑移率的关系。图中实线为制动时纵向附着系数和车轮滑移率的一般关系，虚线为横向附着系数和车轮滑移率的一般关系。由图 12-23 可以看出，当滑移率在 10% ~ 30% 时，纵向附着系数 φ_x 和横向附着系数 φ_y 都很大，在此区间制动时，既可以获得较大的制动力，得到良好的制动效能，又能保证汽车具有良好的操纵性能。ABS 的功用就是在汽车制动时，自动地将滑移率控制在该区域内。

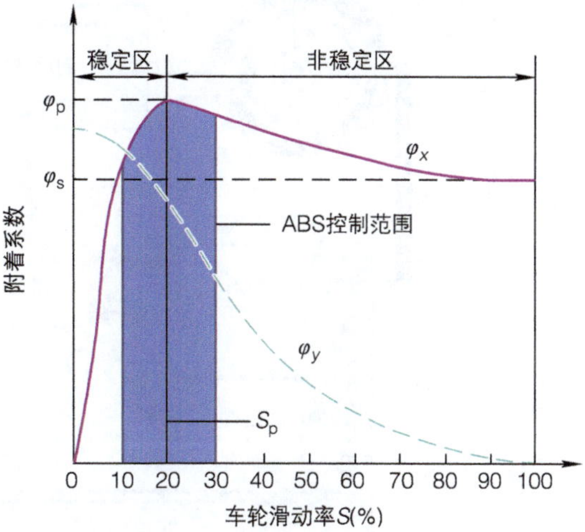

图 12-23　干燥硬实路面上附着系数与滑移率的关系

φ—附着系数　φ_x—纵向附着系数　φ_y—横向附着系数
S—车轮滑移率　φ_p—峰值附着系数
S_p—峰值附着系数时的滑移率
φ_s—车轮抱死时纵向滑动附着系数

二、ABS 组成与工作原理

电子控制制动防抱死系统（ABS）均由传感器、电子控制单元（ECU）和执行器三部分组成。制动时，ABS 电控单元（ECU）从轮速传感器获取车轮的转速信息，经分析处理后判断是否有车轮处于即将抱死拖滑状态。如果车轮未处于上述状态，制动压力调节器不工作，制动系统按照普通制动过程工作。制动轮缸的压力继续增大，此即系统的增压过程。如果电控单元判断出某一车轮即将抱死拖滑，即刻向制动压力调节器发出命令关闭制动主缸及相关轮缸的通道，使得该轮缸的压力不再增加，此即 ABS 的保压状态。若电控单元判断出该车轮仍将要处于抱死拖滑状态，它将向制动压力调节器发出命令，打开该轮缸与储液室或蓄能器的通道，使得该轮缸的油压降低，此即 ABS 的减压状态。ABS 的制动就是在高频地进行增压、保压和减压的往复过程中完成的。

1. ABS 系统的组成

ABS 系统由轮速传感器、电子控制单元、液压控制单元等组成，其组成和工作原理如图 12-24 和图 12-25 所示。

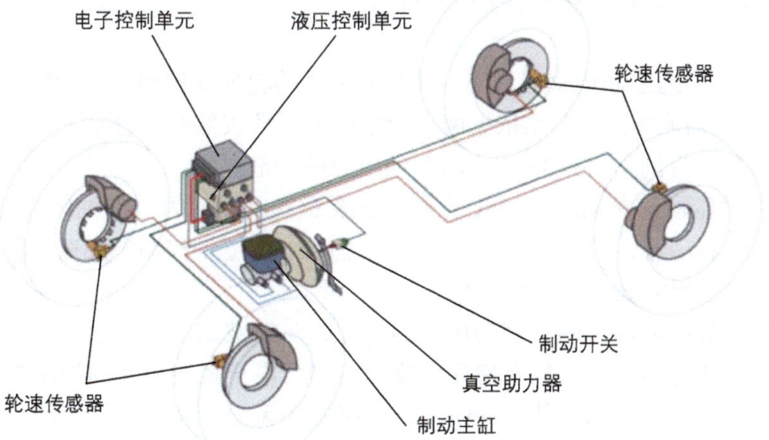

图 12-24　制动防抱死系统的组成

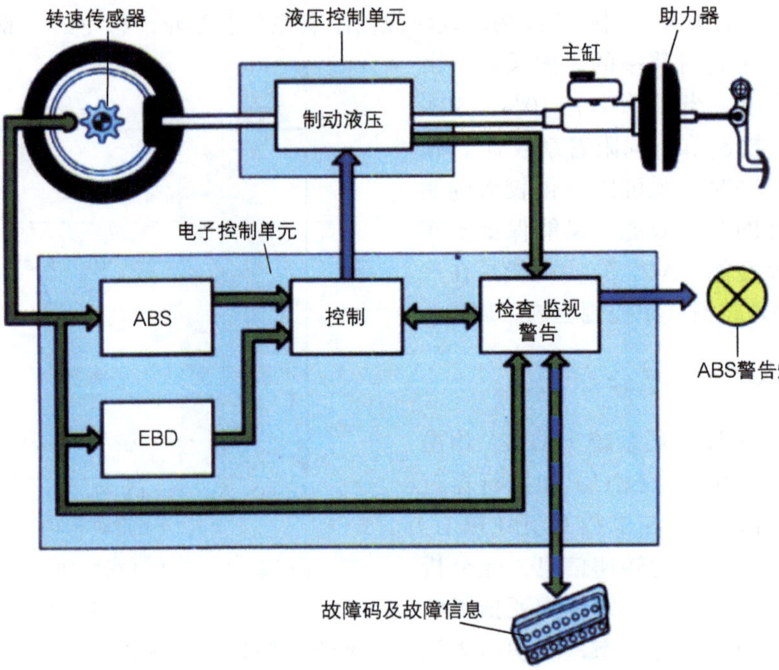

图 12-25　制动防抱死系统的工作原理

（1）车轮转速传感器　前轮速度传感器安装在轮毂邻近，后轮如果采用鼓式制动器，那么速度传感器安装在制动鼓附近。单个传感器失灵后，ABS 功能中断，电子制动力分配系统（EBD）仍保持工作，ABS 报警灯亮。如果两个以上传感器失灵，ABS/EBD 功能中断，ABS 报警灯亮。

（2）控制器　控制器包括液压控制单元（执行器）和电子控制单元。液压控制单元由泵电动机、液压蓄能器和电磁阀组成。液压泵采用柱塞式结构，经永磁直流电机驱动，将第二回路的制动液泵回制动总泵；液压蓄能器采用弹簧活塞式结构，暂存液压泵一时来不及泵出的制动液。ABS 每个车轮制动器的制动力由一组二位二通的常开阀（进液电磁阀）和常闭阀（出液电磁阀）控制，电磁阀的电磁线圈集成于控制器内。

2. 工作原理

上述 ABS 属于三通道四传感器系统，控制原则是前轮独立控制，后轮按“低选原则”集中控制，即 ABS 对后轴液压的控制是依据两后轮中附着系数较低的车轮来进行调节。

下面以一个车轮为例介绍 ABS 工作时制动压力的调节过程。

（1）常规制动阶段　制动时，通过助力器总泵建立制动压力。进油阀打开，出油阀关闭，制动压力进入车轮制动器，车轮速度迅速降低，直到 ABS 电子控制单元通过转速传感器得到的信号识别出车轮有抱死的倾向时为止，如图 12-26 所示。

（2）制动压力保持阶段　随着制动压力的增加，车轮被制动和减速。当被制动的车轮趋于抱死时，车轮转速传感器发出车轮有抱死危险的信号，电子控制单元向液压控制单元发出“保持压力”的指令，给进油阀通电使其关闭，出油阀处于无电状态仍保持关闭。制动液通往轮缸的通道被切断，在进油阀和出油阀之间，制动压力保持不变，如图 12-27 所示。

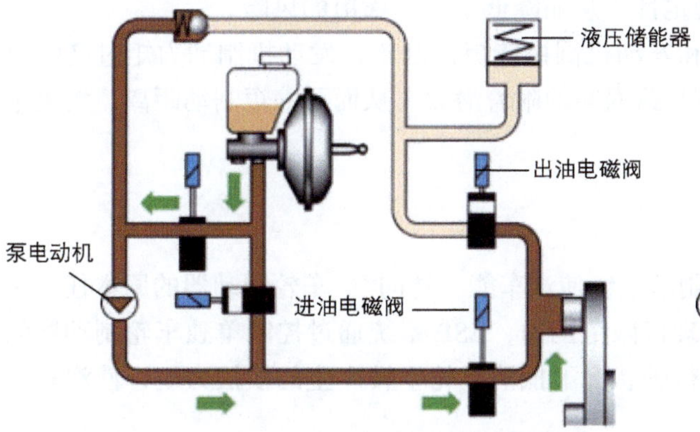

图 12-26　进油阀开启、出油阀关闭，制动压力增大

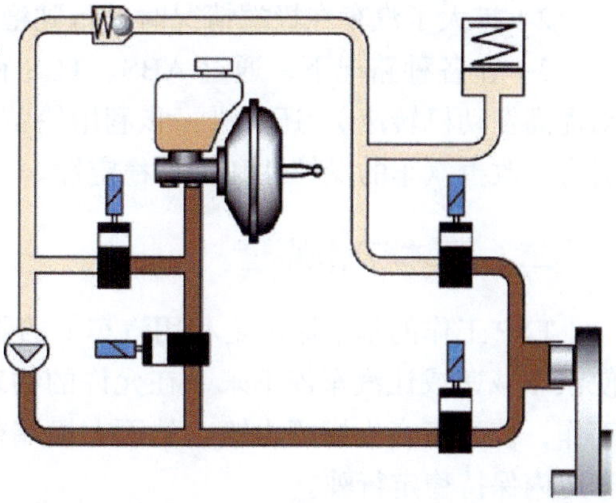

图 12-27　进油阀和出油阀均关闭，保持压力

（3）制动压力下降阶段　即使制动压力保持不变，如果车轮进一步减速，仍出现车轮抱死趋势，则必须降压，如图 12-28 所示。电子控制单元发出“减少压力”的指令，给进油阀通电使其关闭，给出油阀通电使其开启，制动液通过回液通道进入蓄能器，同时电动泵工作，将多余的制动液送回制动主缸。这时制动踏板会轻微的向上抖动。轮缸制动液减少，制动压力下降，车轮转速上升。

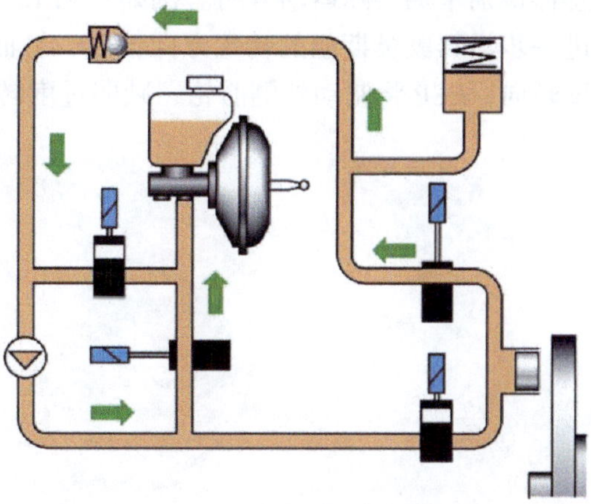

图 12-28　进油阀关闭、出油阀开启，制动压力下降

（4）制动压力上升阶段　轮缸制动压力下降后，车轮转速上升太快，电子控制单元指令液压控制单元“增加制动压力”，使进油阀断电打开，出油阀断电关闭，制动液在泵电机和制动踏板力的作用下又进入轮缸，轮缸制动压力上升，车轮转速又下降，进入下一个循环，重复上述过程。

第五节　电子稳定程序控制系统

一、电子稳定程序的功能

电子稳定性程序（Electronic Stability Programe，ESP）是改善汽车行驶性能的一种控制系统。该控制系统分成两个系统：一个系统在制动系统中；另一个系统在驱动 - 传动系统中。利用与 ABS 一起的综合控制可防止汽车在制动时车轮抱死；利用驱动防滑系统（TCS 或 ASR）可阻止汽车在起步时驱动轮滑转（空转）。只要汽车在行驶时不超出物理极限，ESP 兼有防止汽车转向时滑移、不稳定和侧向驶出车道的综合功能。

ESP 可在以下几个方面改善汽车行驶安全性。

1）扩大了汽车行驶稳定性范围。在汽车的各种行驶状况下，如全制动、部分制动、车轮空转、驱动、滑行和负载变化，仍可保持汽车在车道中行驶。

2）扩大了汽车在极端情况时的行驶稳定性，从而降低了汽车横甩的风险。

3）在各种路况下，通过ABS、TCS和发动机倒拖转矩控制（在发动机制动力矩过高时自动提高发动机转速），还可进一步利用轮胎与路面间的附着潜力。从而可缩短制动距离、增大牵引力、改善汽车的操控性和行驶稳定性。

二、基本工作原理

ESP工作的基本原理是利用汽车上的制动系统使汽车能“转向”。车轮制动器的原本任务是使汽车减速或让汽车停下来，在允许的物理极限范围内，ESP系统通过控制单独车轮制动器的工作，使汽车产生横摆力矩，从而在极端行驶状况下抵消车轮空转产生的横摆力矩，使汽车在车道内保持稳定行驶。

ESP通过横摆角速度传感器，识别车辆绕垂直于地面轴线方向的旋转角度及侧向加速度传感器识别车辆实际运动方向。例如：当ESP判定为出现不足转向时，将制动内侧后轮，使车辆进一步沿驾驶员期望的转弯方向偏转，从而稳定车辆，如图12-29所示；当ESP判定为出现过度转向，ESP将制动外侧前轮，减弱过度转向趋势，稳定车辆，如图12-30所示。

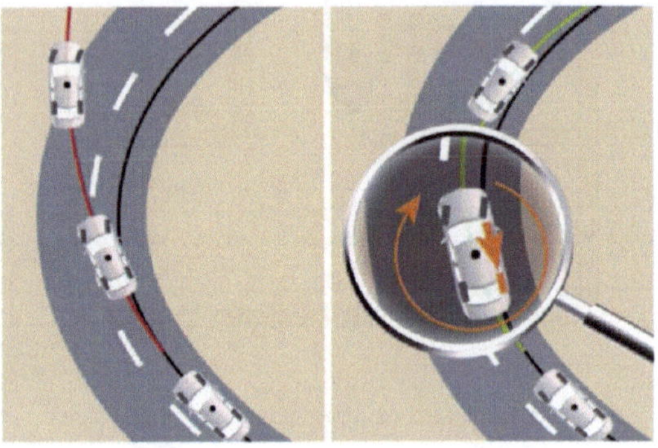

图12-29 避免不足转向的原理

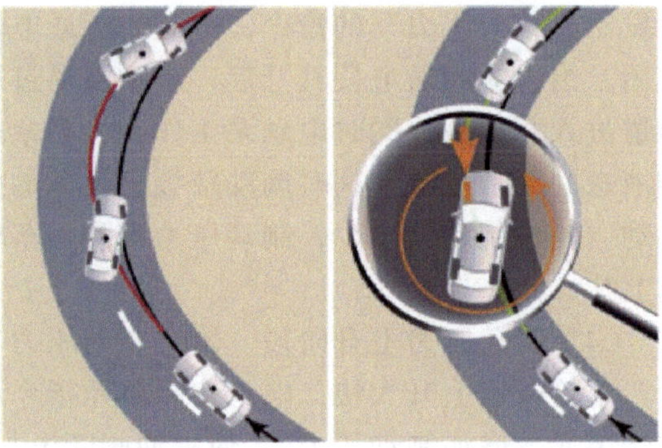

图12-30 避免过度转向的原理

三、电子稳定程序的组成

图12-31所示是典型轿车电子稳定程序相关部件的组成。电子稳定程序是建立在其他防滑控制系统之上的一个非独立的系统。系统的大部分元件与ABS、驱动防滑转系统（TCS）可共用。ESP电控系统由传感器、控制单元和执行单元三部分组成。

（一）传感器

ESP特有传感器主要包括转向盘转角传感器、侧向加速度传感器、偏转率传感器和制动压力传感器等。

1. 转向盘转角传感器

安装位置：转向柱上，转向开关与转向盘之间，与安全气囊螺旋电缆集为一体。

作用：向带有EDL/TCS/ESP的ABS控制单元传递转向盘转角信号。

失效影响：系统将不能识别车辆的预期行驶方向（驾驶员意愿），导致ESP不起作用。

2. 侧向加速度传感器

安装位置：转向柱下方偏右侧，与横摆角速度传感器一体。

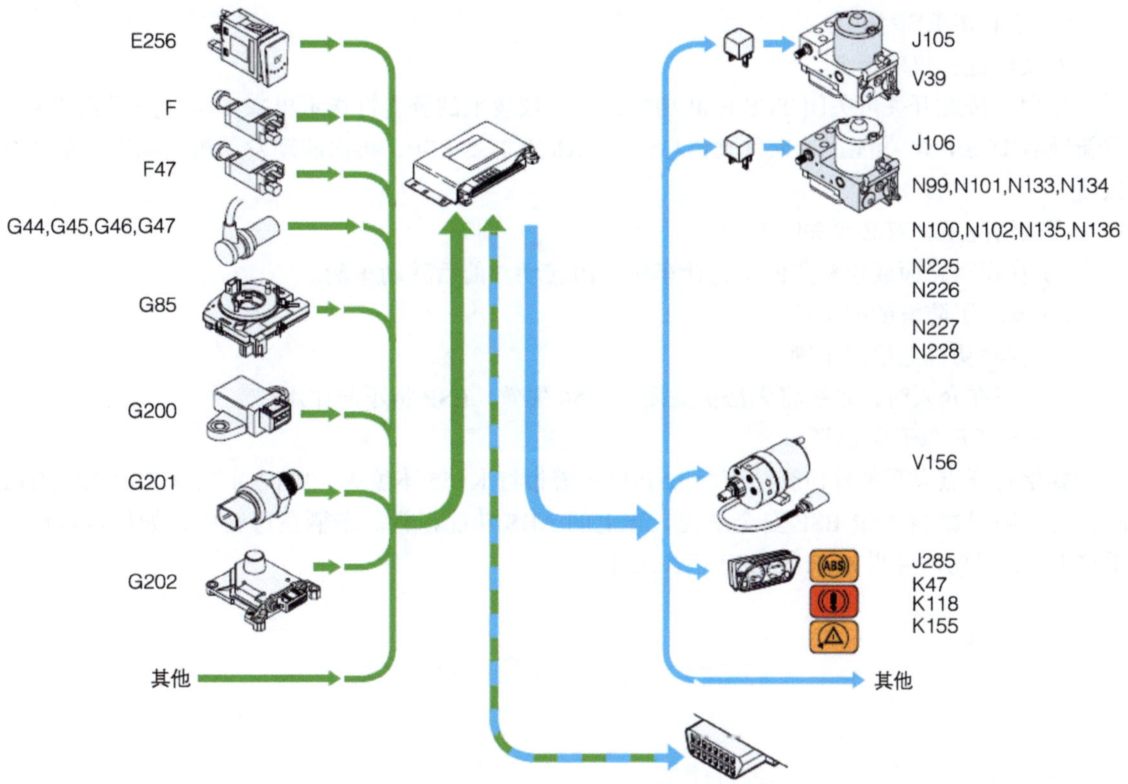

图 12-31 典型轿车电子稳定程序的组成

E256—ASR/ESP 按键 F—制动灯开关 F47—制动踏板开关 G44—右后车轮转速传感器 G45—右前车轮转速传感器 G46—左后车轮转速传感器 G47—左前车轮转速传感器 G85—转向角传感器 G200—侧向加速度传感器 G201—制动压力传感器 G202—偏转率传感器 J105—ABS 回液泵继电器 V39—ABS 回液泵 J106—ABS 电磁阀继电器 N99、N101、N133、N134—ABS 进液阀 N100、N102、N135、N136—ABS 出液阀 N225、N226—行驶动态调节阀 N227、N228—行驶动态调节高压阀

作用：测量侧向加速度。

失效影响：无法识别车辆状态，ESP 失效。

3. 偏转率传感器

安装位置：转向柱下方偏右侧，与侧向加速度传感器一体。

作用：该传感器感知作用在车辆上的转矩，识别车辆围绕垂直于地面轴线方向的旋转运动。

失效影响：没有此信号，控制单元不能识别车辆是否发生转向，ESP 功能失效。

4. 制动压力传感器

安装位置：制动主缸上。

作用：计算制动力，控制预压力。

失效影响：ESP 功能失效。

（二）控制单元与执行单元

控制单元是带有 EDL/TCS/ESP 功能的 ABS 控制单元，执行单元与 ABS 共用。

打开点火开关后，控制单元将做自测试，所有的电器连接都将被连续监控，并周期性检查电磁阀功能，支持自诊断系统。

（三）TCS/ESP 开关

安装位置：仪表板上。

作用：按此开关可关闭 TCS/ESP 功能，并由仪表上的警告灯指示出来，再次按压此开关可重新激活 TCS/ESP 功能。如果驾驶员忘记重新激活 TCS/ESP，再次起动发动机后系统可重新被激活。

下列情况下，有必要关闭 ESP。

1）在积雪路面或松软路面上，让车轮自由转动，前后移动车辆。

2）安装了防滑链的车辆。

3）在测功机上检测车辆。

ESP 正在介入时，系统将无法被关闭；E256 失效，ESP 将不起作用。

（四）ESP 仪表警报灯

如果打开点火开关且检测结束后 ESP 仪表警报灯 K155 不熄灭，则说明 ASR/ESP 系统有故障。此故障只影响 ASR/ESP 安全系统，车上的 ABS 功能正常。车辆在行驶中，如稳定程序警报灯 K155 闪亮，说明 ASR 及 ESP 正在工作。

第六节　电子驻车制动系统

一、电子驻车制动系统的功能

电子驻车制动系统简称 EPB，俗称电子手刹，它将行车过程中的临时性制动和停车后的长时间制动功能整合在一起，并且由电子控制方式实现驻车制动的技术。

电子驻车制动系统的主要功能如图 12-32 所示，电子驻车制动从基本的驻车功能延伸到自动驻车功能（AUTO HOLD）。驾驶员要停下车辆时，只需按下 AUTO HOLD 按钮（而不需要像之前一样长时间踩制动踏板），即可实现自动驻车制动。在启动自动电子驻车制动的情况下，车辆起动时，电控驻车制动器自行松开，这能避免车辆在坡道起步向后溜车。

a) 停车自动启动　b) 起动自动释放　c) 坡路起动防溜车　d) 驻车自动启动

图 12-32　电子驻车制动系统的主要功能

二、电子驻车制动系统的结构与工作原理

电子驻车制动的工作原理与机械式驻车制动相同，均是通过摩擦片与制动盘或制动鼓产生的摩擦力来达到控制驻车制动的目的，只不过控制方式从之前的机械式驻车制动拉杆变成了电

子按钮。

电子驻车制动系统组成如图 12-33 所示。其主要由驻车制动控制单元、驻车制动开关、AUTO HOLD 开关、制动执行单元等组成。

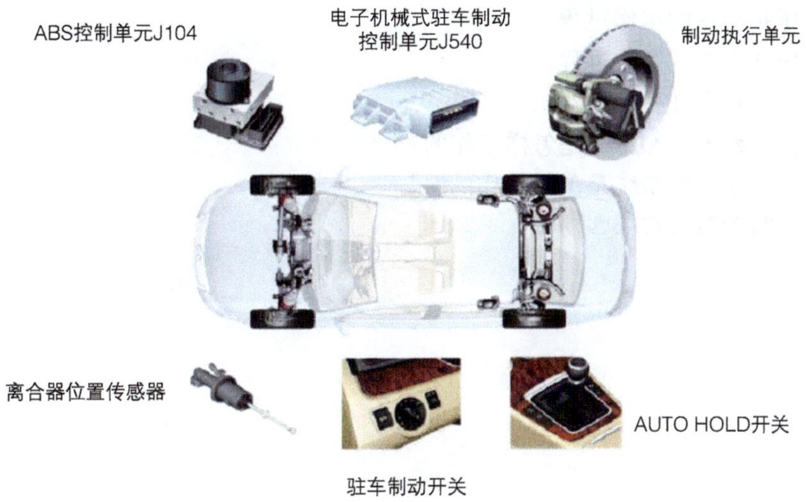

图 12-33 电子驻车制动系统组成

驻车制动系统

电子驻车制动有以下几种工作模式。

1）动态起动辅助模式：当车辆从静止起步，车轮转矩达到一定程度时，电子驻车制动自动释放，将操作简化。

2）斜坡停车模式：通过内置在其控制单元中的纵向加速传感器来测算坡度，从而可以算出车辆在斜坡上由于重力而产生的下滑力，控制单元通过电动机对后轮施加制动力来平衡下滑力，使车辆能停在斜坡上。

3）动态紧急制动模式：如果在行车过程中发生极端情况，操作电子驻车制动按键，可以对车辆进行紧急制动。此时车辆的制动并非机械的驻车制动，高速情况下，紧急制动是通过 ESP 控制单元以略小于全力制动的力对全部四个车轮进行液压制动，而当车辆接近静止状态时，才能直接用电子驻车制动来降速或驻车。例如大众的电子驻车制动在 7km/h 以上的速度时就是如此，而只有当速度在 7km/h 以下时，才是直接施以驻车制动。

4）AUTO HOLD 模式：它是 ESP 的一种扩展功能，由 ESP 部件控制，制动管理系统通过 ESP 的扩展功能来实现的对四轮制动的控制。当车辆临时停驻，并且很短一段时间之后需要重新起动，这种情况的驻车就交由 ESP 控制的制动来完成，计算机会通过一系列传感器来测量车身的水平度和车轮的转矩，对车辆起动趋势做一个判定，并对车轮实施一个适当的制动力，使车辆静止。这个制动力刚好可以阻止车辆移动，并不会太大，以便再次踩加速踏板前行时，不会有太严重的前窜动作。而在临时驻车超过一定时限后，制动系统会转为后轮机械驻车（打开电子驻车制动），来代替之前的四轮液压制动。当车辆欲将前行时，电子系统会检测加速踏板的踩踏力度，以及手动档车型的离合器踏板行程，来判定制动是否解除。

AUTO HOLD 功能可以避免使用电子驻车制动而简化操作，自动档车型也不用频繁地由 D 到 N、D 到 P 来回切换档位。简化了操作，也减少了“溜车”带来的意外发生。

思　考　题

1. 汽车制动系主要由哪几部分组成？各部分的功用是什么？
2. 汽车上为何广泛采用双回路制动系统？
3. 简述液压制动系的工作过程。
4. 简述气压制动系的工作过程。
5. 常用制动器有哪几种类型？
6. 制动防抱死系统（ABS）是怎样工作的？
7. 电子稳定程序控制系统是怎样工作的？
8. 电子驻车制动系统有哪些功能？

第十三章
汽车车身

第一节　轿车车身

车身是汽车很重要的组成部分，它不仅要满足舒适安全的要求，还要体现造型的美观。

一、车身的功用与组成

1. 车身的功用

车身具有如下作用：

1）为驾驶员及乘员提供舒适的乘坐环境。车身既是运送乘员及行李的工具，也是驾驶员的工作场所。车身应为驾驶员提供良好的驾驶操作条件，保护驾驶员及乘员免受恶劣气候的影响，提供舒适的乘坐空间和室内环境。

2）为驾驶员及乘员提供安全保护措施。通过车身结构的安全设计和在车身内安装安全防护装置，为驾驶员及乘员提供安全保护措施，保证行车安全，减轻事故后果。

3）减少空气阻力，实现整车功能作用。车辆在行驶中，不仅要克服道路阻力，而且还要克服空气阻力。因此，车身应具有合理的外部形状，以减小风阻系数，降低阻力损失，提高整车的动力性、经济性、平顺性、操纵稳定性、乘坐舒适性、行驶安全性等。

4）增强整车的美观性。随着人们对物质生活的需求逐步增加，作为交通和运输工具的汽车在人们生活中的重要性也日益提升，人们对整车多样化的要求也越来越强烈。整车车身设计在注重实用的同时，突出个性，开发出来的产品，更是一件精美的、制造考究的、体现使用者个性的工艺美术产品。

车身的组成

2. 车身的组成

车身包括车身壳体、车门、车窗、前后钣制件、车身内外部装饰件、座椅以及通风、暖气、空调装置等。在货车和专用汽车上还包括货厢和其他装备。

二、车身的种类

车身壳体是一切车身零部件的安装基础，通常指纵、横梁和立柱等主要承力元件以及与它们相连接的钣件共同组成的刚性空间结构，还包括在其上敷设的隔声、隔热、防振、防腐、密封等材料及涂层。车身可根据结构形式、受力情况以及车身外形的不同进行分类。

1. 按结构形式分类

（1）骨架式　有完整的骨架，车身蒙皮固定在骨架上。

（2）半骨架式　由部分骨架，各骨架可彼此相连或靠蒙皮相连。

（3）无骨架式　没有骨架，代替骨架的是蒙皮相互连接时形成的加强肋或板壳。

2. 按受力情况分类

（1）非承载式　非承载式车身结构如图 13-1 所示。这种车身通过橡胶软垫或弹簧与车架作柔性连接。车架是支承全车的基体，承受着在其上所安装的各个总成的各种载荷。这种车身仍要承受所装载的人员和货物的质量及其惯性力，但在车架设计时不考虑车身对车架承载所起的辅助作用。

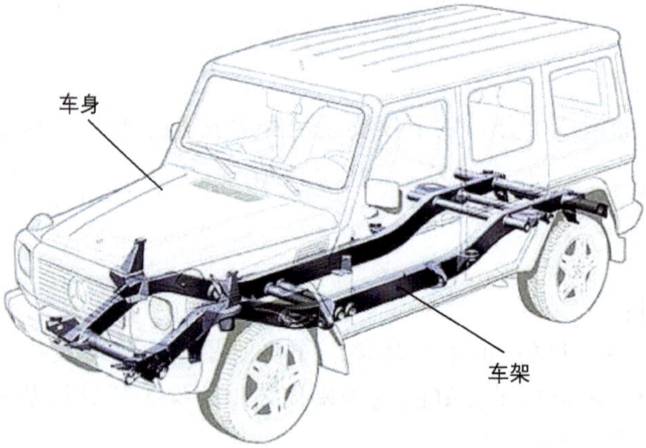

图 13-1　非承载式车身结构

（2）半承载式　半承载式车身的结构与非承载式车身的结构基本相同，都是属有车架式结构。它们之间的区别在于：半承载式车身与车架的连接不是柔性的连接，而是刚性连接，即车架与车身焊接或用螺栓固定。由于是刚性连接，所以车身部分地参与承载，车架是主承载体。

（3）承载式（或称全承载式）　承载式车身结构如图 13-2 所示。这种车身的汽车没有车架，车身就作为发动机和底盘各总成的安装基体，车身兼有车架的作用，并承受全部载荷。这种结构省去了笨重的车架，实现了汽车的轻量化，如今绝大多数轿车车身都采用承载式结构。

承载式车身

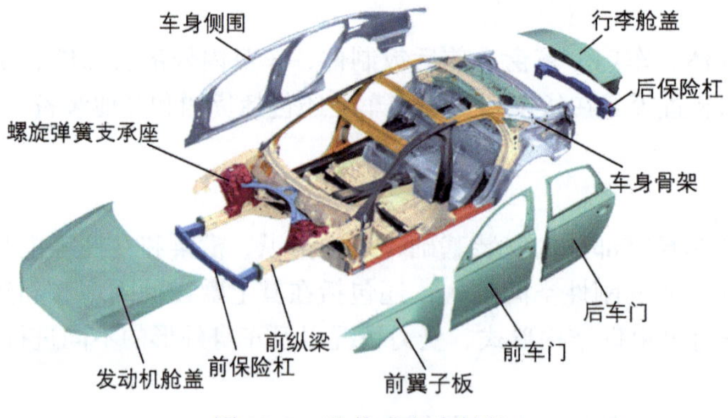

图 13-2　承载式车身结构

3. 按车身外形分类

按外形分类，车身可分为单厢车、两厢车和三厢车等多种，如图 13-3 所示。

图 13-3 车身外形分类

（1）三厢车 三厢车的车身结构由三个相互封闭、用途各异的车舱组成。前部是发动机舱，车身中部是驾驶舱，后部是行李舱。三厢车中间高两头低，从侧面看前后对称，车身修长，线条优美，造型美观大方，同时由于行李舱和驾驶舱之间存在一个隔断区，使得三厢车的静音性比较好。

（2）两厢车 两厢车前部与三厢车没有区别，作用也一样。不同之处在于这种汽车将驾驶舱近似等高度向后延伸，把行李舱和驾驶舱合为一体，使其减少为发动机舱和驾乘室两厢。由于两厢车少了行李舱，车辆重心前移，轴荷分布相对均匀，与三厢车相比，两厢车拥有更好的稳定性与操控性。平放后排座位，就可以获得比三厢车大得多的载物空间，可用来运送许多大型家电和家庭用品。

（3）单厢车 单厢车是在两厢车的基础上发展而来的，它的发动机舱进一步缩短，变得很不明显，其发动机舱盖与风窗玻璃几乎成一斜面，整个车身与小客车较相似。

第二节 车门与座椅

一、车门

车门是车身上重要的部件之一，按其开启方法可分为：顺开式、逆开式、水平滑移式、上掀式、折叠式、外摆式等，如图 13-4 所示。

a) 顺开式

b) 逆开式

c) 水平滑移式

d) 上掀式

e) 折叠式

f) 外摆式

图 13-4　车门的开启方式

逆开式车门在汽车行驶时若关闭不严就可能被迎面气流冲开，故很少采用。顺开式车门即使在汽车行驶时仍可借气流的压力关上，比较安全，故被广泛采用。水平滑移式车门在车身侧方与障碍物距离很小时仍能全部开启。上掀式车门多见于运动型轿车及轻型客车的背门。折叠式车门、外摆式车门广泛应用于大、中型客车。

车门用铰链安装在车身壳体上。汽车在行驶时，车身壳体会产生反复扭转变形，所以车门与门框之间应留有较大的间隙，以防止相互摩擦产生噪声，此间隙由橡胶密封条密封。

车门总成及其附件如图 13-5 所示，主要由门外板、门内板、窗框、车窗玻璃、电动机总成、拉索、导轨、托架等组成。

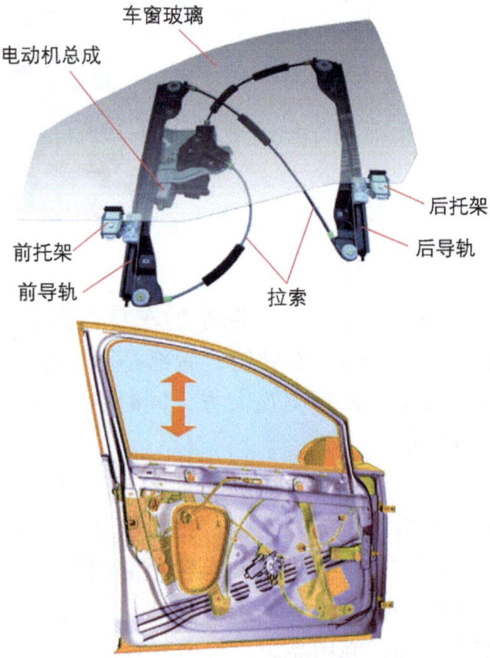

图 13-5　车门及其附件

二、汽车座椅

座椅是车身内部的重要装置。座椅的作用是支承人体，使驾驶操作方便和乘坐舒适。座椅由骨架、座垫、靠背和调节机构等部分组成，其结构如图 13-6 所示。

图 13-6　驾驶员座椅结构

座椅骨架一般用轧制型材（钢管、型钢）或冲压成型的钢板焊接而成。座垫和靠背的尺寸和形状应按人体工程学进行设计，与人体结构特点相适应，以使人体与座椅接触的压力合理分布，保证乘坐舒适。为避免人体在汽车行驶时左右摇晃而引起疲劳，座垫和靠背中部略为凹陷（有些座椅设计成簸箕形）并在其表面制成凹入的格线以提高支承性且改善透气性。

座椅调节机构的作用是改变座椅与驾驶操纵机构的相对位置，以适应不同身材的驾驶员的需要。最基本的两种调节方式是座椅行程调节和靠背角度调节。行程调节装置可使座椅在左右两根滑轨上前后移动。行程调节手柄可使移动的卡爪与固定的齿条脱开；手柄放松时，卡爪在复位弹簧作用下重新与齿条某个齿扣紧。靠背角度调节器的内部有发条状弹簧、齿轮、卡爪等。发条状弹簧两端分别与座垫和靠背相连，使靠背有向前倾翻的趋势，装在靠背上的齿轮亦随之翻转过相同的角度。旋转靠背角度调节器就可操纵装在座垫上的卡爪扣住齿轮某个齿从而使靠背定位。

现代中高级轿车普遍配备可调方式较多的电动座椅，有的驾驶员座椅可调方式多达 8 种：座垫前端上、下调节；座垫后端上、下调节；座椅前、后调节；靠背向前、向后倾斜调节。电动座椅的结构如图 13-7 所示。座椅调节通过操纵座椅开关控制微型电机来完成。带存储功能的电动座椅采用了电子芯片控制，它能将选定的座椅调节位置进行存储，可记忆多个驾驶员所需的调节方式，使用时只要按指定的按键开关，座椅就会自动地调节到预先选定的座椅位置上。

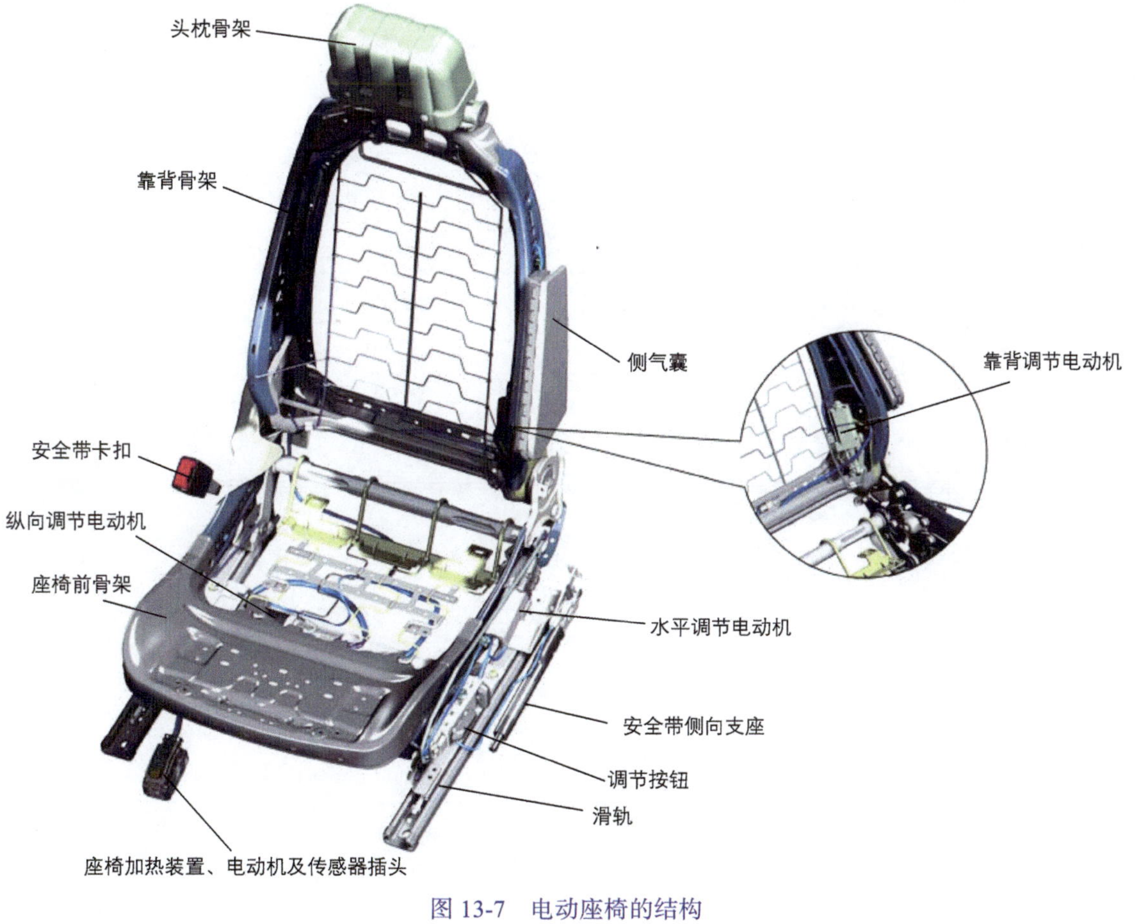

图 13-7　电动座椅的结构

思 考 题

1. 汽车车身的功用有哪些？常见的车身形式有哪些？
2. 承载式轿车车身有什么特点？
3. 轿车车身按外形分类可分为哪几种？
4. 驾驶员座椅一般可进行哪些调节？

第十四章
汽车电气设备

第一节　电源系统

汽油车一般采用 12V 直流电源系统，柴油车采用 24V 直流电源系统。汽车电源系统主要由蓄电池、交流发电机、电压调节器等组成，如图 14-1 所示。蓄电池与发电机并联向用电设备供电。交流发电机与发电机调节器互相配合工作，其主要任务是对除起动机以外的所有用电设备供电，并向蓄电池充电。

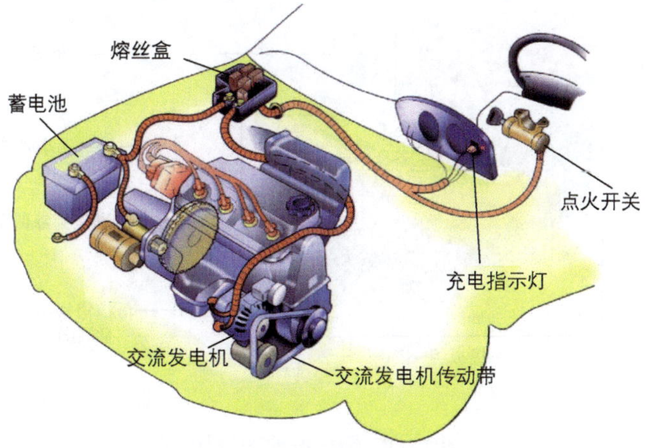

图 14-1　汽车电源系统的组成

一、蓄电池

蓄电池是一种将化学能转变为电能的装置，属于可逆的直流电源。用于汽车上的蓄电池，必须满足起动发动机的需求，即在 5 ~ 10s 的短时间内，为汽车起动机提供足够大的电流。汽油机起动电流为 200 ~ 600A，有的柴油机起动电流达 1000A。在发动机工作时，汽车用电设备所需电能主要由发电机供给。

1. 蓄电池在汽车上的功用

1）起动发动机时，蓄电池向起动系和点火系供电。

2）当发动机低速运转、发电机电压低于蓄电池充电电压时，由蓄电池向用电设备供电。

3）当发动机中高速运转、发电机电压高于蓄电池充电电压时，蓄电池将发电机的剩余电能储存起来。

4）当发电机过载时，蓄电池协助发电机向用电设备供电。

5）蓄电池还可以吸收电路中的瞬时过电压，保持汽车电气系统电压的稳定，保护电子元件。

2. 蓄电池的种类

目前汽车上使用的蓄电池主要有两大类：铅酸蓄电池（以下简称铅蓄电池）和镍碱蓄电池。同时，由于能源危机的冲击和人们对燃油汽车排放要求的提高，各国正在不断探索和研制电动汽车，其主要的动力源为新型高能蓄电池。

由于铅蓄电池结构简单，价格低廉，易于满足大量生产的汽车的需要；同时其内阻小，起动性能好，能在短时间内供给起动机所需要的大电流，因此在汽车上得到广泛应用。铅蓄电池又可以分为普通铅蓄电池、干荷电铅蓄电池、湿荷电铅蓄电池和免维护铅蓄电池。目前普遍采用的是免维护铅蓄电池。

3. 蓄电池的结构与工作原理

铅蓄电池一般由 3 个或 6 个单格电池串联而成，其结构如图 14-2 所示，主要由极板、隔板、电解液和外壳等组成。

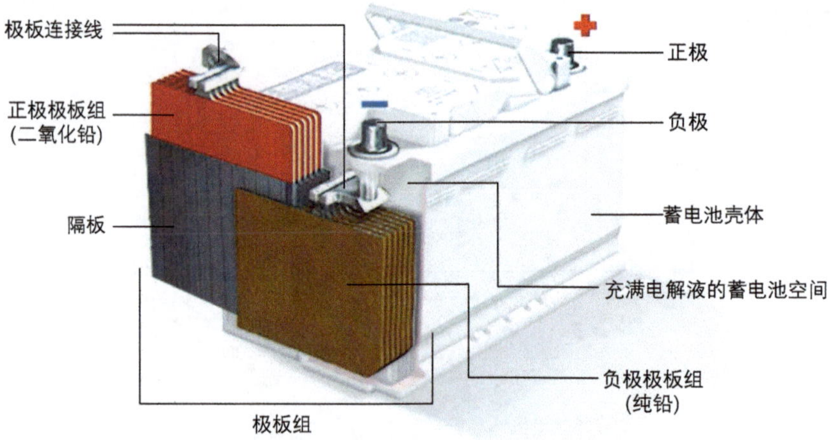

图 14-2　铅蓄电池的结构

极板是蓄电池的核心部分，蓄电池充、放电的化学反应主要是依靠极板上的活性物质与电解液进行的。极板分为正极板和负极板，均由栅架和活性物质组成。正极板上的活性物质是二氧化铅（PbO_2），呈深棕色；负极板上的活性物质是海绵状的纯铅（Pb），呈青灰色。

电解液由纯硫酸（H_2SO_4）与蒸馏水按一定比例配制而成，其密度一般为 1.24 ~ 1.30g/cm^3。

铅蓄电池的充、放电化学反应方程式为

$$PbO_2 + 2H_2SO_4 + Pb \underset{充电}{\overset{放电}{\rightleftharpoons}} 2PbSO_4 + 2H_2O$$

二、发电机

1. 功用

交流发电机是汽车电源系统的重要组成部分。它与发电机调节器互相配合工作，其主要任务是对除起动机以外的所有用电设备供电，并向蓄电池充电。汽车用交流发电机是随着半导体整流技术的出现而发展起来的，目前主要有硅整流交流发电机、感应子式交流发电机等几种，其中以硅整流交流发电机应用最为普遍。

2. 交流发电机构造

JF132 型交流发电机的组件如图 14-3 所示。汽车用交流发电机多采用三相同步交流发电机，由 6 只二极管构成三相桥式全波整流器。各国交流发电机的结构都大同小异，主要由定子、转子、电刷、整流二极管、前后端盖、风扇及带轮等组成，有的还将调节器与发电机装在一起。

转子用来建立磁场，定子中产生的交变电动势，经过二极管整流器整流后输出直流电。

发电机

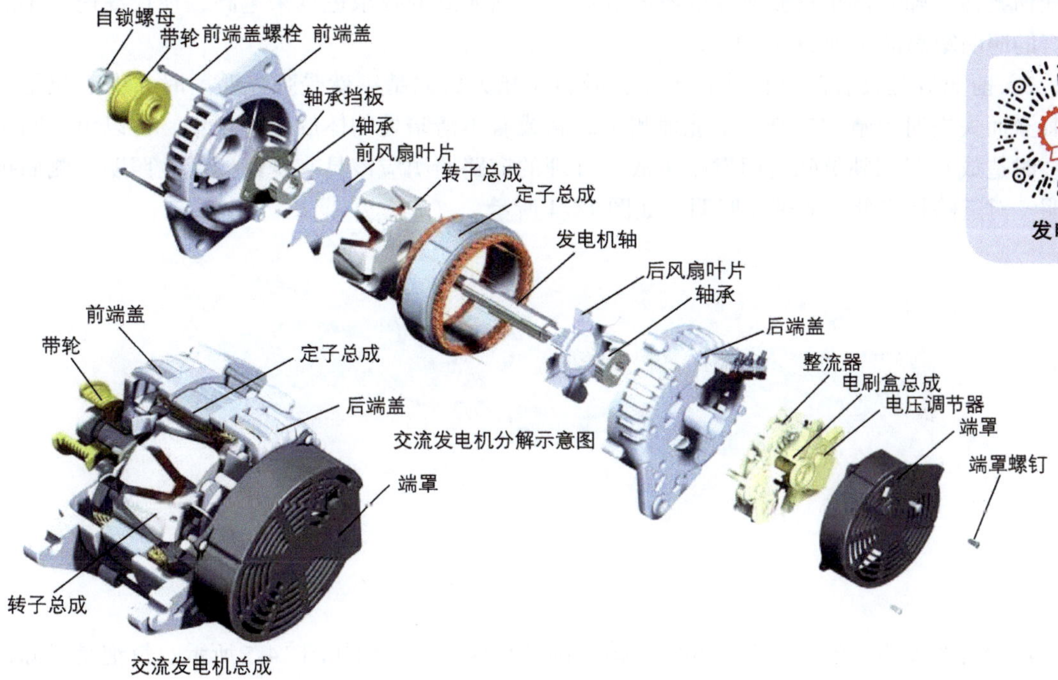

图 14-3　交流发电机的组件

3. 电压调节器

电压调节器的功用是当发电机转速变化时，自动调节发电机输出电压，使之保持恒定。

电压调节器调节发电机电压的基本原理是：当发电机转速变化时，自动改变发电机励磁电流，使其输出电压保持恒定。

目前交流发电机广泛使用的是与发电机装在一体的调节精度高、质量小、体积小、寿命长、可靠性高、电波干扰小的集成电路电压调节器。

第二节　照明与信号系统

一、照明系统

汽车照明系统主要用于夜间行车照明、车内照明、仪表照明及检修照明。汽车照明系统主要由照明设备、电源、线路、控制开关组成，其主要照明设备如下所述。

1. 前照灯

前照灯（俗称前大灯）装于汽车头部两侧，用于夜间行车道路的照明。前照灯有两灯制和四灯制之分，功率一般为 40～60W。

由于前照灯的照明效果直接影响夜间行车驾驶的操作和交通安全，因此世界各国交通管理部门多以法律的形式规定了其照明标准。前照灯与其他照明灯相比有较特殊的光学结构，对它的基本要求如下：

1）前照灯应保证夜间车前有明亮而均匀的照明，使驾驶员能辨明车前方 100m 以内道路上的任何物体。随着汽车行驶速度的不断提高，对前照灯的要求也越来越高，现代高速汽车的前照灯的照明距离能达到 200～250m。

2）前照灯应具有防眩目装置（注：眩目是指人的眼睛突然受强光照射时，由于视觉神经受刺激而失去对眼睛的控制，本能地闭上眼睛或看不清暗处物体的生理现象。），以免夜间两车交会时造成对车驾驶员眩目而发生事故。合理的道路照明应该具有良好的低位照明、侧面扩展照明、对道路特定部分的聚光照明，如图 14-4 所示。

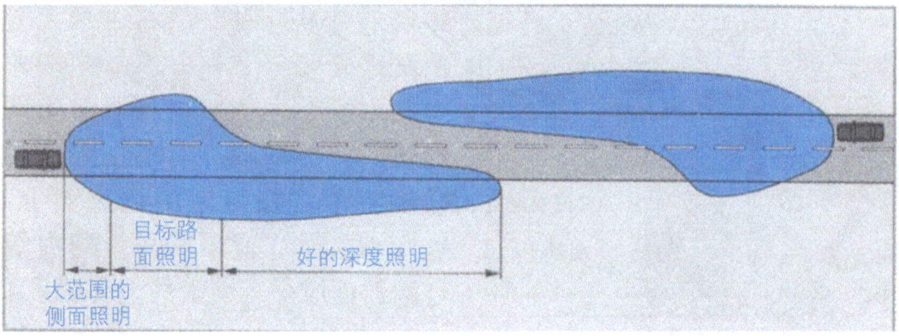

图 14-4 合理的路面照明（两车夜间会车时）

前照灯主要由灯泡、反射镜和配光镜三部分组成，其结构如图 14-5 所示。灯泡是光源，反射镜的作用是将灯泡的光线聚合并导向远方，配光镜的作用是将反射镜反射出的平行光束折射，使车前路面和路缘均有很好的照明效果。

为了防眩目，前照灯的灯泡一般采用双灯丝，其结构如图 14-6 所示。一根为远光灯丝，功率较大，位于反射镜焦点；另一根为近光灯丝，功率较小，位于焦点上方或前方。远光灯丝点亮时，光束照亮较远的路面；近光灯丝点亮时，光束照亮较近的路面。通常在近光灯丝下设置配光屏，配光屏遮挡灯丝射向反光镜下半部的光线，极大地减少了引起对面驾驶员眩目的光线；而射向反射镜上部的光线反射后倾向路面，满足了汽车近距离范围内的照明需要。

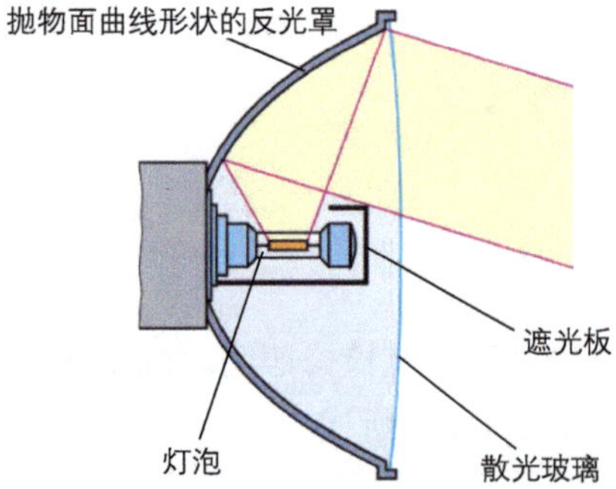

图 14-5 前照灯结构

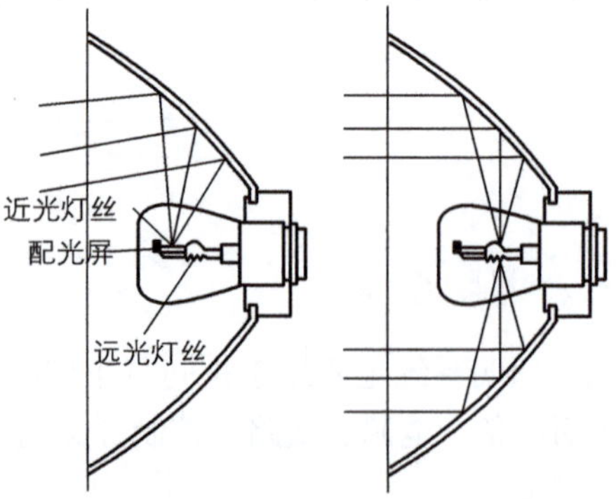

图 14-6 具有配光屏的双灯丝灯泡的工作情况

2. 雾灯

雾灯有前雾灯和后雾灯两种。前雾灯装于汽车前部比前照灯稍低的位置，用于在雨雾天气行车时照明道路；为保证雾天高速行驶的汽车向后方车辆或行人提供本车位置信息，交通管理部门规定，运行车辆在车辆后部应加装功率较大的后雾灯，以降低交通事故发生率。雾灯的光色规定为光波较长的黄色、橙色或红色。

3. 牌照灯

牌照灯装于汽车尾部的牌照上方，用于夜间照亮汽车牌照。

4. 仪表灯

仪表灯装于汽车仪表板上，用于仪表照明，以便于驾驶员获取行车信息和进行正确操作，其数量根据仪表设计布置而定。

5. 顶灯

顶灯装于驾驶室或车厢顶部，用于车内照明。

6. 工作灯

工作灯用于排除汽车故障或检修时的照明。汽车上一般只装工作灯插座，配带导线及移动式灯具。

目前，多将前照灯、转向信号灯等组合起来，称为组合前灯；将后位灯、后转向信号灯、制动信号灯、倒车灯组合起来称为组合后灯。各灯光设备的安装位置如图 14-7 所示。

常用照明灯和信号灯的灯泡种类较多，常用照明灯和信号灯的种类见表 14-1。

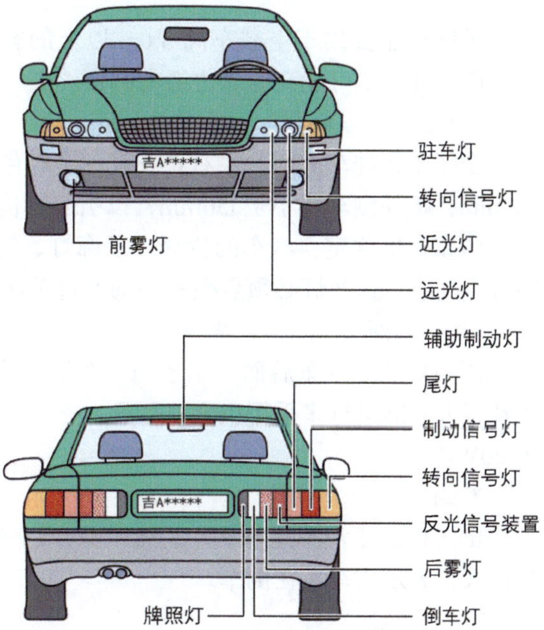

图 14-7 灯光设备的安装位置

表 14-1 常用照明灯和信号灯的种类

灯泡类别	金属丝灯泡		卤素灯		气体放电灯管
外形	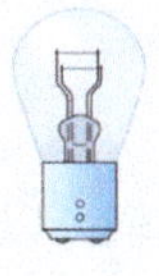	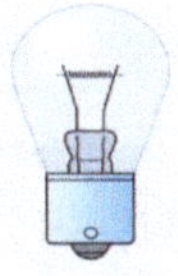	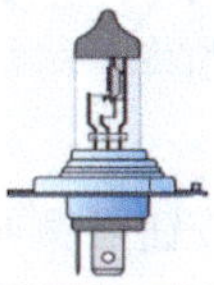	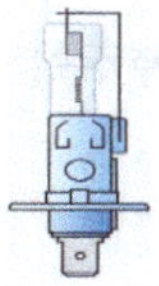	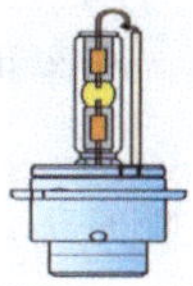
代号	P25/2	P25/1	H4	H1	D2
灯丝类型	双丝	单丝	双丝	单丝	—
用途	制动信号灯和尾灯	倒车照明灯和闪光信号灯	近光灯和远光灯	近光灯和雾灯	近光灯

二、信号系统

信号系统主要用于向他人或其他车辆发出警告和示意的信号，其主要信号设备如下所述。

1. 转向信号灯

转向信号灯一般有四只或六只，装在汽车前后或侧面，功率一般为 20W，用于在汽车转弯时发出明暗交替的闪光信号，使前后车辆、行人和其他交通参与者知其行驶方向。

2. 危险报警灯

危险报警灯与转向信号灯共用。当车辆出现故障停在路面上时，按下危险警报开关，全部转向灯同时闪亮，提醒后方车辆避让。

3. 位灯

位灯也称小灯，装于汽车前后两侧边缘，用于标示汽车夜间行驶或停车时的宽度轮廓。前位灯也称示宽灯，一般为白色或黄色；后位灯又称尾灯，为红色。

4. 示廓灯

示廓灯主要用于空载车高 3.0m 以上的客车和厢式货车，前后各两只，前面为白色，后面为红色，装于尽可能高的靠边缘的部位。

5. 挂车标志灯

全挂车在挂车前部的左右各安装一个红色的标志灯，其高度要求高出全挂车的前拦板 300～400mm，距外侧车厢小于 150mm，以引起其他驾驶员的注意。

国家标准规定，汽车的位灯、示廓灯、牌照灯、仪表灯及挂车标志灯应能同时启灭。当前照灯点亮时，这些灯必须点亮；当前照灯关闭和发动机熄火时，仍能点亮。

6. 制动灯

制动灯装于汽车后面，用于当汽车制动或减速停车时向车后发出灯光信号，以警示随后车辆及行人。制动灯多采用组合式灯具，一般与尾灯共用灯泡（双丝灯），但制动灯功率较大，约为 20W。

7. 倒车灯

倒车灯装于汽车尾部，左右各一只，白色。倒车灯用于照亮车后路面，并警告车后的车辆和行人，表示该车正在倒车。

8. 驻车灯

驻车灯装于车头和车尾两侧，用于夜间停车时标志车辆形位。当接通驻车灯开关时，仪表照明灯、牌照灯并不亮，耗电量比位灯小。

汽车以上装置主要用于向外界传递信息，它们与照明系统一起组成了汽车灯系。现代汽车中还有阅读灯、踏步灯、后照灯、行李灯等装置，警车、消防车、救护车和出租车等特殊类型车辆，在车顶部装有警示灯（或标志灯）。

9. 喇叭

喇叭为声响信号装置，按下喇叭按钮后喇叭发出声响，警告行人和车辆，以确保行车安全。

第三节　仪表与警报系统

为了使驾驶员随时观察与掌握汽车各系统的工作状态，在驾驶室仪表板上装有各种指示仪表和指示灯。

轿车组合仪表如图 14-8 所示。仪表板上有冷却液温度表、燃油表、车速表、发动机转速表以及发动机冷却液温度过高、机油压力不足、燃油量不足、制动系统等报警灯，还有转向、远光、充电等指示灯。

一、常用标识符号

现代汽车的电器设备较多，为了便于识别、控制它们，在汽车驾驶室的仪表、操纵杆、开关、按钮等处标有各种醒目的形象化的符号，常用的标识符号如图 14-9 所示。

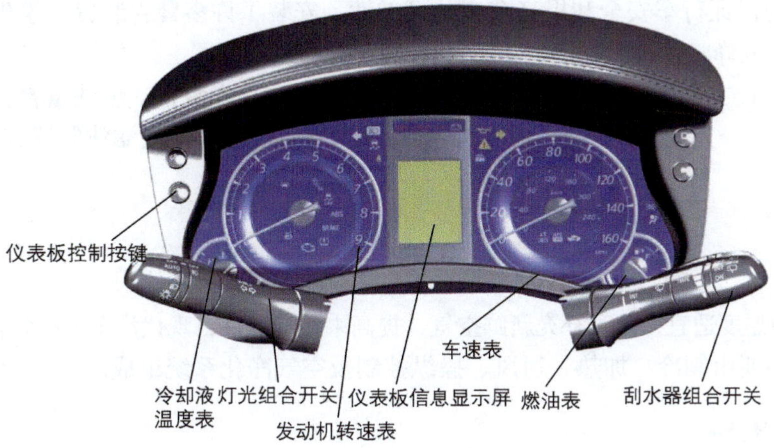

图 14-8　轿车组合仪表

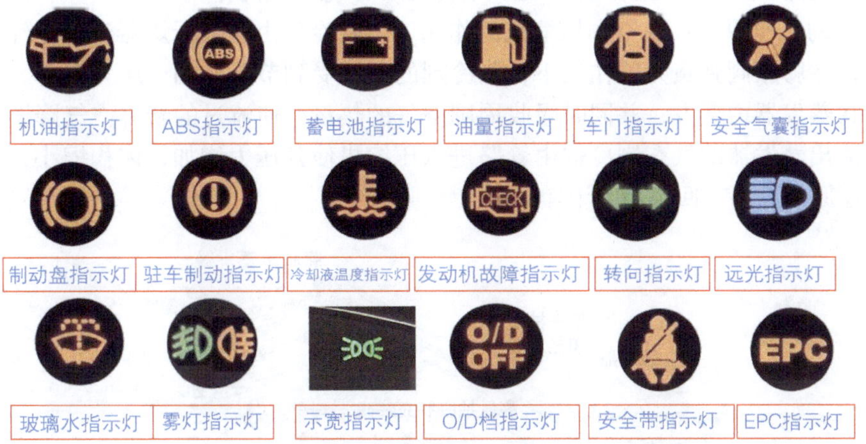

图 14-9　常用的标识符号

二、仪表

汽车仪表主要有机油压力表、冷却液温度表、燃油表（油量表）、车速里程表、发动机转速表、电流表、电压表和仪表稳压器等。

机油压力表用来指示发动机机油压力的大小，以便了解发动机润滑系工作是否正常。冷却液温度表用来指示发动机内部冷却液温度。燃油表用来指示燃油箱内燃油的储存量。车速里程表是用来指示汽车行驶速度和累计行驶里程数的仪表。发动机转速表用来指示发动机运转速度。电流表串接在蓄电池充电电路中，主要用来指示蓄电池充、放电电流值，同时还可通过它检视电源系统的工作是否正常。电压表用来指示发电机和蓄电池的端电压。双金属片式冷却液温度表和配用可变电阻式传感器的燃油表中，应在电路中串入仪表稳压器，其作用是当电源电压变化时稳定仪表平均电压，避免仪表的指示误差。

三、警告灯

现代汽车为保证行车安全和提高车辆的可靠性，安装了许多警告装置。警告装置一般由传感器、警告灯（或蜂鸣器）等组成。

汽车警告装置主要有制动系低压警告装置、机油压力警告装置、燃油量警告装置、制动信号灯断线警告装置、冷却液温度警告装置、制动液面警告装置、空气滤清器滤芯警告装置等。

第四节　空调系统

为了使车内温度适宜，及时补充新鲜空气，提高乘坐舒适性，现代汽车大都装备有空调系统。汽车空调主要由制冷、加热、通风、操纵控制及空气净化系统组成。

一、制冷系统

蒸气压缩制冷系统的组成如图 14-10 所示。作为冷源的蒸发器除具有对空气进行冷却功能外，由于其温度低于空气的露点温度，还具有除湿和净化空气的作用。

制冷循环的工作原理：在空调压缩机的作用下，制冷剂由储液干燥器流出，经由高压管路流至膨胀阀，在膨胀阀弹簧力的作用下，制冷剂的流动受到节流作用，压力下降、体积增大而变为气态，在蒸发器内蒸发，并同时吸收周围空气的热量，使流过的新鲜空气降温，进而降低车内温度。流出蒸发器的气态制冷剂由管路进入压缩机使其压力增加，体积缩小，再经由冷凝器降温，被还原为液态，回到储液干燥器。

空调系统

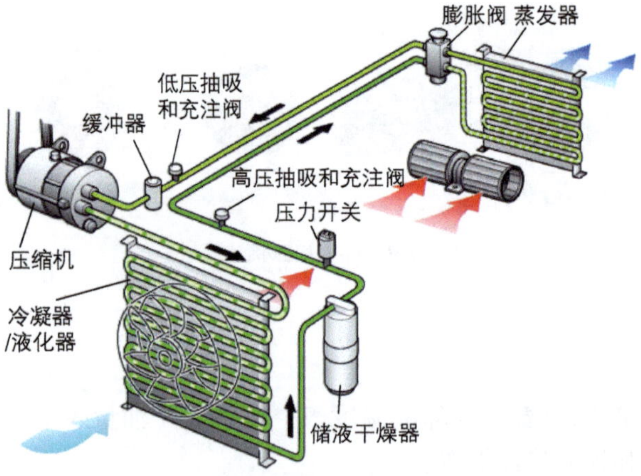

图 14-10　蒸气压缩制冷系统的组成

二、加热系统

一般轿车空调不单独设置热源，而是把发动机的冷却液引入暖风加热器，再利用鼓风机对空气进行加热。加热系统还可以对前风窗玻璃进行除霜。

常用的暖风系统如图 14-11 所示。发动机高温冷却液被部分引入暖风散热器，鼓风机将外部空气吸入并流经暖风散热器加热，热空气被送入车内取暖并可对车窗除霜。

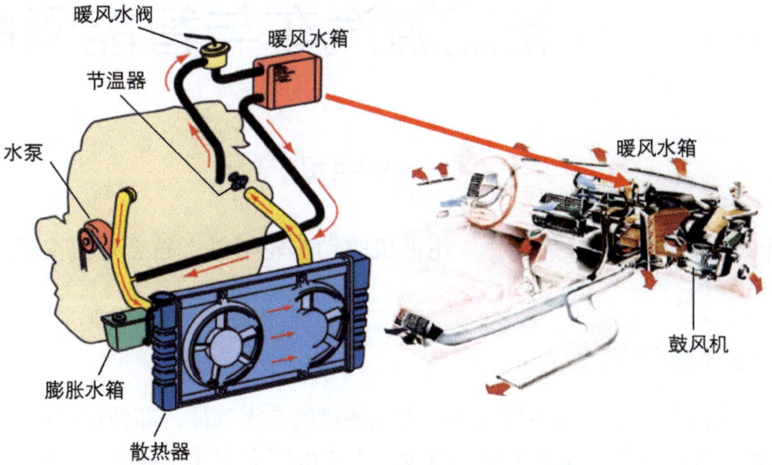

图 14-11　暖风系统

通过调节暖风散热器内的冷却液循环量及调节鼓风机转速来增减外部空气的吸入量，就可以控制暖风装置的加热量，调节车内温度。

三、通风系统

通风系统包括鼓风机、风道、风门和出风口等，把车外的新鲜空气引入车内，通过排风口把车内的污浊空气排出车外。

四、操纵控制系统

操纵控制系统一般由电气系统、真空系统和操纵装置组成，对制冷系统和加热系统的工作进行控制，同时对车内的空气温度、风量、流向进行调节，保证空调系统正常工作。

五、空气净化系统

空气净化系统一般由空气过滤器（滤清器）、排风口、电气集尘器和阴离子发生器等组成。对引入的车外空气进行过滤，不断排出车内的污浊气体，保证车内空气清洁。

思　考　题

1. 汽车电源系统由哪些部件组成？各起什么作用？
2. 汽车照明系统由哪些灯具组成？
3. 对汽车前照灯有何要求？采用双丝灯泡时通常是如何配光的？
4. 汽车主要有哪些仪表？
5. 汽车空调是如何工作的？由哪几部分组成？

第十五章

新能源汽车与智能网联汽车

第一节　纯电动汽车

纯电动汽车是指以车载电源为动力，用电机驱动车轮行驶，符合道路交通、安全法规各项要求的车辆。

一、纯电动汽车的优点

纯电动汽车的优点是：它本身不排放污染大气环境的有害气体，即使按所耗电量换算为发电厂的排放，除硫和微粒外，其他污染物也显著减少，由于电厂大多建于远离人口密集的城市，对人类伤害较少，而且电厂是固定不动的，集中地排放、清除各种有害排放物较容易，也已有了相关技术。

由于电力可以从多种一次能源获得，如煤、核能、水力等，解除了人们对石油资源日渐枯竭的担心。电动汽车还可以充分利用晚间用电低谷时富余的电力充电，使发电设备日夜都能充分利用，大大提高其经济效益。有些研究表明，同样的原油经过粗炼，送至电厂发电，经充入电池，再由电池驱动汽车，其能量利用效率比经过精炼变为汽油，再经汽油机驱动汽车高。因此电动汽车有利于节约能源和减少二氧化碳的排量。正是这些优点，使电动汽车的研究和应用成为汽车工业的一个“热点”。

二、组成与工作原理

纯电动汽车的基本组成如图 15-1 所示，部件在车上的布置如图 15-2 所示，主要由电力驱

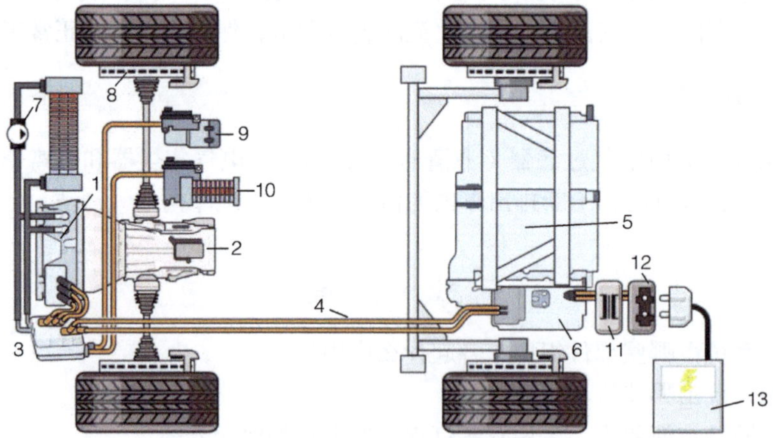

图 15-1　纯电动汽车的组成

1—电动机 / 发电机　2—带差速器的变速器　3—动力电子器件　4—高压线缆　5—动力蓄电池　6—电子设备盒（带控制单元，用于动力蓄电池管理）　7—冷却系统　8—制动系统　9—高压空调压缩机　10—高压供热器　11—动力蓄电池充电器　12—用于外部充电的充电触点　13—外部充电电源

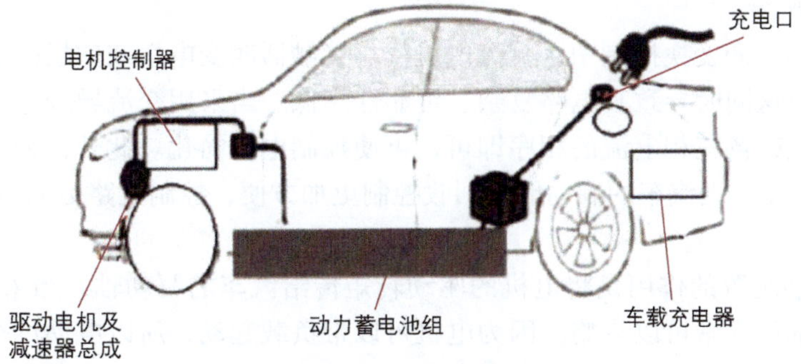

图 15-2 纯电动汽车的部件布置

动及控制系统、驱动力传动机械系统等组成。电力驱动及控制系统由动力蓄电池、电动机/发电机、动力电子元件、电子设备盒、充电装置等组成，是电动汽车的核心，也是区别于内燃机汽车的最大不同点。纯电动汽车的其他装置基本与内燃机汽车相同。

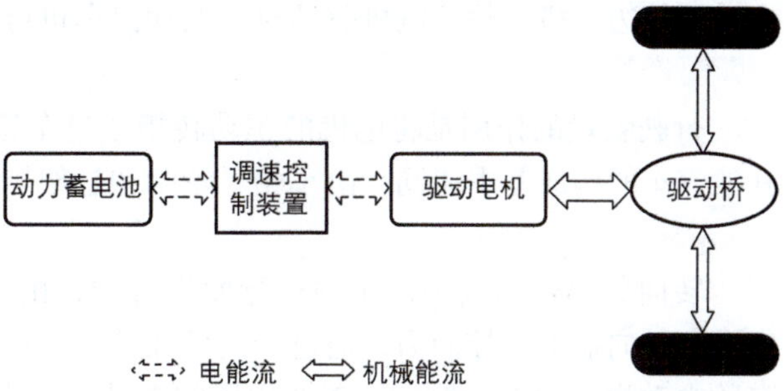

图 15-3 纯电动汽车的能量传递过程

纯电动汽车的能量传递过程如图 15-3 所示。正常行驶工况下动力蓄电池向电动机提供电能来驱动汽车，在制动或减速时，电机作为发电机来回收能量。

1. 电源

电源为电动汽车的驱动电机提供电能，电机将电源的电能转化为机械能，通过传动装置或直接驱动车轮和工作装置。目前，电动汽车上应用最广泛的电源是锂离子电池，正在发展的电源主要有钠硫电池、镍铬电池、锂电池、燃料电池、飞轮电池等。这些新型电源的应用，为电动汽车的发展开辟了广阔的前景。

2. 驱动电机

驱动电机的作用是将电源的电能转化为机械能，通过传动装置或直接驱动车轮的工作装置。目前电动汽车上广泛采用直流串激电动机，这种电机具有“软”的机械特性，与汽车的行驶特性非常相符。但直流电机由于存在换向火花，比功率较小，效率较低，维护保养工作量大，随着电机技术和电机控制技术的发展，势必逐渐被直流无刷电机（BCDM）、开关磁阻电机（SRM）和交流异步电机所取代。

3. 电机调速控制装置

电机调速控制装置（逆变器）是为电动汽车的变速和方向变换等设置的，其作用是控制电机的电压或电流，控制电机的驱动转矩和旋转方向。

在早期的电动汽车上，直流电机的调速采用串接电阻或改变电机磁场线圈的匝数来实现。因其调速是有级的，且会产生附加的能量消耗或使电机的结构更为复杂，现在已很少采用。目前电动汽车上应用较广泛的是晶闸管斩波调速，通过均匀地改变电机的端电压，控制电机的电流，来实现电机的无级调速。随着电子电力技术的不断发展，它逐渐被其他电力晶体管斩波调速装置所取代。伴随着新型驱动电机的应用，电动汽车的调速控制转变为直流逆变技术的应用，将成为必然的趋势。

在驱动电机的旋向变换控制中，直流电机依靠接触器改变电枢或磁场的电流方向，实现电机的旋向变换，但这同时导致其电路复杂、可靠性降低。当采用交流异步电机驱动时，电机转向的改变只需变换磁场三相电流的相序即可，可使控制电路简化。此外，采用交流电机及其变频调速控制技术，使电动汽车的制动能量回收控制更加方便，控制电路更加简单。

4. 传动装置

电动汽车传动装置的作用是将电机的驱动转矩传给汽车的驱动轴，当采用电动轮驱动时，传动装置的多数部件常常可以忽略。因为电机可以带负载起动，所以电动汽车上不需要传统内燃机汽车的离合器。因为驱动电机的旋向可以通过电路控制实现变换，所以电动汽车不需要内燃机汽车变速器中的倒档。当采用电机无级调速控制时，电动汽车可以忽略传统汽车的变速器。在采用轮边电机或轮毂电机驱动时，电动汽车也可以省略传统内燃机汽车传动系统的差速器。

5. 行驶装置

行驶装置的作用是将电机的驱动转矩通过车轮变成对地面的作用力，驱动车轮行走。它与其他汽车的构成基本相同，由车轮、轮胎和悬架等组成。

6. 转向装置

转向装置是为实现汽车的转弯而设置的，由转向机、转向盘、转向机构和转向轮等组成。作用在转向盘上的控制力，通过转向机和转向机构使转向轮偏转一定的角度，实现汽车的转向。多数电动汽车为前轮转向，工业中用的电动叉车常常采用后轮转向。电动汽车的转向装置有机械转向、液压转向和液压助力转向等类型。

7. 制动装置

电动汽车的制动装置同其他汽车一样，也是为汽车减速或停车而设置的，通常由制动器及其操纵装置组成。在电动汽车上，一般还有电磁制动装置，它可以利用驱动电机的控制电路实现电机的发电运行，使减速制动时的能量转换成对蓄电池充电的电流，得到再生利用。

第二节 混合动力汽车

混合动力汽车（HEV）是使用两个或两个以上不同的动力源来驱动车辆行驶的车辆。HEV的基本结构是在电动汽车（EV）的基础上增加一套辅助动力系统——动力发电机组或某种原动机。原动机可以是内燃机、燃气轮机等。

一、混合动力汽车的优点

混合动力汽车的优点有：

1）采用混合动力后可按平均需用的功率来确定内燃机的最大功率，可在油耗低、污染少的最优工况下工作。当内燃机功率不足时，可由电池来补充；当负荷较低时，富余的功率可发电给电池充电。由于内燃机可持续工作，电池又可以不断得到充电，故其续驶里程和普通内燃机汽车一样。

2）因为有了动力蓄电池，可以十分方便地回收制动时、下坡时、怠速时的能量。

3）在繁华市区，可关停内燃机，由电池单独驱动汽车，实现“零”排放。

4）有了内燃机，可以方便地解决空调、取暖、除霜耗能大等纯电动汽车遇到的难题。

5）可以利用现有的加油站加油，不必再投资。

6）可让动力蓄电池保持在良好的工作状态，不发生过充、过放，延长其使用寿命，降低成本。

二、混合动力汽车分类与工作原理

按发动机和电机的耦合方式不同，混合动力汽车可分为串联式混合动力汽车、并联式混合动力汽车、混联式（中、并联式）混合动力汽车三种形式。

1. 串联式混合动力汽车

串联式混合动力系统的组成和能量传递路线如图 15-4 所示。串联式混合动力系统主要由发动机、发电机、驱动电机、逆变器和动力蓄电池组等部件组成。发动机仅仅用于发电，发电机所发出的电能供给电动机，电动机驱动汽车行驶。发电机发出的部分电能向电池充电，来延长混合动力汽车的续驶里程。另外电池还可以单独向电动机提供电能来驱动电动汽车，使混合动力汽车在零污染状态下行驶。

混合动力汽车

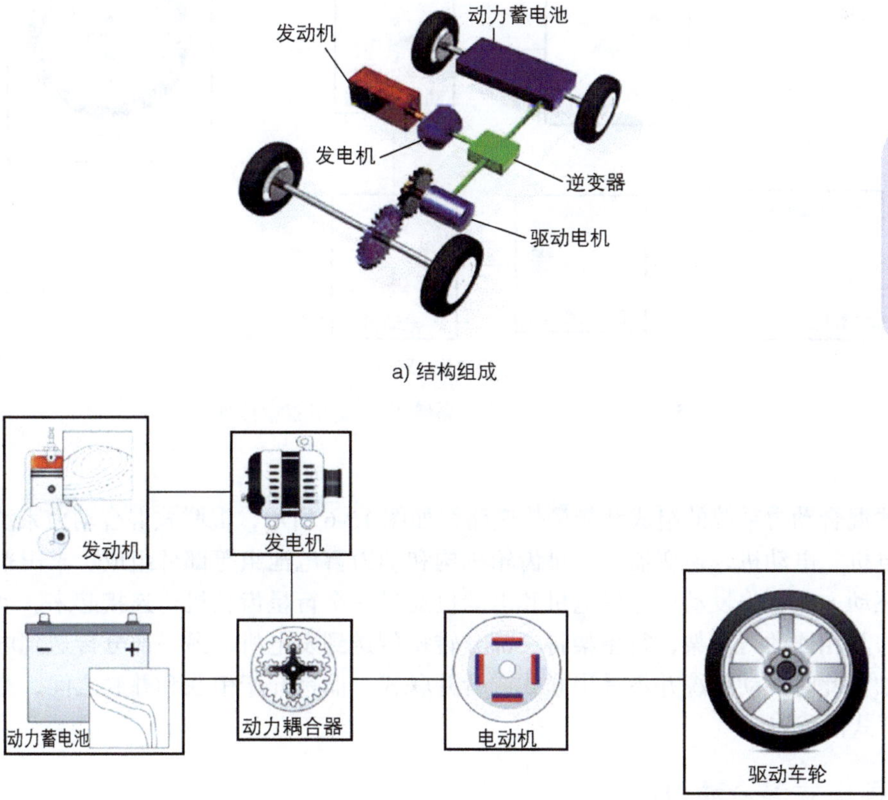

a) 结构组成

b) 能量传递路线

图 15-4　串联式混合动力系统的组成和能量传递路线

2. 并联式混合动力汽车

并联式混合动力系统的组成和能量传递路线如图 15-5 所示，并联式混合动力系统主要由发动机、耦合器、发电机 / 电动机和动力蓄电池组等部件组成。并联式驱动系统可以单独使用发动机或电动机作为动力源，也可以同时使用电动机和发动机作为动力源来驱动汽车。

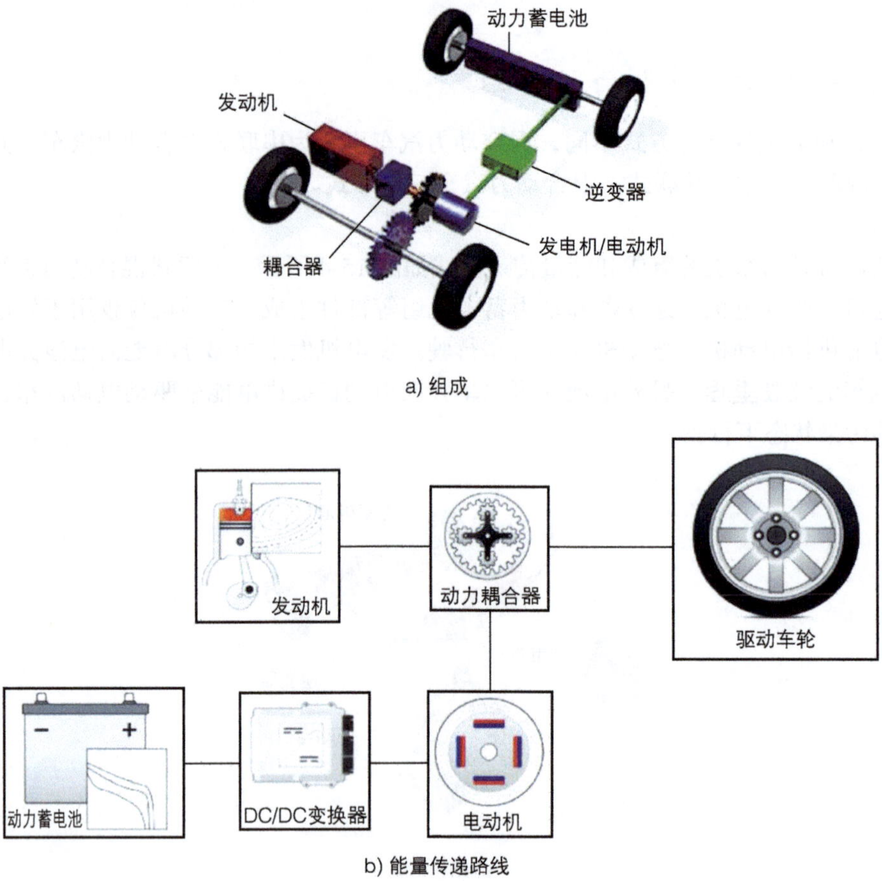

图 15-5 并联式混合动力系统的组成和能量传递路线

3. 混联式混合动力电动汽车

混联式混合动力系统的组成和能量传递路线如图 15-6 所示，混联式混合动力系统主要由发动机、发电机、电动机、逆变器、行星齿轮机构和动力蓄电池组等部件组成。丰田普锐斯所采用的混合驱动方式，将发动机、发电机和电动机通过一个行星齿轮机构连接起来。动力从发动机输出到与其相连的行星架，行星架将一部分转矩传送到发电机，另一部分传送到电动机并输出到驱动轴。此时混动系统并不是串联式或者并联式，而是介于串联和并联之间，充分利用了两种驱动方式的优点。

三、插电式混合动力汽车

插电式混合动力汽车（Plug-in Hybrid Electric Vehicle，PHEV）如图 15-7 所示。普通混合动力汽车的电池容量很小，不能外部充电，不能用纯电模式较长距离行驶；插电式混合动力汽车的电池容量相对比较大，可以外部充电，可以用纯电模式行驶较长距离，电池电量耗尽后再以混合动力模式（以内燃机为主）行驶，并适时向电池充电。

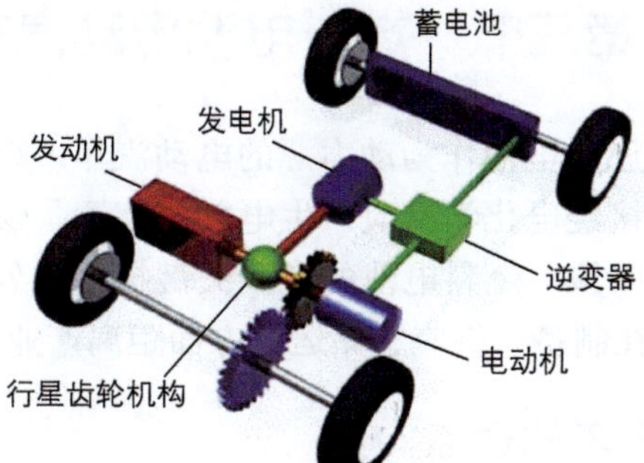

a) 组成

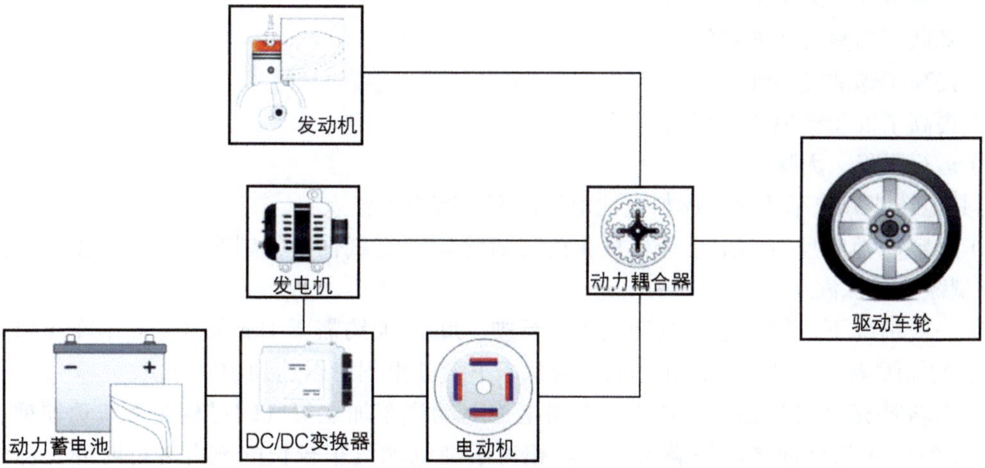

b) 能量传递路线

图 15-6　混联式混合动力系统的组成和能量传递路线

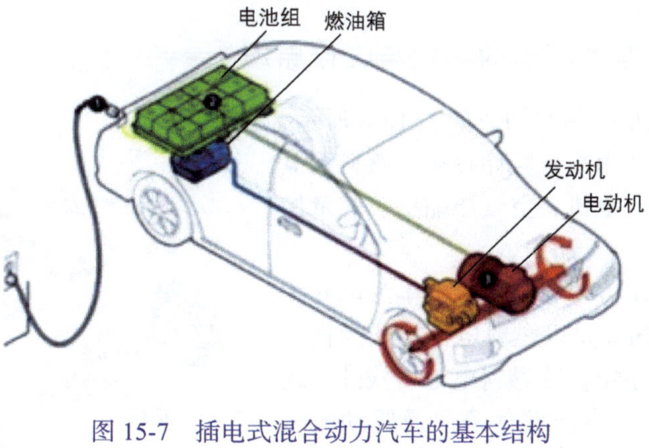

图 15-7　插电式混合动力汽车的基本结构

前面介绍的三种形式的混合动力汽车都可以做成插电混合动力汽车，即串联式插电混合动力汽车（称增程式插电混合动力汽车）、并联式插电混合动力汽车和混联式插电混合动力汽车。

第三节　燃料电池电动汽车

燃料电池电动汽车是以燃料电池作为动力源的电动汽车。燃料电池是利用氢气和氧气（或空气）在催化剂的作用下直接经电化学反应产生电能的装置，燃料电池电动汽车就是利用这种电能实现车辆驱动的。但现阶段，燃料电池的许多关键技术还处于研发试验阶段。此外，燃料电池的理想燃料——氢气，在制备、供应、储运等方面距离产业化还有一些问题有待解决。

一、燃料电池电动汽车的优点

与传统汽车相比，燃料电池电动汽车具有以下优点：

1）零排放或近似零排放。

2）没有机油泄漏带来的水污染。

3）降低了温室气体的排放。

4）提高了燃油经济性。

5）提高了发动机燃烧效率。

6）运行平稳、无噪声。

与其他新能源汽车相比，燃料电池电动汽车具有以下优点：

1）燃料电池的反应结果会产生极少的二氧化碳和氮氧化物，副产品主要产生水，因此被称为新型绿色环保汽车。

2）一般情况下，燃料电池电动汽车每行驶100km大约需要1kg氢气。一般车型可储存约5kg左右的压缩氢气。理论上，在加满氢的状态下续驶里程可以达到500km。

3）燃料补充时间与燃油车相当。燃料电池电动汽车加注氢气的过程非常快速便捷，专用的加氢设备可在几分钟之内加满氢原料。相对于纯电动汽车较长的充电等待时间，优势极其明显。

4）动力性能可与汽油车媲美。奥迪A7 Sportback h-tron quattro作为一款氢燃料电池车，前后轴各配备了一台最大输出功率为85kW、最大转矩为270N·m的电机，总功率达170kW，更提供了高达540N·m的转矩。该车0→100km/h的加速时间为7.9s，最高车速为180km/h。

二、燃料电池电动汽车的结构与工作原理

燃料电池电动汽车的基本构成如图15-8所示，燃料电池电动汽车主要由高压氢储存罐（燃料箱）、燃料电池组、蓄电池、电机、空气压缩机、能量控制单元等部件组成。

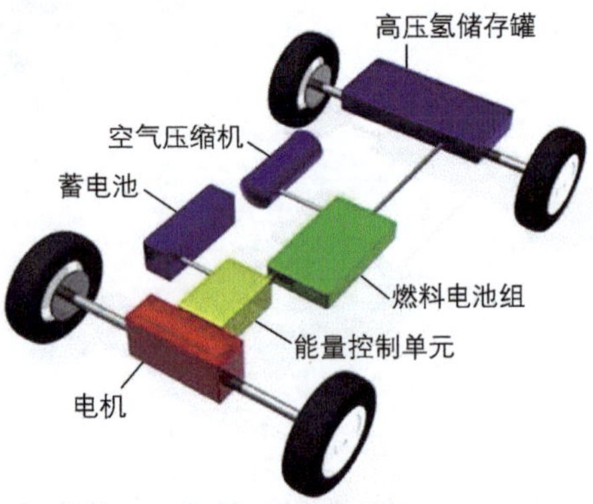

图15-8　燃料电池电动汽车的基本构成

下面以丰田Mirai燃料电池电动汽车为例介绍其工作原理，丰田Mirai是以燃料电池堆栈为核心组件的一套复杂动力系统，除燃料电池堆栈外，还包括燃料电池升压器、高压储气罐以及驱动电机等，如图15-9所示。

1. 氢燃料电池堆栈

氢燃料电池堆栈位于车身下部，是氢气与氧气

进行反应的场所，也是燃料电池电动汽车的关键。氢燃料电池堆栈的反应原理如图 15-10 所示。在燃料电池堆栈里将进行氢与氧相结合的反应，其过程中存在电荷转移，从而产生电流。与此同时，氢与氧化学反应后生成水。燃料电池堆栈作为一个化学反应池，其最为关键的技术核心在于“质子交换薄膜”。在这层薄膜的两侧紧贴着催化剂层，将氢气分解为带电离子状态。随后携带电子的氢通过这道薄膜留下电子，变成正价氢质子，并通过薄膜到达另一端。紧接着，氢质子与氧在薄膜的另一端结合，同时所丢失的电子被“还给”它，产生水。随着氧化反应的进行，电子不断发生转移，就形成了驱动汽车所需的电流。

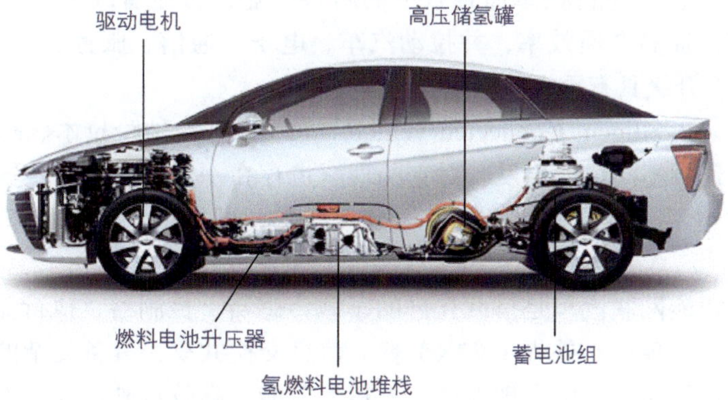

图 15-9 丰田 Mirai 的结构

2. 燃料电池升压器

在燃料电池堆栈中排布了诸多薄膜，可以产生大量的电子转移，形成供车辆行驶所需的电流。一般情况下，这些电流所产生的整体电压为 300V 左右，不足以带动一台车用大功率电机。因此，像 Mirai 这样的燃料电池电动汽车还装备了升压器，将电压升至 600V 以上，从而顺利推动电机。

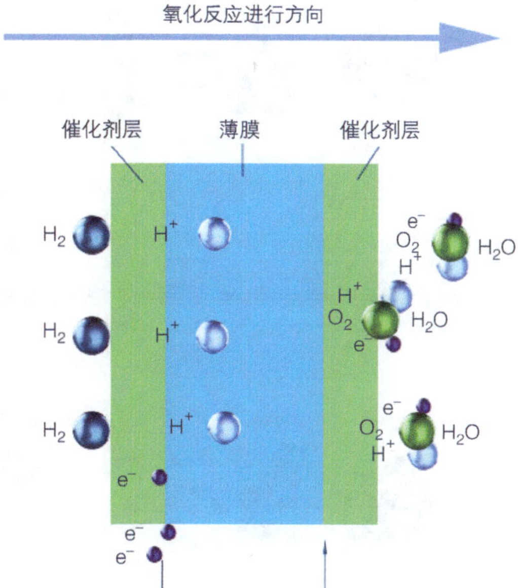

图 15-10 燃料电池堆栈反应原理

3. 储氢罐

储氢罐用来存储产生电能需要的氢原料。由于氢气在一般气压下的密度较低，且为气体状态，想要得到足够的氢气来供应燃料电池堆栈，就需要进行压缩，因此储氢罐的设计与强度也十分重要。

4. 蓄电池组

蓄电池组平时将氢燃料堆栈所产生的多余电能储存起来，在汽车制动时回收并储存电能。

5. 驱动电机

驱动电机的作用是将电源的电能转化为机械能，通过传动装置或直接驱动车轮工作。

从燃料电池电动汽车的工作原理可以看出，其核心就是发明了一种新型发电机作为汽车的动力源。

第四节 智能网联汽车

一、智能网联汽车的概念

智能网联汽车是新一轮科技革命背景下的新兴产业，可显著改善交通安全，实现节能减排，减缓交通拥堵，提高交通效率，并拉动汽车、电子、通信、服务、社会管理等协同发展，对促进汽车产业转型升级具有重大战略意义。

智能网联汽车（Intelligent Connected Vehicle，ICV）是一种跨技术、跨产业领域的新兴汽车体系，从不同背景、不同角度出发，对它的理解也存在一定的差异，各国对智能网联汽车的定义也不同，称呼也不尽相同，但终极目标是一样的，即能够实现上路安全行驶的无人驾驶汽车。

从狭义上讲，智能网联汽车是搭载先进的车载传感器、控制器、执行器等装置，并融合现代通信与网络技术，实现车对外界（V2X）智能信息交换共享，具备复杂的环境感知、智能决策、协同控制和执行等功能，可实现安全、舒适、节能、高效行驶，并最终可替代人来操作的新一代汽车，如图15-11所示。

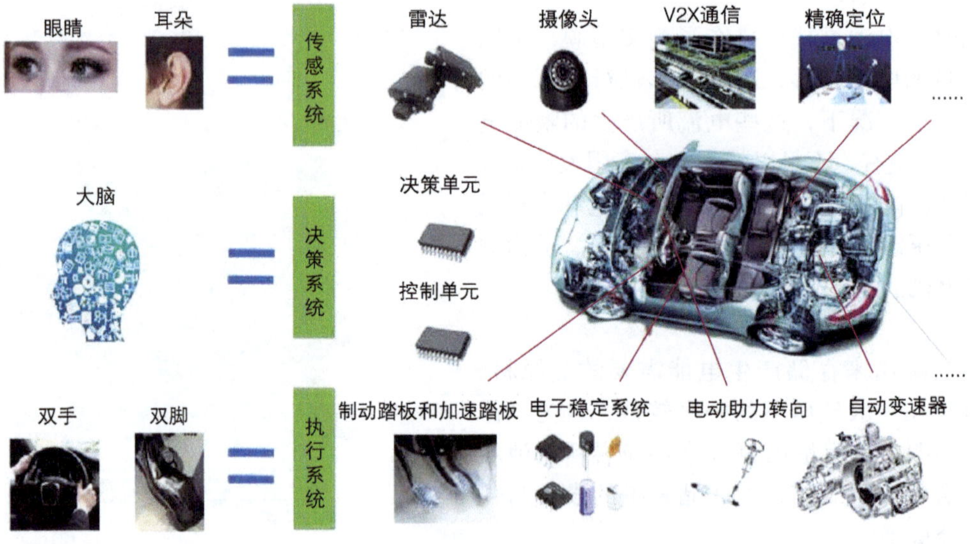

图15-11 狭义智能网联汽车

从广义上讲，智能网联汽车是以车辆为主体和主要节点，融合现代通信和网络技术，使车辆与外部节点实现信息共享和协同控制，以达到车辆安全、有序、高效、节能行驶的新一代多车辆系统，如图15-12所示。

图 15-12　广义智能网联汽车

二、智能网联汽车的技术路线

智能网联汽车的技术路线主要分为基于传感器的车载式技术路线和基于通信互联的网联式技术路线。

1. 车载式技术路线

车载式智能汽车，也就是前面所说的狭义智能网联汽车，其架构如图 15-13 所示，主要依靠安装于汽车上的传感器进行环境感知，依赖车载控制器进行控制决策，具有驾驶操作上的自主性。在车载式智能网联汽车架构中，从环境感知到中央决策，再到底层控制（执行）系统，都依托于汽车本身自主来实施，而不太多依赖于外部帮助，形象地说就是“机器在开车”。

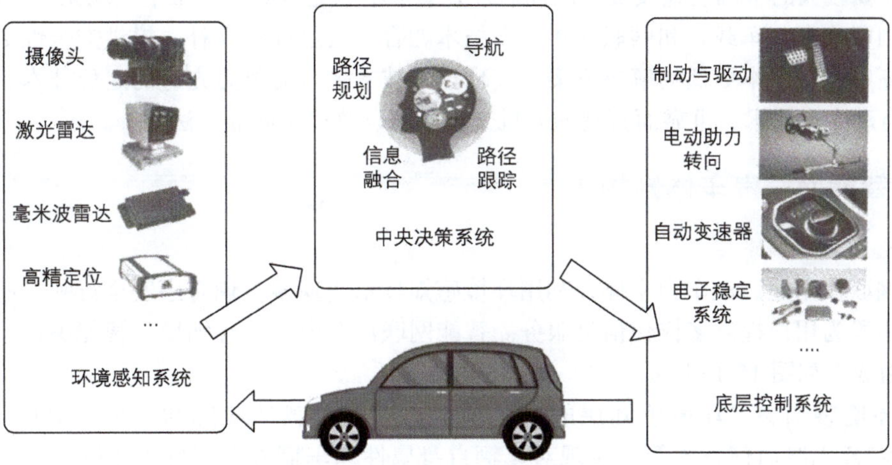

图 15-13　车载式智能汽车架构

2. 网联式技术路线

网联式智能汽车，也就是前面所说的广义智能网联汽车，其架构如图 15-14 所示。网联式智能汽车除了依靠汽车自带的传感器外，还通过车 - 车通信、车 - 路通信等方式获取环境信息，并且还可通过云计算产生控制决策指令下发到汽车终端，从而对车辆产生控制作用，以实现各交通要素间的信息共享与控制协同，形象地说就是“远程控制”。网联式智能汽车是一个集环境感知、规划决策和多等级驾驶辅助等功能于一体的高新技术综合体，它以计算机为平台，综合应用了测量传感、信息融合、模式识别、网络通信及自动控制等技术，但对外界的依赖度较高，易受网络连接和通信技术发展水平的制约，使车辆与后台云计算中心的实时交互和响应会存在“滞后”现象。

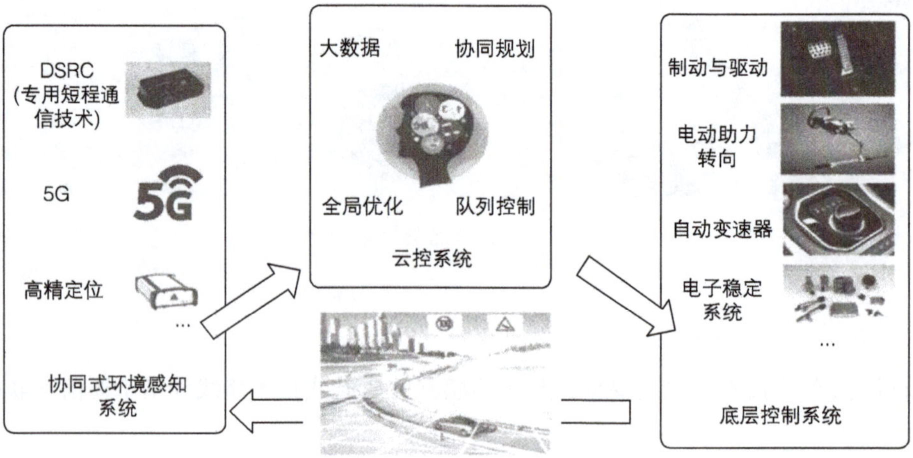

图 15-14 网联式智能汽车架构

3. 车载式与网联式技术路线对比

车载式技术路线难以实现车 - 车（V2V）、车 - 路（V2I）之间的通信，大规模应用成本较高，并且缺少城市环境的全方位扫描。网联式方案则受限于无法实现车辆与行人（V2P）之间的通信，需要较大的基础设施投资。因此两种方案均不能完全满足未来全工况无人驾驶的需要。对于智能网联汽车，车载式和网联式将走向技术融合，通过优势互补，提供安全性更好、自动化程度更高、使用成本更低的解决方案。实现这种技术融合需要更先进的定位技术、更高分辨率的地图自动生成技术、可靠而直观的人机交互界面以及相关标准、法规等。

三、智能网联汽车体系构成

1. 智能网联汽车的层次结构

智能网联汽车是以汽车为主体，利用环境感知技术实现多车辆有序安全行驶，通过无线通信网络等手段为用户提供多样化信息服务。智能网联汽车由环境感知层、智能决策层以及控制和执行层组成，如图 15-15 所示。

（1）环境感知层　环境感知层的主要功能是通过车载环境感知技术、卫星定位技术、4G/5G 及 V2X 无线通信技术等，实现对车辆自身属性和车辆外在属性（如道路、车辆和行人等）静态、动态信息的提取和收集，并向智能决策层输送信息。

（2）智能决策层　智能决策层的主要功能是接收环境感知层的信息并进行融合，对道路、车辆、行人、交通标志和交通信号等进行识别，决策分析和判断车辆驾驶模式以及将要执行的操作，并向控制和执行层输送指令。

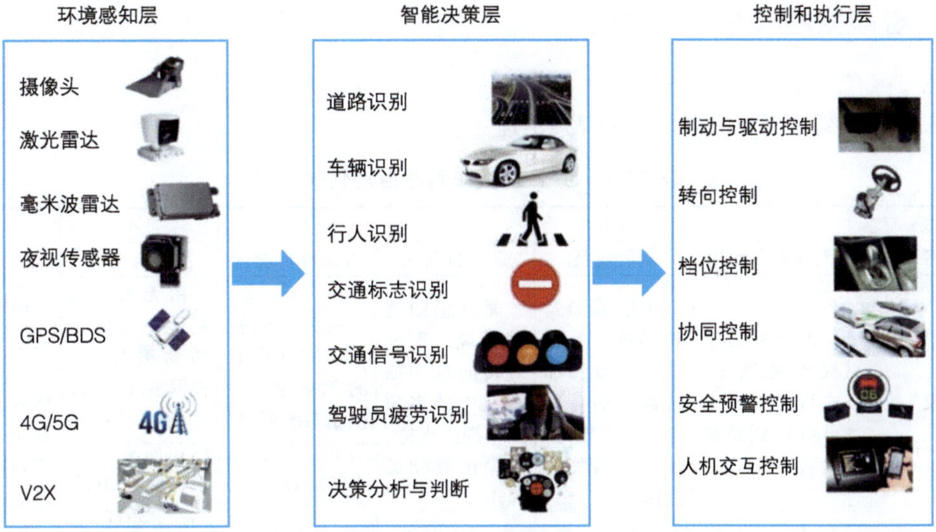

图 15-15　智能网联汽车层次结构

（3）控制和执行层　控制和执行层的主要功能是按照智能决策层的指令，对车辆进行操作和协同控制，并为联网汽车提供道路交通信息、安全信息、娱乐信息、救援信息以及商务办公、网上消费等服务，保障汽车安全行驶和舒适驾驶。

从功能角度上讲，智能网联汽车与一般汽车相比，主要增加了环境感知与定位系统、无线通信系统、车载自组织网络系统和先进驾驶辅助系统等。

2. 智能网联汽车的技术架构

智能网联汽车的技术架构为“三横两纵”式技术架构，如图 15-16 所示。“三横”是指智能网联汽车主要涉及的车辆/设施、信息交互与基础支撑三大领域技术，“两纵”是指支撑智能网联汽车发展的车载平台以及基础设施条件。

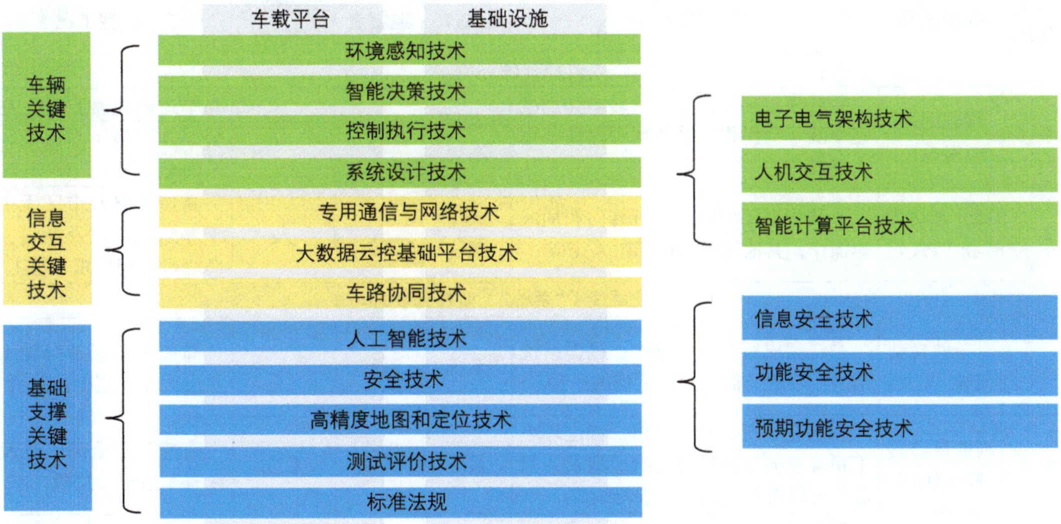

图 15-16　智能网联汽车的技术架构

四、智能网联汽车技术分级

1. 美国汽车工程师学会（SAE）关于智能网联汽车的技术分级

SAE 对汽车驾驶自动化的分级见表 15-1。

表 15-1　SAE 对汽车驾驶自动化的分级

分级	L0	L1	L2	L3	L4	L5
称呼	无驾驶自动化	驾驶支持	部分自动化	有条件自动化	高度自动化	完全自动化
定义	由驾驶员全权驾驶汽车，在行驶过程中可以得到系统提示或警告	通过感知驾驶环境，系统对转向盘和加减速中的一项操作提供支持，其余由驾驶员操作	通过感知驾驶环境，系统对转向盘和加减速中的多项操作提供支持，其余由驾驶员操作	由无人驾驶系统完成所有的驾驶操作，根据系统要求，驾驶员提供适当的应答	由无人驾驶系统完成所有的驾驶操作，根据系统要求，驾驶员不一定提供所有的应答；限定道路和环境条件	由无人驾驶系统完成所有的驾驶操作，特殊情况下由驾驶员接管；不限定道路 和环境条件
主体 驾驶操作	驾驶员	驾驶员 / 系统	系统			
主体 周边监控	驾驶员			系统		
主体 支援	驾驶员				系统	
主体 系统作用域	无	部分				全域

对应 SAE 分级标准，无人驾驶专指 L4 和 L5，汽车能够在限定环境乃至全部环境下完成全部的驾驶任务。

智能网联汽车

2. 我国关于智能网联汽车的技术分级

我国把能网联汽车智能化划分 5 个等级，1 级为驾驶辅助（DA），2 级为部分自动驾驶（PA），3 级为有条件自动驾驶（CA），4 级为高度自动驾驶（HA），5 级为完全自动驾驶（FA），见表 15-2。

表 15-2　我国对智能网联汽车驾驶自动化的分级

智能化等级	等级名称	等级定义	控制者	监视者	失效情况控制者	典型工况
人监控驾驶环境						
1	驾驶辅助（DA）	系统根据环境信息执行转向和加减速中的一项操作，其他驾驶操作都由人完成	人与系统	人	人	车道内正常行驶，高速公路无车道干涉路段，以及泊车工况
2	部分自动驾驶（PA）	系统根据环境信息执行转向和加减速操作，其他驾驶操作都由人完成	人与系统	人	人	高速公路及市区无车道干涉路段，以及换道、环岛绕行、拥堵跟车等工况
自动驾驶系统（“系统”）监控驾驶环境						
3	有条件自动驾驶（CA）	系统完成所有驾驶操作，根据系统请求，驾驶员需要提供适当的干预	系统	系统	人	高速公路正常行驶工况及市区无车道干涉路段
4	高度自动驾驶（HA）	系统完成所有驾驶操作，特定环境下系统会向驾驶员提出响应请求，驾驶员可以对系统请求不进行响应	系统	系统	系统	高速公路全部工况及市区有车道干涉路段
5	完全自动驾驶（FA）	系统可以完成驾驶员能够完成的所有道路环境下的操作，不需要驾驶员介入	系统	系统	系统	所有行驶工况

1 级驾驶辅助包括自适应巡航控制、车道偏离预警、车道保持、盲区监测、自动制动、辅助泊车等功能。

2 级部分自动驾驶包括车道内自动驾驶、换道辅助、全自动泊车等功能。

3 级有条件自动驾驶包括高速公路自动驾驶、城郊公路自动驾驶、协同式队列行驶、交叉口通行辅助等功能。

4 级高度自动驾驶增加了堵车辅助系统和泊车引导系统等。

5 级完全自动驾驶意味着自动驾驶汽车真正驶入了人们的生活，也将使驾驶员从根本上得到解放。驾驶员可以在车上从事其他活动，如上网、办公、娱乐和休息等。

思　考　题

1. 混合动力汽车如何定义？它有何优点？
2. 混合动力汽车有哪几种形式？
3. 纯电动汽车有何优点？它由哪几部分组成？
4. 氢燃料电池电动汽车有何优点？它是如何工作的？
5. 智能网联汽车技术路线主要有哪些？各有何特点？
6. 我国 4 级自动驾驶（HA）能够完成哪些驾驶操作？
7. 请你谈一下发展新能源汽车的意义，我国在新能源汽车方面取得了哪些成就？

参考文献

[1]李春明 . 汽车构造 [M]. 北京：北京理工大学出版社，2021.

[2]李春明 . 汽车底盘电控技术 [M]. 北京：机械工业出版社，2018.

[3]李春明 . 汽车电气设备与维修 [M]. 北京：高等教育出版社，2021.

[4]马明芳 . 发动机管理系统诊断维修 [M]. 北京：机械工业出版社，2016.

[5]张春英 . 汽车构造 [M]. 北京：中国铁道出版社，2020.

[6]陈卓，等 . 智能汽车决战 2020[M]. 北京：北京理工大学出版社，2018.

[7]崔胜民 . 智能网联汽车新技术 [M]. 北京：化学工业出版社，2021.